AF125369

Georg Wilhelm Zapf

Christoph von Stadion, Bischof von Augsburg

Eine Geschichte aus den Zeiten der Reformation

Georg Wilhelm Zapf

Christoph von Stadion, Bischof von Augsburg
Eine Geschichte aus den Zeiten der Reformation

ISBN/EAN: 9783743335769

Hergestellt in Europa, USA, Kanada, Australien, Japan

Cover: Foto ©Lupo / pixelio.de

Manufactured and distributed by brebook publishing software
(www.brebook.com)

Georg Wilhelm Zapf

Christoph von Stadion, Bischof von Augsburg

Christoph von Stadion,

Bischof von Augsburg.

Eine Geschichte

aus den Zeiten der Reformation,

vom

Geheimen Rath Zapf.

Zürich,

bey Orell, Füßli und Compagnie. 1799.

Der

Hochwürdigsten Fürstin und Frau,

Frau

Maria Maximiliana,

geborner Gräfin von Stadion

des Heil. Röm. Reichs Fürstin und Aebtissin des kaiserlich
gefürsteten freiweltlichen Stifts Buchau, Erbfrauen
zu Straßberg 2c.

Meiner gnädigsten Fürstin und Frau.

Den

Hochgebornen Grafen und Herren,

Herrn

Johann Georg Joseph Nepomuk

des Heil. Röm. Reichs regierenden Grafen von Stadion und
Thannhausen, Herrn der Graf- und Herrschaften Thannhau-
sen, Stadion, Warthausen, Mosbeuren, Emerkingen in
Schwaben, Rauth, Rhodenschloß, Neumark und
Sahorzan in Böhmen, auch Hallburg in Franken.
Des kaiserl. St. Joseph Ordens Ritter, und
Erbtruchseß des Hochstifts Augsburg.

Herrn

Johann Philipp Karl Joseph

des Heil. Röm. Reichs Grafen von Stadion, Herrn der Graf-
und Herrschaften Warthausen und Thannhausen, Stadion,
Mosbeuren, Emerkingen in Schwaben, Rauth, Rhodenschloß und Sahorzan in Böhmen, auch Hallburg
in Franken.

Meinen gnädigsten Grafen und Herren.

Widmet

diese Geschichte

eines

der würdigsten Bischöfe Augsburgs,

Christophs von Stadion,

als ein

ehrenvolles Denkmal

des Hochgräflich von Stadionschen Geschlechts,

aus welchem

dieser große und verdiente Fürst-Bischof

vor

dreyhundert und ein und zwanzig Jahren

, entsprossen,

und

Ruhm, Ehre und Glanz über sein hohes Geschlecht

verbreitete,

in

unterthänigst tiefster Ehrfurcht.

Der Verfasser,

Georg Wilhelm Zapf.

Vorrede.

Schon lange war Christoph von Stadion, Bischof von Augsburg, der Gegenstand meiner Aufmerksamkeit. In dieser Hinsicht sammelte ich immer zur Geschichte desselben, aber bey allgemeinen Bemühungen erhielt ich doch nicht so viel, als ich zu erhalten hofte, um die Biographie dieses gewiß merkwürdigen Bischofs, der zu seiner Zeit Epoche machte, und mit unter die gelehrten und verdienten Kirchenprälaten des XVI. Jahrhunderts gehörte, würdiger liefern zu können. Es bleibt also noch vieles verborgen, das in Archiven steckt, und vielleicht erst mit der Zeit an das Licht kommt, wodurch diese Geschichte näher beleuchtet, und in ein helleres Licht gestellt werden kann. Dieses traurige Schicksal haben mehrere verdiente und grosse Männer aus jenem Zeitalter, aber Christoph von Stadion, dieser wahrhaft grosse Bischof, hätte mehr Aufmerksamkeit verdient, als ihm unsere Vorfahren gönnten. Er war beynahe auf allen Reichstägen selbst gegenwärtig, und handelte mit Weisheit, Klugheit und Menschenliebe, die er sich zum Ziel setzte. Seine Regierung fiel gerade in ein merkwürdiges Zeitalter, das damals denen Kirchenprälaten vieles zu schaffen, und viele Sorgen machte. Dies war die wichtige, merkwürdige und höchst nothwendige Kirchenverbesserung, die ein einzelner Augustiner Mönch Martin Luther, der heil. Schrift Doktor, zu wagen Muth und Entschlossenheit genug hatte. Diese grösse kirchliche Revolution hatte wichtige Folgen nach sich gezogen, und war um so bewundernswürdiger, als sie

ganz allein von einem Mönch, der dem Anschein nach un=
bedeutend war, unternommen wurde, wo man geglaubt ha=
ben sollte, es gehörte zu einem so wichtigen Unternehmen,
das so weit um sich gegriffen, eine grosse und mächtige Na=
tion, um solches auszuführen. Aber hierinn liegt auch ein
augenscheinlicher Beweis, daß Gott die Welt regiert. Wäre
diese Revolution nicht von oben herab, das ist, von einem
höhern Wesen bestimmt und fortgesezt gewesen; so würde
sie in ihrer ersten Entstehung erstikt worden seyn, da alle
Mächte zusammen stunden, sie durch Feuer und Schwerd
auszutilgen, und gänzlich zu zernichten. Allein alles war
vergebens, und sie breitete sich von Tag zu Tag immer
mehr aus. Was Luther für Sachsen und für ganz Deutsch=
land that, das that Ulrich Zwingli, ebenfalls ein grosser
und unerschrokener Reformator für die Schweiz, und beide,
Luther und Zwingli bekamen Anhänger. So entstand
endlich die wichtige Kirchenverbesserung. In dieser an gros=
sen und merkwürdigen Begebenheiten reichen Zeitperiode trat
der Fürstbischof von Augsburg, Chrstoph von Stadion,
seine Regierung an, und erlebte alle, die sich während der=
selben ereignet hatten, überlebte sie aber nicht ganz, so sehr
er auch wünschte, daß alles zu seiner Zeit im Frieden und
Einigkeit beseitigt und beygelegt werden möchte. Dieser ge=
lehrte Kirchenprälat zeichnete sich während diesem Zeitraum
auf zweierley Seiten aus. Er sah den verderbten Zustand
der Klerisey vollkommen ein, bemerkte, daß die Kirchendisci=
plin bis auf den Grund verdorben war, und eine Reforma=
tion an Haupt und Gliedern nothwendig sey. Davon ist
seine vortrefliche Synodalrede, die er 1518 hielt, und auch
jene gerechte Strafe ein Beweis, die er an dem Abt Franz
Rhear in dem Kloster zum heil. Kreuz in Donauwörth
wegen begangener Sodomiterey vollziehen, und denselben
ins Gefängniß werfen ließ. Er war auch Luthers Lehre an=

fangs nicht ganz ungeneigt. Allein seine Klerisey; dieses damalige Idol, das seinen gänzlichen Sturz befürchtete, lag ihm beständig in den Ohren, und brachte es bey dem sonst sanftmüthigen Bischof so weit, daß er ein grausamer Verfolger der evangelischen Lehre und Wahrheit wurde. Kaspar Aquila legt hievon einen überzeugenden Beweis ab. Von sich selbst hätte er sicher nicht so despotisch gehandelt, wenn ihm nicht die Wuth der damaligen Klerisey die Veranlassung dazu gegeben hätte. In der Geschichte selbst sind mehrere Beispiele davon angeführt. Er mußte, wenn er nicht selbsten Gefahr laufen wollte, nachgeben, und wider seinen Willen und seine Sanftmuth handlen. Dies wäre seine erste zwar unrühmliche Seite, die aber nur erzwungen wurde. Auf der andern rühmlichern Seite hingegen, kann man ihn gleichsam als einen Zeugen der Wahrheit betrachten. Davon zeugten seine vortreflichen Gesinnungen, die er auf dem Reichstage zu Augsburg 1530 nach Ablesung des Augsburgischen Glaubensbekenntnisses ablegte, und die eingeschlichenen Mißbräuche in der Kirche in ihrem ganzen Lichte einsah. Es zeugten davon die Händel die er mit dem stolzen, und aufbrausenden Kardinalerzbischof von Salzburg Matthäus Lang begonnte. Alles enthält die folgende Geschichte. Christoph von Stadion hätte verdient, daß seine Geschichte schon längst würdig bearbeitet worden wäre, und was ich davon liefere, das ist nur ein schwacher Versuch, und noch voller Unvollkommenheiten, vielleicht aber bin ich so glüklich in der Folge noch mehrere unbekannte Thatsachen zu erhalten, die ein grösseres Licht über sein Leben verbreiten. Und wie gern wolt ich dasselbe ganz umarbeiten. Sein Nachfolger in der bischöflichen Würde Otto Truchseß von Waldburg, der zugleich auch Kardinal war, handelte nicht so, wie Christoph von Stadion. Was dieser an den Protestanten billigte und stillschweigend gut hieß — laut durfte er es natürlich nicht sagen — das vertammte jener mit Zorn, Ungestüm und Wuth. Ein Beispiel ist der Widerruf, zu dem der Kardinal-Bischof Otto einige Pfarrer in der Marggrafschaft Burgau nach aufgerichtetem Interim gezwungen. Sie waren in seiner Diöceß, und mußten ihm also völligen Gehorsam leisten, Otto aber war eine römische Kreatur, ein Feind der evangelischen Wahrheit und Lehre, welches man von ihm nicht anderst erwarten konnte, und welches seine Verbindung mit der römischen Kurie nicht anderst zuließ, mithin war nichts anders zu erwarten, als Rache und Verfolgung der evangelischen Lehre. Und doch konnte er den Fortgang derselben nicht hindern so eifrig auch sein Bestreben war, um dem römischen Bischof zu Gefallen zu seyn *). Dies ist also wieder ein Beispiel, daß in der Marggrafschaft Burgau unter der Regierung des sanftmüthigen Bischofs, Christophs von Stadion, die Wahrheit der evangelischen Lehre verkündigt wurde, ohne daß er Hindernisse deswegen einstreute. Es gehörte also nur ein eifrig päbstischer Otto dazu, welcher der Verkündigung dieser Lehre den Garaus machte. Jeder evangelisch gesinnte Geistliche mußte deswegen eine Widerrufsformel abschwören, deren Titel folgender ist: Wie nach außgeen des Interims der Bischoff von Augspurg die Pfaffen in der Marggraffschafft Burgaw (so das hailig Euangelium geprediget vnd die H. Sacrament Jn baiderley gestalt Jrem Volk gegeben) zur Revocirung getrungen, vnd wie dieselb Revocation laurt. Dieser Widerruf ist nicht nur schändlich sondern auch höchst ärgerlich, und man dürfte sagen, gotteslästerlich. Dies

*) S. des sel. Schelhorns Acta historico-ecclesiastica Saeculi XV. et XVI. Oder kleine Sammlung einiger zur Erläuterung der Kirchengeschichte des XV. und XVI. Jahrhunderts nüzlichen Urkunden und Schriften 1. Thl. S. 168. u. folgg.

hätte ein Chriſtoph von Stadion als ein einſichtsvoller
und gelehrter Biſchof wenigſtens in den lezteru Jahren ſeiner Regierung nicht gethan. Allein Otto glaubte, man
dürfte die evangeliſche Lehre durch Feuer und Schwerd von
Gottes Erdboden verbannen, um den Mißbräuchen in der
römiſchen Kirche einen neuen Glanz der Heiligkeit geben zu
können, aber ſeine Bemühungen waren eben ſo ſchwach,
als ſeine Einſichten zu kurz dazu waren. Chriſtoph von
Stadion bleibt als ein einſichtsvoller, ſanfter, duldſamer
und friedliebender Kirchenprälat immer verehrungswürdig.
Das jezig Hochgräfliche Haus der Herren Grafen von
Stadion darf ſtolz auf ihn ſeyn, und ſtolz darauf, daß
ſolches zwey Perſonen zählt, welche die fürſtliche Würde begleitet haben und noch begleiten. In den ältern Zeiten
war es Chriſtoph von Stadion als Fürſtbiſchof von
Augsburg, und in den neuern Zeiten zählt dieſes alt Hochgräfliche Geſchlecht Ihro Hochfürſtl. Gnaden Frau Maria Maximiliana als Fürſt-Aebtrißin des freiweltlichen
Stifts Buchau, unter ſeine vorzügliche Zierden.

Da nun die Geſchichte dieſes verdienſtvollen Biſchofs blos
in gedrukten Werken hin und wieder zerſtreut war; ſo ſuchte
ich dieſes alles zuſammen, und brachte es in ein ganzes,
und da ſeine Geſchichte zugleich auch die Geſchichte der Reformation, mit der ſie in enger Verbindung ſteht, erläutert; ſo
mußte ich nothwendig bey einer jeden merkwürdigen Zeitperiode,
wie z. B. bey dem Reichstag zu Worms 1521, bey dem
Reichstage zu Augsburg 1530. u. ſ. w. eine konzentrirte Geſchichte von der Veranlaſſung vorangehen laſſen, um deſto füg-
licher auf meinen eigentlichen Gegenſtand übergehn zu können.
Hierbey mußte ich mich öfters der Worte des Joh. Fried.
Roos bedienen, welche er in ſeiner Reformationsgeſchichte gebrauchte, weil ich ſie nicht beſſer geben konnte. In den An-

merkungen, die ich auf die Geschichte folgen ließ, sind alle Schriften angezeigt, die ich dabey zu Rathe zog, und die ich bey der Hand und größtentheils in meiner eigenen Bibliothek hatte. Aber auch von Gönnern und Freunden wurde ich unterstüzt, deren Gefällig- und Willfährigkeit ich hier öffentlich und dankbar anzurühmen nicht vergessen darf. Unter denen ist der um die Stadt Nördlingen verdienstvolle, aber daselbst verkannte und mit dem schändlichsten Undank belohnte Burgermeister Hr. Georg Christian Freiherr von Trölsch, von dem ich bey einer andern Gelegenheit mehrers sprechen werde. Dieser schikte mir ein Urkundenverzeichniß, welche diesen Bischof betrafen, aber einige Urkunden selbst, die ich gewünscht hätte, um nähere Umstände zu erhalten, konnte ich nicht bekommen. Durch seinen Vorschub hätte ich sie gewiß erhalten, aber andere dieser kleinen Republikaner, die über das Archiv gesezt sind, mögen vielleicht ihr unbedeutendes Ja nicht dazu gegeben haben, oder waren zu bequem solche abzuschreiben, oder konntens vielleicht gar nicht lesen. Ich mußte mich also mit den leeren Rubriken begnügen lassen. Hr. Prof. Christian Friedrich Schnurrer in Tübingen beehrte mich mit Auszügen aus der Universitätsmatrikel, und theilte mir Zueignungsschriften an den Bischof von Stadion mit, das auch der Hr. Doktor und Syndikus des Freistaats Basel Johann Jacob d'Annone über sich nahm. Der Herr Superintendent Johann Georg Schelhorn in Memmingen überschikte mir noch unbekannte schriftliche Nachrichten, die in den Beilagen abgedrukt sind. Hr. Andreas Weber damals Hofrath und Archivar in Dillingen, jezt aber geheimer Referendar in Augsburg, zeigte allen guten Willen, und bot sich mir selbst zu Beiträgen aus dem Archiv an; aber die 1796 dazwischen gekommene Invasion der Franzosen in Schwaben, wo das Archiv geflüchtet wurde, und seine Versezung von Dillingen nach

Augsburg, hinderten diesen guten Willen, doch aber erhielt ich durch seine Güte eine genaue Beschreibung des Leichenkonduks, die in den Beilagen abgedrukt ist. Der Hr. Diakon und Johann Christoph Schmid in Ulm, theilte mir Auszüge aus den Bundstagsabschieden mit, die ich gut benuzen konnte, und manch unbekanntes enthalten. So muß ich auch die Bereitwilligkeit des Hrn. Prof. Georg Versenmeyers, ebenfalls in Ulm rühmen. Dieser besizt einen schönen Vorrath von alten Schriften zur Reformationsgeschichte, wovon er mir einige den Christoph von Stadion betreffend überschikte, und die ebenfalls in den Beilagen abgedrukt erscheinen. Der sel. Bibliothekar P. Basil Locher in Weingarten und der Hr. Bibliothekar P. Klemens Braun in Rothenbach schrieben Briefe und Zueignungsschriften ab, und theilten sie mir mit. Das wären also die Gönner und Freunde, die meine geringe Arbeit mit Beiträgen unterstüzten. Möchten sich doch in der Folge noch mehrere zeigen, die mich auch mit Urkunden erfreuten.

Ich könnte nun meine Vorrede beschliessen, aber ich muß noch einige Bemerkungen beifügen, welche ein und andere Stellen verbessern sollen. In den Anmerkungen S. 113. führte ich den Eccius dedolatus an, der von einigen dem Ulrich von Hutten zugeschrieben wurde, andere aber dem Wilibald Pirkheimer zuschreiben. Daß lezterer der Verfasser davon sey, hat Hr. Panzer behauptet, und gesagt, daß dieses Riederer nicht nur wahrscheinlich, sondern fast gewiß zu machen gesucht, daß niemand anders, als Wilibald Pirkheimer der Verfasser dieser Satyre sey.*) Ich trete also diesem forschenden Litterator darinn bey. S. 114.

*) In seinem Ulrich von Hutten in litterarischer Hinsicht (Nrbg. 1798. 8.) S. 227. folg.

behauptete ich, daß Ulrich von Hutten das Teutsch Requiem über die verbrännte Bull, vnd das Bäpſtlich Recht verfertiget habe. Hiezu verleitete mich eine Rezenſion, *) wo ſolches nebſt noch mehreren anonymmiſchen Schriften angeführt und geſagt worden, daß Hutten der Verfaſſer davon ſey, ein anderer Rezenſent aber dieſe Behauptung erſt neuerdings verworfen hat. **)

S. 121. führte ich des Johann Cochläus defenſio ſacerdotii et ſacrificii nòuae legis an, worinn Cochläus etwas vom Chriſtoph von Stadion meldete. In der Zwiſchenzeit habe ich von dieſem nemlichen Buch eine deutſche Ueberſezung in meine Sammlung Schriften von 1501 — 1550 erhalten, die den Titel hat: Vertheidigung vnſers Prieſterthumbs vnd Opffers im Newen Teſtament wider zwu Predig Wolfgang Meußlins Predicantens zu Augſpurg. Item ain kurze antwort auff fünff ſprüche mit guldenen Buchſtaben geſchrieben, durch D. Johan Coccleus M. D. X. L. IIII. 4. Cochläus eignete ſie dem Magiſtrat in Augsburg zu, und ſchreibt zu Anfang der Vorrede: Es iſt aber offenbar, daß nit lang hernach der hochwürdig Fürſt vnd Herr, Herr Chriſtoph Seliger gedechtnuß, weiland Biſchoff zu Augſpurg (der im nechſten vnd iungſten Reichstag zu Nürnberg in Gott verſchyden iſt) vnd ſeiner kirchen Erwürdig Tum Capitel, Prelaten vnd Thumherrn, in irer Verantwortung auff das auſſ. ſchreyben (ſo wider ſie im namen eyns Erbern Raths zu Augſpurg was außgegangen) öffentlich

---

*) In Hrn. Hofrath Meuſels hiſteriſcher Litteratur für das Jahr 1784. I. Band. S. 526.

**) Im allgemeinen litteratiſchen Anzeiger für das Jahr 1798. (Leipz. gr. 4) S. 1820.

gesaget haben, das die von Augspurg als sie willens waren die Clerisey außzutreyben, der Lutherischen Confeßion vnd Apologien haben angenommen, vil mher zu eim Banger dann zum glauben, wie auß iren Predigen vnd sonst vermerckt wirdt, Was hastu Meußlein darauff geantwort? Hierauf antwortete ihm Wolfgang Musculus das, was ich S. 77. anführte, woraus also zu ersehen, daß Cochläus blos auf die Verantwortung des Christophs von Stadion und seines Domkapitels zielte, die unter den Beilagen Num. XI. mit Anmerkungen abgedruckt ist.

S. 122. Ist das Ausschreiben von Burgermeister und Rath der Stadt Augsburg angeführt, das ebenfalls unter den Beilagen Num. X. abgedruckt erscheint. Dieses und die Verantwortung erschienen 1537. im Druk, und nun fand ich erst, daß das Ausschreiben auch schon Spalatin vermuthlich nach dem Originalabdruk lieferte. *)

Was meine Schreibart betrift, die hie und da etwas zu nachdrüflich scheinen möchte, darüber werde ich nicht viel zu sprechen haben. Der Gegenstand dieser Geschichte hat sie manchmal gefordert, und besonders da, wo ich den Bischof Christoph von Stabion beleidigt zu seyn glaubte. Das ist und bleibt meine Meinung, und die Akten geben es selbst an Handen, wie dieser Bischof gehandelt. Der Wahrheit getreu zu bleiben, ist die Pflicht eines Schriftstellers, diese hoffe ich auch beobachtet zu haben, und wird mich hinreichend entschuldigen. Veritati utramque aurem!

---

*) S. Georgii Spalatini Annales Reformationis oder Jahrbücher von der Reformation Lutheri, aus dessen Avtographo ans Licht gestellet von Ernst Salomon Cyprian (Leipz. 1718. 8.) S. 313 — 363.

Das Register habe ich so genau als möglich verfertigt, um allen Vorwürfen einer Nachläßigkeit auszuweichen, und die eingeschlichenen Drukfehler wird man mir nicht auf meine Rechnung, sondern auf die Entfernung vom Druk=und Verlagsort schreiben. Genug also für eine Vorrede!

der Verfasser.

§. 1.

Schwaben, dieses allzeit fruchtbare und gesegnete Land, hat eine beträchtliche Anzahl der ältesten und berühmtesten Familien aufzuzählen. Zum Theil sind schon viele derselben ausgestorben, und zum Theil blühen sie noch in ihren Nachkommen. Unter den noch blühenden Geschlechtern zeichnet sich das Geschlecht der Herren und jetzigen Grafen von Stadion aus, das eines mit von den ältesten in Schwaben ist. Es hat Männer aufzuweisen, die sich auf verschiedene Art mit Ruhm ausgezeichnet, und zu hohen und ansehnlichen Würden empor geschwungen haben. Es besitzt dasselbe von Jahrhunderten her das Erbtruchsessenamt beim Hochstift Augsburg, welche Würde jederzeit der Geschlechtsälteste begleitet. Johann Philipp von Stadion, damals der Geschlechtsälteste, wurde 1686 den 21. April von K. Leopold I. in den Freiherrnstand, und 1705 den 1. December von Kaiser Joseph I. in den Reichsgrafenstand erhoben, worauf er 1708 in das Reichsgrafenkollegium mit Sitz und Stimme in demselben wegen der Reichsherrschaften Thannhausen und Warthausen aufgenommen wurde. Das Stammschloß derselben war Stadion im Prettigau, das aber nunmehr, wie so viele alte Stammschlösser, in seinen Trümmern liegt. Ehe ich auf den eigentlichen Gegenstand übergehe, muß ich noch eine genealogische Uebersicht vorausschiken.

Der Ursprung dieses alten und noch blühenden Geschlechts ist in das 11te Jahrhundert zu setzen, worin Stadion im Jahr 1080 einem Turnier in Augsburg beiwohnte. Johann Wolfgang und Burkhard von Stadion haben sich ebenfalls im Turnier ausgezeichnet, der erste zu Zürich 1165, der zweite zu Worms 1209 und der dritte zu Schweinfurt 1296. Dies beweißt schon in jenem Zeitalter ihren Rittermäßigen und Stiftsadel. Dieser lezte Burkhard von Stadion zeugte zween Söhne, Wolfgang und Konrad von Stadion. Ersterer turnierte zu Ravensburg 1311, und der zweite Konrad, welcher 1309 mit

Tod abgieng, pflanzte mit Hiltrud Vögtin von Wartenfels sein Geschlecht fort, und zeugte Ludwig von Stadion. Dieser segnete 1325 diese Welt, wurde aber mit Elisabeth von Bodmann ein Vater von vier Kindern, nemlich, von Elisabeth die sich an Johann von Königsek, Klara die sich an Konrad von Freiburg, Adelheit, die sich an einen von Kirchberg verheurathete, und Eitel von Stadion der sein Geschlecht fortpflanzte und gleichsam der Stamvater aller von Stadion genannt werden kann. Er starb 1352 und vermählte sich dreimal. Seine erste Gemahlin war Agnes Reisin von Reisenstein, die zweite Klara Truchsessin von Diesenhofen, und die dritte Klara von Steinhausen. Unter sieben Kindern die er mit denselben zeugte, waren zwei Töchter, Christina welche Aebtissin zu Hegsbach war, und Anna, welche 1396 lebte und zuerst Heinrich von Blomberg, dann einen von Karpfen und endlich Lorenz von Emmershofen zu Gemahls hatte. Unter seinen Söhnen waren Johannes von Stadion der Stifter der ältern Linie, welcher zwei Gemahlinnen hatte, eine von Stein und Anna von Kaltenthal; Burkhard von Stadion der Strenge lebte ums Jahr 1389 und hatte Agnes von Ehrenfels zur Gemahlin; Ludwig von Stadion wäre nach Gauh 1.) der Stifter der schwäbischen Linie, ich glaube aber, daß er sich hierin irrte, denn Hübner 2.) und Bucelin 3.) geben den Konrad an, denen ich hierin beitrete, hingegen war Ludwig von Stadion nicht Domherr in Augsburg wie Hübner und Bucelin 4.) behaupteten, indem er in dem Verzeichniß der Domherrn beim Khamm 5.) nicht erscheint. Der vierte Sohn Eitels von Stadion war Wilhelm von Stadion, der unverheurathet starb, und endlich Konrad von Stadion, der Stifter der jüngern oder schwäbischen Linie. Dieser starb 1376 und hatte Adelheit von Schmihen zur Gemahlin. Mit dieser zeugte er Pankraz von Stadion, welcher ums Jahr 1435 lebte, und mit Agatha von Laimberg vermählt war, und Walther von Stadion, welcher 1457 verstarb und zweimal verheurathet war. Das erstemal mit einer von Hörlingen und das zweitemal mit Klara von Ehestetten. Hier geriethen Gauh und Hübner in Widersprüche, da Gauh dem Pankraz von Stadion die zwei Söhne Konrad und Nikolaus von Stadion, 6.) Hübner hingegen dem Walther von Stadion zuschreibt. Welcher von beiden Recht hat, kann ich nicht entscheiden, ist auch hier nicht meine Untersuchung. Inzwischen scheint es, daß Konrad von Stadion, welcher Klara eine Tochter Georgs von Wernau zur Gemahlin hatte, 1501 ohne Erben verstorben sey, hingegen Nikolaus von Stadion, welcher 1507 in die Ewigkeit wanderte, mit Agatha von Gültlingen sieben Kinder zeugte. Diese waren: Christoph von Stadion welcher Bischof von Augsburg wurde, und der eigentliche Gegenstand dieser Geschichte ist; Agatha von Stadion, die sich mit Bernhard Schenk von Winterstetten vermählte; Johannes von Stadion, Erbtruchseß des Hochstifts Augsburg, der sich mit Agnes von Stein in Reichenstein vermählte, und mit derselben verschiedene Kinder erzeugte; Nikolaus von Stadion, der ohne Erben verstarb; Walpurg von Stadion, die sich mit Sixt von Schinen verheurathete; Margareth von Stadion, welche Ludwig von Berlichingen zum Gemahl hatte und Agatha von Stadion, die mit Kaspar von Freiberg vermählt war.

Dies wäre die genealogische Uebersicht von den Voreltern und Geschwistrigten des Christophs von Stadion, Bischofs von Augsburg, die ich hier nothwendig vorausschiken mußte, um von diesem Geschlecht eine nähere Kenntniß zu bekommen. Solches weiter und bis auf gegenwärtige Zeiten zu verfolgen, würde mich zu weit führen. Ich eile also zum Gegenstand dieser Geschichte selbst.

§. 2.

Christoph von Stadion, Bischof von Augsburg war 1478 im Monat Merz geboren. Wo? das kann ich so genau nicht bestimmen. Unter sieben Kindern des Nikolaus von Stadion und Agatha von Gültlingen, war er der Erstgeborne. Von seiner Jugendgeschichte, und von seiner frühern Bildung, ist nichts bekannt, daß aber sehr frühzeitig an seiner Bildung gearbeitet worden, daß er vortrefliche Lehrer hatte, und daß er alles schnell faßte, läßt sich daraus schliessen, weil er sehr frühzeitig eine hohe Schule beziehen konnte. Mit den freien Künsten und schönen Wissenschaften, wie sie damals waren, machte man den Anfang, und gieng dann erst auf die Geistlichen über, an denen er ein besonderes Vergnügen hatte, und sich vorzüglich in denselben auszeichnete. Er war 12 Jahre alt, als er die hohe Schule zu Tübingen beziehen konnte. Vom Lukas Tag 1489 bis Philippi und Jakobi 1490 war damals Martin Plantsch von Dornstetten, der Theologie Bakkalaur, Rektor der Universität daselbst, unter dem er den 22. April 1490 eingeschrieben worden. Nicht lange, und etwas über ein Jahr vorher, nemlich den 27. Jenner 1489 wurde auch der sich sehr berühmt gemachte Mathäus Lang von Augsburg, und nachherige Kardinal und Erzbischof zu Salzburg, auf eben dieser Universität eingeschrieben. Diesen Umstand bemerke ich hier blos deswegen, weil nachher beide in grosse Zwistigkeiten kamen, und einander von den frühern Jahren her die bittersten Vorwürfe machten, welches unten ausführlicher berührt werden wird. Genug, Christoph von Stadion machte so schnelle Fortschritte in den Wissenschaften, daß er 1491 unter dem Dekanat des Magister Simon Leo von Biel das Bakkalaureat erhielt. In der Universitäts-Matrikel steht sein Name Christoph Stadion von Schelklingen eingeschrieben. Vielleicht will dieser Zusaz den Ort seiner Geburt, das Städt'gen Schelklingen anzeigen. Am 28. Jenner 1494 war unter dem Dekanat Magister Lemps aus Steinheim, eine Magister-Promotion, worunter auch Christoph von Stadion war, und die 4te Stelle behauptete. Ich will diese sechs junge Gelehrten, unter denen sich einer mehr, der andere weniger berühmt machte, wie sie in der Matrikel nach der Ordnung eingeschrieben sind, hier anführen. Sigmund Epp von Neuenburg, wurde nachher Professor auf der neuerrichteten Universität Wittenberg, und Provinzial des Augustinerordens; Martin Idelhauser von Ulm; war nachmals Prediger am Münster zu Ulm; 7.) Dionys Reuchlin von Pforzheim, ein Bruder des berühmten Johann Reuchlins, kam als Bakkalaur von Basel nach Tübingen; Christoph Stadion von Schelklingen, nachher Bischof von Augsburg; Werner Mütschelin von Herrenberg, und Werner Buchholz von Deßhausen, welcher nachher Doktor und Prediger in Stuttgart wurde. 8.) In diesem Jahre mag Christoph von Stadion, da er 16 Jahre alt war, Tübingen ohne Zweifel verlassen haben. In diesen vier Jahren zeigte er vorzüglich seinen Fleiß und seine Aufmerksamkeit in den Vorlesungen, und bemühte sich, das zu werden, was er wirk-

lich wurde, ein Gelehrter, und als Gelehrter in der Folge ein
einsichtsvoller Bischof. Dieser Musensiz war ihm zu seiner gänzlichen Ausbildung noch nicht hinreichend. Die Musensize in Ita-
lien waren damals noch sehr berühmt, und unter den grossen
Männern älterer Zeiten, war beinahe kein Teutscher, der dieselben nicht einige Jahre besucht hätte. Christoph von Stadion
wählte Bononien zu seinem Aufenthalte, und brachte, nach dem
Zeugniß eines Veiths, 9.) sechs Jahre daselbst zu. Innerhalb
dieser Zeit lag er einzig und allein der geistlichen Rechtsgelehr-
samkeit ob, und machte solche Fortschritte in derselben, daß er
nicht nur Doktor wurde, sondern auch das allgemeine Lob seiner
Lehrer als Belohnung seines Eifers und seines Fleisses davon
trug. In welchem Jahr er die Doktorswürde erhielt, konnt ich
nirgends angemerkt finden. Er war 22 Jahre alt, als er Bononien verließ, und mit Kenntnissen bereichert im Jahr 1500
wieder nach Teutschland zurückkehrte. Wegen seiner sich erwor-
benen Gelehrsamkeit und Kenntnissen, sezte ihn Johann Eck
unter die berühmten Männer aus dem adelichen Stande, die
sich durch dieselbe ausgezeichnet haben. Er nannte unter andern
Johann Pfalzgrafen bey Rhein und Herzog in Bayern,
Domherrn in Straßburg; Uriel von Gemmingen, Erzbischo-
fen in Mainz; Christoph von Schrodenstein, Bischofen in
Brixen; Christoph von Uttenheim, Bischofen in Basel; Heinrich von Lichtenau, Bischofen in Augsburg; Marquard von
Stein, Probsten zu Bamberg; Christoph von Stadion damals
Domdechanten zu Augsburg; und Erhard Truchseß von Wetzhausen Domdechanten zu Eichstädt. 10.) Diese Männer sind alle
bekannt, aber noch nicht nach Würden ins Licht gestellt worden.
Ihre Geschichte ist noch dunkel, und ihre wirklichen Verdienste
wurden nur wenig bemerkt. Christoph von Stadion war nicht
lange in seinem Vaterland, als er von dem Bischof von Augsburg Heinrich von Lichtenau als Rath seinen übrigen Räthen
beigesellt wurde. Allgemein wurden seine Einsichten in die Geschichte vom bischöflichen Hofe anerkannt, und gerühmt, und eben
so bewunderte man seine Tugenden und seine Handlungen. Im
Jahr 1507 wurde er zum Domherrn in Augsburg erwählt, und
bald darauf zum Offizial. Das Domkapitel schickte ihn in seinem Namen nach Rom, um die Streitigkeiten zwischen Regens-

burg und der Augsburgischen Kirche beizulegen, die er auch rühmlich und glücklich endigte. Im Jahr 1515 wurde er zur Würde
eines Domdechants erhoben, und vom Kaiser zu seinem Rath
ernannt, wonach ihn auch der Kardinalbischof von Gurk, Matthäus Lang zu dem seinigen erwählte. Der Bischof Heinrich
von Lichtenau war schon von einem solch hohen Alter gedruckt,
daß ihm seine Regierung endlich zur Last machte, und er einen Koadjutor anzunehmen genöthigt war. Diese Wahl fiel auf den Christoph von Stadion, und nicht allzulange vertrat er diese ihm
anvertraute Stelle, als Heinrich von Lichtenau, der lezte seines Geschlechts in Schwaben, nach einer 12jährigen Regierung
den 12. April 1517 im 77ten Jahre seines Alters, seine Laufbahn
vollendete. Eck hielt ihm seine Leichenrede. 11.)

§ 3.

Christoph von Stadion hätte zwar als bisheriger Koadjutor eine rechtmässige Anwartschaft auf das lediggewordene Bistthum gehabt, und hätte unmittelbar nach Heinrichs von Lichtenau Tode, ohne weitere Wahl, Besiz davon nehmen sollen,
denn es gieng schon eine Wahl zum Koadjutor voran, die, wie
im weltlichen die Thronfolge, so auch in der Kirche die Folge
ins Bistthum, festsezte. Damals sahe man ein, daß er schon
wegen seiner Geburt, Rechtschaffenheit, Gelehrsamkeit und vieler andern Verdienste, der bischöflichen Hoheit würdig war, und
man wählte ihn deswegen zum Koadjutor. Allein es stund
gleichwohl noch länger als einen Monat an, bis er zum Besiz
des Bistthums Augsburg gelangen konnte, und erst am 14. Mai
1517 wurde er aufs neue zum Bischof erwählt. Khamm, 12.)
Veith, 13.) Kolborn, 14.) und Bayrer 15.) versichern zwar,
daß er von den Domkapitularen durch einmüthige Uebereinstim-
mung zum Bischof erwählt worden sey. Aber ganz anders und
zuverläßiger urtheilte Bernhard Adelmann von Adelmannsfelden, ein Augsburgischer gelehrter Domherr, in einem Schreiben
vom 19. Julius 1517 an Wilibald Pirkheimer zu Nürnberg
davon. 16.) Unstreitig hatte Christoph von Stadion grosse und
unläugbare Vorzüge, die ihm den Weg zu dieser Würde gebahnt
haben sollten. Allein er lebte zu einer Zeit, wo man sich durch
dieselbe nicht einzig und allein mehr empor schwingen konnte,

man wollte Geld für solche einträgliche und glänzende Würden
sehen, welcher Mißbrauch noch heut zu Tag an den meisten Orten auch bei Vergebung der geringsten und unbedeutendsten Dienste herrscht. Es ist bekannt, und die Geschichte sagt es, daß
der damalige Pabst Leo der Zehnte, aus dem glänzenden Hause
von Medicis, eine ausschweifende Verschwendungssucht herr-
schen ließ. Diese zu unterhalten, waren unermeßliche Geldsummen nothwendig, und daher wurden auch alle geistliche Aemter
unter seiner Regierung für solche Summen verkauft. Dies war
damals der gewöhnliche Weg geworden, geistliche Würden vom
römischen Hof zu erlangen. Daß dieses auch bei dem von Stadion geschehen, das lehrt das Schreiben des Adelmann von
Adelmannsfelden, welcher versicherte, daß er diese Wahl allein
hätte verhindern können, wenn nicht Fugger gewesen wäre, der
Bothschafter nach Rom mit Geld schickte, um diese Wahl zu befördern. Es ist auch bekannt, daß die damals sehr reichen
Fugger hierinn vorzüglich vieles vermochten, und dies lehrt
uns auch die Geschichte der Gelangung des Marggraf Albrechts
von Brandenburg zum Erzbißthum Mainz, wozu die Fugger
mit ihrem Geld alles beigetragen und die Wahl desselben be-
werkstelligt haben. Wenn daher Luther in seinem Buch an den
christlichen Adel teutscher Nation von des christlichen Standes
Besserung, verschiedene Beschwerden über den römischen Hof anführt, so schreibt er unter andern: 17.) „Da nun der unaus-
„meßliche Geiz noch nicht genug hatte an allen diesen Schäzen,
„da billig sich drei mächtige Könige ließen an begnügen; hebt
„er (nemlich Pabst Leo der X.) nun an solche seine Händel zu
„versezen und verkaufen dem Fucker zu Augspurg, daß nun Bißt-
„thum und Lehen zu verleihen, tauschen, kaufen, und die liebe
„Handthierung geistlicher Güter treiben, eben auf den rechten
„Ort ist kommen, und nun aus geistlichen und weltlichen Gütern
„eine Handthierung worden. Nun möchte ich gerne eine so hohe
„Vernunft hören, die erdenken möchte, was nun hinfort könnte
„geschehen durch den römischen Geiz, das nicht geschehen sey:
„es wäre denn, daß der Fucker seine beide, und nun einigen
„Handel auch jemanden versezt oder verkauft." Dann eifert
Luther wider den Zinskauf, den er das größte Unglück der
teutschen Nation nannte, und sagte darauf: „Hie müßte man,

„ wahrlich, auch den Fuckern und dergleichen Gesellschaften ei-
„ nen Zaum ins Maul legen." Von dem Reichthum der Fugger schreibt Luther in seinen Tischreden, wenn er von der Welt
Gütern und Schäzen spricht, folgendes: 18.) „Die Fugger kön-
„ nen, sprach D. Martinus, in einer Eile aufbringen ein
„ Tonnen Goldes fünf oder sechs, das der Kayser nicht vermag.
„ N. Fugger 19.) hat bei 18 Tonnen Golds verlassen. Man
„ sagt, daß die Fugger und Welser haben dem Kayser einmal
„ zwölf Tonnen Goldes im Kriege vor Padua geliehen. Augs-
„ burg vermag in dreien Wochen dreißig Tonnen Goldes aufzu-
„ bringen, das vermag der Kayser nicht. Und sagte der Herr
„ Doktor: daß ein Bischof von Brixen einmal zu Rom gestorben,
„ welcher auch war ein Kardinal gewesen, und sehr reich, und
„ als er war todt gewesen, hatte man bei ihm kein Geld gefun-
„ den, denn allein ein Zeddelein eines Finger lang, das in sei-
„ nem Ermel gesteckt war. Als nun Pabst Julius denselbigen
„ Zeddel bekommen, hat er bald gedacht, es würde ein Geldzed-
„ del seyn, schickete bald nach der Fugger Factor in Rom, und
„ fragete ihn, ob er die Schrift nicht kenne? derselbige spricht,
„ ja, es sey die Schuld, so der Fugger und seine Gesellschaft
„ dem Kardinal schuldig wären, und machte dreimalhunderttau-
„ send Gulden. Der Pabst fragt: Wann er ihm solch Geld er-
„ legen könnte? Des Fuggers Diener sprach: Alle Stunden.
„ Da forderte der Pabst zu sich den Kardinal aus Frankreich
„ und Engelland, und fragte: Ob ihr König auch vermöchte
„ drei Tonnen Goldes in einer Stund zuverlegen? Sie sagten:
„ Nein. Da sprach er: das vermag ein Burger zu Augsburg
„ zu thun. Und hat der Pabst Julius dasselbige Geld bekom-
„ men. Es sagte auch der Herr Doctor: daß der Fugger zu
„ Augsburg einmal hätte sollen die Schazung geben, da hätte
„ er die Antwort gegeben: Er wüßte nicht, wie viel er hätte
„ oder wie reich er wäre, darum könnte er die Schazung nicht
„ geben. Denn er hätte sein Geld in der ganzen Welt, in Tür-
„ kei, Griechenland, zu Alexandria, in Frankreich, Portugall,
„ Engelland, in Pohlen und allenthalben, jedoch wollte er die
„ Schazung geben von dem, das er zu Augsburg hätte." 20.)
Aus dergleichen Schilderungen läßt sich schliessen, daß in den
damaligen Zeiten die Vergebung der Erz- und Bißthümer nur

allein von den Fuggern abhieng, die sie vom Pabst in Pacht genommen haben, und bestätigt also das, was Adelmann von Adelmannsfelden an Pirkheimer schrieb, daß der Fugger, den der Kardinal und nachheriger Pabst Hadrian einen König zu nennen pflegte, Ursache an der Wahl des Christophs von Stadion zum Bischof in Augsburg gewesen sey. Aber noch eine Ursache, warum sich Fugger des von Stadion so sehr annahm', mag diese gewesen seyn: Hanns Paumgärtner hatte des Georg Fuggers Tochter zur Gemahlin gehabt, und dessen Sohn gleiches Namens vermählte sich mit einer Tochter Hanns von Stadions, des Bischofs von Augsburg Christophs von Stadion Brubers Tochter, und diese genaue Verwandtschaft wird auch die nächste Veranlaßung gewesen seyn. 21.) Inzwischen kann man diesem Bischof wirkliche und herfürstehende Verdienste und Vorzüge, ohne nicht ungerecht zu seyn, nicht entziehen. Seine Gelehrsamkeit, seine Einsichten, seine Handlungen überhaupt, verdienten diese Würde, daß er aber nochmals gewählt werden mußte, und als gewesener und gewählter Koadjutor nicht gleich Besiz von seinem Bistthum nehmen durfte, daran war der Genius jenes Zeitalters, Hab= und Verschwendungssucht des römischen Bischofs Leo des X. schuld, und um durchzudringen, mußte Fugger durch Geld die erstere Wahl zum Koadjutor, auch die Wahl zum Bischof befördern und bestätigen, um auf sein Geschlecht durch die nahe Verwandtschaft einen noch größern Glanz zu verbreiten, einen Reichsfürsten und Bischof zum Vetter zu haben. Adelmann von Adelmannsfelden, der, nach seinem Schreiben zu urtheilen, zu dieser neuen Bischofswahl scheel gesehen zu haben scheint, und vielleicht selbst gerne zu dieser Würde gelangt wäre, hatte eben diese mächtige Empfehlung und Unterstüzung nicht gehabt, so gelehrt und einsichtsvoll er auch war, die von Stadion am Fugger hatte.

§. 4.

Dieser neugewählte Bischof Christoph von Stadion trat zu einer Zeit seine Regierung an, wo die damals eingetretene Zeitumstände ihn, seine Regierung, und seine Handlungen höchst merkwürdig und wichtig machten. Der verderbte Zustand unter der damaligen Klerisei und überhaupt in der Kirche, die übermäßige und sich selbst zugeeignete Gewalt der römischen Bischöfe,

ihre Eingriffe in die Kaiserlichen Rechte, ihre Bedrückungen der
teutschen Nation, ihr unersättlicher Ablaßkram, besonders des
verschwenderischen Pabsts Leo des X. die grobe Unwissenheit der
Geistlichen, derselben liederliches Leben u. d. gl. alles dies gab
zu vielen und verschiedenen Klagen Anlaß, die sich noch vor der
Reformation laut erhoben haben. Wilhelm Durand, Dantes
Aligerius, Alvar Pelagius, Franz Petrarch, Johann Char=
lier von Gerson, Theodor Urie, Theodor von Niem, Niko=
laus de Clemangiis, Franz de Zabarellis, Gregor von
Heimburg, Johann Geiler von Kaisersberg, Erasmus von
Rotterdam u. a. m. schrien laut über den grossen Verfall und
das eingerissene Verderben der Kirche und der von derselben ab=
hangenden Klerisei, und sind lauter Männer welche noch vor der
Reformation gelebt haben, und der röm. Kirche zugethan waren.
Roderich de Zamora, Peter de Osina, Johann de Vessalia,
Johannes Wessel, Franz de Paulla, Martin Meyer, Hie=
ronymus Savanarola, Andreas Proles, Johann Baptist
Spagnoli, sonst Mantuan genannt, Alphons a Castro,
Paul Lange, Mathäus Lang, Lorenz Surius, Franz
Duarenus, Richard von Wasseburg, Robert Bellarmin,
Nikolaus Serrarius, haben in ihren Schriften Zeugnisse der
Wahrheit von dem verderbten Zustand der Kirche, der Klerisei
und der Lehre abgelegt. Selbst der neueste katholische Schrift=
steller Kolborn stellte sehr schöne Betrachtungen über den Verfall
der Kirche und über die Veranlassung zur Reformation an, die,
obgleich noch manches dabey zu erinnern wäre, kaum von einem
Katholiken zu erwarten waren. 22)

Christophs von Stadion Regierung fiel also gerade in jenes
für die gereinigte Lehre glückliche Zeitalter, wo D. Martin Lu=
ther, ein Augustiner Mönch zu Wittenberg, den Muth faßte,
und das grosse Werk der Reformation begonnte. Kurz vorher
noch hielte der Bischof von Stadion eine Synode im Oktober
1517 und ließ die Statuten derselben bekannt machen, 23.) als
Luther gleich darauf am 31. Oktob. seine 95 Säze gegen den
Ablaß an der Schloßkirchen zu Wittenberg anschlug. Eine so
schnelle und unerwartete Veränderung, die im kirchlichen System
eine wichtige Revolution herfürbrachte, mußte den Bischof aller=
dings aufmerksam machen, indem er voraus sehen konnte, daß

dieselbe auf seine Regierung einen grossen und wichtigen Einfluß haben, und verschiedene Wirkungen herfür bringen mußte, die sich auch nach der Hand in seiner Diöces ereignet hatten, wie der Verfolg dieser Geschichte überzeugend darthun wird.

§. 5.

Das Jahr 1518 ist besonders in der Reformationsgeschichte merkwürdig. Christoph von Stadion hatte in diesem Jahr seinen Eifer vorzüglich gegen den Abt Franz zu Heil. Kreuz in Donauwört gezeigt, da er denselben, sodomitischer Unzucht wegen, in eine ewige Gefangenschaft verdammte. Ein Beweis von dem ausgelassenen Leben der damaligen Klerisei, und wollte Gott! sie wäre heut zu Tag nicht noch eben so. Von Stadion, durch mehrere Beispiele und geführte Klagen zwar überzeugt, wollte doch anfangs nicht glauben, daß seine unter ihm stehende Geistlichkeit so ausgelassen, und in mehr andern Lastern versunken seyn soll, bis er den Fehler nach und nach besonders in spätern Jahren selbst einsah, und davon überzeugt wurde.

Gleich nach angefangener und mit Gewalt ausgebrochener Reformation bediente er sich verschiedener Lehrer, die er zu Predigern an der Domkirche anstellte, in der Absicht, daß sich diese der Lehre Luthers und seiner Anhänger widersetzen sollten. Der erste unter denselben war Johann Oekolampad, den von Stadion 1517 zu sich als Prediger berief. Allein er eiferte sehr stark wider die Mißbräuche der Kirche und den ehelosen Stand der Geistlichen, strafte die Laster des gemeinen Volks, führte die öffentliche Beichte ein, und durch diese Vorgänge zog er sich viele Feinde auf den Hals, daß er beim Bischof um Urlaub anhielt. Demungeachtet wollte ihn der Bischof nicht entlassen, und war ihm, ob er gleich ziemlich evangelisch predigte, sehr lieb, aber durch öfteres Zudringen, entließ er ihn endlich, worauf er 1519 nach Altmünster in Baiern ins Kloster zu der heil. Brigitta gieng, aber seine Kutte bald wieder ablegte, und nach Basel zog, wo er sich durch seine Gelehrsamkeit vorzüglich auszeichnete.

Merkwürdig ist in der Augsburgischen Geschichte der im Jahr 1518 gehaltene Reichstag, wozu K. Maximilian I. auch unsern Bischof von Augsburg Christoph von Stadion berief, wie er auch in der Folge, und bis an sein Ende, allen andern Reichstägen beiwohnte. Dieser Reichstag wurde wegen einem vorges

habten Feldzug wider den Türken, besonders aber wegen der Wahl Karls, Königs in Spanien zum römischen König, gehalten. Allein die gröste und wichtigste Handlung, die auf demselben vorgieng, war die Unterredung Luthers mit dem Kardinal Kajetan über seine Lehre. Leo der X. wollte anfangs, daß er sich in Rom stellen sollte, aber durch die Vermittlung Kurfürst Friedrichs von Sachsen geschah es, daß er zu Augsburg vor seinem Legaten Thomas Kajetan erscheinen durfte. Die Geschichte dieser Handlung ist zu bekannt, als daß ich solche hier weitläufig erzählen sollte, weil sie auch eigentlich nicht hieher gehört. 24.) Wie sich der Bischof von Stadion bey dieser merkwürdigen und wichtigen Begebenheit benommen, ob er sich mit Luthern ebenfalls unterredet, davon schweigt die Geschichte, es ist aber zu vermuthen, daß er dabei ein aufmerksamer Zuhörer war, und nachgehends erst von seiner Klerisei zu Handlungen aufgehetzt worden, die nicht rühmlich waren. Sicher hätte er mehr verstanden, als der päbstliche Legat Kardinal Kajetan verstanden hatte. Damals war von Stadion eben noch nicht so sehr scharf gegen Luthers Lehre gewesen, wie einige behaupten wollten, als ers bald nachher wurde. Damals hielt er auch seine merkwürdige Synodalrede an seine gesammte Geistlichkeit im apostolischen Geiste, welche sehr rührende Betrachtungen über Matthäi 18. 3. enthält. Man findet in derselben eine Menge der schönsten Gedanken, die alle noch Hochachtung und Ehrerbietung gegen diesen Bischof einflößen. Ein einziges Beispiel davon, die angestellte Vergleichung der ehemaligen und jetzigen Bischöffe, soll mein Urtheil bestätigen. „Sind nicht heut zu Tage alle Gattun-
„gen von Lastern an die Stelle der Heiligkeit und Tugend unserer
„Väter gekommen? Sie beschäftigten sich mit Andacht, Almo-
„sengeben und Fasten; wir scharren allenthalben Reichthümer
„zusammen, um sie in Uebermuth und Pracht zu verschwenden.
„Auch an den Tafeln derjenigen, welche sich der bischöflichen
„Würde, der höchsten Stufe in der Kirche bemächtigen, nicht
„eben um Christo darinnen zu dienen, sondern nur durch Chri-
„stum desto freier zu schwelgen, sind Fasten und Mässigkeit ganz
„unbekannte Eigenschaften. Die entferntesten Meere und Länder
„müssen ihre Tafel mit einem Ueberfluß der kostbarsten Speisen
„und vortreflichsten Getränke versehen, nicht um den Hunger zu

„ftillen, sondern die Wolluft anzufachen. Sie sind dabei mit
„ einer unzählbaren Menge Aufwärter umgeben; einige tragen
„ auf, andere tragen ab, einige credenzen die Getränke, andere
„ die Speisen; diese giessen Wasser auf die Hände, jene reichen
„ die Tücher zum abtrocknen; hier zünden einige koftbares Rauch-
„ werk an; dort wehren andere den Fliegen mit ihren Fächern.
„ So hat der Ehrgeiz eines einzigen ein ganzes Heer von Skla-
„ ven um sich. Ift aber wohl ein solcher nicht vielmehr der erfte
„ Sklave seiner ungezähmten Begierden, der sich gegen die Vor-
„ schriften der heil. Väter mit solchem Stolze bedienen läßt?
„ Der Bischof, so reden die Väter, soll nur schlechtes Hausge-
„ räthe, und eine mehr nothdürftige, als wohl versehene Tafel
„ haben. Er soll das Ansehen seiner Würde nicht in der Menge
„ der Diener, nicht in Ehrgeiz und Hochmuth, sondern in der
„ Demuth und den Verdienften des Glaubens und des Lebens
„ suchen." Dann fährt er noch weiter in seinem apoftolischen
Eifer und Geifte fort, und spricht: „Wer kann hier ohne Thrä-
„ nen d ran gedenken, meine ehrwürdige Väter, wie weit wir
„ von der alten Heiligkeit und frommen Sitten abgekommen seyn?
„ und wer sieht hieraus nicht ein, warum Gesichte, Entzückun-
„ gen, Zeichen und Wunderwerke in unsern Tagen aufgehört ha-
„ ben? Dieses sey denjenigen ohne Nachtheil gesagt, welche
„ rechtschaffen und untadelhaft leben; ich beneide sie vielmehr,
„ weil ich den Grad ihrer Tugend nicht erreichen kann. Aber
„ das Herz bricht mir, und die Augen zerfliessen mir in Thränen
„ über diejenigen, welche ausschweifend und fleischlich leben, die
„ Einsamkeit hassen, sich in Frömmigkeit, Gehorsam und Demuth
„ üben, den Umgang mit Weibern, den Handel, Streit und
„ Wucher lieben, welche Petrus nicht mehr Diener Gottes nen-
„ net, sondern Hunde, welche wieder freffen was sie gespien ha-
„ ben, ingleichem Schweine, welche sich nach der Schwemme so-
„ gleich wiederum im Kothe wälzen. Deren Heuchelei, und die
„ Seelen zu Grund richtende Vorftellung, unter der Larve und
„ Mantel der Tugend defto gefährlicher ift, je zuverfichtlicher
„ man sie für die rechtschaffenften Leute hält, deren Lohn aber
„ endlich das ewige Verderben seyn wird. Nun ift mein Wille
„ und Wunsch, daß eure Gesinnungen von diesen unendlich weit
„ entfernt seyn mögen. Ihr müffet den Werth einer jeden Sache

„ nach dem Antheile an Christo beurtheilen." Diese vortrefliche
und im apostolischen Geiste geschriebene Rede wäre vielleicht nicht
mehr auf uns gekommen, wenn sie der gelehrte Abt zu Ottobeuren Leonhard Widemann, 25.) dem sie der vortrefliche Bischof
Christoph von Stadion im Manuscript zuschickte, nicht durch
den Druck bekannt gemacht hätte. Der Bischof von Stadion
befahl ihm zwar, solche nicht bekannt zu machen, allein da der
Abt in seinem Kloster eine eigene Druckerei hatte, so wagte er es,
des Befehls ungeachtet und ohne seinen Willen, auf vieler Bitten, diese Rede öffentlich im Druck herauszugeben und sie dem
Bischof selbsten zuzueignen. Kolborn, gab sie 1776 auch, heraus, und die beiden Herren Grafen Johann Philipp Karl
Joseph und Friedrich Lothar Joseph von Stadion übersetzen
sie unter ihrem Mentor Kolborn in das teutsche, Kolborn aber
eignete sie deren glücklichen und würdigen Mutter, Frau Maria
Johanna Ludovika Freyin von Zobel zu Gibelstadt-Darm-
stadt zu. 26.) Das Jahr darauf 1519 fiel die berühmte Leipziger Disputation vor, 27.) wobei sich aber von Stadion nicht
beschäftigte.

§. 6.

Bisher hatte sich unser Bischof von Stadion noch sehr leidentlich gegen Luthern und seine Lehre gehalten, und vielleicht
würde er niemals so scharf gegen die Anhänger derselben gewesen
seyn, wenn er nicht durch übermüthige und boshafte Zeloten
aufgehetzt worden wäre, daß er in der Folge wie ein Tyrann
verfuhr. Im Jahr 1520 hielt er zu Dillingen eine Synode mit
160 Geistlichen, um der eingerissenen Lehre Luthers, oder wie
man sie damals, und an theils Orten, wo Dummheit herrscht
jetzt noch, nannte, Kezerei, Schranken zu sezen. Auf dieser Synode verbot er Luthers Schriften, und den Priestern die Ehe.
Er sahe es wohl ein, daß in der katholischen Kirche viele Män-
gel und Gebrechen eingerissen sind, und wollte sie an seiner
Geistlichkeit auf eben derselben zu verbessern suchen, und sezte
deswegen eine scharfe Strafe auf diejenigen Geistlichen, welche
Konkubinen hielten, und mit denselben Kinder zeugten. Ein
Beispiel davon findet man am Kaspar Aquila oder Adler.
Dieser grosse Reformator, und seinem Zeitalter Ehre bringende
Gelehrte, las frühzeitig die Schriften Luthers, fand die Wahr-

heit des Evangeliums in denselben, und wurde ein Anhänger und Verehrer dieser Lehre. Der Ruf, daß Luther nach Augsburg gekommen sey, und sich muthvoll vor dem Kardinal Kajetan verantwortet hätte, bestärkte seine gute Meinung von demselben, und er las mit grösserm Eifer seine Schriften. Er war Pfarrer zu Jengen, einem Dorfe an der Gennach im Augsburgischen Kirchsprengel gelegen, wo ihn noch Bischof Heinrich von Lichtenau 1516 rechtmässiger Weise verordnet hatte. Gleich wie er diese Stelle antrat, hatte er sich auch bald darauf und noch in dem nemlichen Jahr mit einer Wittwe verheurathet, und mit derselben den 20. Mai 1517 einen Sohn, den er Malachias nannte, erzeugt. Ein äusserst seltener Vorfall, der damals grosses Aufsehen unter der Klerisei verursacht haben mußte, es ist aber zu vermuthen, daß es sehr heimlich damit zugegangen seyn muß, denn weit leichter bekamen die Priester eine päbstliche Dispensation zum Konkubinat, als zum ordentlichen Ehestand. Inzwischen bleibt diese Begebenheit noch immer ein Räthsel, denn sich von einem andern Priester trauen zu lassen, wäre immer viel vom Aquila gewagt gewesen, ausser er hätte einen gefunden, der mit ihm gleicher Gesinnungen gewesen wäre, und sich selbst eine Gattin anzutrauen, wäre wieder die Gesetze laufend. Vielleicht war es anfangs nur eine päbstliche Dispensation zum Konkubinat, und daß er erst nachgehends, als er förmlich auf Luthers Seite trat, und seine Lehre, als Lehre des Evangeliums verkündigte, die wirkliche Ehe vollzog. Der Fall mag seyn wie er will; so bleibt ihm doch die Ehre, einer der ersten verheuratheten Priester gewesen zu seyn. Dieser Vorgang, und seine grosse und starke Anhänglichkeit an Luthers Lehre, mag einige unter dem geistlichen Stande veranlaßt haben, die den Bischof von Augsburg Christoph von Stadion aufmerksam darauf machten. Sein Zorneifer mußte um so mehr gereizt werden, als er ihm öfters Befehle, Ermahnungen und Warnungen zugehen ließ, bei den Sätzen der alten katholischen Kirche standhaft zu verbleiben, und nicht im mindesten von denselben abzuweichen. All dieses fruchtete bei ihm nichts, sondern er fuhr vielmehr in seinem Eifer fort, die Wahrheit der evangelischen Lehre nicht nur in Predigten, sondern auch in Schriften zu verkündigen. Dies brachte nun vollends das Gemüth des Bischofs von Stadion in volle

Flammen. Auf einmal kam nach Jengen ein Befehl, den Aquila auf einem Karren zu ihm gefänglich nach Dillingen zu bringen. Dieser Befehl wurde ohne Zeitversäumniß vollzogen, und der gute Mann an den bestimmten Ort seiner Qual abgeführt. Kaum war er angekommen, als ihn der Bischof, unverhört, sogleich in ein hartes, unreines und tiefes Gefängniß legen ließ, worinn er den ganzen Winter hindurch und über ein halbes Jahr schmachten mußte, und nicht einmal einen warmen Bissen noch Suppe bekommen. Aquila war aus einem Patriziergeschlechte entsprossen, dessen Vater Leonhard Aquila Syndikus in Augsburg war. Er hatte damals noch angesehene Freunde unter dem Patriziat und unter der Burgerschaft. So bald diese vorgefallene Handlung mit ihm ruchbar wurde; so nahmen sich diese seiner an, und suchten ihn aus diesem elenden Zustande zu retten. Man gab — nicht bei dem Bischof, der unerbittlich zu seyn schien — bei Kaiser Karl dem V. öfters die demüthigsten Bittschriften ein, um ihn los zu bitten. Der Kaiser erhörte sie endlich, und schickte seine Schwester Maria, die nachher mit dem König von Dännemark Christiern vermählt wurde, an den Bischof. Dieser empfieng diesen hohen Gast mit geziemend tiefster Ehrfurcht und mit ausnehmender Freude. Er nöthigte sie sogleich vom Wagen abzusteigen, aber sie weigerte sich dessen, und stieg nicht eher ab, als bis ihr der Bischof die Gewährung ihrer Bitte zugesagt haben würde. Der Bischof sagte es ihr zu, fragte aber, worinn diese Bitte bestehen möchte, worauf sie herausgebrochen: sie verlange den Pfarrer, der Aquila heiße, und von ihm gefangen gehalten würde, frei zu haben. Der Bischof, der bereits den Entschluß gefaßt hatte, ihn den andern Tag darauf hinrichten zu lassen, stuzte darüber, und entfärbte sich merklich, gleichwohl aber durfte er sein Wort nicht mehr zurückziehen, und noch weniger gegen eine solche Dame respektswidrig handeln. Aquila wurde also seines harten Gefängnisses los und vom Tod errettet, und Karl des V. Schwester Maria stieg vom Wagen, und unterhielt sich mit dem Bischof einige Stunden lang. Bei seiner Loslassung ergieng zugleich der bischöfliche ernstliche Befehl, innerhalb etlichen Stunden seine Wohnung zu räumen, und sich in Zukunft dieses Orts nicht mehr betreten zu lassen. Er mußte seinen geschriebenen Vorrath, wie seine gedruckten Bücher, seinen

ganzen

ganzen Hausrath, und alles Vieh zurücklassen, und bedauerte nur
seine Bibliothek, die er, wie er öfters seinem Sohn versichert
hatte, nicht einmal auf zwei Wägen fortführen zu lassen im
Stande gewesen wäre. 28.) Ein seltenes Beispiel von einem Bü-
chervorrath in jenen Zeiten. Auf diesen Vorfall, und auf andere
mehr, mag vielleicht der Verfasser einer sehr ärgerlichen Schrift,
die vermutlich in eben den Jahren erschien, in denen sich der
Bischof bemühte, die evangelische Lehre zu unterdrücken, gezielt,
und den sonst vortreflichen Bischof von Stadion, wie er sich in
der Folge zeigte, so häßlich geschildert haben. 29.)

Nach dem Domprediger Johann Oekolampad, den er auf
mehrmalige Vorstellungen entließ, berief er den Urban Regius,
Augsburgs ersten Reformator, einen gelehrten Mann, an dessen
Stelle zum Domprediger. Von Stadion wußte Verdienste zu
schäzen, erkannte sie, und kannte auch die Gelehrten. Regius,
der ehemalige Schüler des berüchtigten Fechters Johann Ecks
in Ingolstadt, nahm diesen Ruf 1520 an, ob er gleich schon
vorher in dem Karmeliterkloster zu St. Anna in Augsburg in sei
ner Kutte gut evangelisch predigte, und predigte auch in der Dom,
kirche eben so eifrig wider die Mißbräuche in der Kirche und das
ehelose Leben der Geistlichen. Dadurch empfahl er sich bei der
katholischen Geistlichkeit nicht, und sie fanden an ihm, was sie
am Oekolampad scheuten. Ein Domherr erfrechte sich sogar,
ihm, als er von der Kanzel gieng, aufzulauren, mit ihm Worte
zu wechseln, und dadurch Ursache zu nehmen, dem sich nichts
Uebels versehenen Regius einen bei sich getragenen Bund Schlüssel
ins Angesicht zu schlagen, worüber aber ein grosser Aufruhr
entstund. Regius, von dem Luther das aufrichtige Geständniß
ablegte, daß er schwerlich wider seine Feinde siegen würde,
wenn nicht durch des Regius Treue und Wachsamkeit Schwaben in guter Ordnung gehalten würde, denn diese Provinz stunde damals, wegen den vielen darinn gehaltenen Reichsversamm-
lungen, in größtem Ansehen unter der teutschen Nation, blieb
nicht mehr bei seiner Stelle als Domprediger, gieng 1521 nach
Hall im Thal und wurde 1522 wieder nach Augsburg berufen,
wo er bei St. Anna predigte, und vom Rath ordentlich besoldte
wurde, und 1527 sich mit Anna Weißbruckerin verheurathete. 30.)

B

Chriſtoph von Stadion, in den Wiſſenſchaften erfahren, Kenner und Beförderer der Gelehrten, wollte auch für die Schulen, die Pflanzſtädte der Gelehrſamkeit ſorgen, und ſezte den damals berühmten und ſehr geſchickten Mathematiker Johann Vögelin, von Heilbronn, der Domſchule zum Lehrer ein. Xyſtus Betulerius oder Birk, der nachher Rektor am Gymnaſium zu St. Anna wurde, war ſein Schüler. Als Urban Regius ſeine Stelle als Domprediger niederlegte, ſo wurde Vögelin vom Biſchof von Stadion an deſſen Stelle als Domprediger berufen. Allein er behielt ſie nicht lange, denn als ihm der Zwieſpalt in der Religion nicht gefallen wollte, ſo gieng er wieder mit einem Jahr, und zog nach Wien, wo er Lehrer der Mathematik wurde, und über den Euklid Vorleſungen hielt.

§. 7.

Der römiſche Biſchof Leo der X. hatte anfangs die muthvolle Unternehmungen Luthers für eine mönchiſche Zänkerei angeſehen, und ſie eben nicht ſonderlich groß geachtet, als aber ſein groſſes Reformationswerk um ſich griff, ſo wurde er erſt aufmerkſam darauf, und bemühte ſich daſſelbe zu unterdrücken. Allein alle Vorkehrungen, alle Verſuche, waren vergebens, es breitete ſich immer mehr und mehr aus, bekam Anhänger und Verehrer, Luther aber mehrere Freunde unter den Groſſen die ihn ſchüzten und unterſtüzten. Er vertheidigte ſich und vertheidigte ſeine Lehre bei Kaiſer und Fürſten mit Stärke, Kraft und Muth, und es gelang ihm. Freilich war er noch immer kleinmüthig, gleichwohl aber wich er doch nicht von dem, was er anfieng zu lehren, und behauptete ſeine Lehre ſtandhaft. D. Johann Eck, der erſte und heftigſte Widerſacher Luthers, der ſich in alle wichtige Handlungen, die ſich in der Reformationsgeſchichte ereignet haben, eindrang, und niemals ſeine heimtückiſche und blutgierige Abſichten verbergen konnte, hatte nicht genug, daß er ſeinen vermeinten Sieg bei der Leipziger Diſputation mit vollem Halſe ausgeſchrien, nein, er mußte nach Rom ſelbſt reiſen, um das in Perſon für Luthern auszuwirken, was ihn auf einmal zernichten ſollte. Eck brachte vom römiſchen Biſchof eine fürchterliche Bulle zuwege, welche Luthern, ſeine Lehre, und alle ſeine Freunde und Anhänger verdammte. Dieſes römiſche, vom Eck erſchlichene und herausgepreßte Machwerk, iſt am 15.

Junius 1520 unterzeichnet worden. Gott, Petrus, Paulus und alle Heiligen wurden im Anfang aufgerufen, der römischen Kirche, der Mutter aller Kirchen und der Meisterin des Glaubens, bei dieser drohenden Gefahr beizustehen, wie sie aber beigestanden, hat die Folge gezeigt. Luther wurde darinnen als ein der römischen Hoheit gefährlicher Mönch förmlich, und wie es dem römischen Bischof auf Eingebung des grossen und prahlerischen Ecks beliebte, für einen Kezer erklärt, aus seinen Schriften 41 Säze, die sicher Leo der X. nicht selbst gefunden hat, herausgezogen, und als verderblich, schuldig, anstößig, ärgerlich und kezerisch verworfen. Unter der Strafe des Banns wurde jedermann verboten, Luthers Schriften zu lesen, alle Obrigkeiten ermahnt, solche zu verbrennen, aller Lehrer, die sich nach Luthers Lehre gebildet, sich zu versichern oder sie wegzujagen, und im Fall all dieses nicht befolgt würde; so sollten alle Oerter, wo sie sich aufhielten, mit dem Interdikt belegt werden. Doch wurde wieder eingelenkt, und die schnell ausgebrochene Hize des römischen Kurialisten Peters von Accolithis, Kardinals von Ankona, gedämmt, da Luthern und seinen Anhängern 60 Tage zugegeben wurden, innerhalb dieser Zeit feierlichst zu widerrufen, und die glaubwürdigste Bescheinigung darüber nach Rom einzuschicken, wo sie aber diese Gnadenzeit verstreichen lassen würden; so sollen sie ohne weiters in die Kezerstrafe verfallen seyn. Wer war froher als der gehobelte Eck, 31.) daß er mit einer so wichtigen und heiligen Urkunde im September 1520 seinen Einzug in Teutschland halten konnte, wer ehrgeiziger als dieser Fechter, sie als ein Nuntius apostolikus und päbstlicher Protonotar bekannt machen und vollziehen zu dürfen. Vor seinen Augen loderten schon die Scheiterhaufen hell auf, auf denen Luther und seine Anhänger zu Asche verbrannt werden sollten. Allein bald zwickte ihn der Schmerz am ganzen Körper, als er seine Absichten, Vorstellungen, Einbildung, Gesichte alles schon erfüllt zu sehen, nicht erfüllt, und sich grösentheils verachtet sah. Ein bewafneter, geistvoller, rüstiger Ritter, mit ernster, fürchterlicher Miene, der grosse Ulrich von Hutten, der sich der guten und gerechten Sache Luthers annahm, trat herfür, nahm diese Bannbulle, ließ sie abdrucken, und versah sie mit seinen Glossen, in denen er mit Löwenmuth die ganze römische Kurie an Haupt und Glie-

dern mächtig zu Boden stürzte. 32.) Kurz, Eck fand nicht allenthalben in Teutschland, was er zu finden hofte. In Leipzig
wurde sie mit gänzlicher Verachtung angesehen, und Eck von den
dortigen Studenten durch angeschlagene Zettel in so grosse Angst
gesezt, daß er kaum Zeit genug übrig hatte, sich in das Pauli-
nerkloster und endlich nach Freiburg zu flüchten. Der Bischof
von Bamberg versagte deren öffentliche Bekanntmachung, die
Universität Erfurt entschuldigte sich, aber die Studenten daselbst
faßten den Muth, diese Bulle in Stücken zu zerreissen und ins
Wasser zu werfen. Und so geschah es an mehrern Orten. Die
Bischöfe von Eichstädt und Freisingen machten sie voll heiligen
Eifers sogleich bekannt. 33.) Eck, der sich bei dem Bischof von
Augsburg Christoph von Stadion einzuschmeicheln wußte, und
ihn durch seine süsse Lockstimme gewinnen konnte, brachte es
auch bei diesem dahin, daß er sie durch ein besonderes Mandat
bekannt machen ließ. 34.) Veith hielt dies für ein besonders grosses Verdienst, und schmeichelte sich, daß dieses Mandat eine
vorzüglich merkwürdige Epoche in der Kirchengeschichte Augsburgs
gemacht habe. Man darf diesem vortreflichen Bischof von Stadion, der immer die Zierde seines Geschlechts und die Zierde
unter den Bischöfen seiner Zeit, und auch des jezigen Zeitalters
bleibt, nicht immer die Schuld beimessen, wenn seine Handlungen zu Anfang seiner Regierung etwas tyrannenmässiges an sich
trugen, denn er handelte sichtbarlich mehr nothgedrungen von
seiner Klerisei und vom Eck, als freiwillig auf diese Weise. Er
durfte seine tiefe Einsichten nicht Meister über sich werden lassen,
wenn er nicht alle Schmach, allen Undank, und vielleicht gar die
Entsezung von seiner Würde über sich wollte kommen lassen.
Statt daß diese Bannbulle, wie sich Eck schmeichelte, eine grosse
Wirkung gemacht, und die evangelische Wahrheit unterdrückt haben sollte, war sie, wider sein Vermuthen und zu seinem Schmer-
zen, die Grundursache von der weitern Ausbreitung des reinen
Evangeliums, das nun in aller Welt bekannt und angenommen
wurde. Auf Luthern hat sie nun gar nicht den mindesten Ein-
druck gemacht, und deswegen schrieb er an Spalatin, daß sie
ihm sehr verächtlich sey, und daß er sie nun auch mit allem Ernst
angreifen und zeigen wolle, daß se gottlos und lügenhafe, und
dem Eck hauptsächlich und allenthalben zuzuschreiben sey. 35.)

Selbst römischkatholische Schriftsteller mißbilligten diese Bulle.
Inzwischen sind nicht nur in Rom, sondern auch an manchen
Orten in Teutschland und in den Niederlanden, Luthers Bücher öffentlich verbrannt worden, wodurch Luther aufgebracht,
mit Heldenmuth den 10. Dezember 1520 die päbstliche Bulle und
das kanonische Recht mit einigen Schriften von Eck und Emser
vor dem Thore zu Wittenberg in Gegenwart einer grossen Menge Zuschauer von Vornehmen und Gelehrten, der studierenden
Jugend und des Pöbels, verbrannte. 36.) Durch diese muthige
Handlung gab er öffentlich zu erkennen, daß er dem römischen
Pabst den Gehorsam aufkündigte, und alles was von Rom aus
in der Folge noch kommen würde, unkräftig und ungültig sey.
Er gab selbst hierüber eine Schrift zu seiner Vertheidigung heraus, worinn er die Ursachen anführt, die ihn dazu bewogen haben. 37) Luther gab dadurch der Hierarchie einen sehr empfindlichen Stoß, denn von nun an hörte alle Verbindung mit dem
römischen Stuhl auf, und die gänzliche Trennung war die Folge
davon. Leo des X. allzuscharfes Verfahren und Ecks ungestü-
mer Eifer mußten wider ihren Willen die gute Sache noch mehr
befördern und verbreiten, wie sich auch Luthers Unternehmungen sehr schnell verbreiteten, und er ganze Provinzen und Städte
zu Anhängern bekam. Ulrich von Hutten, der sich ganz in Luthers Angelegenheiten von nun an mischte, sprach ihm in Schreiben Muth zu, standhaft zu bleiben, und gute Vorsicht vor heimlichen Nachstellungen zu gebrauchen, und bot ihm seinen Beistand
an. 38.) Dies war Huttens erster Brief, wo er sich zu Luthers
Sache von Herzen und frey von aller Furcht bekannte.

§ 8.

Hat die römische Bannbulle grosses Aufsehen in Teutschland
gemacht, die doch von keiner Wirkung war, wie sie Eck und
sein Anhang hofte; so grosses Aufsehen machte der zu Worms
abgehaltene Reichstag 1521, worauf auch der muthige Luther
erschien. Diese Reichsversammlung war glänzend, und auf dieser wurde Luthers Lehre noch weiter untersucht, und er wegen
derselben auch verhört, und in die Acht erklärt. Der römische
Bischof Leo der X. ruhte nicht, und schikte gleich im Anfang
dieses Jahrs eine neue, in den härtesten Ausdrücken abgefaßte
Bulle, wider den nun allgemeinen Volkslehrer Luther und seine

Anhänger nach Teutschland, worinn er alle die, welche ihm geneigt
und zugethan waren, ohne Unterschied des Standes in Bann
that, und der ewigen Verdammniß (!!!) für schuldig erklärte.
Ja, diese Bulle sollte damals an allen Orten, wo von Luthers
Kezerei etwas anzutreffen sey, mit ganz besondern Feierlichkeiten
auf das schleunigste öffentlich bekannt gemacht werden, den froh-
lockenden Priestern aber, die noch im Dunkeln wandelten, war
ausdrücklich befohlen, mit angestrengtestem Eifer gegen diese Kezerei zu predigen.   Allein es gieng mit dieser neuen Bulle, wie
mit der alten vom Eck mitgebrachten, sie machte nirgends grosses Aufsehen, und an mehrern Orten, wie in Sachsen, kam sie
wohl gar nicht zum Vorschein.   K. Karl der V. schrieb inzwischen
einen Reichstag nach Worms aus, und verlangte vom Kurfürsten zu Sachsen, daß er Luthern mit sich auf denselben bringen
möchte, um ihn verhören zu können.   Man gab ihm hin und
her sicheres Geleit, und Luther verfügte sich, sobald ihm der kaiserliche Befehl eröffnet worden war, mit Justus Jonas, Nikolaus
Amsdorf und Hieronymus Schurf einem Rechtsgelehrten, auf
den Weg nach Worms, wo er am 16. April 1521 ankam.   Auf
diesem Reichstage waren der Kaiser, Kurfürsten, Fürsten, Bischöfe, Prälaten, Grafen, Herren und andere Bothschafter zugegen.   Zwischen dem Hieronymus Bischof zu Brandenburg,
und dem Kardinalbischof Bernhard von Gleß zu Trient, war
auch unser Christoph von Stadion als Bischof von Augsburg,
welcher Peter und Paul von Giltlingen, Bernhard Schenk
von Winterstetten, Johann von Au, Sebastian von Giltlingen und Theodor von Gemmingen in seinem Gefolge hatte.
Er war sicher keiner der geringsten in dieser Versammlung, denn
er durfte mit seinen Kenntnissen und Einsichten einem jeden andern an die Seite gesezt werden.   Ich möchte dabei gewesen
seyn, als Luther hineintrat, mit welcher Aufmerksamkeit wird
nicht dieser Bischof von Stadion, diesen unerschrockenen Glau-
benshelden betrachtet und angehört haben!   Gleich anfangs verlangte der päbstliche Gesandte Hieronymus Aleander, der
noch von dem Marinus Carracciolus begleitet wurde, auf dem
Reichstag, daß Luther in die Reichsacht erklärt werden solle,
allein K. Karl der V. verlangte im Gegentheil von ihm, daß er
in einer öffentlichen Sizung vorher beweisen sollte, in wiefern

Luther sich gegen den Pabst versündigt, und die fürnehmsten
Artikel des Glaubens verkehrt habe. Aleander hielt darauf
eine lange Rede, und suchte Luthers Lehre und Person verhaßt
zu machen, und suchte überhaupt solche Ueberredungsgründe herfür, von denen er glaubte, daß sie die schnellste Wirkung herfür
bringen sollten, und scheute sich nicht, dem Kaiser Dinge unter
das Gesicht zu sagen, die beleidigend waren, denn er warf ihm
vor, daß er sich eine Schande zuziehen würde, wenn er eine
Sache untersuchte, die gar nicht für ihn gehörte, und der weltliche Stand in dergleichen Fällen nicht richten könnte. Allein
K. Karl der V. kehrte sich nicht an dieses Geschwätz, sondern er
und die Reichsstände beschlossen, Luthern auf den Reichstag
vorzufordern, worauf am 6. Merz die Citation nebst einem freien
Geleitsbrief ausgefertigt, und ein Herold abgeschickt wurde,
Luthern nach Worms zu begleiten. Ueberhaupt war K. Karl
der V. damals Luthern nicht ganz ungeneigt, und ließ sich vom
Kurfürst Friedrich von Sachsen zweimal eine abschlägige Antwort,
Luthern auf den Reichstag mitzubringen, gefallen, bis endlich
die Fürforderung desselben auf dem Reichstag selbst beschlossen
worden ist. Luther verantwortete sich auf die ihm vorgelegte
Fragen mit der größten Standhaftigkeit und Unerschrockenheit,
und wie ein Mann, der sich seiner guten Sache bewußt ist.
D. Schurf vertrat ihn als sein ihm zugegebener Beistand eben
so männlich, denn er war ein geschickter Rechtsgelehrter. So
geschwind gefaßt Luther in seinen Sachen war; so wollte er
sich doch da nicht übereilen, was den Glauben, die Seligkeit
und Gottes Wort anbelangte, und bat sich daher eine Bedenk-
zeit aus, die ihm der Kaiser auf 24 Stunden verwilligte. Luther erschien zur bestimmten Stunde, und sprach vor der ganzen Versammlung stark, nachdrucksvoll und männlich, ganz
frei von aller Furcht. Nicht ganz durfte er aussprechen, als er
durch den kaiserlichen Orator den kurtrierischen Offizial unterbro-
chen, und zu einer runden und deutlichen Antwort angehalten
wurde, ob er widerrufen wolle? Diese Frage war etwas zu ge-
waltthätig, sie erschreckte aber Luthers heldenmüthiges Gemüth
nicht, sondern stärkte vielmehr seine Geistesgegenwart, er ant-
worte zwar kurz, aber mit Nachdruck, und schloß mit den merkwürdigen Wörten: Hier stehe ich, ich kann nicht anders,

Gott helfe mir. Amen! Bisher gebrauchte Luther die teutsche Sprache bei seinen Reden, es wurde ihm aber aufgetragen, nunmehr alles in lateinischer Sprache zu wiederholen. Diesem Verlangen entsprach er, und erhielt den geheimen Beifall vieler Fürsten, besonders aber des Kurfürsten von Sachsen Friedrichs. Wer hätte wohl glauben sollen, daß Luther seiner standhaften und wahrheitsvollen Verantwortung ungeachtet, doch nur noch auf 21 Tage ein sicheres Geleit bekommen sollte? Der Schluß war gefaßt, gegen Luthern, als einen elenden Mönch, der aber gewiß zu diesem grossen Reformationswerk von der Vorsehung berufen war, alle Kräfte aufzubieten, um ihn und seine Lehre zu unterdrücken. So ungefähr war der Hauptinhalt der kaiserlichen Schrift, die man, selbst auf dem Reichstag, für übereilt abgefaßt erklärte, und die ganze Angelegenheit wurde noch in gemeinschaftliche Berathschlagung gezogen. Luther aber unterdessen von vielen Fürsten und Grafen sehr häufig besucht, und erhielt sogar von dem alten Herzog von Braunschweig Erich eine silberne Kanne mit Eimbecker Bier, um sich damit zu erquicken. Der Kurfürst Albrecht von Mainz vermittelte sich beim Kaiser für ihn, daß einige Fürsten, nicht sowohl im Namen des Reichs, als eigentlich nur für sich selbst noch, in den nächsten drey Tagen versuchen sollten, ob Luther zu keinem Widerruf bewogen werden könnte. Der Kurfürst zu Trier, Richard von Greifenklau, nahm dieses Geschäft auf sich, und wählte noch einige andere dazu, unter denen auch der einsichtsvolle Christoph von Stadion war. Am 24. April ließ man ihn durch den Badischen Kanzler Hieronymus Vehus fürfordern, und stellte ihm die mannichfaltige Gefahr auf der einen Seite, hingegen das Gute auf der andern Seite für, um bey ihm seinen Endzweck zu erreichen. Allein vergebens, Luther dankte für die Gnade und liebreiche Ermahnungen, sahe sie aber in seinem Herzen ganz sicher für süße Lockspeisen an, und blieb standhaft auf seinem Bekenntniß. Der Kurfürst Joachim zu Brandenburg fragte ihn bei dieser Unterredung geradezu: Herr Doktor, wenn ich euch recht verstehe, so ist das eure Meinung, ihr könnet euch von der heil. Schrift nicht begeben? Heiter war Luthers Miene, froh sein Sinn, und tapfer antwortete er: Ja, gnädiger Herr, darauf stehe ich. Am 25. April erschien der Kanz

ler Vehus und der berühmte D. Konrad Peutinger allein bei
Luthern, und suchten ihn zu bereden, daß er dem Kaiser und
Reich ohne Bedingung überlassen solle, über seine Bücher zu erkennen. Er war nicht entgegen, wenn nur nach der heil. Schrift
gehandelt würde. Nachmittags kamen beide abermals wieder,
und verlangten von ihm, er möchte seine Sache wenigstens auf
das Erkänntniß einer Kirchenversammlung stellen. Auch damit
war er zufrieden, sezte aber wieder die Bedingung zum voraus
feste: daß aus der heil. Schrift gesprochen und geurtheilt werden müsse. Zulezt kam noch der Kurfürst von Trier an ihn,
ließ ihn zu sich rufen, und wollte von ihm wissen, wie der ganzen Sache geholfen werden könnte. Luther bediente sich der
Worte des Evangelisten Lukas, in der Apostelgeschichte, 5. Kap.
v. 38. 39. Und nun sage ich euch: Lasset ab von diesen Menschen, und lasset sie fahren. Ist der Rath oder das Werk aus
den Menschen, so wirds untergehen. Ists aber aus Gott, so
könnet ihrs nicht dämpfen, auf daß ihr nicht erfunden werdet,
als die wider Gott streiten wollen. Diese Stelle vertrat seine
Antwort. An dem nemlichen Tag überbrachte man ihm den kaiserlichen Befehl zu seiner Abreise unter einem abermalig sichern
Geleite. Einige haben gewünscht, daß ihm das sichere Geleit
zu Worms aufgekündigt, und mit ihm eben so, wie mit Huß
in Kostanz verfahren werden sollte. Allein der Luthern sonst
sehr gehäßige Herzog Georg von Sachsen, bezeugte einen sehr
grossen Abscheu gegen diesen Rathschlag, und sagte öffentlich;
die teutschen Fürsten könnten diese Schmach, absonderlich bei dem
ersten Reichstag des Kaisers nimmermehr auf sich kommen lassen,
daß sie Treue und Glauben brechen sollten, dies wäre den alten
teutschen Sitten gar nicht gemäß, denn was man einmal versprochen habe, das müsse nothwendig auch gehalten werden.
Eben so urtheilte auch Ludwig, Kurfürst von der Pfalz, und
der Kaiser selbst sagte bei dieser Gelegenheit: Wenn Treue und
Glauben überall vertrieben würden, sollten sie doch an
grosser Herren Häfen noch allemal Sicherheit finden. Bei
alle dem wurde der gute Luther am 26. Mai durch ein Kaiserlich
Edikt, das in der Hauptkirche zu Worms öffentlich abgelesen
worden ist, in die Acht erklärt. Der Verfasser war Hieronymus Aleander, gerade der abgesagteste Feind. Ulrich vot-

Hutten nahm sich der Sache wieder an, sah sie aber mehr von seinem als von Luthers Standpunkt an, und ließ gegen die berüchtigten Oratoren des Pabsts Caraccioli und Aleander, zwei sehr scharfe Invektiven, samt einer Ermahnung an den Kaiser und einigen Briefen ausgehen. Eine dritte gleich starke Invektiv gegen alle Kardinäle, Bischöfe, Aebte, und überhaupt über die gesamte Geistlichkeit in Worms, folgte sogleich nach. Seine Ermahnung an K. Karl den V. gehört unter seine schönsten und freimüthigsten Schriften, worinn er sein ganzes Herz ergos, und seine edle Denkungsart an Tag legte, und sich als einen der treflichsten Volksredner ankündigte, deren sich Teutschland je rühmen konnte. 39.) In dieser Sammlung Schriften ist ein Brief an seinen Wilibald Pirkheimer in Nürnberg, und der interessanteste in der ganzen Sammlung, worinn er wider die unwürdige Behandlung gegen Luthern stark eiferte, weil er mit dem Verbot aus Worms entlassen worden sey, auf dem Rückweg das Wort Gottes nicht zu predigen. Sein ganzer Zorneifer entbrannte, und brach in folgende Worte aus: „O abscheuliche Ungerechtigkeit! o Frevel, der Gottes unerbittlichen Zorn verdient!! „Sieh da unsere christliche Fürsten! Was wird das Ausland sa= „gen? Ich fange an mich meines Vaterlandes zu schämen. Von „den Juristen behaupteten einige: daß der Kaiser unserem Lu= „ther nicht Wort halten dürfe, ja, es ohne Unrecht zu thun, „nicht einmal vermöge. Saubere Rechtspfleger! meinst du „nicht, daß man sie alle an einem Tag mit ihrer ganzen unge= „rechten Gerechtigkeit aus Teutschland verjagen sollte u. s. w."

Alle diese Vorgänge hörte und sahe Christoph von Stadion mit an, und ich entdekte keine Spur eines Unwillens, oder einer sich angemaßten Tyrannei gegen Luther, vielmehr schliesse ich daraus auf seine Sanftmuth und verborgene Ueberzeugung von der Wahrheit. Aus eben diesem schliesse ich auch, daß er keine Aufhezer an seiner Seite hatte, und sich also bei der ganzen Sache gelassen verhielt. Seine Stimmung vereinigte er mit Ludwigs Kurfürstens von der Pfalz, und sagte, daß man Luthern nicht nur Treu und Glauben, wie ihm zugesagt sey, halten müsse, sondern daß man ihn auch nicht so oben hin verdammen könne. So dachte dieser vortrefliche Bischof von Stadion, wenn er für sich ohne Einbläser handeln konnte, und handelte, wenn er von andern dazu nothgedrungen wurde.

§ 9.

B. Karl der V. ertheilte auf dem Reichstage zu Worms den 21 Mai 1521 der Stadt Augsburg das Recht, goldene und silberne Münzen schlagen zu lassen. Der Bischof Christoph von Stadion, welcher 1522 die Münzstätte vom Fronhof in die Pfalz verlegen ließ, war über diese von der Stadt erlangte Münzgerechtigkeit äusserst aufgebracht, und sah sie seinen Rechten für höchst nachtheilig an. Er suchte also die Stadt auf alle Weise darinn zu kränken, und ersuchte den schwäbischen Bund, ihr das Münzen niederzulegen. Hiezu gebrauchte er Gehülfen, und in dieser Rücksicht wiegelte er nicht nur den Grafen von Königstein, den Kardinal=Erzbischof zu Salzburg Matthäus Lang, den Grafen von Oettingen Karl Wolfgang und andere gegen sie auf, sondern er erregte auch wegen angeblich geringhaltiger Bazen den Fiskal bei dem Reichsregiment gegen sie, und der schwäbische Bund war schon im Begriff, sich des Bischofs gegen die Stadt anzunehmen. In dem Abschied des gemeinen Bundstags zu Ulm am Sonntag Lätare 1523 wurde folgendes deßwegen beschlossen: » Item als zu diesem Bundtstag mein gnediger Herr von Augs= » spurg, vnd ain Erber Ratt der Statt Augspurg auf die lan= » gen vorergangen Schriften, wider ain ander, der Münz hal= » ben bescheben, zu güttlicher vnd vnverbundner verhör, beschri= » ben vnd vertagt, vnd in der güttlichait nach lenngs zu bai= » den tailen durch Ir gesandten mit fleiß gehört, Inen auch » nachfolgends güttliche mittel von gemeiner Versambnung, fürs » geschlagen, aber nach getreuer Arbait, darunder gebraucht, » von den Partheyen nit angenomen sind, Ist demnach den » Sachen allenthalben zu gutt, den Handel ain aufschub bis auf » nechstkünfftigen Bundtstag gegeben, dergestallt, das die Ge= » sandten ains Erbern Rats zu Augspurg, gemeiner versamb= » nung fürgeschlagen Mittel, Irem erbieten nach hynnder sich » bringen, vnd alsdann ain Erber Ratt, vorgemelt derhalben » auf kunfftigen Bundtstag, Ir gemüt anzeigen, vnd ob Inen » angerürte Mittel, anzunemen nit gemainet wern, das Sy von » Irer berömbten Freyheit Pauptlichen Schein, damit die ver= » sambnung denselben ersehen, vnd fürter der Billichait nach,

„ dorynnen hanndeln mögen, darthuge, dann wer es nit be=
„ schehen, So werde gemeine versambnung des Bundts, mei=
„ nem gnedigen Herren von Augspurg, auf seiner fürstlichen gna=
„ den ferrner anruffen, vnangesehen ains Erbern Rats zu Augs=
„ spurg Gesanndten, Rechts erbietten, nunhalt des Reychsord=
„ nung gethan, mittailen, was man seinen fürstlichen gnaden,
„ in crafft der Aynung, schuldig sey.” In dem Abschied des ge=
meinen Bundstags auf Samstag nach Exaudi 1523 den 17. Mai
zu Nördlingen gehalten, wurde in eben dieser Sache nach Endi=
gung des fränkischen Heerzugs zu Nürnberg nachstehendes be=
schlossen: „Item als auf den nechsten Abschid zu Ulm auf Letare
„ gegeben, von ainem Erbern Rat zu Augspurg in vermög dessel=
„ ben Abschids, Ir Freyhait vor gemainer versambnung darge=
„ legt, vnd dieselb auch darauf zwüschen meinem gnedigen Her=
„ ren von Augspurg durch seiner fürstlichen Gnaden, deßgleichen
„ den von Augspurg durch Ire gesannte Räte von Bottschafften
„ verhör bescheen, vnd abermals die gütlichait mit fleis gesucht,
„ vnd nit gefunden. Ist demnach auß den Vrsachen, das vil
„ der Rät des Bunds aus notturft verritten, vnd nit bey der
„ hand gewest sein, den Sachen ain auffschub gegeben worden,
„ bis auff könnfftigen Bundstag, dergestalt das alßdenn von
„ gemainer versambnung des Bunds, von der Sach solle weitter
„ geredt vnd geratschlagt, vnd nach vermög der Aynung gehann=
„ delt werden.” In dem gemeinen Bundstagsabschied zu Augs=
burg, Sonntag Misericordias domini 1524 den 10. April, wurde
in eben dieser Münzgerechtigkeitssache welters gehandelt, und
folgender Beschluß abgefaßt: „Item als mein gnediger Herr von
„ Augspurg vnd meine Herren, ain Erber Rat, der Statt Aug=
„ spurg, nnhalt nechst Abschids zu Ulm, hieher zu diesem Tag,
„ durch jre Gesannten, Räte vnd Bottschaften erschinen, in
„ irem weytern darbringen gehört, vnd zwischen jnen ferner, güt=
„ lich handlung zu üben, von gemainer Bundsversamlung, mein
„ gnedig vnd günstig Herrn, Herr Leonhart von Eck, Doctor,
„ Herr Carl Wolfgang Graue zu Oettingen, vnd Cristoff Kreß
„ Burgermeister zu Nürmberg verordnet sein, vnd von denselben
„ verordneten, vnder annderm, den gemelten partheyen diß Mit=
„ tel fürgeschlagen, nemlich das jnnen, den dreyen verordneten,
„ zugelassen würde, das sy zwischen zwey vnd fünfftausent gul=

„ din, die von den von Augſpurg, meinem gnedigen Herrn von
„ Augſpurg, vmb ſeiner Gnaden vnd Stiffts Müntzgerechtigkeit,
„ ſo ſein fürſtlich gnad, vnd ſeiner fürſtlichen gnaden Stifft,
„ alhie in der Stat haben, bezalen ſollten, zu ſprechen, macht
„ vnd gewalt hatten, vnd Nu ſy die Partheyen ſöllichs, vnd ſon-
„ derlich meine Herren, des Thumb Capitels, an ain Peremptori
„ Capitel zu bringen, vnd vnner halb ſechs Wochen den nechſten
„ berürtem meinem gnedigen Herrn Graue Carln zu Oettingen
„ das zu oder abzuſchreiben in ainem Bedacht geſtellt haben.
„ Iſt darauf von gemainer Bundtsverſamlung beſchloſſen, ſo
„ von jnen den tailen, oder ir ainem, ſolich Mittel, in berürt-
„ ter Zeit abgeſchriben. Das alsdann auf nechſtkommenden
„ Bundtstag, meinem gnedigen Herrn von Augſpurg, auff ſeiner
„ fürſtlichen gnaden weytter anhalten, alles das ſolle gethon,
„ ſo man ſeinen fürſtlichen gnaden, vnnhalt der Aynung ſchul-
„ dig ſeyn wird." In dem Abſchied des gemeinen Bundstags
zu Augsburg an Laurenzi den 10. Auguſt 1524 wurde dieſe Angelegenheit noch weiters verfolgt, und ſich auf folgende Art be-
rathſchlagt: „Item nach dem die jüngſten fürgeſchlagen Mittel,
„ zwiſchen meinem gnedigen Herrn von Augſpurg, vnd einem
„ Erbern Rat der Stat Augſpurg, die Münz ꝛc. betreffend, nit
„ angenomen, ſonder abgeſchriben worden ſind, vnd nu darauf
„ zu dieſem Bundtstag, Hochgedachter mein gnediger Herr von
„ Augſpurg, in crafft des jüngſten Abſchids, ſoliches Sach, auch
„ Clauſen Hürſchmanns halben vmb hilff zum höchſten angeſucht.
„ Demnach hat gemain verſamlung, ſich von wegen baider Stük,
„ notdürfftigklich, und mit höchſtem fleiß vnderredt, vnd in an-
„ ſehung des an ſolchen baiden Sachen nit wenig ſonder merk-
„ lichs gelegen iſt, deshalben ain bedacht bis auf ſchiriſtkomen-
„ den Bundtstag genomen, dergeſtallt, das alsdann auf dem-
„ ſelben tag, Meinen gnedigen Herren von Augſpurg, auf ſei-
„ ner fürſtlichen Gnaden weitter anſuchen, one lenger aufhallten
„ vnd verziehen in angezeigten baiden Sachen, alles das ſoll
„ gethan, ſo man ſeiner fürſtlichen gnaden, in crafft der Ayni-
„ gung ſchuldig ſein, Es ſoll auch mitlerweyl, des Hürſchmanns
„ gegeben Vrfehd bey der bündtiſchen Canntzley behallten wer-
„ den, vnd ſollen die Partheyen, durch jr Geſanndten, auß
„ Vrſachen das andere Handlungen vorgeen werden, erſt auf

„ afftermontag nach Elifabeth fchirift zu nacht, zu fpen ankomen
„ vnd erfcheinen."

Aus diefen Bundstagsabfchieden erfieht man, wie eilfertig in
diefer Sache gegen den Magiftrat gefprochen und fürgefahren
wurde. Allein der Rath konnte es nicht anerkennen, und fuchte
durch angebrachte Klagen kaiferliche Hülfe. Der Kaifer ertheilte
fogleich dem fchwäbifchen Bund Befehl, fich diefer Sache, die
ganz allein für ihn gehörte, nicht weiters anzunehmen, und der
Bifchof von Stadion erhielt ein fcharfes Mandat, vom 15ten
Sept. 1523, in welchem eine Strafe von 100 Mark lötigen Goldes, und der Verluft aller Regalien angedroht wurde, wofern er
die Stadt Augsburg noch weiters in ihrer Gerechtigkeit beein-
trächtige, weil diefelbe feinem Rechte, Heller und Pfenninge zu
prägen, unfchädlich wäre. Der Kaifer beftätigte bey diefer Gelegenheit die der Stadt ertheilte Münzgerechtigkeit. Allein der Bifchof von Augsburg Chriftoph von Stadion wollte weder fich
noch feinem Stifte etwas vergeben, und ließ noch nicht nach,
die Stadt in ihrer neuerlangten Gerechtigkeit, die Peutinger
zu Worms auswirkte, zu kränken. Der Kaifer, der fie ihr ertheilte, war auch verpflichtet, fie darinn zu fchützen, und aus
eben diefem Grunde nahm er fich ihrer nochmals auf das nach-
drücklichfte an, und bedrohte wiederholt den Bifchof durch ein
gleich fcharfes Mandat den 8. November 1527 nicht nur mit
feiner kaiferlichen Ungnade, fondern auch mit der fchon im vorigen Mandat beftimmten Strafe. Diefes ernftliche Mandat machte
eine folche ftarke Wirkung, daß es der Bifchof nicht ferner für
gut anfah, fich dagegen zu fetzen, fondern ftund vielmehr auf einmal ab, und ließ die Stadt in ihrer erlangten und beftätigten
Freiheit ungeftört und in ruhigem Befiz. 40.)

§. 10.

Gleich im Anfang des Jahrs 1522 wurde zu Ulm ein fchwäbi-
fcher Bundstag gehalten, und auf demfelben verlängerten die
Stände auf Verlangen K. Karls des V. diefen Bund obermalen.
auf eilf Jahre. Des Kaifers Abficht war, das Anfehen deffelben
glänzender zu machen, in welcher Rückficht er verordnete, daß
alle Ausnahmen wider diefe Bundsartikel ungültig feyn follten.
Die Bundsverwandte waren zu felbiger Zeit K. Karl der V. als
Erzherzog von Defterreich, fein Bruder Ferdinand, welcher das

mals, als Herzog Ulrich von Wirtemberg von Land und Leuten vertrieben wurde, Regent von Wirtemberg war, der Kurfürst von der Pfalz Ludwig, der Kurfürst und Erzbischof Albrecht zu Mainz, der Kardinal Erzbischof Matthäus Lang zu Salzburg, der Bischof von Bamberg Georg Freiherr von Limpurg oder dessen Nachfolger Wigand von Radwiz, der Bischof von Wirzburg Konrad von Thungen, der Bischof von Eichstätt Gabriel von Eyb, der Bischof von Augsburg Christoph von Stadion, und noch viele andere Herzoge, Marg= und Landgrafen, geistliche und weltliche, und beinahe alle Städte in Schwaben. Christoph von Stadion beschäftigte die Bundsstände mit Klagen sehr stark, und mehrentheils entstunden sie wegen der Lehre des Evangeliums, wie es in der Folge ins Licht gesezt werden wird.

Nach dem Abgang des Johannes Vögelins wurde Johann Conzeler, ein Augustinermönch zu Mindelheim als Domprediger und bischöflicher Generalpönitentiar aufgestellt, der vor den Riß stehen und sich der neuen Lehre heftig widersezen mußte. Nach diesem wurde Matthias Kräz von dem von Stadion 1522 zum Domprediger berufen. Er war zwar ein nicht ungelehrter Mann, fand aber an ihm gerade den, den er suchte und sich wünschte. Johann Oekolampad und Urban Regius, predigten nicht, wie es der katholische Klerus gerne hörte, und Vögelin gefiel der Zwiespalt in der Religion nicht. Kräz war, ehe er nach Augsburg kam, zwei Jahre lang ein sehr beliebter Lehrer in dem neuen Kollegium zu Ingolstadt, und wurde daselbst auch Doktor. Mit Johann Eck, Cochläus und Johann Faber hatte er gleiche Gesinnungen, und wußte sich durch seine Schmeicheleien den katholischen Geistlichen sehr gefällig zu machen, und vertheidigte deren Lehrsäze mit dem grösten Eifer. An Eck hatte er einen warmen Freund. Im Jahr 1524 vertheidigte Kräz mit raschem Eifer die Ohrenbeichte in einer polemischen Predigt, die nachher sogleich im Druck erschien. Mit dem Zwingel und Leo Juda schlug er sich 1525 wegen der Lehre und dem Priesterthum herum, und gab diese Schrift heraus. Kräz Ansehen war auf dem Reichstag zu Augsburg 1530 nicht gering, und er war in der Gesellschaft jener Theologen, denen das Augsburgische Glaubensbekenntniß zur genauen Prüfung übergeben war=

den war. Mit dem gelehrten Prediger Michael Keller ließ er sich in einen wichtigen Streit ein, und mit dem Erasmus stund er auch in Bekanntschaft. 41.) Genug, er war der Mann für die katholische Geistlichkeit Augsburgs, und war vermuthlich auch mit unter denjenigen, die den sonst sanften Bischof Christoph von Stadion gegen die Anhänger von Luthers Lehre zu Handlungen aufhezten, die der Bischof nach der Hand selbst bereute. Von seinen weitern Lebensumständen will ich hier nichts erwähnen, da solche nicht mehr hieher gehören.

§. 11.

Der römische Bischof Leo der X. starb den 1. Decemb. 1521, und K. Karl der V. wußte die Sache so gut einzuleiten, daß man sagen kann, er habe ein Meisterstük gemacht. In der größten Stille zog er so viel Kardinäle auf seine Seite, daß sie nach vielem Streit und Zank den 9. Jenner 1522 seinen Lehrmeister Adrian von Utrecht zum römischen Bischof unter dem Namen Adrian den IV. ernannten. Dieser Mann fieng auch das fortzusezen an, was sein Vorfahrer begonnte, und sezte sich sehr bizig wider Luthers Lehre. Es wurde vom Kaiser 1522 ein Reichstag nach Nürnberg ausgeschrieben, auf welchem abermals von der Religion vieles gehandelt, und von den Reichsständen die Beschwerden der teutschen Nation gegen den römischen Hof und dessen Anhang übergeben wurden. Diesem Reichstage, der bis in den Monat August 1523 andauerte, wohnte auch Christoph von Stadion bey, ob er aber so eifrig gegen Luthern und seine Lehre auf demselben arbeitete, wie Veith behauptete, daran möchte ich um so mehr zweifeln, als er auf dem Reichstage zu Worms mehr Sanftmuth als Schärfe bewies, es müßte dann seyn, daß er auf dem Reichstage in Nürnberg einen Hezer an seiner Seite gehabt hätte, dem er nicht ausweichen konnte. Der päbstliche Legat Choregar ließ den Reichsständen seine Vollmacht vorlesen, und trug darauf an, daß die sämtlichen Reichsstände zur Vollziehung des Wormser Edikts und des päbstlichen Urtheils wider Luthern, angehalten werden sollten. Dem Luther riß freilich kein römischer Bischof seine Feder aus der Hand, und die Bannbullen waren auch von keiner Wirkung mehr. Daß Luther noch immer ungestraft neue Bücher schrieb, das Volk aufklärte, und in einer reinern Lehre unterrichtete, deswegen sollte

man

man an ihm ungerechte Urtheile und das bekannte Wormser Edikt
vollziehen. Allein es blieben wie immer fromme Wünsche, weil
es Gottes Sache war, und Luther fuhr, unbekümmert des
Geschreis, muthig und bis an seinen Tod fort Bücher zu schreiben, und — nicht Kezereien, wie die römische Kurie und ihr
Anhang, der schon mehrentheils aufgeklärt gewesenen Welt, vor-
spiegelte, — seine reine Lehre zu verkündigen und auszubreiten.

In der Reichsstadt Memmingen begonnte es nach und nach
auch Licht zu werden, da sich unter der dortigen Bürgerschaft
mehrere Liebhaber der Wahrheit herfür thaten. Man fieng schon
an Luthers Schriften nicht nur mit Begierde zu lesen, sondern
sie auch ohne Scheu und von Furcht entfernt, feil zu bieten.
Dieser Umstand machte die katholische Priesterschaft aufmerksam
nicht nur, sondern erwekte ihr auch vielen Verdruß, weil sie die
Folgen in der Zukunft einsahen. Sie eiferten dagegen in ihren
Predigten, und um Peter und Paul 1523 machten sie bei dem
Magistrat Vorstellungen, mit der Bitte, das Lesen und den öffentlichen Verkauf der Schriften Luthers und seiner Anhänger zu
verbieten. Allein der Magistrat faßte den sehr weisen und ihm
noch rühmlichen Schluß, daß es einem jeden frei stehen solle,
hierinn nach seinem eigenen Gewissen zu handeln. Es war ganz
natürlich, daß die katholischen Priester hierüber noch mehr erbittert werden mußten. Jacob Megerich damaliger Pfarrer bei
unser Frauen, ein abgesagter und grimmiger Feind des reinen
Evangeliums, Luthers und seiner Anhänger, erfrechte sich am
Feste der Heimsuchung Mariä auf öffentlicher Kanzel gewaltig zu
schimpfen, und sich unanständiger und ärgerlicher Ausdrücke, wie
es dieser Leute allgemein angenommene Sitte, besonders in jenem
Zeitalter war, zu bedienen. Dieses ungebührliche Verhalten wurde ihm aber in einer Schrift von Bürgern an denselben gestellt,
nachdrücklich verwiesen. Sie eiferten nicht nur über das höchst-
ärgerliche Leben, Wandel, Handlungen und Verhalten der Geistlichkeit, sondern vertheidigten auch muthvoll Luthern und seine
Schriften, bewiesen ihm, daß sie mit dem Worte Gottes über-
einstimmten, und sagten es ihm rein unter das Gesicht, daß sie
solche in Zukunft gebrauchen, davon reden, singen und sagen
wollten. Megerich hatte an dem damaligen Stadtschreiber Ludwig Vogelmann einen treuen Anhänger, und einen eben so

grossen Feind von Luthern, wie er war. Diese Schrift gefiel ihm durchaus nicht, und veranlaßte den Megerich, daß er sich hierüber bei dem Bischof von Augsburg Christoph von Stadion beschwerte. Memmingen stand damals unter der Augsburgischen Diöces, und von Stadion glaubte es seiner Hirtenpflicht schuldig zu seyn, sich dagegen zu sezen, das auch in einem Schreiben an den Magistrat mit allem Ernst und entbranntem Zorneifer geschah. Anfangs seines Schreibens legte er das freimüthige Geständniß ab, daß ihm der Magistrat und die Bürgerschaft für christlich und gut angerühmt worden sey, und sey ihm daher mißfällig, daß einige unter ihnen der betrüglichen Lehre Luthers anhiengen. Ja, der redliche Bischof gesteht noch ein, daß Luther und seine Anhänger im Anfang von den Mißbräuchen und anderm, etlicher Kirchendiener viele christliche und gute Lehre geschrieben habe. Allein die weitere Fortschritte von Luthers Unternehmungen, die freilich der Hierarchie in den Revenuen einen gewaltigen Abbruch thaten, wollten ihm nicht mehr gefallen, dann das bischöfliche Einkommen verlor dabei. Was Wunder, wenn er sich mit Macht dagen sezte, und den weitern Fortgang nach Kräften zu hintertreiben suchte. 42.) Aus eben diesem Schreiben ersieht man auch, daß der Schappeler zu jener Zeit, im Monat Julius 1523 bei dem Bischof von Stadion noch in gutem Andenken gestanden, weil er über keinen Priester, sondern nur über einige ungelehrte Layen seine Klagen in den Schooß des Magistrats ausschüttete. Es erfolgten auch an die beide Pfarrer in den Hauptkirchen zu St. Martin und zu unser Frauen, mithin auch an den Schappeler, Befehle. Allein Schappeler zeigte selbst einen grossen Widerwillen gegen seine Mitpriester, und ließ öfters in seine Predigten solche Dinge mit einfliessen, welche der katholischen Priesterschaft unmöglich gefällig seyn konnten. Laut sagte er, unter tausend Messen sey kaum eine gut; die Priester seyen größtentheils untaugliche und ungeschickte Leute; ihr öffentliches Gebet geschehe ohne Andacht, und lesen ihre Messen blos um des Gewinns willen; das päbstliche Recht sey nur ein fleischliches Recht, und die Gebote der katholischen Kirche, seyen falsche päbstliche Gebote u. s. w. Dieses machte allerdings Aufsehen, und lief nicht ohne den heftigsten Widerspruch ab. Der Magistrat, übeln Folgen vorzubeugen, ließ ein Mandat von öffentlicher Kanzel verkündigen, worinn allen Predigern in der Stadt und auf dem Lande ernstlich befohlen wurde, nichts anders als das heilige Evangelium, und die reine Wahrheit aus der heil. Schrift zu lehren und zu predigen, sich aber von nun an alles scheltens und schmähens zu enthalten. Gleichwohl konnte man den gewaltsamen Ausbruch des verborgenen Feuers nicht mehr hemmen, es liefen bei dem Magistrat Klagen ein, und Schappeler wurde endlich auch beim Bischof Christoph von Stadion verklagt. In der Zwischenzeit bekam dieser Schappeler an Christoph Gerung 43.) einen getreuen Mitarbeiter an dem Reformationswerke, und begab sich bald hernach einige Zeit zu dem berühmten Ulrich Zwingel nach Zürich, und wohnte auch dem feierlichen Religionsgespräch daselbst als Präses bei, wo von Wegräumung der Bilder und Abschaffung der Messe vorzüglich gehandelt wurde. Dies gereichte dem Schappeler zur besondern Ehre nicht nur, sondern ist auch ein Beweis, wie sehr er wegen seiner Gelehrsamkeit im Ansehen gestanden. Nun kam Schappeler von Zürich wieder zurück, und grief das Reformationswerk mit stärkerer Herzhaftigkeit an, als vorher von ihm geschehen war. Er predigte sogleich im Monat November mit vielem Eifer wider die Messe, Fürbitte der Heiligen, und wider viele andere Irrthümer mehr. Der Zorn der Klerisei brach nun gegen ihn gewaltig aus, daß ihn die Katholischgesinnten verkezerten, und auf das heftigste anklagten. Der Muth des Magistrats wuchs so zu sagen mit jedem Tag, und nahm sich nunmehr des Schappelers mit Eifer an. Er verbot den andern, ihn ferner keinen Kezer mehr zu schelten, und dies gab dann die nächste Veranlassung zu einer Klage bei dem Bischof von Augsburg Christoph von Stadion. Der Bischof ließ ohne Zeitverlust am 13. Jenner 1524 an die Helfer bei St. Martin in Memmingen ein Schreiben ergehen, das in sehr bizigen Ausdrücken abgefaßt war. Bei Strafe seiner Ungnade befahl er ihnen, gleich nach Ansicht desselben den Christoph Schappeler in seinem Namen peremtorisch vorzuladen, daß er sechs Tage nach dem Fest der Bekehrung Pauli vor ihm in seiner Stadt und Schloß Dillingen sich unfehlbar stellen, und über einige ihm vorzuhaltende Artikel Red und Antwort geben solle. Bann, Entsezung und Beraubung aller seiner Benefizien

und Einziehung seiner Güter, waren die angedrohte Strafen 44.)
Schappeler selbst konnte sich hiezu nicht entschliessen, und der
Magistrat konnte es ihm nicht rathen, weil diese Sache offenbar
mit einer Lebensgefahr verbunden war, wie das Beispiel an dem
Kaspar Aquila bewiesen hat. Der Magistrat ersuchte den Bischof auf das verbindlichste, theils schriftlich, theils durch Abgeordnete, daß er die Vorladung entweder abstellen, oder Schap-
pelern doch erlauben sollte, nicht in Dillingen, sondern in
Augsburg unter einem sichern Geleite und in Begleitung zweier
Rathsfreunde zu erscheinen, um sich dessen, was ihm Schuld
gegeben würde, aus der heil. Schrift verantworten zu können.
Der Magistrat gestund dem Bischofe von Stadion frei hin,
daß er und die ganze Gemeinde ihm nicht nur sehr geneigt seyen,
sondern auch eine besonders grosse Liebe zu ihm hegten, und sezten die Grundursachen hinzu, weil er ein eingezogenes, erbauli-
ches, untadelhaftes und priesterliches Leben unter ihnen führte,
und das Wort Gottes treulich und mit Eifer predigte, sey ihm
und der Gemeinde auch nicht wissend, worinn sein bisheriges
Betragen sträflich seyn sollte, es wäre auch, wenn ihm etwas
widriges begegnen würde, eine gefährliche Aufruhr recht sehr zu
besorgen, weil er in allgemeiner Hochachtung und im Ansehen in
Memmingen stünde. Unter den Abgeordneten war der verdiente
Burgermeister Hans Keller, ein Mann der damals in sehr grossem Ansehen stund, und die Sache wurde so gut und klug behandelt, daß man sich wunderte, wie gleichwohl der Bischof
durchaus nicht auf gelindere Wege und Gesinnungen zu bringen
gewesen. An Einsichten fehlte es dem von Stadion nicht, wie
der sel. Schelhorn glaubte, sondern die Zudringlichkeiten seiner
Klerisei, die falsche, leidenschaftliche Anklagen und übel über-
schriebene Nachrichten, kurz die Dummheit der Pfaffen, brachten
ihn in ein solches Feuer, weil sie ihm keine Ruhe liessen, daß
man diesen Bischof wirklich zu bedauren hatte, und er sein oft
zu hiziges Verfahren nach der Hand selbst sehr bereute. Da nun
der Bischof auf keine Art zu bewegen war, sondern sich wirklich
der äussersten Strenge bediente; so fand man einmal bei Nacht
einen Zettel an den Kirchthüren bei St. Martin angeschlagen, in
welchem der gute Schappeler in den Bann gethan wurde. Aber
warum bei der Nacht und nicht beim Tag? vermuthlich weil sich

diese Pfaffen fürchteten, es möchte ihnen eine verdiente Ehre wie=
derfahren, wenn sie über dieser schönen That ertappt würden.
Nach den Aeusserungen des Bischofs sahe dieses Verfahren der
Magistrat schon voraus, und hatte ein wachsames Auge darauf,
daß dieser Exkommunikationszettel sogleich weggenommen wurde,
ehe es unter die Bürgerschaft kam.   Schappeler selbst hielt da=
mals seine Vorladung dem Volke verborgen, denn es würde ganz
gewiß wegen dem harten Verfahren des Bischofs, zu einer Empö=
rung Anlaß gegeben haben.   Noch verzagte der Magistrat nicht,
sondern wagte es dem Bischof von Augsburg Christoph von
Stadion abermals eine Bittschrift zu überreichen, und andere
Städte bemühten sich gleichfalls ihn durch ihre schriftliche Ver=
wendungen auf andere und gelindere Gesinnungen zu bringen.
Aber alle blieben ohne Wirkung, und es schien, als wenn sein
Zorneifer noch weit mehr entbrannte, denn er suchte den schwä=
bischen Bund, wovon er ein Mitglied war, wider die Stadt
Memmingen in Harnisch zu bringen, weil sein Bannfluch vom
Bischöflichen Hirtenstuhl herabgedonnert, keinen Nachdruck hatte,
und verworfen wurde.   Durch dieses hartnäckige, und beinahe
sollte ich sagen, unpriesterliche und unbischöfliche Betragen, den
Lauf des Evangeliums zu hemmen, verdoppelte der Magistrat
seinen rühmlichen Eifer, und ließ sich durch keine Drohungen
mehr abschrecken seine gute Sache zu vertheidigen.   Aber er
nahms nicht auf seine Schultern allein, sondern suchte Rath und
Hülfe bei andern Reichsständen, und bei einigen Rechtsgelehrten,
besonders aber bei dem berühmten Konrad Peutinger in Augs=
burg. Schappeler der sich nun geschützt sah, verlor den Muth
nicht, sondern verkündigte, des elenden Banns ungeachtet, das
Wort des Herrn mit vieler Freudigkeit und Erbauung, und die
Gemeinde bezeugte eine feurigere Sehnsucht nach der evangeli=
schen Wahrheit, sie wurde besser und fester gepflanzet, und am
7. December 1524 wurde auch wirklich das heil. Abendmal unter
beiderlei Gestalt zum erstenmal in Memmingen ausgetheilt. 45.)
   Unmöglich konnte der Bischof von Stadion den verderbten
und liederlichen Zustand seiner Geistlichkeit mißkennen, da meh=
rere Klagen gegen dieselbe bei ihm einliefen.   Er selbst hat gleich
im Anfang seiner Regierung den Abt Franz zu heil. Kreuz in
Donauwört wegen begangener Sodomiterei in ein ewiges Ge=

fängniß sperren laſſen. Er ſelbſt ſchafte in einer Synode die
Konkubinen der Kleriſei ab, und legte denſelben im Vergehungs=
fall eine Geldſtrafe auf, ungeachtet ers dennoch nicht gänzlich
verhindern konnte. So ſchickte auch 1523 der Magiſtrat in Nörd=
lingen ſeinen Burgermeiſter Kötinger mit einer Inſtruktion wegen
dem Pfarrer zu Munzingen Georg Althammer an den Biſchof
von Augsburg ab, und 1524 erſchien abermals eine Geſandt=
ſchaft mit Beſchwerden bei ihm, weil eben dieſer Althammer
wider den Magiſtrat zu Nördlingen und die ganze Stadt die
gröbſte Injurien ausſties, daß daraus eine weitläuftige Hand=
lung entſtund. In eben demſelben Jahr mißhandelte ein Prieſter
auf offener Straſſe in der Meſſe ſeine Kellerin, und D. Röh=
linger ertheilte dem Magiſtrat den Rath, demſelben nicht ſelbſt
zu ſtrafen, ſondern ihn dem Biſchofe nach Augsburg zu über=
ſchicken. Ich hätte gewünſcht näher davon durch die Urkunden
ſelbſt unterrichtet zu werden, aber ſo erhielt ich nur ein bloßes
Verzeichniß derſelben, aus welchem ich ſehe, daß Nördlingen mit
dieſem Biſchof, unter deſſen Diöces dieſe Stadt ehemals gehörte,
von 1517 bis 1543 in ſtarker Korreſpondenz ſtund, woraus ich
ſchlieſſe, daß er ſich auch dem ſehr frühzeitig aufgegangenen Licht
des Evangeliums in dieſer Stadt ſtark widerſezt haben wird,
doch aber ſtellte er noch 1523 einen Inveſtiturbrief Johann Ke=
ſers zum Vikar der Laulinger Kapelle in der St. Georgen Kirche
zu Nördlingen aus. Und ſo finden ſich auch in dem dortigen
Archiv des Biſchofs von Augsburg Chriſtophs von Stadion
Beſtätigungsbrief von 1525 über die Uebergabe der Pfarre zu Nörd=
lingen an das Spital von dem Kloſter Heilsbronn: Ein Beſtäti=
gungsbrief deſſelben von 1526 wegen der Marien und Quintinus
Altäre des Hoſpitals zu Nördlingen: Wolfs von Hauſen,
Chriſtophs von Herkheim, Chriſtophs von Stein und der
Pfleger und Meiſter des Spitals zu Nördlingen Schreiben von
1526 an den Biſchof von Augsburg, und an den Grafen Lud=
wig den ältern zu Oettingen, den Pfarrer Veit zu Trechtelfingen
wegen ſeiner unprieſterlichen Aufführung zu verſezen. Wie viele
Urkunden ſind noch in den Archiven verborgen, die man herfür
ziehen, und durch dieſelbe den damaligen Zuſtand beweiſen ſollte,
um dem heutigen katholiſchen Klerus die Handlungen und Auf=
führungen ihrer Vorfahren, wie in einem Spiegel zeigen zu können.

§. 12.

In dem Ulmischen Städt'gen Leipheim, nahe bei Günzburg, das vorhin zum Augsburgischen Kirchensprengel gehörte, predigte Hans Jakob Wehe frühzeitig das Evangelium. Die Günzburger wallten Schaarenweis nach Leipheim in die Kirche, um den Wehe zu hören, und selbst die Ulmer ließen sich den Weg nicht zu weit seyn, die Kirche in Leipheim zu besuchen. Der Pfarrer und Vikar in Günzburg wurden aufmerksam, und Wehe bekam mit denselben Verdruß, weil ihre Predigten von den Günzburgern nicht mehr besucht wurden. Hans Jakob Wehe — vorher war er nur unter dem Namen Hans Jakob bekannt — wurde beim Stadtrath zu Günzburg verklagt, und die Wirkung davon war, daß diejenige, die des Verbots ungeachtet doch noch nach Leipheim in die Kirche giengen in einen Thurn gesperrt wurden. Selbst die Leichname dieser Personen die nach Leipheim giengen, mußten noch den Eifer ihres Vikars in Günzburg fühlen, da er sie nicht auf den Kirchhof begraben ließ. Freilich wer wird solchen Leuten, die nach dem reinen Evangelium und nach dem Worte Gottes begierig waren, demselben nachliefen, und abergläubische Handlungen verachteten, eine geweihte Erde gönnen! und doch mag der einfältige Vikar im Ernste geglaubt haben, sie seyen verdammt, und hat ihnen sicher keine Messe gelesen, hingegen hats ihm auch nichts eingetragen, nach welchem sonst diese Gattung von Leuten trachtet. Der Pfarrer wie der Vikar zu Günzburg fiengen nun an den Wehe einen Kezer, Volksverführer u. a. m. zu schelten. Die Sache grief um sich, es gelangte an den Magistrat in Ulm, daß er diese leide, und dem Wehe in Leipheim mutheten dieselbe zu, er sollte die Günzburger in seiner Kirche nicht dulden. Wehe antwortete ihnen darauf, daß er allen das Evangelium predige, und sie deswegen nicht wohl abweisen könne, damit man keine Ursache habe zu sagen: er scheue das Licht. Um ihnen noch zu zeigen, daß er kein kezerischer Lehrer sey: wie sie ihn antasteten, so erbot er sich zu einer öffentlichen Unterredung mit dem Pfarrer oder Vikar an einem sichern Ort, und in Gegenwart unpartheilscher Richter. Wehe war nun selbst nicht mehr sicher, dem ungeachtet aber fuhr er fort, ohne sich irre machen zu lassen, daß er 1524 noch Muth genug hatte, das heil. Abendmal unter beiderlei Gestalt auszu-

theilen. Er war der erste unter allen Ulmischen Geistlichen, der
dieses that, und daher mag es gekommen seyn, daß sich ausser
seiner eigenen Gemeine, auch sogar von Ulm eine zahlreiche
Menge Kommunikanten einfand. Diese Veränderung war schnell
und auch um desto auffallender, als selbst noch in Ulm nicht
daran gedacht worden. Sie konnte also dem Bischof von Augsburg Christoph von Stadion nicht verborgen bleiben. Er ließ
sogleich an den Ulmischen Magistrat eine Aufforderung ergehen,
den Wehe von Leipheim wegzuschaffen. Der Magistrat gab daher seinem Abgeordneten auf den auf Lorenzi 1524 nach Augsburg
ausgeschriebenen Bundstag, dem Burgermeister Ulrich Neithart
den Auftrag, dem Bischof anzuzeigen, daß er sich des Pfarrers zu
Leipheim entschlagen, und ihn von dort weg verwiesen habe, sollte
aber auch zugleich bemerken, daß Wehe nach seiner eigenen Anzeige
mehrmals gesucht habe, für sich und seinen Vikar, der ohne
allen Zweifel gleiche Grundsäze mit ihm hegte, eine Kommißion
auszuwirken, die seine Lehre und Aufführung untersuchen möchte,
der Magistrat lasse also bitten, eine solche wirklich niedersezen zu
lassen. Daß Wehe nicht von Leipheim gewiesen wurde, sondern
blieb, ist richtig, und der Magistrat in Ulm hat den erbizten
Bischof von Stadion nur durch diese Versicherung zu beruhigen
gesucht, denn obgleich der Magistrat damals den Reformatoren
noch nicht öffentlich beipflichtete; so erkannte er doch die Wahrheit der reinen Lehre des Evangeliums, und jagte die Lehrer derselben nicht weg. Johannes Eberlin, ein naher Anverwandter
des Wehe, war der erste, der in Ulm das reine Evangelium zu
lehren anfieng, von welchem die Ulmer einen so guten Vorschmack
bekamen, daß es ihnen nicht einfiel, einen Lehrer wegzujagen,
der das Wort Gottes verkündigte, und die Albernheiten aus-
merzte. Inzwischen muß der Bischof von Stadion doch schon
vorher gegen ihn und seine Anhänger in Leipheim etwas verfügt
haben. Dies erhellet aus einer Schrift des Johannes Eberlin,
46.) worinn er ihm sagt, daß er in den Bann gethan und ihm
Meß zu lesen und Meß zu hören verboten worden sey, aber das
predigen nicht. Eberlin wünschte ihm nun Glück, daß er von
der elenden Krämerei des Meßlesens und Meßhörens auf eine
so gute Art befreit worden sey. Der Pfarrer in Günzburg mag
beim Bischof von Augsburg das meiste hiezu beigetragen haben,

gleichwohl bleibt es noch ein Räthsel, warum ihm gerade das
Meßlesen und Meßhören verboten worden, und das predigen
nicht. Während dem Meßlesen hatte er keine Gelegenheit, die
evangelische Wahrheit zu verkünden und auszubreiten, aber die
Predigten sind eigentlich dazu bestimmt, ein im Finstern wandelns
des Volk an das helle Licht zu bringen, und demselben zu zeigen,
in welcher dunkeln Unwissenheit es bisher gesteckt sey. Bey
manch guten Vorsäzen die der Bischof von Stadion bei ders
gleichen Verfügungen nach den Grundsäzen seiner Klerisei — die
seinigen sind gewiß gereinigter gewesen — gehabt haben mag,
schlich sich doch, zum Nuzen der Bekenner der Wahrheit und der
reinen Lehre, Einfalt und Blindheit mit ein, wie eben diese Ges
schichte augenscheinlich beweist.

In dem Bundstags Abschied zu Augsburg, Sonntag Misericors
dias domini 1524, wurde beschlossen, wegen dem Pfarrer Wehe
zu Leipheim und wegen dem Pfarrer Schappeler zu Memmins
gen, mit beiden Städten Ulm und Memmingen zu handeln. „Vnd
„als gemelts meins gnedigen herrn von Augsburgs Rätte,
„anstatt, vnd von wegen seiner fürstlichen gnaden, wider die
„von Vlm, Ir pfarrers zu Leypheim vnd die von Memmingen
„irs predigers halben, anbringen vnd bitt gethan, vnd zu ges
„meine versamlung des Bundts, Soliche vnd dergleichen hands
„lungen, nit für klein beschwerlich, vnd dabey bewegen, das
„die, zu vnndertruckung geistlicher vnd weltlicher Jurisdiction
„vnd Oberkeit dienen möchten 2c. So haben sy, den sachen allents
„halben zu guten von der dreyer Bundts Stend wegen, botts
„schaften verordnet, Nemlich von der Churfürsten und fürsten
„wegen; Conraten von Rechberg von Hohenrechberg hofs
„meister 2c. von der Prelaten, Grauen, herren vnd des Adels wes
„gen: Walther von Gürnheim, Pfleger zu Kirchberg haubts
„man 2c. vnnd von der Stett des Bundts wegen Vlrich Artzt,
„Burgermeister zu Augspurg haubtman 2c., dergestalt das diesel
„ben drey verordneten sich bey dem fürderlichsten ains tags, an
„gelegen malstatt vereinen, auf demselben gemelte Partheyen,
„für Sy erfordern, gegen einander verhören, vnd guten fleiß
„ankeren, vnd gebrauchen sollen, Sy in der güte mit ainannder
„zuuerainen vnnd zuuertragen, wa aber je gütlich Handlung nit
„verfahen möcht, des sich doch gemeine Bundtsversamlung nit

„ verſieht. So ſolle von denſelben des Bundts Bottſchaften, mit
„ den von Ulm, ſich jrs pfarrers zu Leypheim vnd mit den von
„ Memmingen, ſich jrs predigers zu entſchlahen, geredt. Vnd
„ wa das, auch nit erlangt wurde, auffſchirist folgenden Bundts-
„ tag, weytter von Sachen geratſchlagt vnd geredt, vnd alles
„ das, meinem gnedigen herrn von Augſpurg, auff ſeiner fürſtli-
„ chen genaden ferner anſuchen ſoll gethon, das man ſeinen fürſt-
„ lichen gnaden, in crafft der Aynung ſchuldig ſein werde.“

Um noch etwas weniges von Wehe zu melden; ſo entſtund
der bekannte Bauernaufruhr, worunter auch Leipheim mit begrifen
war. Statt daß ſie der Pfarrer Wehe zum Gehörſam und Ruhe
ermahnt haben ſolte, nahm er ſelbſt den lebhafteſten Antheil an
dieſer Empörung, das für die Leipheimer ſchlimm war. Er ſelbſt
zog mit einer Horde plündernder Bauern nach Autenhofen, gieng
dort in den Pfarrhof, ließ ſich gut aufwarten, und wie er genug
gegeſſen und getrunken hatte, ließ er den Pfarrhof rein ausplün-
dern, ja er wollte ihn ſo gar niederreiſſen laſſen, hätten ihn nicht
die Vorſtellungen einer Frau bewogen, ſeinen einmal gegebenen
Befehl wieder zurück zu nehmen. Wehe ſah ſein trauriges Schick-
ſal voraus, daher ſoll er zu entwiſchen den Verſuch gemacht haben, kam auch wirklich durch ſeinen Pfarrhof, der an der Stadt-
mauer eine kleine Thüre hatte, die an die Donau führte, aus der
Stadt, und verbarg ſich am Geſtade der Donau in das Geſträu-
che. Allein ein Bauer, der bald darauf gefangen genommen wurde ſah ihn zu ſeinem Unglück, und gab ihn an. Man ſuchte ihn
auf, und entdekte ihn. Mit zwey hundert Gulden, die er zu ſich
geſtekt hatte, und ſechs hundert andern, die man nachher wirklich in ſeinem Tiſch gefunden haben ſoll, ſuchte er ſich bei ſeinen
Entdeckern abzukaufen, aber ſie behielten, was ſie fanden, den
Pfarrer-Wehe, banden ihn mit einem Stricke, und führten ihn
zum Truchſeß nach Bubesheim. Am Mitwoch den 5. April am
ſpäten Abend ſprach Truchſeß über ihn, Ulrich Schön, und ſeiner Tochtermann Melchior Horolt und andere, das Todesurtheil.
Noch kurz vor der Hinrichtung fragte der Truchſeß den Wehe noch,
ob er beichten wolle? aber dieſer antwortete ihm, es ſolle ſich
niemand daran ſtoſſen, daß er nicht beichten wolle, er hätte bereits
ſeinem Gott und Schöpfer gebeichtet! und ihm ſeine Seele em-
pfohlen, der ſie ihm gegeben — und ſein Kopf fiel. Dies geſchah

auf einem angeblümten Acker zwischen Leipheim und Bubesheim.
Wie vielen Nuzen hätte dieser Mann stiften, wie viele Ehre der
Kirche machen können, wenn er sich durch seine Unbesonnenheit
nicht hätte hinreissen lassen, wodurch er sich, seiner Gemeine und
dem Städt'gen Leipheim geschadet hat, das den Schaden noch bis
diese Stunde fühlt. Man muß das Wort Gottes nicht durch Feuer
und Schwerd zu verbreiten suchen, und eben so wenig darf mans
mit Feuer und Schwerd vertilgen und untergraben, welches
aber bei diesem wilden Aufruhr keine Absicht war. In einigen
Nachrichten wird er für einen Zeugen der Wahrheit und Märtyrer ausgegeben, den der schwäbische Bund, weil er das heil.
Abendmahl unter beiderlei Gestalten gereicht hat, deswegen habe
hinrichten lassen. 47) Allein Hr. Prof. Versenmeyer in Ulm,
dessen Nachrichten ich von ihm benuzte, erzählte es richtiger. 48)
und vor ihm schon nannte ihn der sel. Prof. Haid einen Rebellen. 49)
Inzwischen hätte er auch wohl ein Zeuge und Märtyrer der Wahrheit seyn können, denn es ist nichts neues, daß von der römisch-
katholischen Kirche die Anhänger von Luthers Lehre durch Feuer
und Schwerd ihr Leben verloren haben, um andere durch dergleichen Beispiel abzuschrecken, aber bei Wehe geschah dieses aus
einer andern Ursache.

In dem oben angezogenen Bundstags Abschied zu Augsburg
1524 ist von einer Urphed, die Hiesmann ausstellen mußte, die
Rede, welcher Streit zwischen dem Bischof Christoph von Stadion und der Stadt Augsburg auf dem Bundstag also entschieden
worden ist. „Verrner, in der andern Sache darumb von meins
„gnedigen herren von Augspurg wegen, seiner fürstlichen Gnaden
„Pedellen, Clausen Hießmans halben, wider meine herren Bur-
„germeister und Räte, der Statt Augspurg, zu diesem Bundtstag
„ain außschreiben beschehen, vnd sy, zu beidenteilen, in jren
„weyttern darthun gehört sind, Ist von gemeiner versamlung
„des Bundts, mit den von Augspurg geredt vnd gehandelt,
„das sy die vrfeht verschreibung, so bemelter Hiesman vber sich
„gegeben hat, yez hie, hynnder die Bündtischen Cantzley erlegen
„dieselb auff nechstkommenden Bundtstag besichtigt vnd gehört,
„vnd daruff, souil sich ynnhalt der Aynung gebürt, fürge-
„nomen vnnd gehandelt werden solle." Die eigentliche Beschaffenheit, warum Nikolaus Hiesmann eine Urphede von sich ge-

ben mußte, konnt ich in der Geschichte nicht aufspüren, und ich
schliese daraus, daß der Umstand von keiner Bedeutung gewesen
seyn muß.

§. 13.

Im Jahr 1524 machte man auf dem Reichstag zu Nürnberg
neue Versuche Luthers Lehre zu vertilgen und auszurotten. Der
neue römische Bischof Klemens der VII. schikte seinen Legaten
den Kardinal Kampegius dahin, der sogleich alle mögliche Vor-
kehrung traf, und König Ferdinand soll dem Rathe zu Nürnberg,
sobald er den Kampegius in der Nähe zu seyn glaubte, verwiesen haben, daß sie Luthers Lehre anhiengen, und daß sie gänzlich davon abstehen sollen. Ferdinand ritte mit den übrigen
Ständen dem Kardinal Kampegius entgegen, dieser fand aber
nicht für gut einen öffentlichen Einzug in Nürnberg zu halten, denn
er furchte, er möchte sich zum Gelächter machen. Er fühlte im
voraus, wie wenig er in dieser Versammlung ausrichten würde,
denn der Kurfürst von Sachsen gab sogleich seinen Gesandten von
Feilitsch Befehl, sich mit ihm durchaus in keine Unterhandlug einzulassen, und seine Rede, die Bulle Leo des X. und das Worms-
ser Edikt zu vollziehen, fand wenig Gehör. Vielmehr brachten ihm
die Stände die 100 Beschwerden ins Angedenken zurück, denen sie
abgeholfen wissen wollten, von denen Kampegius aber nichts wissen wollte, und sey ihm nur das Wormseredikt bekannt, gleichwohl konnte er mit frecher Stirne sagen, sie seyen abgeschmakt,
ungereimt, und von einigen übelgesinnten Privatpersonen abgefaßt
worden, und deswegen könne er sich nicht daraufeinlassen. Während seiner Anwesenheit in Nürnberg mußte er das unangenehme
erfahren, daß Luthers Lehre öffentlich geprediget, alle Gaukel-
leien, wie das Weihen der Palmzweige am Ostertag und andere
Ceremonien unterlassen, und das heil. Abendmal unter beiderlei
Gestalt ausgetheilt wurde. Ganz konnte er seinen Verdruß darü-
nicht verbergen, und ließ es in der Pfarrkirche verbieten, dagegen
wurde der evangelische Gottesdienst unter einem desto grössern Zulauf des Volks auf eben diese Weise im Augustinerkloster gehalten.
Selbst K. Karl des V. und König Ferdinands Schwester Isabella,
die mit ihrem Gemahl König Christian II. aus Dännemark vertrieben war, und sich eben damals in Nürnberg aufhielt, ließ
sich das heil. Abendmal unter beiderlei Gestalt reichen. Sie zog

fich den Unwillen ihres Bruders Ferdinands zu, achtete es aber nicht, und ließ sich in ihrer wahren Ueberzeugung des Evange‐ liums durchaus nicht wankend machen. Kurz die Sendung des Kampegius, der nur das Wormser Edikt wider Luthern und fei‐ ne Lehre in Vollziehung bringen wolte, fruchtete nicht. Auf die‐ fem Reichstage war unfer Bischof von Augsburg Christoph von Stadion nicht felbst zu gegen, schikte aber feinen Gefandten Wilhelm von Knöringen auf denfelben. Inzwischen hätte er eben fo wenig gedeihliches wirken können, als andere, die diefem Reichstag perfönlich beigewohnt haben, zu wirken fähig waren. Einige geiftliche Fürften und felbst auch König Ferdinand verlie‐ fen Nürnberg, und begaben fich in Gefellschaft des Kampegius nach Regensburg, wo fodann das bekannte Bündniß geschloffen und unterschrieben wurde. Ihr Zweck war, das Wormfer Edikt in ihren Landen vollziehen, im ganzen katholischen Gottesdienft und bei der Austheilung des heil. Abendmals nichts ändern zu laffen, die Priefter, welche fich verheuratbet haben, und die ab‐ trünnigen Mönche nach aller Schärfe der päbftlichen Rechte zu beftrafen, ihre Landskinder, die zu Wittenberg ftudirten, innerhalb drey Monat zurück zu berufen, und deren Güter, die fich zurück zu kommen weigerten, einzuziehen u. f. w. In der Konftitution des Kampegius, Königs Ferdinands und der übrigen katholischen geift, und weltlichen Fürften vom 7. Julius 1524 erscheint auch der Bischof Christoph von Stadion unter den felbft gegenwärtig ge‐ wefenen Bischöfen, welche diese Vereinigung unterschrieben haben. Veith und Werlich 50.) fagen, daß er feine Oratoren und Räthe dahin geschikt hätte, da er aber in der Urkunde felbft namentlich angeführt wird, fo traue ich der letztern, 51.) denn auf dem Reichs‐ tage in Nürnberg kam nur Wilhelm von Knöringen im Na‐ men des Bischofs von Stadion für, mithin muß er auf den Be‐ richt des von Knöringen, fich felbft fogleich nach Regens‐ burg verfügt, und fich mit jenen vereinigt haben. Ueberhaupt waren die übrigen Fürften und Stände über diefe Vereinigung fehr übel zu sprechen, weil fich nur eine geringe Anzahl derfelben unterfieng, einen Schluß abzufaffen, der auf einem allgemeinen Reichstag berathschlagt und entschieden hätte werden follen. Diefe einfeitige Verbindung war die nächfte Veranlaffung zur gänzlichen

Trennung der Stände, und zu den traurigen und blutigen Auftrit-
ten, die sich in der Folge ereignet hatten.

§. 14.

Endlich trat auch die traurige Periode des allgemeinen Bau-
renkriegs 1525 ein, der ganz Schwaben in Unruhe und Schrecken
setze. Das Haupt davon war Thomas Münzer. 52) Dieser
Aufruhr stund mit der Bekanntmachung nnd Ausbreitung der
Lehre Luthers nichts weniger als in einer Verbindung, und
nur der Vorwand, unter welchem die Bauern ihre Ausschweifun-
gen rechtfertigen wolten, als wenn sie ein Verlangen nach einem
bessern Lehrvortrag hätten, der dem Evangelium gemäß wäre,
und daß sich Thomas Münzer das Haupt der himmlischen
Propheten, mit ihnen vereinigt hätte, hat den Feinden der Lehre
Luthers und des reinen Evangelinms Anlaß gegeben, ihr diesen
Aufruhr zur Last zu legen. Dieser Aufruhr wurde bald allgemein,
und Schwaben wurde besonders stark mitgenommen. In der
Grafschaft Lupfen und dem Stift Kempten, belebte der Geist
des Aufruhrs die Unterthanen im Frühjahr 1525 aufs neue. Der
damalige Abt des Klosters Kempten wurde gefangen, und das
Kloster und die Kirche wurden ausgeraubt, denn seine Unterthanen gaben vor, sie wolten sich der unerträglichen Auflagen und
Beschwerden entledigen. Unter diesen Umständen mußte er sichs
gefallen lassen, seine Rechte an die Stadt zu verkaufen. Diesem
Beyspiele folgten sogleich die Unterthanen des Bischofs von Augsburg, Christophs von Stadion im Algeu, am Bregenzersee
und im Hegau. Diese und die ganze Bauerschaft im Schwaben
sezten hierauf 12 Artikel auf, verschworen sich unter einander
darüber, überreichten sie ihren Obrigkeiten, und forderten mit Gewalt Genugthuung. Dieser Artikel waren folgende: 1.) Daß jede
Gemeinde das Recht haben soll, ihren Pfarrer selbst zu wählen
und abzusezen. 2.) Daß sie gar keinen kleinen Zehenden von dem
Vieh u. s. w. und nur den im alten Testament verordneten Fruchts
zehenden geben wollen, wovon ein Theil zu dem Unterhalt des
Pfarrers und seiner Familie, und der andere zu Verpflegung der
Armen, und dem gemeinen Nuzen zu Ersparung der Landsteuern
angewendet werden solle. 3.) Daß sie von der Leibeigenschaft
gänzlich befreit seyn wollen. 4.) Daß die Obrigkeit nicht das
Wild, Vögel und Fische für ihr Eigenthum halten, sondern mit

ihnen gemeinschaftlich gebrauchen solle. 5) Daß die Waldnuzung jedem unentgeltlich erlaubt seyn solle; wenn aber eine Obrigkeit sich ein Recht auf Zehenden, Waldungen und Fischereien käuflich erworben habe; so wolten sie sich nach Gestalt der Sachen vergleichen. 6.) Daß die Frohndienste vermindert werden sollen. 7.) Daß die Güter der Bauern nach altem Herkommen und nicht mit neuen Beschwerden belegt werden sollen. 8.) Die Gülten sollen gemäßigt, 9.) Strafen billig und nach der Größe des Verbrechens angesezt, 10.) die Gemeindgüter zurükgegeben und 11.) der Todesfall (oder Leibfall, daß nach dem Tod des Vaters Wittwen und Waisen etwas von ihren Gütern abgeben müssen) abgethan werden. 12.) Erboten sich die Bauern, wenn einige Artikel dem Wort Gottes nicht gemäß seyen, davon abzustehen, wenn aber andere ausser diesen noch für billig erkannt würden, sich dieselbe vorzubehalten. 53.) In diesem bedenklichen Zeitpunkt litte der Bischof von Stadion ungemein viel an seinen Gerechtsamen, Gütern und Herrschaften. Inzwischen wurde diese wilde Brut bald geschlagen, die Schwaben von den Völkern des schwäbischen Bundes, wovon Georg Truchseß von Waldburg, der damalige Bundsobriste mit seinen Hauptleuten, worunter auch Ulrich Arzt von Augsburg gewesen, war. Dieser theilte seine Armee in drei Theile. Ein Theil rückte gegen Biberach, der andere in das Algeu, und der dritte an den Bodensee vor; die Städte Ravensburg und Kempten legten sich ins Mittel, und brachten bei den Bundsständen zuwege, daß die Bauren einen Ausschuß nach Ulm schicken dürften. Selbst das Reichsregiment befahl beiden Theilen die Waffen niederzulegen, als sich der in Vorschlag gebrachte Stillstand auf einmal wieder zerschlug. In der Zwischenzeit kamen vier Ausschüße von diesem Bauernhaufen um Mariä Verkündigung nach Augsburg, und verlangten von dem Rath zu wissen, was sie sich zu ihm zu versehen hätten? die Antwort war, daß er sich gegen sie, so viel möglich, nachbarlich zu verhalten gedenke, wolte ihnen aber rathen, daß sie nach Ulm, wo ebenfalls einige aus ihrem Mittel wären, gehen, und daselbst einen Vergleich zu machen trachten sollen. Allein die Sache sahe immer gefährlicher aus, da sich insonderheit bei dem Kloster Ursperg ein großer Haufen versammelt hatte. In dieser Rücksicht nahm der Rath zu Augsburg mehrere Söldner an, und stellte allenthalben in der Stadt Wachten aus. Von den

benachbarten Klöstern fanden sich eine Menge Geistliche in Augsburg ein, und baten um Schuz, der ihnen auch bewilligt wurde.
Nach dem sich zerschlagenen Waffenstillstand, schikte der Bundsobriste Truchseß von Waldburg nicht nur von Ulm aus eini-
ges Volk auf die bei Elchingen versammelte Bauern, das viele
derselben niedergemacht, und fast eben so viel gefangen nach Ulm
gebracht hatte, sondern er selbst grief auch nur allein mit seiner
Reuterei einen Haufen derselben bei Leipheim an, erlegte derselben
eine große Menge, sprengte viele davon in die Donau, und zer-
streuete die noch übrigen. Dieser für die Bauern sehr mißliche Umstand, wurde ihren Mitverbundenen bald bekannt, und sie stuzten
darüber. Die Bauern im Algeu und am Bodensee merkten aus
diesem Umstand, daß es nun auf sie losgehen würde, sie liefen
ungesäumt auseinander, und baten um schön Wetter. Durch die
vorher starke Vorbitten der Kostanzischen, Memmingischen, Kemp-
tischen und Biberachischen Abgeordneten in Ulm, und da sie bereits vorher Frieden zu stiften trachteten, wurden sie auch begna-
digt. Ein ungleich traurigeres Schiksal haben die erfahren, welche zu Weinsberg den Grafen von Helfenstein und viele andere
Edelleute umgebracht hatten. Sie wurden nicht nur geschlagen,
sondern man verfuhr auch sehr scharf mit ihnen. Eben so wurde
auch dem übrigen Haufen begegnet, und bis sie sich wieder zum
Gehorsam bequemt, über 50000 derselben theils in dem Treffen
erschlagen, theils hingerichtet. Inzwischen trug der Rath in
Augsburg diese Zeit über für die katholische Geistlichkeit, die in
sehr grossen Aengsten schwebte, und für die Erhaltung ihrer Unterthanen bey dem schuldigen Gehorsam, sehr viele Sorgfalt. Die
Geistlichkeit wolte nicht undankbar gegen diese ganz besondere Sorgfalt seyn, und erbot sich, der Stadt 800 Schaf Getraid zu schen-
ken, der Rath aber war großmüthig genug, diese freiwillige Verehrung auszuschlagen. 54.) In dieser traurigen Lage benahm sich
der Bischof von Augsburg Christoph von Stadion sehr klug und
einsichtsvoll, und gebrauchte alle Fürsicht, um keinen Anlaß zu
weitern Ausbrüchen zu geben, in welche die Bauern durch eine
schnelle und bilige Begegnung sicher gerathen wären. Was er
bei der Geistlichkeit, die Luthers Lehre anhieng, leidenschaftlich
und aufbrausend that, das duldete er hier mit aller Gelassenheit
und

und Sanftmuth, vergaß aber nachher bald wieder dieses Umstandes, und verfiel in seine vorherige Hize.

§. 15.

Von Stadion's Stiftsverwandte, die von Füßen und andere,
unterwarfen sich dem Hause Oesterreich, und huldigten demselben, worüber nachher ein Streit entstand, der in der Folge gegen
5000 Gulden, die der Bischof von Augsburg und das Stift auf
der Salzpfanne zu Halle im Innthal liegen hatten, verglichen
wurde, daß Schloß und Stadt Füßen wieder dem Bischof zufiel.
Dieser Umstand erhellet aus dem Abschied des gemeinen Bundstags zu Ulm, der vom Sonntag nach der Reinigung Mariä bis
zum 5. August 1525 angedauert hat. „Item als der Hochwirdig
„Fürst, mein gnediger Herr Bischoff Christoff zu Augspurg,
„auf disem Bundtstag wider seiner F. G. Stiftsverwandten
„vnd zugehörigen, die von Fuessen, anbringen gethan, dieweyl
„sich dieselben von Fuessen in Fürstlicher D. von Oesterreich ꝛc.
„meins gnedigisten herrn Erbhuldigung ergeben, Sy deßhalben
„zu straffen, vnd wiederumb an den Stifft zu bringen, in Krafft
„der Aynung angeruffen vnd gebetten hat ꝛc. Ist demnach F.
„D. vnd denen von Fuessen geschrieben worden, wie solichs die
„Schrifften auswensen. Vnd haben jr F. D. anf solich gemal-
„ner Bundtsversamlung schreiben, vnd meins gnedigen Herren,
„herr Jörigen Truchsessen hanndlung, Schloß vnd Statt Fuessen,
„gemainen Stennden des Bundts, mit ledigzelung der von Fues-
„sen gethanen Erbhuldigung, vnd aller Pflichten, zugestellt, vnd
„beuelch gethan, demselben herrn Jörigen Truchsessen, als ge-
„mainer Bundts Stend Oberstem Velldthauptman, Schloß vnd
„Statt Fuessen abzutretten, wölicher auch also sölich Statt vnd
„Schloß einzenemen, vnd auff ferner bescheid gemainer Bundts-
„Stend vnnzehaben, von gemainer versamlung, beuellch genos-
„men vnd deßhalben einen Reuerß gegeben hatt. Neben dem
„ist auch beredt vnd von gedachtem herrn Jörigen Truchsessen ꝛc.
„anstatt F. D. bewilligt, ob die F. D. mein gnedigister herr, mein
„gnedigen Herren von Augspurg deß vnkostens so vber besetzung
„angeregtes Schloß vnd Statt geloffen, nit erlassen, und beid
„Jr F. D. vnd Gnad, auff den nechsten Bundtstag beschriben,
„verhört vnd darauff durch Bottschafften Hauptleutt vnd Räte,
„gütlich oder wa die Gütlichhait nit erhebt werden möcht, Rechts

D

„ lich erkennt, vnd was alſo in der Güt, mit bemelter Fürſten
„ bewilligen, oder rechtlich, entſcheiden oder geſprochen würdet,
„ das ſoll von baiden jr F. D. vnd gnaden, one ferner wenge‑
„ rung außzug vnd aufhalten, angenomen vnd vollzogen werden.
„ Vnd nachdem die F. D. die von Fueſſen dieſerhalben an jren
„ Leyben vnd gütten vngeſtrafft zelaſſen, durch berürten Herrn
„ Jörigen Truchſeſſen, gebetten hatt, gemaine Bundts verſamlung,
„ ſolchs F. D. zu eeren, vnd vndertänigen gefallen, bewilligt.
„ vnd ſöllen alſo die F. D. vnd mein gnediger Herr von Augſpurg,
„ des vnfoſtens, der befezunghalben, wie oblaut, durch jre
„ Räte, mit vollfomnem gewalt, vnd befelch, auf ſolichen nech‑
„ ſten Bundtstag zu erſcheinen, beſchriben, verhört, vnd darauf
„ auf demſelben Bundtstag on ainich lenngel auffhalten, erkent,
„ vnd fürgefaren werden."

Auf dem Bundstag zu Nördlingen auf Martini den 11. Novem‑
ber 1525 wurde endlich dieſe Sache entſchieden, wie im Abſchied
deſſelben enthalten iſt. „ Item, als auf dieſem Bundtstag in
„ crafft vnd vermögen des Jüngſt gegebenen Abſchids, zwiſchen
„ fürſtlicher Durchleuchtigkait ꝛc. meinem gnedigiſten Herrn eins,
„ vnd meinem gnedigen Herrn von Augſpurg annderſeits, nach
„ lanngs verhör vnd hanndlung, Schloß vnd Statt Fueſſen, vnd
„ nachmals an hochgedachte F. D. vnd den vermelten meinen
„ gnedigen herren von Augſpurg, von gemainer verſamlung des
„ Bundts, aus guten bewegenden vrſachen, vnderthänig anſuchen,
„ zu bewilligen, in der gutt, zwiſchen vier vnd acht tauſent gul‑
„ din geſprochen, gethan, vnd deßhalben von F. D. vnd ſeinen
„ gnaden neztgemelter maſſen geſprochen, vnd das Es demſelben
„ vngewaygert belleyben, vnd die Sach weyter nit gezogen wer‑
„ den ſoll, erlanngt, demnach iſt von gemainer verſamlung deß
„ Bundts, der Sachen halben, mit gannzem Fleiß, getreu, vnn‑
„ derred vnd hanndlung gehallten, vnd in vermög angezaigter
„ gnedigen bewilligung (wie vorlawt) zugelaſſen, in der gut ge‑
„ ſprochen, daß mein gnediger herr von Augſpurg gegen hochge‑
„ dachter F. D. vmb vnd für den angeregten vncoſten, die fünff
„ tawſent guldin, ſo genannter mein gnädiger Herr vnd der Stifft,
„ auf der Sallzpfannen zu Hall imm Ynnthal hatt, genntzlich
„ fallen laſſen, vnd dieſelben fünfftawſent gulbin tod vnd ab,
„ vnd F. D. dem Biſchoff vnd Stifft, dafür vnd davon, gar

„ nißit zethun oder schuldig sein, vnd die Brief, so mein gnedi=
„ ger Herr von Augspurg, vnd der Stifft darüber hat, F. D.
„ hinaußgegeben, und zugestellt werden. Darzu soll auch, ver=
„ melter Bischoff, vnd gemainer Stifft zu Augspurg, die von
„ Fuessen, und jr Nachkomen dieser Sachen halben, an jren
„ leyben vnd gütern, yez oder hernach, in allweg ongestrafft vnd
„ vnbeschwert lassen, vnd gegen dem allem, Fuessen Schloß vnd
„ Statt, one einig aufhallten vnd verziehen, wie Es beschehen
„ möchte, dem gemelten Bischof vnd Stifft, widerumb mit aller
„ Zubehörd, eingeantwurtt vnd gegeben werden.“

In diesem nemlichen Jahr 1525 entspann sich zwischen dem Bi=
schof von Augsburg Christoph von Stadion und dem Rath der
Stadt Augsburg ein Streit, welcher in dem Abschied des gemeinen
Bundstags zu Ulm Sonntag nach Mariä Reinigung, dahin ver=
glichen worden. „Item als auf diesem tag, ein Stritt zwischen
„ meinem gnedigen herren von Augspurg vnd der Statt Augspurg,
„ eingefallen ist, von wegen der abgefallnen, und widergehuldig=
„ ten vnderthanen vnd Bawrschafften, Gewören vnd harnasch,
„ Also das mein gnediger herr von Augspurg, als der Hoch vnd
„ Nider Gerichzherr, vnd aber meine herren von Augspurg, die
„ von den Bawrn, so Jnen zustenndig, Raysper vnd Stewrper
„ sein, Auch in crafft etlicher verträg ꝛc. jenemem und yedertail
„ deßhalb, seins fürnemens, fug zehaben vermaint, vnd deßhalb
„ meines gnedigen Herren von Augspurg Bundts Rat, ain Lewt=
„ terung begert, hatt sich demnach gemaine Versamlung des
„ Bundts vnderredt, vnnd zu abstöllung soliches Stritts, ent=
„ schlossen, das dieselben Gewören und Harnasch, zu gemain
„ Bundts hannden dißmals genommen worden, vnd solichs, ye=
„ dermans Gerechtigkeit, vnvergriffen, und vnschädlich beschehen
„ solle. Sölichs haben baider tail Rät, vnd Gesanndten, nit
„ anderst, dann auf ein hinnder sich bringen angenomen.“ In
dem Verfolg dieser Bundstagsabschiede hat sich die weitere Ver=
handlung nicht mehr fürgefunden, woraus ich schliese, daß beede
Theile sich nach der Hand verstanden haben werden. In der Ge=
schichte Augsburgs wird dieses Umstandes mit keinem Worte
gedacht.

§. 16.

Noch am Ende des Jahrs 1525 im Monat Oktober wurde zu

Augsburg ein Reichstag gehalten, dem Bischof Christoph von Stadion beiwohnte, wurde aber nichts besonders auf demselben ausgemacht. Luthers Lehre hatte sich allenthalben sehr verbreitet und immer mehr erweitert, daß man auf demselben vorzüglich davon handelte, wie man Gottes Wort predigen soll. Der Bauernaufruhr war damalen noch nicht gestillt, und legte dem Fortgang des Reichstags Hinderniße in Weg, doch berathschlagte man sich über die Beilegung dieses Aufruhrs, und wie man in Teutschland eine allgemeine Kirchenversammlung anstellen soll. Allein ganz wurde hierüber nichts beschlossen, sondern der Reichstag wurde auf das folgende 1526. Jahr nach Speier verlegt und ausgeschrieben, fieng aber erst am 25. Junius an. Gleich anfangs wurde von Religionssachen gehandelt, und das Wormser Edikt lag K. Karl dem V. noch immer im Sinn, und er drang auf dessen Vollziehung, erreichte aber seinen Endzweck nicht, sondern mußte von Tag zu Tag sehen und erfahren, wie Luthers Lehr immer mehr Anhänger bekam und Beifall erhielt. Unser von Stadion als Bischof von Augsburg, wohnte diesem Reichstag nicht persönlich bei, sondern schickte seinen Gesandten D. Konrad Reynz, die Stadt aber Konrad Herwart. Hingegen erschien er nach dem Abschiede in eben diesem Jahr auf dem Reichstag zu Eßlingen, und 1527 schickte er seinen Bruder Hans von Stadion auf den Reichstag nach Regensburg.

§. 17.

Die Stadt Memmingen hatte noch keine Ruhe, und die Anfechtungen wegen dem Evangelium giengen fort. Schappeler, von dem ich oben schon mehreres sprach, hatte zu viel Feuer und Eifer, als daß er in seinen Predigten auf den Gegentheil nicht erbittert gewesen seyn sollte. Er bediente sich sehr heftiger Reden und gebrauchte Ausdrücke, welche den Katholiken mißfallen mußten. Allein er mußte von seinen Gegnern ebenfalls nicht weniger erdulten, und wurde bei dem Bischof von Augsburg Christoph von Stadion und bei dem schwäbischen Bunde, durch ihre beständige Anklagen, sehr angeschwärzt, das ihm empfindlich fiel. Er floh endlich nach St. Gallen, worauf Simprecht Schenk, der schon eine zeitlang neben ihm gestanden war, das größte Ansehen hatte. Ambros Blaurer zu Kostanz schickte der Stadt Memmingen noch Georg Gugy zum Prediger. Dieser mußte ebenfalls, wie sein Vorgänger, den Haß des schwäbischen Bundes fühlen. Am 3. August 1526 erfolgte von demselben ein Schreiben an die Stadt Memmingen, worin Gugy beschuldigt wurde, daß er am Tage des Apostels Jakob eine aufrührische Predigt gehalten habe, und drang darauf, daß man ihn deswegen abschaffen, und des Landes verweisen solle. Der Magistrat war aber nicht so feig, diesen Befehl sogleich zu befolgen, und sahe wohl ein, auf was der schwäbische Bund abzielte, sondern hatte Muth genug seinen Prediger in einem Antwortschreiben, das gründlich abgefaßt war, standhaft zu vertheidigen, und der schwäbische Bund schwieg. Der Magistrat fuhr in seinem Eifer fort, die Lehre des Evangeliums immer mehr in der Stadt und auf dem Land auszubreiten zu lassen, und verordnete, daß Simprecht Schenk am Dienstag und Donnerstage in der St. Martinskirche, Georg Gugy aber am Mittwoch bei unser Frauen, und am Freitag zu St. Elisabeth predigen sollten. Der Magistrat schmeichelte sich mit der Hoffnung — und wer kann ihm dieß verargen? — es würde bey dem 1525 angestellten Religionsgespräch das Ansehen gewinnen, daß die katholische Priesterschaft in Memmingen sich dem Evangelium unterwerfen würde. Allein der Bauernkrieg, da die Stadt einige Truppen des schwäbischen Bundes einnehmen mußte, hinderte es und vereitelte die guten Absichten. Die Hauptleute des schwäbischen Bundes, abgesagte Feinde von Luthers Lehre, veranstalteten, daß die katholische Geistliche ihre Lehre und Gebräuche wieder ungehindert forttreiben sollten, doch waren sie noch so christlich gesinnt, daß sie auch dem Schenk ferners zu predigen erlaubten. Die Katholiken, auf die erhaltene Freyheit der schwäbischen Bundshauptleute stolz, mißbrauchten solche je länger je mehr, und schimpften auf die evangelische Lehre und deren Prediger auf öffentlicher Kanzel. Der Magistrat warnte sie öfters, aber sie schlugen diese gut gemeinte Warnungen in den Wind, und führten ihr ärgerliches Leben fort. Durch diese Bosheiten angefeuert, sahe sich endlich der Magistrat genöthigt, den widerspenstigen und hartnäckigen Pfaffen anzudeuten, daß man ihnen, wenn sie sich nicht eines bessern besinnen wollten, das Predigen gar verbieten würde. Unter den katholischen Predigern war Johannes Mack einer der ärgsten, der sich durchaus nicht fügen wollte. Er hielt öffentlich und ohne Scheu eine Konkubine, er predigte gotteslästerlich, und sagte einmal in einer Predigt: Der Priester sey ein Mittler zwischen Gott und Menschen, und schimpfte gewaltig gegen die Lehrer des reinen Evangeliums, die er mit vieler Frechheit Seelenmörder und Verführer nannte. Der Magistrat untersagte ihm dieses alles sehr nachdrücklich, aber es fruchtete bey ihm nicht, und er ließ sich durchaus nicht zurechte weisen. Seine Strafe war die Absetzung, an dessen Statt aber wurden Simprecht Schenk und Georg Gugy zu ordentlichen Lehrern bestellt. Der Bischof von Augsburg Christoph von Stadion sah dieses für einen Eingrif in seine geistliche Gerechtsame an, und verklagte die Stadt Memmingen beym schwäbischen Bunde. Dieser weilte nicht, in sehr empfindlichen Ausdrücken wieder an die Stadt zu schreiben, und derselben, wie es jederzeit seine Gewohnheit war, zu drohen, wenn sie diese Sache nicht in vorigen Stand setzen wolle. Allein der Magistrat blieb dieser Drohungen ungeachtet, unerschüttert, und vertheidigte muthvoll seine christliche Unternehmungen in einer bündigen und gründlichen Antwort. Der feste Vorsatz war einmal, das angefangene Werk fortzusetzen, sich von den Fesseln los zu machen, und das hartdrückende Joch abzuschütteln. Er holte fremde Rathschläge ein, und wurde durch Ermunterungen unterstützt. Bernhard Basserer von Ulm und Lazarus Spengler von Nürnberg ließen an ihn deswegen Schreiben ergehen, und erweckten ihn zu tapferer Standhaftigkeit. Der Magistrat schickte am Samstag nach Martini 1527 Gesandte an den Bischof Christoph von Stadion, um mit demselben wegen des liederlichen Johann Macks in Unterhandlung zu treten. (55) Die Gesandten beschwerten sich über diesen Pfaffen sehr nachdrücklich, und deckten seine Blöße, und seine liederliche Lebensart ohne Scheu auf. Der Bischof von Stadion gerieth dabey in nicht wenig Hitze, und machte den Gesandten mehrere Vorwürfe, aber die Gesandten achteten es nicht, sondern fuhren unerschrocken fort, den Johann Mack zu schildern, und sparten keine Reden, um die Nachtheile, die sie bisher von der katholischen Priesterschaft gehabt, recht ins helle Licht zu setzen. Die Döhlin hatten vorhin in der Stadt Memmingen eine Prädikatur gestift, und daran eine Behausung und 100 Gulden jährliches Einkommen. Der Stiftung gemäß, hatte der älteste unter den Döhlin das Recht einen aufzunehmen, der aber vorher eine Probpredigt ablegen mußte. Der Magistrat versah sich eines tüchtigen und gelehrten Mannes, Erhard Döhlin aber schickte ihm einen Laienpriester, den Johann Mack welcher Luthers Lehre nicht anhange, und noch des alten Glaubens sey, um solchen dem Bischof von Augsburg Christoph von Stadion anzeigen, und einsetzen lassen zu können. Der Magistrat wollte durchaus einen gelehrten Mann, Erhard Döhlin aber, voll heiligen Eifers für die katholische Lehre, drang ihm diesen liederlichen Pfaffen auf, worüber man mit ihm ebenfalls in Unterhandlung trat, den Pfaffen abschafte, und sich vom Döhlin los machte. (56)

§. 18.

Memmingen ließ sich nichts mehr abschrecken, um seinen Vorsatz, Luthers gereinigte Lehre in der Stadt einzuführen, durchzusetzen, und immer fort an der Verbesserung zu arbeiten. Zwey Lehrer waren zu Einführung eines so wichtigen Werks nicht genug, besonders da Schenk hitzig und heftig war, und eines sanften, klugen und erfahrnen Gehülfens nöthig hatte. Man bemühte sich von Seiten des Magistrats 1528. einen solchen zum Dienste der Kirche nach Memmingen zu berufen. Die Wahl fiel auf den gelehrten Theologen D. Johann Zwick von Kostanz. Aber dieser entschuldigte sich mit seinen geringen Kräften, das nur Bescheidenheit von ihm war, und trug Bedenken seine Gemeinde, die ihn liebte, zu verlassen, meldete aber auch, daß ihn der Rath zu Kostanz nicht entlassen würde. Die Abschaffung der Mißbräuche, und eine bessere Anordnung in der Kirche, lag dem Magistrat zu nahe am Herzen, als daß er nicht auf eine schleunige Vollziehung gedacht haben solte. Weil er nun des Zwicks nicht habhaft werden konnte; so wurde der berühmte Theolog Ambrosius Blaarer oder Blaurer (57) der auch zu Augsburg einige Zeit Prediger war, von Kostanz auf eine Zeitlang verlangt. Er kam an, wozu ohne Zweifel der Burgermeister Johann Ebinger von Gurrrenau, sein Schwager, das meiste beytrug, und sein erstes Geschäft war, wegen dem Artickel vom heil. Abendsmal Friede unter den beiden Predigern zu stiften, er war aber gleichwohl nicht so glücklich, sie auf gleiche Gedanken zu bringen, doch erklärten sie sich, diese Streitigkeit in Zukunft nicht mehr auf die Kanzel zu bringen. Das zweite Geschäft war, die gänzliche

Abstellung der päbstlichen Messe, bis auf eine rechtmässige Kirchenversammlung. Hierinn war er glücklich, siegte vollkommen,
und die Messe wurde durch die Mehrheit der Stimmen abgeschaft.
Im Monat December 1528 forderte man alle Priester und Or-
denspersonen auf das Rathhaus, und ließ ihnen durch den
Blaurer mit den wichtigsten und überzeugendsten Gründen darthun, daß die Messe wider die Verordnung des Heilandes,
dessen vollkommenem Versöhnopfer verkleinerlich, und durchaus
nicht mehr zu dulden sey. Es wurde also ernstlichst verboten,
keine Messe mehr in Memmingen zu halten, ausser sie könnten
das Gegentheil beweisen. Der katholischen Klerisei konnte dieß
natürlich nicht gefallen, und sie nahm ihre Zuflucht zu Klagen,
denn kaum war dieser Vorgang vorbey, als in dem nemlichen
Monat December 1528 ein sehr scharfes Schreiben von dem Bischof von Augsburg Christoph von Stadion einlief, worinn
er sein Mißfallen darüber bezeugte. Der Anfang davon ist folgender: „Wir werden glaublich bericht, wie wol ir in ewer
„Stat etlich Jar her alle cristenliche Ceremonia und die gepreuch,
„wie die in der heiligen cristenlichen Kirchen gehalten loblich und
„ehrlich herpracht worden, durch Ewer kerfuerischen abtrinigen
„Prediger verachten, vernichten, und alsdann solch ketzerisch Pre-
„digen durch den gemeinen Mann annemen und exequieren las-
„sen; so haben ir doch yetz new vergangen Tag zu becreftigang
„Ewers vorhabens, vnd damit solchs noch lautrer erschein,
„das Opfer der hailigen Meß, welche durch die Cristenlichen ge-
„meinsamen versamblungen der Concilien aufgesetzt, verordnet
„und in der hailigen Schrift gegrünt, oft bewert worden, und
„mit Grund derselbigen nit zu verwerffen ist, gar niderlegen,
„abthun und allen Priestern in ewer Stat verpietten lassen, al-
„les aus eignem fürnemen, den gmainen Rechten, Bebstlichen
„Bullen, Kayserlichen Edict und Mandaten, auch der einigung
„des Punds, und aller pilligkeit zu wider u. s. w.“ Dann
endlich verlangte von Stadion ernstlich, daß man das Verbot
aufheben, und wieder alles in vorigen Stand stellen solle.
Memmingen wurde keineswegs wankelmüthig, und blieb auf
seinem einmal gefaßten Vorsaze standhaft. Der Bischof von Stadion wandte sich demnach abermals an den schwäbischen Bund,
und dieser verdoppelte jetzt seine Drohungen gegen die Stadt,

mit denen er sonsten auch die best getroffenste und noch so gut ge=
meinte Anstalten zu hintertreiben sich bemühte. Um sein Mißfal=
len recht offenbar an den Tag zu legen, schloß der Bund den Bur=
germeister Hanns Keller in Memmingen, der von den Städten
zu ihrem Bundsrath erwählt worden, von seinem Beisitze aus,
und sandte ihn mit allerhand harten und widerwärtigen Entbie=
tungen zurück. Es hatte auch wirklich das Ansehen, daß man
für diesmal von Seiten einiger Stände des Bundes es nicht
nur bey den Drohworten bewenden lassen, sondern dieselbe auch
in das Werk selbst setzen wolte. Blaurer berichtet in einem
Brief an Zwingel vom 11. August 1529, daß aller Orten Völ=
ker zusamen gezogen werden, und niemand wisse zu was Ende,
seine liebe Memminger seyen derohalben in nicht geringer Furcht,
sie möchten angegriffen werden. Es läßt sich freilich leicht begrei=
fen, daß der Bischof von Stadion alles angewandt haben
werde, um den Fortgang des Reformationswesens zu hindern,
und zu zernichten, und wie leicht hätte es bey einer so augen=
scheinlichen Gefahr, die ihnen über dem Haupte schwebte, ins
Werk gesezt werden können. Allein die Obrigkeit so wohl, als
auch die Gemeinde wurde mit den kräftigsten Gründen zur Be=
ständigkeit erweckt, um sich durch keine Widerwärtigkeit von dem
Vorsaz abwendig machen zu lassen. Lazarus Spengler von
Nürnberg zeichnete sich dabey vorzüglich aus, und ließ an den
Magistrat deswegen ein vortrefliches Schreiben im Jenner 1529
ergehen. Die Klerisei in Memmingen nahm auch ihre Zuflucht zu
dem berüchtigten Fechter D. Johann Eck in Ingolstadt, und
ersuchte ihn an ihrer Statt die päbstliche Messe wider Blaurern
nach Kräften zu vertheidigen. Eck, ein rüstiges Werkzeug zur
Erhaltung und Fortpflanzung des Aberglaubens, unterzog sich
diesem Geschäfte, und schickte dem Magistrat in Memmingen
eine weitläufige Erklärung von der Messe, und begleitete solche
mit einem Schreiben. Man berichtete aber auch ihn darauf, daß
seine Schrift in Beisein der Priesterschaft mit tüchtigen Gründen
genugsam widerlegt worden sey, und daß dieselbe nichts erhebli=
ches dagegen habe einwenden können. Eck der vielleicht schon den
Sieg in Handen gehabt zu haben glaubte, wurde sehr erbittert
darüber, und schrieb abermals einen Brief, voll Lästerungen und
Grobheiten, und suchte seine Galle besonders an Blaurern aus

zugiessen. Der Magistrat verhielt sich sehr höflich gegen ihn, und ersuchte ihn, unter Anbietung eines Traktaments und sichern Geleits, selbst nach Memmingen auf seine Kosten zu kommen, und zwischen ihm und seinen Predigern in Gegenwart der Gemeinde ein Gespräch wegen diesem Umstand anzustellen. Aber der Mann that groß, kam nicht, und beantwortete die gegen ihn gebrauchte Höflichkeit mit spöttischen und groben Ausdrücken. Man ließ also den Schreier gehen, und es blieb beim alten, nemlich, Memmingen machte in dem Reformationswerk ungehindert fort. Man findet auch nach der Hand nicht mehr, daß der Bischof von Augsburg Christoph von Stadion, nur die mindeste Bewegung deswegen gemacht hätte. (58)

§. 19.

Das Jahr 1529 hat sich durch den Reichstag zu Speier nicht nur merkwürdig, sondern überhaupt auch in der Reformationsgeschichte eine wichtige Epoche gemacht. Ich kann mich aber nicht in alle Nebenumstände hieben einlassen, sondern muß nur das wichtigste berühren. Der Kaiser ertheilte den katholischen Ständen seine Instruktion, die nur auf zwey Punkten beruhte, nemlich wegen dem Türkenkrieg und wegen der Religion. Die katholischen Stände säumten sich nicht, diese Instruktion gegen die evangelische zu mißbrauchen. Das Reichsregiment eilte verschiedene Rechtshändel zum Nachtheil der Evangelischen Fürsten und Städte zu entscheiden, und die Bischöfe brachten große Geldsummen auf, und machten gar kein Geheimniß daraus, daß die evangelischen Stände mit Krieg überzogen werden sollten. So suchte man das Evangelium und dessen Anhänger und Verehrer mit Feuer, und Schwerd auszurotten, aber die Vorsehung wolte es anders haben. Der Herzog Georg zu Sachsen ließ eine sehr harte Schrift wider Luthern öffentlich zu Speier anschlagen. Der Pfalzgraf Friederich eröfnete den Reichstag mit einer Rede, und nach Endigung derselben wurde die kaiserliche Instruktion abgelesen. Den Anfang machte man mit den Religionsangelegenheiten, und vor allen Dingen suchten die katholischen Stände, die evangelischen Fürsten von den Städten zu trennen. Allein der Landgraf zu Hessen, der den Vortheil, den die katholische Parthei dadurch erlangen würde, voraus sah, suchte diese Trennung zu verhindern, und vereitelte auch glüklich ihre Wünsche. Kurz

man sezte sich mit aller Macht wider das Evangelium, und verbot die Predigten zu besuchen, die aber doch am Palmsonntag
Vor- und Nachmittags von 8000 Menschen besucht worden sind.
Bey diesem Reichskonvent wurde verordnet, daß ein grosser Ausschuß gemacht werde, der die Religionsangelegenheiten untersuchen, und ein Bedenken darüber erstatten solle. Zu diesem Ausschuß wurde auch der Bischof von Augsburg Christoph von
Stadion gezogen, der in Person diesem Reichstag beiwohnte.
Der Anfang war ziemlich gut, denn es schien, als wenn die Sache in gütliche Wege eingeleitet würde, um bis zu einer freien
Kirchenversamlung Frieden und Einigkeit zu erhalten. Allein es
zeigte sich sehr bald, daß die päbstlich Gesinnten die kaiserliche Instruktion zur einzigen Grundregel und Richtschnur aller ihrer Berathschlagungen machten. Ihre Anzahl war ungleich stärker, als
der Evangelischen, deren Gegenvorstellungen in diesem Fall nichts
ersprießliches auswirken konnten, denn die Katholischen machten
die Mehrheit der Stimmen aus, und wie sie wolten, wurde das
Bedenken ausgefertigt. Die Beibehaltung und Vollziehung des
Wormserediffs, das noch immer der Lieblingsgegenstand K.
Karls des V. blieb, war besonders der vorzüglichste Vorwurf in
dem Bedenken gewesen. Nach diesem sollen die Aemter der heiligen Messe nicht abgethan, und Niemand an den Orten der neu-
en Lehre die Messe zu halten oder zu hören, verboten werden.
Die Prediger sollen das Evangelium nach Auslegung der Schriften, die von der Kirche gutgeheissen und angenommen worden,
predigen und lehren.

Wider dieses Bedenken brachten die vereinigten evangelischen
Stände ihre Beschwerden in einen schriftlichen Aufsaz, liessen ihn
am 12. April beim Reichskonvent öffentlich ablesen, und überga-
ben ihn zu den Akten. Der Landgraf von Hessen, der sich mit allem Eifer der guten Sache annahm, unterstüzte ihn noch im Namen aller andern, mit einem mündlichen Vortrag. Der Kurfürst
von Sachsen fürchtete ebenfalls für die gute Sache des reinen
Evangeliums, und berichtete seinem Prinzen die Gefahr für die
Religion, und Hartnäkigkeit der Katholisch geistlichen Stände.
Man hofte eine Veränderung des Bedenkens, aber anstatt der
gehoften Veränderung, auf die übergebene Vorstellungen, mußten
die evangelischen Stände erfahren, daß der für die katholische

Religion immer sehr eingenommene König Ferdinand mit den
übrigen Komissarien ohne alle weitere Unterhandlungen einen Bescheid wider sie abgefaßt habe, der am 19 April öffentlich abgelesen wurde. Dieser Bescheid war in der That mehr als gefähr-
lich, und die vereinigten evangelischen Stände hätten sich dieses
Verfahren nun und nimmermehr vermuthet. Es blieb ihnen kein
anderer Weg mehr übrig, als sich mit einer feierlichen Protestation
zu helfen, wenn ihre Sache nicht verloren werden solte. Sie
säumten sich nicht, noch an eben diesem Tage den 19 April beim
Reichskonvent eine Protestation, nachdem sie vorher öffentlich
abgelesen worden war, zu den Akten zu übergeben. Von eben
dieser Protestation, und von derjenigen, die am andern Tage
übergeben wurde, erhielten die evangelischen Stände den Namen
Protestanten. Sechs Fürsten und 14 Städte hatten sich zu derselben vereinigt. Die Fürsten waren Johann Kurfürst zu Sachsen, Georg Marggraf zu Brandenburg, Ernst und Franz Herzoge zu Lüneburg, Philipp Landgraf zu Hessen, und Wolfgang
Fürst zu Anhalt. Die Städte waren: Straßburg, Nürnberg,
Ulm, Kostanz, Lindau, Memmingen, Kempten, Nördlingen,
Heilbronn, Reutlingen, Isni, St. Gallen, Weisenburg und
Windsheim. Solte Augsburg, die den Matthäus Langenmantel und Johann Hok auf diesen Reichstag als Abgeordnete
schickte, etwa damals noch den Bischof von Augsburg Christoph von Stadion gescheut haben, weil sie nicht zu den übrigen getreten ist, denn damals wurde schon in der ganzen Stadt
das Evangelium gepredigt.

Am 20 April überschikten die evangelischen Stände eine ausführliche schriftliche Vorstellung und Protestation durch ihre Räthe
an den König Ferdinand und die übrigen kaiserlichen Komissari-
en, und baten, daß die Religionsangelegenheiten bey dem ganzen Reichskonvent noch einmal in Ueberlegung genommen, und
zu einem billigen Vergleich gebracht werden möchten. Der König
Ferdinand nahm diese Schrift zuerst an, schickte sie aber bald
wieder durch einige seiner Räthe zurük. Die Vorstellung der
evangelischen Stände war sehr nachdrücklich abgefaßt, und widersetzte sich besonders dem Wormseredi022. Zwei Tage nachher, als
diese wiederholte Protestation den vereinigten Fürsten zurückge-
schickt worden war, lies der König Ferdinand und die übrigen

kaiserlichen Komissarien, und die sämmtlichen Kurfürsten, Für=
sten, und Stände durch einige ihrer Räthe denselben mündlich
vortragen; sie sollen sich nicht weigern, den Abschied wie er von
dem mehrern Theil beschlossen worden, anzunehmen, wo aber
dies nicht geschehen würde, so könne man ihre Protestation in
den Abschied nicht setzen, und ihre Namen in demselben auslaßen.
Dagegen machten die evangelischen Fürsten den andern Tag aber=
mals weitläuftige Vorstellungen, worauf die katholischen Stände
endlich den Schluß faßten, auf welche wieder die Antwort der
Evangelischen folgte. Am 23 April hielte der päbstliche Gesand=
te Johann Thomas Graf von Mirandola noch eine Rede,
die der sanfte Melanchthon mit angehört hatte, derselben aber
keine sonderliche Lobsprüche ertheilen konnte. Er munterte in der=
selben die Stände zu eifriger Fortsetzung des Türkenkriegs auf,
und entschuldigte den bisherigen Aufschub einer Kirchenversamm=
lung, versprach aber, daß sie ausgeschrieben werden solle; so
bald sich der Kaiser und der König in Frankreich mit einander aus=
gesöhnt haben würden. Die sämmtlichen Stände bestunden auch
auf Haltung einer Kirchenversammlung, und in dem Rezesse, der
bey diesem Reichstag errichtet wurde, ist auch wirklich gemeldet
worden, daß der Pabst die Kirchenversammlung nicht weigern,
und der Kaiser beförderlich seyn wolle, daß sie ausgeschrieben
werde. Von den Protestantischen Ständen wurde der Rezeß
nicht unterschrieben, und als die vereinigten Stände ihre Protesta=
tion und Appellation übergeben hatten; so bestimmten sie unter
sich einen Tag, woran das Nöthige, wegen einer Gesandtschaft an
den Kaiser zu Nürnberg verfügt werden solte, und reißten von
Speier ab. (59)

§ 20.

Augsburg hat sich in der Reformationsgeschichte durch zwey
Reichstäge merkwürdig gemacht, nemlich im Jahr 1518. wo Lu=
ther vor dem Kardinal Kajetan erscheinen, und sich wegen seiner
Lehre verantworten mußte, und 1530 da das evangelische Glau=
bensbekenntniß K. Karl dem V. überreicht und abgelesen wurde.
Von diesem werde ich nun reden, und in dieses Jahr fällt auch
des Bischofs von Augsburg Christophs von Stadion ganze
Sinnesänderung, daß ich ihn auf einer ganz andern Seite, wie
bisher, zu betrachten haben werde. Dieser rühmliche Umstand

von dem Bischof von Stadion ist zwar von andern Schriftstel-
lern schon angeführt worden, wie ich jetzt bald zeigen werde,
aber die Katholiken, wie ein Chamm, (60) Stengel, (61)
Veith, (62) Beyrer, (63) gedachten desselben nicht, und durften nicht, wenn sie ächt katholisch seyn wolten, denn der ächte,
das ist, der dike Katholik sagt: wer das und das sagt, wer so
und so handelt, wer dieses und jenes schreibt, der ist nicht katholisch, weil der ächte Katholik nach diesem Grundsaz die Wahrheit unterdrücken und läugnen muß. Der so denkt und so spricht,
verdient wahrlich eine Schandsäule, und doch ists leider Wahrheit, die ich schon öfters zu meinem Aergerniß mit eigenen Ohren anhören mußte. Aufgeklärten Katholiken, und deren giebts
doch, dem Himmel sey Dank! viele, die aber deswegen bey jenen
keine ächte Katholiken sind, weil sie aufgeklärt denken, muß diese
wahrhafte Anekdote ganz gewiß auffallen, und sie werden sich
selbst solcher Leute schämen.

§. 21.

Der K. Karl der V. hielt sich bey dem Pabst zu Bononien
auf und verweilte sich bis auf den Merz 1530. Er schloß mit ihm
ein Bündniß, das einen nähern Bezug auf die Religion hatte, und
in Teutschland nicht lange ein Geheimniß blieb. Die katholische
Klerisei schöpfte große Hofnungen auf die Zukunft daraus, und
bezeugte eine übermäßige Freude darüber. Die Krönung des Kaisers vom Pabst am 24. Februar, fiel gerade in die unrechte Zeit.
Die dabei vorgefallene Feierlichkeiten giengen mit allen den Neben-
umständen vor, welche die kaiserliche Hoheit und Rechte ernie-
drigten. Zum Glük war dieser Kaiser der lezte, der sich vom
Pabst die Krone aufsezen lies, denn die nachfolgenden hielten diese Zeremonie für ganz überflüssig. K. Karl der V. machte sich
in dem Eid, den er schwören mußte, verbindlich: „ Die Wür-
„de und Hoheit des Pabsts und der römischen Kirche mit aller
„ Macht und nach allen Kräften zu schüzen und zu schirmen, des
„ nen Freiheiten der Kirche keinen Eintrag zu thun, und hinge-
„ gen die Gerichtsbarkeit und Herrschaft derselben, nach allem
„ Vermögen zu erhalten und zu vertheidigen”. Ich führe diesen
Umstand deswegen hier an, um hieraus urtheilen zu können,
was man sich nach Ablegung eines solchen Eids, und nach einem
heimlichen Bündniß, auf die Religionsangelegenheiten versprechen

konnte, die auf dem vom Kaiser den 21. Jenner ausgeschriebenen Reichstag nach Augsburg, untersucht werden sollten. Nicht der Eid allein stimmte den Kaiser zu Handlungen, die den Protestanten nicht anders als nachtheilig seyn konnten, sondern auch der persönliche Umgang mit dem Pabst druckte vollends das Siegel darauf. Man weiß aus der Geschichte aller Zeiten, welche Künste die Päbste anzuwenden wußten, um die Kaiser in ihr Netz zu ziehen. So vermochte Pabst Klemens der VII. den Kaiser zu dem abermaligen Versprechen, die Protestanten entweder durch gelinde Mittel zum Gehorsam gegen die römische Kirche zu bringen, oder durch die Gewalt der Waffen zur Unterwürfigkeit unter den päbstlichen Stuhl zu zwingen. Diese Versprechungen mußten den Pabst kützeln, und gewiß baute er darauf, und sah im Voraus seine Hoheit wieder besser und fester gegründet. Wie aber die Sachen ausfielen, das wird die Folge zeigen.

§. 22.

Was vor des Kaisers Ankunft in Augsburg vorgieng, welche Zubereitungen man zu diesem wichtigen Reichstag machte, wie man sich vorbereitete, das alles übergehe ich hier, weil es mich zu weit von meinem Gegenstand entfernen würde. Der Reichstag war auf den 8 April vom Kaiser fortgesezt, und bis zur Ankunft des Kaisers, die erst am 15. Junius erfolgte, sahen die Evangelischen die Verfertigung der sogenannten Augsburgischen Konfession für das wichtigste Geschäft an. Melanchthon verfaßte sie, und legte Luthers 17. Artikel, die er zu Torgau dem Kurfürsten überreicht hatte, zum Grund. Am 17 Junius Abends hielt der Kaiser einen sehr feierlichen Einzug in Augsburg. Seine große Pracht, die glänzende Gegenwart der meisten Reichsstände, und des größten Theils vom deutschen Adel, sezten Jedermann in Erstaunen. Es giengen viele Zeremonien vorbey, und ich will davon nur diese anführen, daß, als der päbstliche Gesandte Kampegius den päbstlichen Segen ertheilte, der Kaiser und alle anwesende Fürsten, so viele Hochachtung und Andacht für diese Zeremonie hatten, daß sie ihn kniend anhörten. Allein der Kurfürst in Sachsen und die übrigen Protestantischen Fürsten, die den Kaiser empfangen hatten, blieben stehen, und legten zugleich den ersten Beweiß ihrer Standhaftigkeit damit ab. Der Kardinal Erzbischof von Salzburg Mathäus Lang wolte in der

Domkirche, wohin der Kaiser zuerst gieng, vor dem Altar im Chor den Segen geben, als der Uebermuth den Kampegius beseelte, daß er denselben vom Altar mit Gewalt abtrieb, weil er glaubte, daß dies sein Amt selbst sey. Die Pfalz oder der bischöfliche Hof war die Herberge des Kaisers, wohin er von allen anwesenden Kurfürsten und Fürsten begleitet wurde. Gleich den andern Tag darauf war das Fronleichnams-Fest, welches ohne Zweifel den protestantischen Ständen absichtlich vom Kaiser geschehen zu seyn schien, weil er gerade am Vorabend dieses Festes in Augsburg eintraf. Dies hatte sich auch gleich gezeigt, denn der König Ferdinand verlangte im Namen des Kaisers von dem Kurfürsten von Sachsen und seinen Mitverwandten; daß sie nicht nur die Predigten abstellen, sondern auch der bevorstehenden feierlichen Prozeßion am folgenden Tag beiwohnen sollten. Muthvoll und mit der allergrösten Standhaftigkeit, die man nur immer bey einer solchen Gelegenheit erwarten konnte, trat der Marggraf von Brandenburg herfür, und führte das Wort nicht nur im Namen der übrigen, sondern protestirte auch wieder diese beyde Zumuthungen, und sprach mit grossem Eifer, und diese Standhaftigkeit siegte. Am 29 Junius solte der Reichstag feierlich eröfnet werden, und der Kaiser empfieng den Tag zuvor das Sacrament, wobey er sich sehr andächtig anlies. Aber um die reine Wahrheit des Evangeliums schien es ihm nicht so viel zu thun zu seyn, als wie vielmehr um die Erfüllung seines Versprechens, das er dem Pabst gegeben hatte, die Protestanten zum Gehorsam unter den päbstlichen Stul, das heißt, in den Schoos der römischen Kirche wieder zurück zubringen.

§. 23.

Der Reichstag wurde nun mit einer gottesdienstlichen Handlung, das ist, mit einer feierlichen Messe eröfnet, bey welcher Gelegenheit der Kurfürst von Sachsen als Reichserzmarschall dem Kaiser das Schwerd vortragen mußte. Er erschien so wie die andern protestantischen Fürsten, sie verwahrten sich aber mit der Protestation, daß sie die Messe nichts angehe, und daß sie derselben keine Ehrerbietung bezeugen wolten. Vincentius Pimpinellus der päbstliche Nuntius hielt nach geendigter Messe eine lateinische Rede, worinn er sich gegen die Teutschen einiger unerlaubten Ausfälle bediente, (64) die selbst dem Kurfürsten von

Mainz

Mainz Albrecht mißfielen. Nun begann die erste Reichsver=
sammlung auf dem Rathhause, wo der Pfalzgraf Friederich als
Kaiserlicher Minister den ersten Vortrag machte, und einen langen
Aufsaz ablas. Der erste Theil betraf den Türkenkrieg, der zweyte
Theil aber die Religionsangelegenheiten, worinn verschiedene sehr
bedenkliche Stellen fürkamen. Es war nichts anders zu erwar=
ten, als daß des Kaisers Lieblingsgegenstand, nemlich das
Wormser Edikt, wieder zum Vorschein kommen würde, aber dies=
mals unter sehr harten Ausdrücken, die von den Versicherungen
des Kaisers in dem Ausschreiben zum Reichstag, daß alles in
Liebe und Gütigkeit gehört und erwogen, und alles, so zu beiden
Theilen nicht recht ausgelegt oder abgehandelt, abgethan werden
solle, gänzlich abwichen, daß dieser Ton billig die protestantischen
Fürsten befremden mußte. Der Kurfürst zu Sachsen ließ hierauf
alle seine Glaubensverwandte noch an demselbigen Tag zu sich ru=
fen, und vermahnte sie sehr ernstlich und dringend zur Standhaf=
tigkeit in dem Bekenntniß der Sache Gottes und der Religion.
Ueberhaupt hatte sich der Kurfürst von Sachsen sehr gut ausge=
zeichnet, und blieb standhaft. Am 22. Junius ließ der Kaiser dem
Kurfürsten und seinen Mitverwandten bedeuten, daß sie nach zwey
Tagen, als am 24. Junius alles schriftlich übergeben sollten,
was sie wegen der Religion vorzubringen hätten. In dieser Ab=
sicht wurde schon vorher vom Melanchthon ein Glaubensbe=
kenntniß aufgesezt, das nun in Gegenwart aller protestantischen
Stände in der Herberge des Kurfürsten von Sachsen nicht nur
abgelesen, sondern auch von allen vollkommen gebilligt und unter=
schrieben worden. Die Namen derselben waren; Johannes Kur=
fürst von Sachsen, Johann Georg, Marggraf von Branden=
burg, Ernst Herzog zu Lüneburg, Philipp Landgraf von Hessen,
Wolfgang Fürst zu Anhalt, und die beiden Städte Nürnberg
und Reutlingen. Am 24. Junius folgte die zweite Sizung in
der Reichsversammlung. Der päbstliche Gesandte Kampegius
hielt eine Rede voll wehmüthiger Klagen, daß man das drücken=
de päbstliche Joch abschütteln wolle, aber von einer Kirchenver=
sammlung, von den Mißbräuchen, welche der römische Bischof
Adrian der VI. selbst mit aller Freimüthigkeit bekannt hatte, sagte
er kein Wort, hingegen mehr von der Fortsezung des Türken=
kriegs. (65) Ganz kurz antwortete ihm hierauf der Kurfürst von

E

Mainz Albrecht, ohne von der Religion nur das mindeste zu erwähnen. (66) Dann erschienen die Oesterreichischen Gesandten
und baten wieder die Türken um Hülfe, und endlich fand der Kurfürst von Sachsen mit seinen Vereinigten noch Zeit vor den kaiserlichen Thron zu treten. Der Kanzler Pontan führte im Namen der protestantischen Stände das Wort, und stellte für;
daß sie erfahren hätten, wie bey dem Kaiser, Kurfürsten, Fürsten und Ständen, viele widrige Dinge von der Lehre und den
Zeremonien vorgebracht worden, sie bäten also, der Kaiser, Kurfürsten, Fürsten und Stände mögten in dieser sehr wichtigen Sache ohne Beschwerung anhören und vernehmen, worinn ihre Lehre
bestehe, die in ihren Landen und Herrschaften getrieben, und wie
das Volk öffentlich unterwiesen werde. Es hielte schwer, daß
den Protestantischen Ständen diese Bitte gewährt wurde. Der
Kaiser ließ ihnen durch den Pfalzgraf Friedrich melden: daß es
nun spät und schon Abend, auch unnöthig sey, sich mit dieser
Sache lange aufzuhalten. Da sie ihre Beschwerden schriftlich abgefaßt hätten; so solten sie ihren Aufsaz nur dem Pfalzgrafen geben, alsdann werde er, der Kaiser, dieselbe der Nothdurft nach
erwegen und bedenken. Es läßt sich leicht vermuthen, weßwegen
der Kaiser die protestantischen Stände erst am Abend gehört hatte, daß sie nemlich nicht mehr so viel Zeit gewinnen kunnten, ihr
Glaubensbekenntniß ablesen zu können, sondern schriftlich übergeben zu müssen. Durch diesen Weg suchte man dasselbe der ganzen Reichsversammlung zu entziehen, wobey dem König Ferdinand die meiste Schuld gegeben wurde, den Kaiser zu Maas-
regeln überredt zu haben, welche den Protestanten nachtheilig waren. Man bemerkte auch, daß er ihm öfters ins geheim etwas
ins Ohr sagte. Doch Ehre genug noch für ihn, daß er in den
folgenden Zeiten weit billiger gegen die Protestanten gesinnt wurde,
weil er auch bessere Einsichten von ihrer Sache erlangt hatte. Ins-
zwischen ließ sich der Kurfürst und seine Mitverwandte nicht
abtreiben, sondern blieben standhaft auf ihrem Gesuch, und baten
noch einmal um Gotteswillen um Gehör. Endlich erschien doch
der Tag den der Kaiser auf den 25. Junius Nachmittags um 3
Uhr festsezte, an welchem das Glaubensbekenntniß öffentlich abgelesen werden durfte. Allein es geschah nicht in der ordentlichen
Reichsversammlung auf dem Rathhaus, sondern nur im bischöfli-

chen Hof in der kaiserlichen Kapellstube. Vielleicht geschah dieses
deswegen, damit der große Zulauf vom Volk, wenn es auf dem
Rathhaus geschehen würde, den die Gegenparthei mit Recht
fürchtete, unterbleiben mußte. Der Kaiser hatte zwar in seinem
Ausschreiben versprochen eines jeden Meinung gnädig anzuhören,
aber die Katholiken brachten nichts zum Vorschein, und der Kurfürst von Brandenburg, der an der Spitze der katholischen Stände
stund, eröfnete im Namen des Kaisers keinen solchen Befehl,
und dieser Umstand war von nicht geringer Wichtigkeit, denn
auf diese Art mußten die Protestanten als Beklagte erscheinen und
ihre Kläger waren ihre Richter. Diesem ungeachtet gieng doch
alles seinen Weg, den es gehen solte und mußte. Man machte
Anstalten zum öffentlichen Ablesen, und die kaiserliche Kapellstube
hatte so viel Raum, daß sie 200 Personen fassen konnte. Auf
die bestimmte Zeit versammelten sich nun alle Kurfürsten, Fürsten
und Stände, und die zwei Kursächsische Kanzler Gregor Pontan und Christian Baier traten in die Mitte derselben. Pontan
hatte ein lateinisches, und Baier ein teutsches Exemplar des
Glaubensbekenntnisses in Händen. Der Kaiser wolte, daß das
lateinische abgelesen werden solte, der Kurfürst von Sachsen hingegen machte die Vorstellung, daß sie nun auf teutschem Grund
und Boden seyen, und er hoffe, der Kaiser werde die teutsche Sprache erlauben, das auch sogleich von ihm genehmigt wurde. Baier las demnach dieses Glaubensbekenntniß laut und so deutlich
ab, daß man auch unten im bischöflichen Hof alle Worte vernehs-
men konnte, und brachte beinahe zwei Stunden damit zu. Pontan wolte hierauf beide Exemplarien dem kaiserlichen Sekretär
Schweiß überreichen, der Kaiser aber nahm das lateinische
Exemplar selbst zu eigenen Handen. Während der ganzen Zeit
daß diese Konfeßion abgelesen wurde, herrschte eine solche feierli-
che Stille und strenge Aufmerksamkeit, bey allen Zuhörern, daß
man sich verwunderte. Diese Begebenheit war auch groß und
wichtig, um Aufmerksamkeit zu erregen. So bald sie also verlesen
war; so hat der Kaiser in seinem Namen durch den Pfalzgrafen
Friedrich den protestantischen Ständen folgende Antwort ertheilen
lassen: „Römisch-kaiserliche Majestät hat eurer Lieb, des Chur-
„fürsten zu Sachsen und anderer meiner Oheim, Schwäger und
„Freunde verfaßte Schrift, ihrer Prediger Lehr und Haltung und

„euer Glaubensbekenntniß hören lassen und gnädiglich vernom=
„men. Dieweil aber das ein treflicher, hochwichtiger und merk=
„licher grosser Handel, und derhalben wohl zu bedenken ist: so
„will seine Kaiserl. Majestät derselben in Bedacht nehmen, mit al=
„lem Fleiß erwägen und berathschlagen, und wann seine Kaiserl.
„Maj. darinn sich etwas entschlossen haben, als dann Euer Liebden
„wiederum ansagen, und in Antwort dermassen vernehmen lassen,
„daraus Euer Liebden seiner Maj. gnädiges, christliches und
„wohlgemeintes Gemüth und Meinung spüren und vermerken sol=
„len.", (67). Diese Rede macht dem Karakter und der Denkungs=
art K. Karl des V. wahre Ehre, und kann zu einem überzeu=
genden Beweiß dienen, daß man sich von seiner Billigkeit viel
Gutes hätte versprechen dürfen, wenn er nicht durch widrige und
zudringliche Vorstellungen von den Feinden der Reformation über=
redt worden wäre. Solche Scheingründe gebrauchten die Katho=
liken, um ihr Interesse dabey zu bemänteln, und die Leute in der
Finsterniß und im Irrthum herumzuführen.

§. 24.

Bey dieser wichtigen Handlung, von der ich eine kurze Ge=
schichte voranschiken mußte, um so dann von derselben auf den ei=
gentlichen Gegenstand selbst übergehen zu können, war auch der
Ordinarius des Orts, der Bischof von Augsburg Christoph von
Stadion selbst zugegen, hörte und sah alles mit an, und stund
bey dieser glänzenden Versammlung in grossem Ansehen. Seine
Hofleute und andere Räthe, die er bey sich hatte, waren folgen=
de: 1.) Wilhelm von Baldek in Hartnek Marschall, 2) Jo=
hannes von Stadion, Erbtruchseß des Hochstifts, sein Bruder,
3) Heinrich von Schwangau in Schwangau, 4) Wilhelm
von Knöringen in Knöringen, 5) Sebastian von Bonrod
in Bonrod, 6.) Burkhard von Stadion in Magolsheim,
7) Georg Guß von Gussenberg in Brenz, 8) Ulrich von
Knöringen in Emersaker, 9) Johann Wolfgang Zülnhart
in Dörnau, 10)Georg von Rechberg in Rechberg, 11) En=
gelbold von Kaltenthal in Mulhausen, 12) Johann Wolf=
gang von Rechberg in Rechberg, 13) Jakob Schenk von
Staufenberg, 14) Joachim Schenk von Winterstetten, 15)
Marx von Au in Wachendorf, 16) Johann Georg von
Gemmingen, 17) Alexander von Wöllwarth, 18) Kaspar

von Westerstetten, und 19) Christoph Melchior von Hirsberg. Nach Ablesung dieses Glaubensbekenntnisses bekannte der
Bischof von Stadion öffentlich, es sey alles was abgelesen
worden, die lautere und unläugbare Wahrheit und er habe in
der Versammlung zum Rath der Strenge und Schärfe seine
Stimme nicht gegeben. Melanchthon selbst sagt auch in einem
Schreiben an Luthern, daß der Kurfürst in Mainz, und der
Bischof von Stadion für die Protestanten seyen, aber der Eifer
sey nicht gar stark, und dieß konnte freilich so öffentlich nicht geschehen. 68) So habe sich auch der Wilhelm Herzog in Baiern
nicht nur gegen den Kurfürsten zu Sachsen sehr freundlich geäuß-
sert, sondern auch in seiner Herberge versichert: So habe man
ihm von dieser Sache und Lehre zuvor nicht gesagt, und gegen
den gewaltigen D. Eck soll er sich haben verlauten lassen: Man
hätte ihm viel anders von Luthers Lehre gesagt, als er in ihrem
Bekenntniß gehört habe, und ihn vertröstet, daß diese Lehre widerlegt werden könne. Eck der Großsprecher habe ihm hierauf
geantwortet, mit den Vätern getraue er sich sie zu widerlegen,
aber mit der heiligen Schrift nicht. Der Erzbischof und Kardinal zu Salzburg Mathäus Lang soll bezeugt haben; er sehe
selbst gerne eine Reformation in der Meß, und eine Freiheit in
der Speise und andern Menschensazungen, überhaupt aber eine
ganz solche Beschaffenheit des geistlichen Stands, wie ers aus
dem Bekenntniß gehört hätte; aber daß nur ein einiger oder elen-
der Mönch sie alle reformieren und in Unruh bringen wolle, sey
unerträglich und nicht zu dulden. 69) Warum hat aber dieser
präpotente Kardinal-Erzbischof keine Reformation unternommen,
wenn er so viel Einsichten in den Verfall der Kirche gehabt hat?
Warum überließ er sie einem so elenden Mönche? Entweder
hat er die Einsichten erst durch Ablesung dieses Glaubensbekenntnisses bekommen, oder seine fette Präbenden erlaubten ihm keine
solche Reformation, um sie dadurch nicht zu verlieren. Und so
gieng es den meisten Bischöfen, und unserm Bischof von Augsburg Christoph von Stadion auch. Hätte je einer der evangelischen Lehre gern und willig beigepflichtet, so wäre es von
Stadion gewesen, hätten ihn nur seine zeitliche Absichten nicht
davon abgehalten. Vom König Ferdinand sagt Spalatin in
seiner Erzählung von dieser feierlichen Handlung; 70) Als der

Kanzler im Bekenntniß gelesen habe, daß ungefähr vor 400.
Jahren, da der Pabst den Priestern in Teutschland die Ehe ver=
boten, und ein Erzbischof zu Mainz dies Gebot verkündigt habe,
und seine Pfaffen dazu zwingen wollen; daß sie sich mit Gewalt
und so hart dagegen gesezt, daß er in einer Empörung beinahe
erwürgt worden sey; so habe der König Ferdinand den Erzbi=
schof von Mainz Albrecht gefragt, ob dieses wahr sey? worauf
dieser die Antwort gegeben habe: Ja! es sey wahr.

§. 25.

Einige Fürsten auf dieser Reichsversammlung hatten unter
ihrem Gefolge die abgesagtesten Feinde der evangelischen Lehre,
welcher sich der päbstliche Gesandte Kampegius und die Nun=
tien Pimpinellus und Peter Paul Verger, durch grosse Geschen=
ke und Versprechungen versicherten, daß sie bey ihren Prinzipalen
auf nichts anders antragen sollen, als, daß man die Protestan=
ten zu gar keinem weitern Gehör kommen lassen solte, und sie gien=
gen so weit, daß endlich dieselbe der alten Lehre wieder freien
Lauf in ihren Landen verstatten müßten. Freilich sah man vor=
aus daß dieses nicht mehr geschehen werde, aber aus einem
Schein des Rechtens hätte man Gewalt wider sie gebrauchen kön=
nen. Gleich am folgenden Tag berief der Kaiser die römisch ka=
tholischen Stände zu sich, um sich mit ihnen über das Glaubens=
Bekenntniß der Protestanten zu berathschlagen. Obgleich einige
Stimmen sehr heftig und widrig waren; so wurde doch beschlos=
sen, das Glaubensbekenntniß der Protestanten vor allen Dingen
untersuchen und eine Antwort auf dasselbe verfertigen lassen.
Kampegius hatte diesen Vorschlag zu erst gemacht, doch gebrauch=
te er die Vorsicht, daß niemand keine Exemplarien dieser Wider=
legung mitgetheilt werden solten. Eine grosse Schaar päbstlicher
Gottesgelehrten sezte sich zusammen, und brachte 6 ganzer Wo=
chen mit der Widerlegung zu. Diese Schaar bestund aus folgen=
den rüstigen Männern: 1.) D. Johann Eck, 2.) D. Johann
Faber, Probst zu Ofen und Koadjutor, 3.) Augustin Mari=
us Bischof zu Salon, 4) D. Konrad Wimpina, Ordinarius
zu Frankfurth, 5) D. Johann Cochläus bey Herzog Georg zu
Sachsen, 6.) D. Paul Hugo Provinzial des Predigerordens,
7.) D. Andreas Stoß, Provinzial der Karthäuser, 8.) D.
Konrad Collin; Prior bey den Predigern zu Kölln, 9.) D.

Bartholomäus Usinger, Augustiner bey dem Bischof zu Würz-
burg, 10.) D. Johann Mensing Predigermönch bey dem
Kurfürsten zu Brandenburg, 11.) D. Johann Dietenberger
Prior zu Koblenz, 12.) D. Johann Burkard Predigerordensvi-
kar, 13.) D. Hieronymus Montinus, Vikar des Bischofs zu
Passau, 14.) D. Mathias Krez Domprediger zu Augsburg, 15.)
D. Peter Speisser, Vikar des Bischofs zu Kostanz, 16.) D.
Arnold von Wessalien, zu Köln, 17.) Bruder Medardus,
Barfüssermönch und Prediger König Ferdinands, 18.) D.
Konrad Thoman, Prediger zu Regensburg, 19.) D. Augu-
stin Thoma, ebenfalls Prediger daselbst, und 20.) D. Wolf-
gang Redorffer, Probst zu Stendal. Alle diese Doktoren in
Gesellschaft eines einzigen Bruders, traten nach diesen 6. Wochen mit ihrer Widerlegung herfür, die ebenfalls auf kaiserlichen
Befehl in der kaiserlichen Kapellstube öffentlich abgelesen wurde.
Wenn Eck dieser Hauptpolemiker, und Heerführer dieser zwan-
zigköpfigen Schaar, nach seinem dem Herzog Wilhelm von Baiern abgelegten eigenen Geständniß die Konfeßion der Protestanten
nicht aus der heil. Schrift zu widerlegen vermochte, sondern nur
aus den Kirchenvätern, was sollten die andern thun? In dieser
langen Zwischenzeit durfte gleichwohl die Konfeßion der Protestanten, wie überhaupt alles was wegen der Religion auf dem Reichstag verhandelt worden, nicht gedrukt werden, dagegen aber
wurde sie sehr häufig abgeschrieben, und beinahe in alle lebende
abendländische Sprachen übersetzt, und an alle grosse Höfe geschikt. Man arbeitete nach allen Kräften, die Protestanten durch
Versuche und Umwege in die Enge zu treiben. Der Bischof zu
Rom wolte in nichts einwilligen was wegen der Religion auf
dem Reichstag beschlossen würde, denn er hatte den Grundsaz,
es gehöre nur nach Rom und für ihn zur Entscheidung. Dies
war damals eine der grösten Staatsregeln, und der ganze römischkatholische Glaube stüzte sich auf den einzigen aber fehlba-
ren Grundsaz: die Kirche kann nicht irren. Der Kurfürst zu
Sachsen wurde vom Pfalzgraf Friedrich im Namen des Kaisers
auch angestochen, ob in der Konfeßion der Protestanten nicht
einige Artikel ausgelassen seyen, welche Luther sonst gelehrt hätte, und daß überhaupt der sanfte und bescheidene Ton, der in
jener herrschte, ihnen weniger Stof zum Widerlegen und Verdam-

men gebe als sie gewünscht hätten. Diese noble Schaar suchte
also durch den Kaiser den Protestanten etwas abzubringen, was
sich zu ihrem Plan besser geschikt hätte. Aber fehl schlug ihre Hofnung, und man gab von Seiten der protestantischen Fürsten und
Städte am 13. Julius die Antwort von sich, daß sie nichts neues, ausser der bereits übergebenen Konfeßion, vorzubringen hätten, in dem dieselbe allen Hauptirrlehren und Mißbräuchen in der
römischen Kirche hinlänglich widerspreche, sie könnten aber freilich nicht in Abrede seyn, daß ihnen noch mehrere Unrichtigkeiten
in Lehre und Kirchenzucht bekannt seyen, sie wollten diese aber
vorjezt auf sich beruhen lassen, damit alles, dem kaiserl. Ausschreiben gemäß, desto eher in Liebe und Gütigkeit gehandelt werden möchte.

§. 26.

Die Unthätigkeit und das lange Zaudern machte endlich den
Aufenthalt der protestantischen Fürsten beschwerlich. Die Erschö-
pfung ihrer Kassen, und die Mittel, welche die Gegenparthie
immerfort anwandte, sie entweder durch Drohungen, oder durch
ausgesuchte Schmeicheleien zur römischen Kirche, und unter die
päbstliche Bothmäßigkeit zu bringen, verursachten ihnen vieles
Mißvergnügen. Zu diesen gesellten sich noch mehrere widerwärti-
ge und verdrüßliche Umstände, die aber nicht hieher gehören.

Am 3. August erschien endlich der grosse Koloß, woran 20
Gelehrte gleich Tagewerkern ganze 6 Wochen arbeiteten, nemlich die Widerlegung der Konfeßion der Protestanten, die ebenfalls in Gegenwart der Stände in der Kapellstube öffentlich abgelesen wurde. Schweiß der kaiserliche Sekretär las dieselbe vor.
Noch ehe man sie verlas, sagte der Kaiser seine Entschließung
sehr rauh und hart, und diese schrieb Melanchthon seinem Luther, nemlich, dieses, was er, der Kaiser, aufsezen lassen,
sey seine Meinung, bei der er zu bleiben sich vorgenommen habe,
und sein Begehren sey, daß von unsern Fürsten auch ein Gleiches
geschehe. Wolten sie nicht gerne, so seye er Schuzherr und Be-
schirmer der Kirche, und werde keine Trennung in Teutschland
verstatten. Die Widerlegung selbst, die der grosse Faber machte,
warum Eck nicht? konnte Melanchthon nicht kindisch und läppisch genug beschreiben. Die Protestanten baten um eine Abschrift, worauf der Kaiser geantwortet, er wolle noch überlegen

was zu thun sey. Am 5. August forderte der Kaiser die Fürsten zu sich, und ermahnte sie abermals: Sie sollten sich mit dem was in der Konfutation stehe und geschrieben wäre, vereinigen. Eine Abschrift davon könnten sie zwar haben, jedoch mit dem Beding, daß sie nichts abschreiben noch druken lassen sollten. Der Streit hierüber dauerte lang und viel, endlich aber machte der Kurfürst zu Mainz Albrecht, mit seinem Bruder dem Kurfürsten zu Brandenburg und dem Herzog zu Lüneburg, diesem Streit ein Ende.

§. 27.

Nach dem die Widerlegung abgelesen war, und die protestantische Fürsten sie nicht sogleich genehmigen wolten, so traten die Kurfürsten von Mainz und Brandenburg ins Mittel, und wirkten die Erlaubniß aus, mit einem grossen Ausschuß von den katholischen Ständen in gütliche Unterhandlungen zu treten, aber die Widerlegung selbst war ihnen bisher noch nicht mitgetheilt gewesen. Luther verfertigte schon vorher eine Schrift, welche eine allgemeine Aufmerksamkeit rege machte. Sie führte die Aufschrift: Vermahnung an die ganze Geistlichkeit, versammelt auf dem Reichstag zu Augsburg Ao. 1530. 71.) Diese Schrift, welche von Luthers Herzhaftigkeit zeugte, mußte nothwendig Bewunderung bewirken, weil er sie in einem Zeitpunkt bekannt machte, wo er sich in Koburg aufhielt und seinen Aufenthalt verborgen haben solte. Was aber noch besonders merkwürdig dabey ist, das ist dies, daß eben diese weit um sich greifende Schrift in der Versammlung der römisch katholischen Fürsten von dem Bischof von Augsburg Christoph von Stadion selbst abgelesen worden war. Dies berichtete Melanchthon dem Luther in einem Schreiben vom 30. Julius: „Was sonst alhie vorläuft, wird euch er, Caspar Aquila erzählen. Den alhie nicht allein unsere Freunde, sondern auch der Bischof von Augspurg selbst (vorher war er sein Verfolger und wolte ihn hinrichten lassen, jetzt wurde er sein Verehrer und Wohlthäter) ehrlich traktieret hat. Derselbige Bischof hat auch heut im Fürstenrath, ohne allen Scheu unsre Vermahnung an die Geistlichen gelesen. Er nimmt sich unser ganz ernstlich an, aber wie viel er ausrichte, kann ich noch nicht sehen." 72.) Ehre für diesen guten und sanften Bischof, und ein Beweiß, daß er vorher von leichtfertigen Ohrenbläsern gegen die evangelisch Gesinnte verführt und aufgehetzt worden.

Auf den 6. August Vormittags war die erste Zusammenkunft des Ausschusses, zu welchem auch unser Bischof von Stadion, nicht allein weil er Diöcesan war, sondern auch wegen seiner treflichen Einsichten, Klugheit und Sanftmuth, erwählt worden war. Bey dieser Gelegenheit hielt er als Diöcesan zu erst eine Rede, vertheidigte die Augsburgisch Konfeßion nachdrücklich, und machte Vorschläge, wie man sich vereinigen könne. Diese Rede verursachte so viele und starke Zänkereien, daß in der ersten Sitzung beinahe sonst nichts vorgieng. Christoph von Stadion stellte nemlich in dieser Rede vor: „Wie höchst nöthig es sey, daß man bey der nun vorhabenden Handlung allen möglichsten Fleiß, Vorsicht und Behutsamkeit anwende, damit nichts unternommen, noch geschlossen werde, so der heiligen Schrift entgegen, oder sonst wider Recht und Billigkeit wäre. Denn es sey nur allzu wahr und Jedermann vor Augen, daß die Bekenner der Lehre Luthers keinen einzigen Glaubensartikel angefochten, oder zu verletzen begehrt haben. Bei solcher Bewandtniß seyen aber auch, alle christlichgesinnte und friedliebende Gemüther schuldig und verbunden, auf zureichende Mittel und Wege mit allem Fleiß zu gedenken, wie die Ruhe und Einigkeit in der Kirche wieder hergestellt, bestättigt und erhalten werden könne."

Schade daß ihn hier der Kardinal Erzbischof von Salzburg Mathäus Lang unterbrach, und ihn fragte: „Woher kommt Euer Liebden diese so schnelle Veränderung und ganz unvermuthete Heiligkeit. Ich habe ja wohl noch im frischen Angedenken, daß Euer Liebden ganz anders von dieser Sache, noch vor kurzer Zeit, mit mir geredt haben."

Der Bischof von Augsburg Christoph von Stadion erwiederte hierauf in völligem und mit gerechtem Eifer. „Ich läugne nicht, daß ich in meinem Leben viel böses und strafbares begangen; gegenwärtige Zeit und Gelegenheit aber dringet mich, aller Bosheit abzusagen, den schädlichen Lüsten des Fleisches Abschied zu geben, und ein anders Leben anzufangen. Und daß ich nicht verhalte, so ist vielleicht Euer Liebden Leben nicht viel frömmer und besser, als meines; Euer Liebden Vorsaz aber gegen dem meinigen, um so viel ärger und schreklicher, weil dieselben ihre Laster mit grösserer Hartnäckigkeit zu entschuldigen, die abgöttischen Mißbräuche zu bemänteln, und gottlose Lehre

„zu vertheidigen und zu erhalten sich bemühen. Gott bewahre
„mich, daß ich mich ja einer solchen Gottlosigkeit nicht theilhaf=
„tig mache."

Nun trat der Kurfürst Joachim von Brandenburg mit hitzi=
ger Geberde auf, um den Kardinal Erzbischof von Salzburg zu
vertheidigen, und schrie laut: „Daß die Lutheraner keinen Glau=
„bensartikel umgestoßen haben sollten, sey ganz wider die Wahr=
„heit." Auf dieses Geschrei verlangte unser Bischof von Sta=
dion, der gewiß mehr Einsichten in diesem Fach hatte, als der
Joachim, zu wissen, „welches dann diese Artikel wären." Der
Kurfürst von Brandenburg antwortete ihm hierauf: „Es werde
„von ihnen die Lehre von der katholischen Kirche und der Anru=
„fung der Heiligen gänzlich verworfen und umgestoßen" Von
Stadion versetzte ihm hierauf mit Klugheit und Unerschrokenheit:
„Die Anrufung der Heiligen sey kein Glaubensartikel, und die
„katholische oder christliche Kirche werde von den Lutheranern
„keineswegs angefochten, sondern nur die Mißbräuche, deren so
„viele, so grobe und so gefährliche in der römischen Kirche vor=
„handen seyen, daß sie niemand läugnen könne."

Dieser Streit war so heftig, daß sie beinahe einander in die
Haare gekommen wären, denn Schimpfworte fielen ohnehin genug,
wenn nicht der Kurfürst von Mainz Albrecht ins Mittel getreten
wäre, und sie bat, diesem Streit nicht nur ein Ende zu machen,
sondern vielmehr auch auf Mittel zu denken, wie die vielen Miß=
bräuche abgestellt, und ein allgemeiner Frieden im römischen
Reich gestiftet und erhalten werden möchte. Damit war am Vor=
mittag diese Handlung beschlossen, des Nachmittags aber wurden
diese Zänkereien wieder eben so lebhaft fortgesetzt, wie Vormit=
tags. Der Ausbruch in Thätlichkeiten war nahe, und konnten
also keine wichtige Berathschlagungen deßwegen gepflogen werden.

Diese Geschichte erzählt Spalatin ein Augenzeuge, 73) Ge=
org Cölestin, 74) Johann Saubert, 75) Veith Ludwig von
Seckendorf, 76) Johann Joachim Müller, 77) Johann Kas=
par Funk, 78) Christian August Salig, 79) Ernst Salomo
Cyprian, 80) und Kolborn. 81) Alle mögen meinetwegen aus
einer Quelle geschöpft, und dem Spalatin nacherzählt haben.
Was aber von Augenzeugen bestättigt wird, verdient das keinen
Glauben? ist der Augenzeuge, und der alles mit anhört, nicht

so gut wie eine ächte Urkunde? Allein der verstorbene Veith erlaubte sich die ungebührliche Ausschweifung, Cölestin, Sekendorf, mithin auch alle die, die demselben nachschrieben, gleichsam Lügen zu strafen, und zu sagen, daß alles keinen Glauben verdiene. 82) Also muß man ihm allein glauben, wo man aber öfters hinter das Licht geführt würde. Er sagt, Bischof von Stadion sey ein gelehrter und frommer Mann gewesen, und glaubte, diese rühmliche Handlung sey seiner ganz unwürdig gewesen. Er schmeichelte sich, ihm dadurch ein ehrenvolles Denkmahl gestiftet zu haben, und war kurzsichtig genug, da er ihm mit eiu nem Eifer eine Schandsäule zu errichten suchte, die aber dieser Bischof nicht verdiente. Mit seiner Gelehrsamkeit, wie mit seiner Frömmigkeit verträgt sich diese Handlung. Als Gelehrter hatte er die Fehler in der Kirche eingesehen, konnte sie prüfen und beurtheilen, und als ein frommer Bischof, glaubte ers unter seiner Würde und Frömmigkeit zu seyn, die Mißbräuche zu vertheidigen und zu unterstützen. Bayrer sagt zwar nichts von diesem Vorgang, aber er spricht von ihm doch so, daß er ihn nicht beleidigte, und schrieb; daß er auf dem 1530. zu Augsburg gehaltenen Reichstage abermals einer von den sieben Katholiken war, die sich mit einer gleichen Anzahl von Protestanten unterreden sollten. Bey welcher Gelegenheit er sich durch seine Billigkeit und Liebe zum Frieden auszeichnete. 83) Damit läßt er seine Leser auf etwas Vorgegangenes urtheilen, ohne es ihnen zu sagen, und ohne diesem würdigen Bischof von Stadion seinen verdienten Ruhm zu entziehen. Wenn man den hizigen Karakter des Kardinal Erzbischofs von Salzburg Matthäus Langs, seinen Stolz, und seine eifrigen Wünsche, den Untergang der Protestanten zu befördern, in Betrachtung zieht; so ist sich gar nicht über diesen Vorgang zu verwundern. Er konnte es nicht vertragen, daß er als Kardinal der römischen Kirche einem einfachen Bischofe das Wort, und die Fehler der Kirche und der Klerisei aufdeken lassen und ihm nachstehen solle. In eben jener ärgerlichen Schrift 84) die ich schon oben anzog, findet sich auch von ihm eine Schilderung, die er durch seine Handlungen vielleicht eher verdient hat, als Christoph von Stadion. Der Kardinal handelte eigenmächtig für sich, ohne von Jemand dazu verleitet worden zu seyn, von Stadion aber handelte blos durch Ohrenbläser und Aufhe=

ter, und ist zu entschuldigen, denn niemals würde er diese Hand=
lungen gethan haben, die er ausübte, wenn er nicht durch ande=
re dazu gedrungen worden wäre. Der bekannte Cochläus, ein
Feind Luthers und eifriger Vertheidiger des Aberglaubens und
der Mißbräuche, erwähnte nicht nur dieses wichtigen Umstandes
nicht — es war auch nicht von ihm zu erwarten — sondern muß
so gar in einer Schrift 84 a) gerade das Gegentheil von dem
behauptet haben, was ich so eben erzählte. Dieses nehme ich aus
einer Schrift des Wolfgang Musculus 84 b) ab, worinn er
unter andern schreibt: „Das, so Christophorus von Stadi=
„on, weyland nach dieser Welt brauch, ain Bischof zu Augspurg
„genannt, wider die Augspurgische Konfeßion, von den unsern
„angenommen, geredt haben soll, wie du schreibst, geht uns nit
„an, Er hab es gesagt oder nit gesagt, gilt eben gleich, uns ist
„netz vorlangest bewußt, das uns nit so uil daran gelegen sein
„soll, was von uns ain menschlicher tag urtaile, fürnämlich in
„denen, die der wahrheit widerstreben, als wie unser thun vor
„dem Herren beston müge, Solche verferte urtail fellend nit,
„dapfere Gotsälige männer, die da wissend, das sy müssend dem
„Herrn, nit allain von allen iren wercken, sonder auch von iren
„worten rechenschafft geben, Sonder aintwebers ungwarsame
„oder männer die iren begierden mehr dann zimlich ist willfagen
„und nachhengen, So giebt es auch der sach, darumb zwischen
„uns der span ist, kein behilff. Ich will hiemitt den gestorbe=
„nen nit nachreden, von welchen ich höre, das er ain freundtli=
„cher man gewesen sey, und befilch jn dem Herrn, welchem wir
„alle nit allein leben, sonder auch sterben.“

Ich will noch einen Beweis, seiner guten Handlungen und
Gesinnungen wegen, von Augenzeugen, und die alles mit ange=
hört haben, anführen. Die Reichsstadt Nürnberg schifte auf die=
sen wichtigen Reichstag zwen Abgesandte, Christoph Kreß und
Klemens Volkamer, Mitglieder des Magistrats daselbst. Da
sich die Handlungen auf demselben etwas zu lange verzogen, so
sandten sie noch zwen Senatoren Christoph Coler und Berns=
hard Baumgärtner zur Abwechslung nach Augsburg ab, denen
nachgehends noch Hieronymus Baumgärtner gefolgt ist, auß=
ser diesen aber auch Erasmus Ebner zugegen war. Der Rath
schifte zu den bereits angeführten noch ferner D. Christoph

Scheuel, D. Johann Hepstein oder Eppstein, beldes Konsulenten und Georg Frölich, Kanzellisten, dahin ab, und von Nürnbergischen Theologen war nur Andreas Osiander zu gegen, Joachim Kamerar und Eoban Heß, beide Lehrer des Gymnasiums, hielten sich aber nur einige Zeit daselbst auf. Diese Nürnbergische Gesandten berichteten dem Rath von Zeit zu Zeit alles was wichtiges vorfiel, und schrieben unter andern am 28. Junius 1530. „Bischof von Augspurg hab im grossen Ausschuß, „als die weltlichen Fürsten als Baiern, und Hertzog Jorg zu „Sachsen, von der Religion viel hefftiger und ungeschickter, als „die geistlichen redeten, selbst vermeldt, er wolte, ehe man von „vertragen auseinander scheiden solte, für seinen Theil die bee„den Artickel von breder gestalt des Abendmals und die Prie„sterehen neben noch andern mer, da es vonnöten, begeben, „dann in Uneinigkeit von einander scheiden." 85) Eben dieses vortreflichen Bischofs von Augsburg Christophs von Stadion ungemeine Neigung gegen die Evangelischen, veranlaßte auch den klugen und gelinden Philipp Melanchthon, daß er ihm auf dem Reichstag ein sehr schönes, dem von Stadion und ihm selbst Ehre bringendes Danksagungsschreiben vom 10. August einhändigen ließ. 86) Von Seckendorf sagt von ihm, daß dieser Bischof eines ewigen Andenkens würdig sey.

Der standhafte Bekenner der evangelischen Wahrheit, Georg Marggraf zu Brandenburg Anßbach, nahm den berühmten Theologen D. Adam Weiß oder Kandidus mit sich auf den Reichstag, welcher ein Tagbuch von demselben abfaßte, und alles niederschrieb was sich auf demselben zugetragen. Als der Herzog Georg von Sachsen, Johann Faber und andere, das Evangelium und die Lehre desselben unterdrükt haben wolten, so sagte unser Bischof Christoph von Stadion, den Adam Weiß einen gelehrten und klugen Mann nannte; secht zwo rf welicher seyten unser Bauren wurden steen. Er konnte die blutigen Anschläge, die evangelische Lehre und deren Anhänger mit Feuer und Schwerd außzurotten, durchaus nicht ertragen, und deswegen sagte er zum Johann Faber: „Ir Buben, Ir achtet nit, „wann wir im Blut solten ertrincken, wolt Ir nit sehen, wo„unsere Bauern selbs wurden hinfallen, wann es zun strauchen „käm." 87) Diese angeführten Beweise, werden doch Veiths

unkluges Betragen zernichten, die Schande abwaschen, mit der
er die Asche Christophs von Stadion entehrte, und jene Hand=
lungen bestättigen.

§. 28.

An dem nemlichen Tag, als die Streitigkeiten zwischen dem
Bischof von Stadion, Matthäus Lang, und dem Kurfürsten
Joachim von Brandenburg entstunden, reißte der Landgraf Phi=
lipp von Hessen von Augsburg ab. Die Langsamkeit dieses Ge=
schäftes, und weil er keinen erwünschten Ausgang vermuthete,
machten ihn ungedultig, welches aber den Kaiser sehr entrüstete.
Ueberhaupt zerschlugen sich die ganzen Handlungen, und die feindse=
ligen Vorträge verursachten Erbitterungen. Melanchthon und
andere wandten alle nur mögliche Mittel an, Frieden und Einig=
keit zu erhalten, und stellten deswegen auf D. Ecks Bedenken,
ein Gegenbedenken. Sie machten den Vorschlag, daß von beiden
Theilen etliche der Sachen verständige Personen, nur in geringer
Anzahl verordnet würden, und dieser wurde auch genehmigt.
Der Kaiser beschloß am 14. August einen engern Ausschuß nieder=
zusetzen. Auf der katholischen Seite erschienen, an Fürsten:
Der Bischof von Augsburg Christoph von Stadion, und Her=
zog Heinrich von Braunschweig, nach dessen Abzug aber Herzog
Georg zu Sachsen. An Rechtsgelehrten: Bernhard Hagen,
Kurköllnischer Kanzler und Hieronymus Vehus Badenscher Kanz=
ler. An Geistlichen: D. Johann Eck Ordinarius zu Ingol=
stadt, D. Konrad Wimpina, Ordinarius zu Frankfurth, und
D. Johann Cochläus, Probst zu St. Sever in Erfurt. Auf
der Protestanten Seiten waren zugegen, an Fürsten: Herzog
Johann Friedrich, des Kurfürsten zu Sachsen Sohn, und Marg=
graf Georg zu Brandenburg. An Rechtsgelehrten: D. Gre=
gor Brück oder Pontan Kursächsischer Kanzler und D. Seba=
stian Heller Brandenburgischer Kanzler. An Geistlichen: D.
Philipp Melanchthon Professor zu Wittenberg, D. Erhard
Schnepf Heßischer Prediger und M. Johannes Brenz Predi=
ger zu Halle in Schwaben. Melanchthon war sehr eifrig, und
schien immer mehr nachzugeben, als er hätte nachgeben sollen,
das aber seinen sanften und friedliebender Karakter ganz vortref=
lich bezeichnet. Doch hätte gewiß seine Nachgiebigkeit dem Evan=
gelium nicht geschadet, weil er niemals zu weit gegangen wäre.

Kurz mit all seiner erstaunenden Mühe und Sorgfalt, eine Vereinigung zu erzielen, konnte er gleichwohl nichts ausrichten.
Die Mitglieder dieses zweyten Ausschusses von beiden Seiten stat-
teten am 22. August an den Kaiser und die ganze Reichsversammlung einen Bericht von ihren Unterhandlungen ab, und die Protestanten trugen abermals auf eine allgemeine Kirchenversammlung
an. Inzwischen gaben die beiderseitigen Berichte zu der Vermuthung Anlaß, daß eine gänzliche Ausgleichung möglich sey. Der
Kaiser ordnete noch einen dritten Ausschuß an, wozu von jedem
Theil zwei Rechtsgelehrte und ein Theolog genommen wurde.
Allein auch diese Bemühungen liefen fruchtlos ab. Hätte Melanchthon mit dem Bischof von Stadion nur allein zu thun gehabt; so würde die Einigkeit bald hergestellt worden seyn, aber
mit dem Eck und Cochläus, zwei berüchtigten Fechtern, die
bloß für ihr Interesse sorgten, und die Lehre des Evangeliums verachteten, war nicht fortzukommen, und sie hetzten auch di Fürsten
auf. Der Bischof von Stadion, noch verdrüßlich über den Vorgang mit dem Erzbischof von Salzburg, sahe es wohl ein, daß
alles, und auch seine eiferbollste Verwendungen, fruchtlos ablau-
fen würden, und wolte sich mit Dummköpfen nicht mehr bemengen.

§. 29.

Im Jahr 1531. wurde zu Nördlingen ein schwäbischer Bundstag gehalten, auf welchem zwischen dem Marggrafen Georg von
Brandenburg, und dem Bischof Wigand von Radwiz die bisherige Streitigkeiten entschieden worden sind. Unser Bischof von
Stadion, in allem erfahren, zum Frieden geneigt, nahm sich
der Sache des Bischofs von Bamberg an, und leistete ihm guten Beistand.

Zu Nürnberg kam 1532 der erste Religionsfrieden zu stand,
weil der Kaiser wegen der Türken Hülfe und römischen Königs-
wahl in Verlegenheit gesetzt wurde, allein es sahe mit demselben
ziemlich verdächtig aus, weil in dem Reichsabschied zu Regensburg am 27. Julius 1532. mit keiner Silbe von diesem Frieden
gedacht wurde. Es entstund auf demselben zwischen dem Kaiser
und den katholischen Ständen ein sehr lebhafter Streit, wegen
einer Kirchenversammlung. Da der Bischof von Augsburg Christoph von Stadion vermög der Unterschrift demselben selbst persönlich beiwohnte, so mag auch er mit den übrigen Ständen

der

der Kirchenversammlung wegen einstimmig gewesen seyn. 1533 setzte der Bischof von Stadion den von dem Rath der Stadt Nördlingen fürgestellten Melchior Hirder in die Pfarrkirche zu St. Leonhard in Pflaunloch ein. Der seit 45 Jahren in grossem Ansehen
gestandene schwäbische Bund erreichte in eben diesem Jahre 1533
seine Endschaft. Nach Augsburg auf den Sonntag nach Quasi-
modogeniti wurde ein Bundstag angesetzt, und hiezu Kaiserlich
und Königliche Kommissarien erwählt. Unter denen war der Bischof von Augsburg Christoph von Stadion als kaiserlicher Kommissär, und neben demselben Marquard von Stein Domprobst
daselbst, und Graf Wolfgang von Montfort. Diese bemühten sich sehr stark, die Bundesstände bey einander zu behalten,
und jeder Stand solte vom kaiserlichen Kommissär von Stadion
besonders vernommen werden. Allein seine Bemühungen waren
alle fruchtlos, und er gesund selbst, daß kein einziger Stand die
Erstreckung des Bunds bewilligt, sondern lauter Beschwerungen
und Ausflüchte vorgebracht habe. Vielleicht machten mehrere Angelegenheiten, und deren gewünschte Beendigung, besonders was
die Religion anbetraf, Hindernisse dazwischen, gleichwohl aber
vereinigte sich von Stadion 1535 wieder mit dem neunjährigen
kaiserlichen Bund.

§. 30.

Dem Bischof von Stadion und seinem Kapitel drohte ein
neuer und vielleicht unerwarteter Sturm. Die Religionszänke-
reien stifteten auf beiden Theilen einen Haß und Widerwillen gegen
einander. Der evangelische Theil sah sich einmal schon so gut als
gegründet an, und suchte seine Lehre auszubreiten, und, wo noch
Ungleichheit herrschte, alles gleich in der Lehre zu machen, um
gleichen Gottesdienst und gleiche Denkungsart zu haben. Damals
erkannte sich der größte Theil der Stadt Augsburg zur evangelischen Lehre, und dies veranlaßte den Rath, einen Versuch zu
wagen, ob nicht eine völlige Gleichheit im Glauben und in der
Lehre eingeführt und zu Stand gebracht werden könnte. Der
Vorsatz war von Seiten des Magistrats gewiß rühmlich, und
zeugte von der Anhänglichkeit und Ueberzeugung in der reinen
Lehre des Evangeliums. Der 6. Merz war bestimmt, den kleinen und grossen Rath in dieser Absicht zusammen zu berufen, und
der Schluß desselben war, dem Domkapitel durch eine besond-

re Rathsdeputation ein Religionsgespräch zwischen einigen von der katholischen Seite, und zwischen den evangelischen Predigern anzubieten. Von den evangelischen Predigern wurden zu diesem Ende 10 Artikel, über welche dieses Gespräch gehalten werden sollte, aufgesezt, die zugleich mit überreicht wurden, in der Hofnung, daß durch dieses Mittel am ehesten und bäldesten die Einigkeit in der Religion erreicht und vollkommen hergestellt werden könne. Am 24. Merz erfolgte die Entschliessung des Domkapitels, es erklärte sich rund weg, daß es bisher von den Religionsgesprächen noch nicht die mindeste Wirkung gesehen habe, und führte die in der Schweiz, zu Marburg und an andern Orten gehaltene Gespräche zu Beweisen an. Sie wünschten dann, was die katholische Geistlichkeit insgesammt betrift, daß man sie mit dieser Zumuthung verschonen möchte, jedoch aber, wenn der Rath von diesem Vorhaben allenfalls nicht abstehen und seine Absichten durchsezen wolte, wolten sie etliche Fürsten, Bischöfe und hohe Schulen zu Schiedsrichtern erkennen, und gleichwohl in Gegenwart des Bischofs von Augsburg Christophs von Stadion ein Gespräch mit den evangelischen Predigern wagen. Am 23. April antwortete der Rath auf diese Erklärung, daß er ein Religionsgespräch um so mehr für höchst nothwendig halte, als man doch wissen müsse, wer die rechte und wahre Lehre verkündigte, der Rath hätte auch nichts entgegen, wenn der Bischof von Stadion gegenwärtig dabey wäre. Allein der Rath wolte ihn nur als Zuhörer und nicht als Richter dabey erscheinen lassen, weil er ihn hierinn als Richter für verdächtig hielte. Wenn man bedenkt, was er 1530 im Ausschuß gesprochen, und wie er sich so vortreflich für die evangelische Lehre erklärt hat, daß er selbsten die schwersten Artikel aufopfern wolte, weil er natürlich ihre Nichtigkeit einsah; so hätte man ihn ohne Bedenken auch als Richter anerkennen können, es müßte dann nur seyn, daß man von Seiten des Raths die Ohrenbläser gescheut hätte, und diese waren auch zu scheuen, aber für seine Person wäre nichts zu fürchten gewesen, und er hätte sich ohne Zweifel ganz gut und willig dazu finden lassen. Das Domkapitel bestund darauf, den Bischof von Stadion als den Ordinarius zum Richter zu verlangen, sonst gedenke es sich übrigens auf die 10 übergebene Artikel nicht weiters einzulassen. Ueber diesen dem Rath bedenklich fürgekommenen Umstand, wurde lange berathschlagt, was eigentlich in dieser Sache weiters zu thun seyn möchte. Am 22. Julius erfolgte endlich ein Schluß vom kleinen und grossen Rath, der catholischen Geistlichkeit durch drey Abgeordneten aus dem kleinen, und drey aus dem grossen Rath anzeigen zu lassen, daß sie sich bis zur nächsten Kirchenversammlung alles Predigens enthalten, und in keiner Kirche, als welche dem Bischof ohne Mittel zuständig, Messe lesen sollten. Dieses Verfahren, ich möchte es hart und voreilig nennen, ließ der Rath den 2. August darauf durch einen öffentlichen Verruf der Gemeinde bekannt machen. Gleich darauf wurden, die gröffern Kapellen geschlossen, in den zu den Frauenklöstern gehörigen Kirchen aber evangelische Prediger aufgestellt. Ehe diese Vorkehrungen geschahen, so machte die catholische Geistlichkeit Anstalten, allen in diesen Kapellen und Kirchen befindlichen Ornat, Gold und Silbergeschmeid, nebst den Reliquien zusammen paken und nach Dillingen schiken zu lassen. 88) Die Karmeliter bey St. Anna, deren aber nur noch sehr wenige blieben, machten sich aus der Stadt, und überliefen ihr Kloster gegen einen Zehrpfenning an das Spital, von dem der Rath solches nachher an sich gezogen hatte. So stark war der Eifer in jenem Zeitalter für die Ausbreitung und Einführung der gereinigten Lehre in Augsburg, und wie damals die ganze Stadt beinahe evangelisch war, so zählt man heut zu Tag recht sicher zwey Drittheile Katholiken, und nnr einen dritten Theil Protestanten. Bayrer klagte über diesen Vorfall sehr, und behauptete, daß dadurch die katholische Klerisei in grosses Ungemach, Spott, ja Leib und Lebensgefahr gerathen sey. 89) Allein diese Klage ist ungerecht, denn wer konnte es in jenen Zeiten einer Obrigkeit verdenken, wenn sie auf einen reinen, von allen Mißbräuchen gesäuberten Gottesdienst und Lehre drang? An andern Reichsstädten, die schon vorgegangen waren, hatte man ja Beispiele genug. Nur das behaupte ich), daß sich vorher über diesen Umstand mit dem sanften und guten Bischof von Gradion, unterredt worden seyn solte, vielleicht hätte sich die ganze Absicht ehender, als bey dem hartnäkigen Domkapitel, durchtreiben und der Zwek besser erreichen lassen.

§. 31.

Schon im Jahr 1527 hat sich in Augsburg die schwärmerische Sekte der Wiedertäufer festzusetzen gesucht. Johann Hutten, Jakob Kürsner und Sigmund Salminger schlichen sich ein, fanden Gehör, streuten ihr Gift aus, und bekamen bald einen starken Anhang, wovon sich auch wirklich viele in den Gärten, wo sie ihre Zusammenkünfte hielten, taufen liesen. Der Rath bekam bald Nachricht davon, und suchte diesem Uebel durch scharfe Vorkehrungen Einhalt zu thun. Aber dem ungeachtet, obgleich schon einige davon in Gefangenschaft kamen, und einige mit ihren Lehrern aus der Stadt geschaft wurden, vermehrte sich ihre Anzahl beinahe täglich. Jakob Tachser und Hanns Denk verbreiteten ihre Lehrsäze, und die andern kamen wieder heimlich in die Stadt, und brachten so gar einige Zunftmeister auf ihre Seite. Man versuchte von Seiten des Raths nochmals die Güte, und ließ mit ihnen durch vier Geistliche D. Urban Regius, D. Frosch, D. Stephan Agrikola und M. Michael Keller in Gegenwart aller Rathsherren ein Religionsgespräch halten. Ein grosser Theil davon ließ sich nicht zum Widerruf bewegen, und diese wurden mit Ruthen ausgehauen, der Stadt verwiesen, und ihre Lehrer in das Gefängniß gebracht. Johann Hutten starb aber bald darauf. 90) Eben diese Sekte verbreitete sich allenthalben, und auch zu Münster in Westphalen. Sie richtete sehr viel Unheil an, und man hielt deswegen 1535 zu Worms einen Reichstag, auf dem man alle Vorkehrungen traf, weitern Aufruhr der Wiedertäufer zu verhüten, und ihre Schriften und Bücher zu verbieten. Der Bischof von Stadion hat seinen Gesandten D. Christoph von Bollstett auf denselben in seinem Namen abgeschikt, denn damals war es für ihn keine Zeit, selbsten dabey zu erscheinen, da er für sich Geschäfte genug hatte, und keine Zeit verlieren durfte, um den Begebenheiten und Vorkehrungen jener Zeitperiode auf Eingebung seiner Klerisei standhaft entgegen zu arbeiten.

§. 32.

Auf allen bis daher gehaltenen Reichstagen wurde vom Kaiser und den Ständen überhaupt auf eine Kirchenversammlung gedrungen. Die Päbste Adrian VI. und Klemens VII. versprachens, aber ersterer konnte sie nicht wohl halten lassen, weil er zu früh aus der Welt wandern mußte, woraus ihn seine Jünger, die ihm nicht geneigt waren, ohne sich ein Gewissen daraus zu machen, beförderten, und letzterer schob's immer von einer Zeit zur andern auf, und endlich starb er auch, ohne eine schon so lang und oft gewünschte Kirchenversammlung gehalten zu haben. Den 13. Oktober 1534 folgte Alexander Farnese unter dem Namen Paul des III. auf dem päbstlichen Stuhl, und bald nach seiner Erhebung berief er seine Jünger, das ist die Kardinäle, zusammen, und machte ihnen die Vorstellung, daß er Ehrenhalber keinen längern Anstand mehr nehmen könne, eine Kirchenversammlung zusammen zu berufen. Er berief seinen Nuntius Verger aus Teutschland zurük, und ließ ihn eine umständliche und zuverläßige Nachricht von dem Zustand der Sachen in Teutschland ertheilen. Verger sagte ihm gerade hin, daß die im teutschen Reiche herrschenden Religionsunruhen, auf keine andre Art beigelegt werden könnten, als durch eine allgemeine Kirchenversammlung. Verger wurde bald hierauf wieder nach Teutschland als Nuntius zurük geschikt, und erhielt den Auftrag die Kirchenversammlung in Teutschland, wie sie die Protestanten mit Recht wünschten, und mit Recht verlangen konnten, zu verhindern, und den Vorschlag zu thun, daß sie 1537 zu Mantua gehalten werden solle. Verger, dieser berühmte Mann, der selbst nächher, als ein einsichtsvoller Bischof, das Pabstthum verließ, erfüllte seine Pflichten, und richtete seinen Auftrag aus. Dies gab ihm eine gute Gelegenheit, sich mit Luthern zu unterreden, den er, aber ohne Wirkung, zu bereden suchte, sich mit dem Oberhaupt der Kirche wieder zu vereinigen. Was aber die Kirchenversammlung zu Mantua betraf, so drang er bey den Teutschen, und besonders den Protestanten, nicht durch. Aber auch der König von Frankreich wolte nichts mit Mantua zu thun haben, und folgerte eine Partheilichkeit, und einen zu grossen Einfluß des Pabsts und Kaisers daraus. Engelland wolte mit einer Kirchenversammlung durchaus nichts zu thun haben, und weigerte sich, weil sie unter der Autorität des Pabsts gehalten werden solle. Sein Vorschlag wurde also verworfen. Verger mißrieth selbst die Haltung derselben zu Mantua. Inzwischen erhielten doch sieben Kardinäle und zwey Bischöfe den Auftrag, die Bulle, welche das Konzil ankündigen solte, zu verfertigen. Diese ward am 2. Junius 1536 von 27 Kardinälen unterzeichnet, die Kirchenversammlung aber selbst erst auf den 23. Mai 1537 festgesetzt. 91) Der römische Bischof Paul der III. machte es auch unserm Bischof von Augsburg Christoph von Stadion in einem eigenen Breve bekannt, mit dem Befügen, daß er es ebenfalls in seiner Diöces verbreiten solle, welches er auch durch eine eigene Insinuation bewerkstelligte. 92) Verschiedene Hindernisse stimmten den Entschluß des römischen Bischofs anders, daß er von seinem Vorsaz abstehen mußte, und das Konzil zu Vcenza halten wolte, aus welchem abermals nichts wurde, bis endlich das zu Trident in Wirklichkeit kam, das aber die Protestanten mit Recht nicht besuchten.

§. 33.

Was der Rath in Augsburg 1534 begonnte, da er die katholische Klerisei zu einem Religionsgespräch mit den evangelischen Predigern aufforderte, und denselben wegen Verweigerung das Predigen verbot; und die gröffern Kapellen schloß; das hatte nun festere Wurzel gefaßt, und weiter um sich gegriffen. Im Jahr 1537 wurde Hanns Welser bey der gewöhnlichen Rathswahl das Burgermeisteramt aufgetragen, das er aber durchaus nicht annehmen wolte, endlich aber auf vieles Zureden sich dazu bewegen lies. Dieser war es, der das Jahr vorher einer von den sechs Geheimen gewesen, und damals schon mit dem Gedanken schwanger gieng, die katholische Religionsübung zu Augsburg gänzlich aufzuheben. Diesen Lieblingsgedanken, von dem Welser damals beseelt worden zu seyn schien, auszuführen, mußte ihn sein Burgermeisteramt und sein Ansehen, so wie sein damaliger Kollege Mang Seiz unterstützen. Es gehörte freilich Muth dazu, ein so wichtiges Unternehmen, das vielen Schwierigkeiten ausgesezt war, auszuführen, und Welser bewies es durch die wirkliche Ausführung. Die Vorbereitung hiezu geschah mit Zuziehung des Geheimenraths, und am 17. Jenner 1537 wurde der kleine und grosse Rath zusammen berufen. Man machte die Vorstellung, wie viele Beschwerlichkeiten die Stadt Augsburg beshero durch die Spaltung in der Religion auszustehen gehabt hätte, und welchen mißlichen Folgen man noch in der Zukunft entgegen sehen müßte. Eine Besserung würde schwerlich zu hoffen seyn, wenn nicht durchaus in allen Kirchen eine Gleichheit des Gottesdienstes eingeführt werde. Der Rath beschloß darauf, der katholischen Geistlichkeit, besonders aber dem

Domkapitel, solches durch sechs Abgeordnete bekannt machen zu
laſſen: wie der Rath ſchon geraume Zeit mit dem ſehnlichſten
Verlangen auf eine freie Kirchenverſammlung gewartet, und von
derſelben gehoft hätte, daß durch dieſelbe in den ſtreitigen Glau-
bensartikeln ein Vergleich erfolgen würde. Allein dieſes ſey nicht
geſchehen, und die katholiſche Geiſtlichkeit hätte ſich vielmehr bis
hieher bey vielen Gelegenheiten gegen den Rath und Gemeinde
widerwärtig bezeugt. Durch dergleichen Widerſpenſtigkeiten ange-
reizt, ſah es der Rath für gut an, die Meſſe in allen Kirchen
abzuſchaffen, die Bilder in denſelben wegzuthun, und die Geiſtlichkeit anzuhalten, das Burgerrecht anzunehmen, oder die Stadt
zu räumen. Aber diejenige, welche das Burgerrecht annehmen
wollten, durften weder Steuer, noch Wacht und Ungeld bezahlen.
Ganz leer gieng es gleichwohl bey dieſem Rathsſchluß nicht ab,
und einige Geſchlechter widerſezten ſich demſelben, wurden aber
von der Gemeinde überſtimmt, daß gleich darauf den andern Tag
derſelbe wirklich vollzogen wurde. Nach Vollziehung deſſelben
wurden alſobald alle und jede von den Katholiken noch inne gehabte Kirchen geſperrt, und den 21. Jenner ein Verruf öffentlich
bekannt gemacht, daß ſich niemand unterfangen ſolte, ſich dieſem
Rathsſchluß zu widerſezen, wenn er ſich nicht einer Leibs und
Lebensgefahr preisgeben wolte. Die katholiſche Geiſtlichkeit ſahe ſich damals ganz hülflos, und vor dem Pöbel wußte ſie ſich
gleichfalls nicht ſicher, um auf Hülfe und Unterſtüzung zählen zu
können. Das ſicherſte Mittel war, und kein anderes ſahe ſie für
ſich, die Stadt zu verlaſſen, welches ſie auch ohne die mindeſte
Zeitverſäumnüß bewerkſtelligte. Das Domkapitel, die Auguſtiner
beym heil Kreuz und die Kloſterfrauen zu St. Urſula, ſezten
ihren Wanderſtab nach Dillingen fort, wo ſie beim Biſchof von
Augsburg Chriſtoph von Stadion Schuz und Hülfe fanden.
Die Benediktiner zu St. Ulrich und Afra nahmen ihre Zuflucht
nach Wittelsbach, die Auguſtiner zu St. Georgen nach Guggenberg,
die Kapitularen bey St. Maurizen nach Landsberg, und die
Stiftsdamen bey St. Stephan nach Höchſtätt. Wenige von
dieſen allen nahmen das Burgerrecht an, und unter dieſen war
ein Benediktiner Gadelt und drei Korherren von St. Maurizen,
Kohler, Günther und Winkler. Schon das Jahr vorher, 1536.
wurde den Kloſterfrauen zu St. Katharina vom Rath die Annah-

me der evangelischen Religion, und Verlassung ihres Klosters zugemuthet, sie gaben aber damals nicht nur kein Gehör, sondern es hatte auch wenig gefehlt, daß sie dem Rath den Schuz aufgekündigt, und denselben beim König Ferdinand gesucht hätten. 93) Allein bey diesen Vorkehrungen, und als sie den Ernst sahen, unterwarfen sie sich der Stadt, und blieben auch in derselben. 94) Das Frauenkloster zu St. Nikolaus, ausserhalb dem rothen Thor gelegen, wurde auf Befehl des Raths sammt der Kirche abgebrochen, vorher aber die darinn befindlich gewesene Nonnen in das Kloster St. Katharina gethan, weil sie sich aber miteinander nicht vertragen konnten, so that man sie in das leere St. Ursulakloster. In einer solchen Gährung war damals Rath und Gemeinde in Augsburg, und ein solch brennender Eifer für die evangelische Wahrheit beseelte dieselbe, daß sie Unternehmungen wagte, die man zu jener Zeit nicht erwartet hätte, und die man bewundern muß. Es gehörte in der That Muth dazu, um dergleichen durchzusezen, besonders da man damals noch nicht ausser aller Gefahr war.

§. 34.

Inzwischen ließ es sich voraus sehen, daß dieser gewagte Schritt Aufmerksamkeit erregen würde, und der Rath sah es wohl selbst ein, daß er bei dem Kaiser und andern katholischen Fürsten wenig Dank damit verdienen möchte. Um sich zu rechtfertigen, und die Ursachen anzuzeigen, die ihn hiezu bewogen hatten, ließ er eine Schrift verfassen, die so gleich im öffentlichen Druk erschien. 95) Mit der Handschrift schikte er Ludwig Spinnern an den Kaiser nach Spanien, Ulrich Welser und Hanns Zangmeister an König Ferdinand nach Wien, Georg Hörwart und Stephan Eysselin an die Herzoge in Baiern. Wie ihre Aufnahme ausfallen möchte, ließ sich leicht vermuthen, und nirgends waren sie gnädig angehört worden. Ohne Zweifel hat dieses den Rath veranlaßt, daß er sie nachgehends gleich im öffentlichen Druk zur Prüfung seiner gerechten Sache vorlegte, und sie so dann an verschiedene Höfe schikte. Er bewies darinn, daß schon längstens auf Reichstägen beschlossen worden, eine Reformation in der Kirche fürzunehmen, immer schmeichelte man sich mit Anstellung einer Kirchenversammlung, die der Vorwurf bey allen Reichstägen bisher gewesen sey, aber niemals sey dieselbe zu Stande gekommen. Dieser lange Aufschub im Reich, und die beständige Verzögerung, habe den Rath, dem es obliege, veranlaßt, selbst eine Reformation vorzunehmen. Zu diesem Ende hätte er anfangs glimpfliche Mittel gebraucht, und der Geistlichkeit ein Religionsgespräch freiwillig angeboten, auch sonst gelinde Vorschläge gethan, da sie aber solche nicht angenommen hätten, und nicht annehmen wolten, unter der Burgerschaft allerhand Aufwieglungen anstifteten, falsche Gerüchte aussprengten, die Stadt beim Kaiser und andern grossen Herren übel anschwärzten, durch ihre Lebensart dem gemeinen Mann kein gutes Exempel gäben, die denen Geistlichen von Kaisern und Königen ertheilte Freiheiten aber, auf solche Geistliche, wie sie wären, nicht verstanden und ausgedehnt werden könnten, der Stadt erst kürzlich nicht nur, sondern schon von vielen 100 Jahren her auch viele Widerwärtigkeiten zugezogen, und viele Eingriffe von derselben in ihre Gerechtsame gemacht worden wären; so hätte sich der Rath befugt zu seyn geglaubt, nicht nur die gereinigte Lehre nach dem 1530 auf dem Reichstag übergebenen, verlesenen, und von Kurfürsten, Fürsten und Ständen unterschriebenen Glaubensbekenntniß, in Augsburg einzuführen, und die der heil. Schrift zuwiderlaufenden Kirchengebräuche abzuschaffen; sondern auch nunmehr der katholischen Klerisei, um dieselbe desto ehender von denen dagegen fürgenommenen Praktiken abhalten zu können, zuzumuthen, entweder das Burgerrecht anzunehmen, oder an diejenige Orte zu gehen, wo sie ihre Religionsübung frei und ungehindert haben könnte. Alles dies müßten sie selbst, und auch dies gestehen, daß der Rath zu Augsburg keinen von ihnen zu Annehmung des Augsburgischen Glaubensbekenntnisses jemals mit Gewalt zu zwingen den Vorsatz gehabt hätte, sondern vielmehr jedem seine Gewissensfreiheit unbekümmert ließ. Es sey also aus dem ganzen Unternehmen ersichtlich, daß der Rath hiedurch nichts anders als die Ehre Gottes, die Erhaltung gemeinen Friedens und der Stadt Freiheiten gesucht hätte. Dann bat er noch, daß er sich zu kaiserlicher und königlicher Majestäten, wie auch zu den gesammten Kurfürsten, Fürsten und Ständen versehe, dieselbe würden ihn wegen dieses Verfahrens nicht nur für entschuldigt halten, sondern auch denen von der Geistlichkeit dagegen zu machenden Einwendungen kein Gehör gönnen. Dies mußte der Bischof von Augs-

burg Chriſtoph von Stadion leſen, und mußte es leiden, daß
ſogleich auch alle in der Kirchen befindliche Bilder der Heiligen abs
geriſſen, und in den vornehmſten Kirchen wie z. B. im Dom
durch Wolfgang Muſculus evangeliſch geprediget wurde. Ob
gleich des Biſchofs von Stadion Geſinnungen und edle Dens
kungsart, die er auf dem Reichstage zu Augsburg 1530 in öfs
fentlicher Verſammlung ohne Scheu äuſſerte., mit dieſen Vorkehs
rungen übereinſtimmen mochten; ſo muß es ihm doch ſehr kränkend
geweſen ſeyn, weil er auf einmal ſeine Gerechtſame und den Ers
trag ſeines Biſthums verkleinert und geſchwächt ſah.

§. 35.

Unbeantwortet lieſſe der Biſchof Chriſtoph von Stadion und
ſein Kapitel dieſe Schrift nicht, wenigſtens wenn er auch geſchwies
gen hätte; ſo würde es das Kapitel nicht zugegeben haben, das
immer an ihm war, um nicht aus dem Geleiß zu treten, und
ihren einträglichen Präbenden zu ſchaden. Er beantwortete alſo
dieſes Ausſchreiben, und ließ ſeine Antwort gleichfalls in öffents
lichen Druck ausgehen. 96.) Sie iſt vom 26. Februar datirt,
und enthält manche Bitterkeiten. Er nannte dieſes Ausſchreiben,
eine ungegründete Schmäh s und ehrenrührige Schrift, klagte den
Rath zu Augsburg an, daß er dem Reichsabſchied zu Augsburg
1530 und dem Nürnbergiſchen Anſtand zuwider gehandelt hätte.
Er beſchwerte ſich über das widerrechtliche Verfahren des Raths
in Rückſicht der Hinwegnehmung der ihm niemalen zuſtändig ges
weſenen Kirchen, der Abſchaffung der katholiſchen Kirchengebräus
che, der Ausſchaffung der ihm niemalen, wohl aber dem Kaiſer
und Reich unterwürfig geweſenen Geiſtlichkeit, der Aufſtellung uns
reiner Lehrer und Prädikanten, die bald dieſes, bald jenes, ſo
wohl in den Grundſäzen des Glaubens als auch der Kirchenges
bräuche änderten, und Aufruhr und Mißvergnügen ſtifteten, und
auch der gewalthätigen Entſezung ihrer Freiheiten. Er ſuchte fers
ner zu beweiſen, daß die Augsburger ſich nicht zur Augsburgis
ſchen Konfeſſion, ſondern vielmehr zur Lehre Zwingels oder
Karlſtatts bekennten, und die Konfeſſion gleichſam nur zu einem
Panier gebrauchten. Er wolte beweiſen, daß die weltliche Obrigs
keit niemals über die Geiſtliche zu befehlen gehabt habe; daß die
Meſſe jederzeit in der chriſtlichen Kirche gebräuchlich geweſen und
kein ſo ärgerliches Ding ſey, wie die Augsburger vergäben; daß

sie von den Augsburgern wider alle Billigkeit beschuldigt würden,
daß sie die Bilder der Heiligen anbeteten, was sie sich niemalen
zu Sinn kommen liessen, sondern hättens nur zur Erinnerung
christlicher Exempel aufgestellt, was niemand würde mißbilligen
können; daß ihre Vorfahren bey dem Bißthum und Kapitel der
Stadt niemalen etwas zu leib zu thun begehrt hätten, ausser sie
seyen gleichsam dazu gezwungen worden, sich dagegen zu wehren.
Er und sein Kapitel glaubte beweisen zu können, daß eher sie
einen Anspruch an die Stadt hätten, als daß diese ihnen etwas
zu befehlen befugt wäre; daß sie sich keiner Praktik gegen die Evangelische bewußt wären, hingegen könnten sie sich in der That
rühmen, der Burgerschaft, statt des fälschlich angegebenen Schadens, vielmehr Nuzen geschaft zu haben, weil sie derselben ihr
Getreid in einem wohlfeilen Preis zukommen liessen, die Handwerks-
leute ehrlich bezahlt, und ihre Einkünfte zu Augsburg verzehrt
hätten. Zulezt folgte noch die Protestation und Bitte an den Kaiser, Kurfürsten, Fürsten und Stände, sie wieder in alles einzu-
sezen, dem Augsburgischen ungegründeten Vorgeben keinen Glauben beizumessen, und, weil diese Sache nicht so wohl den Bischof und Kapitel allein, sondern das ganze teutsche Reich angehe, sich derselben auch, als ihrer eigenen Angelegenheit, anzunehmen. Diese Schrift sollen Konrad Brunus, Jakob Heinrichs-
mann und Wolfgang Andreas Rem verfaßt haben.

Inzwischen kann aus beiden Schriften erkannt und der Beweiß gezogen werden, daß der gute und damals sehr gedrükte,
und in vielen Fällen gekränkte und bekümmerte Bischof Christoph
von Stadion, der bey jeder Gelegenheit die Verkleinerung seiner
Gerichtsbarkeit vorschüzte, bloß durch zeitliche Absichten, aber
nicht aus Ueberzeugung, vom Bekenntniß zur evangelischen Religion abgehalten, und von seinem Kapitel zu dergleichen Unternehmungen gegen die Evangelischen angetrieben worden sey. In
der That kann man auch nicht sagen, daß er etwas schimpflich
gegen die Augsburgische Konfeßion geschrieben hätte, vielmehr
muß man behaupten, daß er sehr glimpflich gewesen ist. Es ist
auch wohl zu merken was er sagt, daß die Augsburger eine
gemeinsame Veränderung hätten erwarten, und nicht die Reformation für sich, und auf eine so ungeschikte Weise, die bey keinem oder nur wenigen Ständen im Reich also geschehen und

erhört worden sey, vornehmen und bewerkstelligen sollen. Hieraus läßt sich beweisen, daß der sanfte Bischof von Stadion noch immer auf eine allgemeine Veränderung in der Religion gewartet und solche gewünscht hat, aber er müßte, da er doch schon 254 Jahr der Erde anvertraut ist, noch leben, und dann würde er das nemliche, und in manchen Stufen es noch ärger finden, als es damals und zu seiner Zeit war. Inzwischen sah man aus seinen spätern Handlungen, daß ihn immer noch die Hofnung des Friedens und der Einigkeit in der Kirche, in der Lehre und in dem Glauben belebte.

§. 36.

Noch hatten die Konvente und Reichstäge, auf denen an der Vereinigung der Religionen gearbeitet wurde, nicht aufgehört. Der Konvent zu Schmalkalden war geendigt, als gleich darauf der Kurfürst von Sachsen und Landgraf von Hessen, ein kaiserliches Schreiben von Gent vom 18. April 1540 erhielten, in welchem eine Zusammenkunft nach Speier auf den 6. Junius angesezt war. Allein da in Speier damals die Pest regierte; so wurde Hagenau dazu erwählt. Der Endzwek war, wie alle bisherige, einen gütlichen Vergleich zwischen beiden Religionstheilen zu bewirken. Wen konnte dies besser freun, als unsern Bischof von Augsburg Christoph von Stadion. Er glaubte, es scheine für ihn eine neue Sonne, und ließ sich keine Mühe dauern, auch diesen Konvent zu besuchen. Allein da die obern und mächtigern, der Kaiser und der päbstliche Nuntius und andere bereits schon ihre Stimmen erhoben hatten, so konnte Bischof von Stadion, verlassen von den übrigen, mit seiner Stimme nicht durchdringen, ungeachtet er jederzeit gute Vorschläge gemacht haben wird, die aber von den andern, denen es vielleicht nie kein rechter Ernst war, als verdächtig nicht angenommen worden seyn mögen. Mit den besten Absichten erreichte er doch seinen rühmlichen Zwek nicht, und sah seine Wünsche nicht gekrönt.

Noch in dem nemlichen Jahr 1540 fertigte König Ferdinand am 25. Julius ein Dekret aus, nach welchem am 27. Oktober ein neuer Konvent zu Worms gehalten werden sollte. Der Kaiser verhieß allen und jeden Sicherheit zur Hin- und Herreise, nur der Bitten der Protestanten gedachte er mit keinem Wort. Das Religionsgespräch sollte auf diesem Konvent gehalten werden,

wozu die Stadt Augsburg den Joachim Langemantel und Herr
brot nebst dem Wolfgang Musculus schikte. Auch diesem
wohnte der Bischof von Stadion bey, aber kaum fieng es an,
als der Kaiser seinen Kommissär Nikolaus Perenott Granvella
wieder zurük rufte. Granvella machte es sogleich bekannt, daß
dieses Gespräch aufgehoben seye, und auf dem ausgeschriebenen
Reichstag nach Regensburg alles besser abgehandelt und verglichen werden könne. Hierauf ermahnte er die Protestanten auf
diesem Reichstag zu erscheinen, und nahm auf eine sehr verbind-
liche Weise von ihnen Abschied.

§. 37.

Der Kaiser rüstete sich nun auf den Reichstag nach Regensburg und lud unter allerlei Versprechungen die Fürsten dazu ein,
aber der päbstliche Nuntius Kardinal Kontareni hatte vielen
Einfluß auf ihn. Am 5. April 1541 wurde derselbe eröfnet,
und ausser der Aufrichtung und Erneuerung des Landfriedens,
und des Türkenkriegs, hatte man auch die Beilegung der Reli-
gionsstreitigkeiten zur Absicht. Wie auf dem Konvent zu Worms
das Religionsgespräch verabredet und auf diesen Reichstag ver-
schoben worden, so wurde es auch gehalten, wobey aber die
Klausel, daß alles was auf demselben vorfallen würde, der
päbstlichen Genehmhaltung übergeben werden solle, sehr verdrieß-
lich war. Inzwischen fieng sich doch zwischen 6 Gelehrten von
beiden Theilen, unter dem Vorsize des Pfalzgrafen Friedrichs
und des Granvella am 27. April das Gespräch wirklich an.
Die Gelehrten, welche der Kaiser ernannte, waren: Julius
Pflug, Johann Gropper, und Johann Eck unter den Katholiken, und unter den Protestanten: Philipp Melanchthon,
Martin Bucer und Johann Pistorius. Nun solten noch 6
oder 7 vornehme Männer als Zeugen gegenwärtig dabei seyn.
Der Kaiser reichte von jenen sechs Gelehrten jedem die Hand,
und ermahnte sie frei und ohne Furcht zu handeln, und ihre
Geschäfte geheim zu halten. Im Namen des Kaisers überreichte
ihnen Granvella ein Buch, nach welchem sie ihr Gespräch halten solten. Wer der Verfasser desselben gewesen seyn mochte,
wurde nicht recht bekannt. Einige hielten Groppern, andere
Wizeln und wieder andere Buzern für den Verfasser. Wizel
ist es nicht, denn ich finde keine Spur in dem Verzeichniß sei-

ner Schriften, das uns der sel. Pastor Strobel geliefert hat, 97)
am wahrscheinlichsten aber mag es wohl Gropper seyn. Auf
dieser Reichsversammlung war auch der Bischof von Augsburg
Christoph von Stadion zugegen, und die Stadt schikte Wolfgang Rehlingern, Simbrecht Hofern und D. Konrad Hel
auf denselben. So ernstlich die Anstalten in den Religionsangelegenheiten waren, so gute Hofnung man hatte, so gieng doch
nichts auseinander. Der päbstliche Legat Kontareni trug darauf an, daß die verglichenen und unverglichenen Artikel auf den
römischen Bischof und auf eine Kirchenversammlung ausgesezt
werden sollten. So zerschlug sich von einem Reichstag und von
einem Konvent zum andern die gute Sache immer fort, und nie
wurde der wahre Endzwek erreicht, welches ganz gewiß dem ge-
schäftsvollen und eifrigen Bischof von Stadion, der den Ausgang dieser wichtigen Handlungen recht sehr gewünscht hatte,
höchst verdrüßlich fiel.

§ 38.

Zu Speier wurde 1542 abermalen ein Reichstag gehalten,
wo neben andern vielerlei Handlungen auch von einer Kirchenversammlung die Rede war, deren Anfang Pabst Paul der III.
auf den 31. Oktober nach Trient ausgeschrieben hatte. Im Namen des Bischofs von Stadion erschien auf dieser Reichsversammlung Jakob Heinrichman Doktor, Vikar in geistlichen
Sachen, und Domherr in Augsburg. Auf den nach Nürnberg
ausgeschriebenen und dort in dem nemlichen Jahr gehaltenen
Reichstag reißte weder der Bischof von Stadion selbst persönlich, noch schikte er einen Abgesandten dahin.

Allein den von König Ferdinand auf den Anfang des Febru-
ars 1543 eröfneten Reichstag in Nürnberg, konnte der Bischof
von Stadion nicht vorübergehen, ohne ihn zu besuchen, und
dies war auch sein lezter, auf dem er, ohne ihn geendigt zu
sehen, ohne den Ausgang, oder die Wendung der Religionsangelegenheiten zu wissen, von einem Schlag gerührt, seinen Geist
aufgab. Der König Ferdinand kam schon am 17. Jänner dahin, und 8 Tage darauf folgte ihm Nikolaus Per rott Granvella und Naves. Christoph von Stadion Bischof von Augsburg, der unter K. Karl dem V. beynahe alle Reichstäge selbst
in eigener Person besucht hatte, und bey diesem Kaiser in Gna-

den und grossem Ansehen stund, solte nebst jenen die Stelle eines kaiserlichen Kommissärs vertreten haben, aber während diesem Reichstag, auf dem er diese glänzende Würde begleitete,
erfolgte jener traurige Zufall, wodurch er dem Neid, der Bitter-
keit und den Zänkereien entgieng, die auf demselben durchaus der
herrschende Ton waren. Die katholischen Fürsten waren über die
protestantischen, und diese über jene erbittert. Der König Ferdinand und Granvella gaben sich alle Mühe, beide Stände, die
katholischen und protestantischen zu vereinigen und mit einander
auszusöhnen, aber sie konnten wenig oder nichts erhalten. Kurz
die gemeinschaftlichen Berathschlagungen auf diesem Reichstag
waren fruchtlos, und fruchtlos auch andere. Bischof von Stadion entgieng diesen Kränkungen, die ihn nur geschmerzt haben
würden, und deren schlechten Ausgang ihm eben so wenig Vergnügen gemacht hätte. Vielleicht aber hätte er als kaiserlicher Kommissär diesmals mehrere Wirkung herfürgebracht, da er sich
mehr Recht in Sachen zu sprechen, zueignen konnte. Aber die
Vorsehung lenkte es anders, und es gieng doch alles in der Folge seinen richtig gebahnten Weg, den es gehen mußte, und der
von eben dieser weisen Vorsehung schon vorgezeichnet war. Seine vielfachen Verdienste werden doch nie verkannt werden, ausser
die Nachwelt sey gegen dieselbe und ihn undankbar, und mißken-
ne ihn ganz und gar. Aber noch ist und bleibt er unter biedern
Teutschen geschätzt.

§. 39.

Nun will ich noch ein und andere merkwürdige Umstände und
Begebenheiten anführen, welche noch zur Erläuterung der Geschichte des Bischofs von Augsburg Christophs von Stadion
beitragen, und die ich bisher aufgespart habe, weil ich sie mit der
vorhergehenden Geschichte nicht füglich verbinden konnte.

Schon im Jahr 1470 verpfändete der Erzherzog Sigmund
von Oesterreich die Marggrafschaft Burgau an den Bischof
von Augsburg Johann den II. einen gebornen Grafen von
Werdenberg, welche Pfandschaft auch auf seinen Nachfolger im
Bißthum Friedrich den III. einen gebornen Grafen von Zollern übergieng, aber nicht lange mehr nach angetretener Regierung inne hatte. Herzog Georg von Baiern löste diese Marggrafschaft 1486 ein, sie kam aber 1498 gleich wieder an die Bi-

schöfe von Augsburg pfandsweise. Diese zweite Verpfändung dau=
erte bis 1559, und geschah unter dem Bischof Friedrich dem
III. Grafen von Zollern, und gieng fort auf die Bischöfe Hein=
rich den IV von Lichtenau, Christoph von Stadion, und
Otto Truchsessen von Waldburg.

Der Bischof von Augsburg Christoph von Stadion, wurde
also mit dem Antritte seiner Regierung, zugleich auch Pfandinha=
ber der Marggrafschaft Burgau. In dieser Würde wandten
sich die Begüterten in dieser Marggrafschaft als Insassen in der=
selben, wegen den von Oesterreich, als Marggrafen von
Burgau, ausgeschriebenen Landtägen an ihn. Dieß geschah
1529 wegen dem Landtag nach Linz, 1531 wegen dem Landtag
nach Günzburg, 1532 wegen dem Landtag nach Weingarten,
1541 entschuldigte sich der Abt zu Elchingen, Andreas Dirolin,
wegen seinem Ausbleiben auf den ausgeschriebenen Landtag nach
Riedlingen, welches auch der Magistrat in Ulm that. 98) So
hatte von Stadion als Pfandinhaber der Marggraffschaft Bur=
gau 1534 eine Brüke über den Schmutterfluß bauen lassen, und
ein Weggeld deswegen angelegt, wovon er aber die Gemeinde
zu Biburg durch eine Urkunde befreite.

§. 40.

Im Jahr 1517, da Hanns Schwaiger von Burgau den
Zoll von Schongau widerrechtlicherweise umfuhr, und deswegen
in gefängliche Verhaft in einen Thurm genommen wurde; so
schrieb der Bischof von Augsburg Christoph von Stadion an
Herzog Wilhelm den IV. von Baiern, und bat denselben um
die Loslassung seines Unterthanen, worauf ihm Wilhelm wieder
antwortete, und ihn nach einer geschwornen Urpheb, den Zoll
in Zukunft nicht mehr zu umfahren, los ließ. Dieses Schreiben
ist gegeben Mariä Geburt 1517. So berichtigte von Stadion
mit den Gebrüdern Herzog Wilhelm und Herzog Ludwigen
von Baiern am Samstag nach Franzisci Tag 1518 die Aus=
warfung der Jagdgränzen um Landsberg und Schwabek, und er=
richtete in eben diesem Jahr 1518 am St. Gallentag mit eben
diesen beiden herzoglichen Brüdern einen Vertrag, wegen dem
Wildbann um Landsberg und der Grafschaft Schwabek, und 1523
den 23. December abermalen wegen der Rottgüter, die von Fues=
sen bis Schongau vorbeigeführt werden dürfen, und 1534 am

Donner=

Donnerstag nach dem Heil. Pfingstag wegen dem Strassenbau
bey Büchlor 100.) Der Bischof Bruno von Augsburg, ein geborner Herzog aus Baiern, Sohn Herzog Heinrichs oder He-
zilos des Zänkers und der Gisela, Königin von Burgund,
Neffe Otto's des Grossen und leiblicher Bruder Kaiser Heinrichs des Heiligen, welcher von 1007 bis den 24. April 1029
regierte, vermachte vor seinem Tode, nemlich 1029, seinen Hof
zu Sträubing mit verschiedenen ansehnlichen Zugehörungen von
seinem Eigenthum an den Altar des Hauptchors in der Domkirche, und bedingte sich dabey aus, daß die Domherren täglich
vor selbigem Altare den 130 Psalm Davids: Aus den Tiefen
rufe ich Herr zu dir ꝛc. zu seiner Seelenruhe beten, und all-
jährlich den Tag seines Vermächtnisses vom 23. April in der Domkirche feierlich begehen solten. Dieses ansehnliche Vermächtniß
blieb dem Hochstifte einige hundert Jahre, mit allen seinen Zugehörungen, und die Domherren hielten deswegen einen Lizedom
daselbst, bis der Bischof von Augsburg Christoph von Stadion
dasselbe den Brüdern Wilhelm und Ludwig Herzogen in Baiern
für ungefähr 30000 Goldgulden mit Bewilligung des ganzen
Domkapitels käuflich überließ. In welchem Jahre dieses geschehen, hatte Bayrer nicht angemerkt. 101)

§. 41.

Auf dem zu Ulm den 10. Mai 1517. abgehaltenen Bundstag
wurden die Mißverständnisse zwischen den von Zusmarshausen
und Steinenkirch abgehandelt. Zwar ist Christoph von Stadion damals in seiner bischöflichen Würde, in der er als Koadjutor gefolgt seyn solte, noch nicht bestättigt gewesen, gleichwohl
aber wurde er in dem Abschied desselben als Bischof behandelt.
»Item als jetz auf diesem Bundstag der Mißverstand so sich
»hellt, zwischen den von Zusmarshawsen ains, und den von
»Steininkirch annderstails, der ortallhalben zwischen Inen zu
»baiden tailen, von den von Burgaw gesprochen und ergangen,
»ankomen, und so uil darauß vermerkt, das jedertail will dar-
»für haben und vermainen das dasselb gesprochen ortail für In
»ergangen, und Im dienstlich sein sol, Ist demnach von gemai-
»ner versamplung beratschlagt und beflossen, das mein gnediger
»Herr von Augspurg, die von Burgaw darzu vermügen, und
»by Juen anhallten soll, das Sy gemelt Ir ortail erlewtern,

G

„vnd erklären, wie Sy die gemaint, damit baid Tail deſſelben
„ain lawtern verſtand mögen haben, wa aber die von Burgaw
„ſollich erklerung auf ſein Fr. Gn. verſchaffen nit thun wolltend.
„das alsdann mein gnedig Herrn vom Regiment von gemainer
„verſamplung deßhalben ſollen erſucht, vnd an Sie mit den von
„Burgaw. das alſo obgemelter maſſen ernſtlich zuuerfügen be-
„gert, damit newe Rechtfertigung Coſt vnd ſchäden, auch auf-
„rur, zwiſchen den gemelten Armen leuten verhüt werd.“

1517. wurde ein Jurisdiktionsſtreit zwiſchen dem Biſchof von
Augsburg und der Reichsſtadt Kaufbeuren geendigt, der ſchon
im Jahre 1506 angefangen hatte. Ein Leibeigener des Biſchofs,
Ambroſius Trettner auf St. Ottilienberg Kaufbeuriſchen Ge-
richts ſeßhaft, beſchuldigte die Obrigkeit zu Kaufbeuren in geſeſſe-
nem Rathe, daß ſie ihm nicht Recht halte. Hierauf legte ſie ihn
25 Tage ins Gefängniß. Der Biſchof ſah dieſes Verfahren für
einen Eingrif in ſeine Hoheitsrechte, und für einen Bundesbruch
an, und trug daher bey den Bundsrichtern auf eine Satisfaktion
von 200 fl. an. Erſt Samſtag nach Lucien 1508 erfolgte ein
Spruch gegen die Stadt, ſie appellirte aber an das Kammerge-
richt, und ſtellte unterdeſſen eine ſchriftliche Kaution aus. Im
Jahr 1517 wurde aber der Prozeß durch Vergleichung Adams
von Fraudsberg geendigt. 102.)

§. 42.

Nach dem Tode des Erzbiſchofs von Salzburg Leonhards
von Keutſchach folgte unmittelbar ſein bisheriger Koadjutor
Matthäus Lang. Beinahe wär es ihm ergangen, wie unſerm
Biſchof Chriſtoph von Stadion, daß er erſt noch einmal hätte
gewählt werden müſſen. Die Herzoge Wilhelm und Ludwig
von Baiern ſahen zu dieſer Nachfolge im Erzbisthum ſcheel, und
ſie war ihnen nicht gleichgültig, weil ſie ſolche lieber ihrem Bruder
Herzog Ernſt gegönnt hätten. Sie machten auch wirklich nach-
drükliche Verſuche dagegen, aber ſie waren vergebens, und der
Kardinal Lang, ein durchtriebener Kopf und geübter Staats-
mann, wußte ſeine Rechte zu behaupten, und die Verſuche, ihn
von der Nachfolge in dieſes beträchtliche Erzbisthum zu verdrän-
gen, zu vereiteln. Weil er nun damals durch die Wichtigkeit
der Oeſterreichiſchen und Reichsſtaatsangelegenheiten gehindert
wurde, ſogleich von ſeinem Erzbisthum Beſitz nehmen zu kön-

nen, und zugleich einen mächtigen Nebenbuhler vor sich sah; so
bath er den Bischof von Augsburg Christoph von Stadion,
solches einstweilen in seinem Namen zu vollziehen, bis er selbst
dazu gelangen könnte, welches in zwey Monaten nachher auch
wirklich geschah. 103.) Dieses ihm geschenkte Zutrauen, ist ein
Beweiß von seinen Einsichten und seiner Geschiklichkeit, und war
wirkliche und grosse Ehre für ihn.

So stellte auch von Stadion 1519 eine gerichtliche Urkunde
aus, welche des Hospitals zu Nördlingen, welche Stadt ehemals unter seinen Sprengel gehörte, habende jährliche Gefälle
aus einer Sölde zu Baltmershofen betraf.

1523 wurde von Stadion zum Schiedsrichter in den Streitigkeiten zwischen Wilhelm und Ludwig Herzogen in Baiern,
dann Pfalzgraf Ludwig, wegen der durch Absterben Frauen
Sybilla Pfalzgräfin, als Herzog Wilhelms und Herzog Ludwigs Schwester, heimgefallenen Verlassenschaft, erwählt, und
brachte beide Partheien zu einem gütlichen Vergleich, wie die
deswegen ausgestellte Urkunde, Dillingen auf Afftermontag nach
St. Thomas Tag 1523. beweißt 104.) So wurde er in mehrern
Fällen als Schiedsrichter gebraucht, und jederzeit wußte er durch
seine Liebe zum Frieden und Einigkeit die Partheien zu gewinnen, und entschied zu beider Zufriedenheit.

Im Jahr 1540. entstunde zwischen dem Grafen Ludwig Ka-
simir von Hohenlohe gegen den Magistrat in Nördlingen und
die dort ausgetretene Bürger Kaspar Heiber, Pankraz Beyer,
Melchior Rötinger und Michael Offinger Geschlechtwander,
wegen eines schuldigen Kaufgelds für eine Wolle, so dieselbe
von den Hohenlohischen Beamten erkauft, ein Streit, welcher vor
dem Bischof von Stadion als erwähltem Schiedsrichter verhandelt, und gütlich beygelegt wurde. 1541 und 1542. flagte Augustin Ainkürn, Kaiserlicher Münzmeister gegen den Magistrat
in Nördlingen wegen dessen Münzbehausung daselbst, zu deren
Untersuchung von Stadion als Kaiserlicher Kommissär ernannt
wurde, und 1543 wurden noch Nördlingische Gesandten mit einer
Justruktion an denselben geschikt, um in eben dieser Angelegenheit mit ihm zu handeln. Vermuthlich ist dieser Streit bey seinen Lebzeiten nicht mehr geendigt worden.

Die Streitigkeiten zwischen dem Herzog Ulrich von Wirtemberg und denen Herzogen Wilhelm und Ludwig von Baiern, wurden durch den Bischof von Augsburg Christoph von Stadion 1541 zu Lauingen gütlich beigelegt. Herzog Wilhelm von Baiern befestigte Ingolstadt, und ließ von den Unterthanen viel Geld zum Krieg erpressen, der Herzog Ulrich von Wirtemberg aber, machte die vorher schon feste Pläze, Schorndorf, Asperg, Neuffen und Kirchheim noch fester.

Unser Christoph von Stadion zeichnete sich auch als ein Wohlthäter aus, und stiftete zu Zusmarshausen ein Spital für Arme, Kilian Leib aber, ein ehemaliger Prior zu Rebdorf schreibt 105), daß er zwei Spitäler daselbst gestiftet habe, eins für diejenige, welche mit der französischen Krankheit behaftet sind, und eins für die Fremde, wozu der Domherr Konrad Adelmann von Adelmannsfelden 3000 Gulden beigetragen habe, die grössere Summe aber habe von Stadion dazu hergeschossen. Hievon schweigt Bhamm und bemerkte auch das Jahr der Stiftung nicht 106), welches nach dem Leib 1535 geschehen seyn muß. Das St. Ursula-Kloster zu Augsburg am Lech, dessen Schwestern sich vorher mit dem Betteln behelfen mußten, versah er von seinem eigenen Einkommen mit einer reichlichen Aussteuer, um sie davon zu befreien, und ihnen eine bequemere und sorgenlosere Lebensart zu verschaffen.

§. 43.

Seine Regierung war vom Anfang bis ans Ende mit Widerwärtigkeiten, die jene Zeiten nicht anderst erwarten ließen, durchwebt, und als ein brauchbarer und einsichtsvoller Mann wurde er zu allen wichtigen Reichstagshandlungen, und Beilegung langwieriger Streitigkeiten gezogen, und allenthalben behauptete er das Ansehen, in dem er an allen auswärtigen Höfen stund. In seinen Unternehmungen, wo Streitigkeiten beigelegt werden sollten, war er nicht der unglücklichste, und wußte die Sache jederzeit so einzuleiten, daß beide Theile vollkommen mit ihm und seiner Verwendung zufrieden waren. Hievon sind Pfalz und Brandenburg, Brandenburg und Eichstädt und Brandenburg und Bamberg, die in wichtige und bedenkliche Streitigkeiten mit einander verwikelt waren, überzeugende Beweise. Sein leztes Geschäfte war der Reichstag zu Nürnberg 1543, wo er als Kaiserlicher Kommissär erschien, und wo er gewiß vielen Miß

muth hatte, da die katholischen und protestantischen Stände gegen einander sehr erbittert waren. Schon ehe er auf diese
Reichsversammlung gieng, und als Kommissär dahin berufen
wurde, fühlte er eine Schwäche an seiner Gesundheit, entschloß
sich aber gleichwohl dazu. Er nahm dort sein Logis im St.
Egydienkloster, und war in die neunte Woche daselbst, als
von Stadion von dem König Ferdinand am Samstag nach
Miserikordias Domini dem 14. April Nachmittags um 1 Uhr
zu ihm auf die Veste berufen wurde, um mit ihm in Reichssa-
chen, als kaiserlicher Kommissar, berathschlagen zu helfen. Um
4 Uhr Abends gieng er wieder nach Egydienkloster zurück, speiß-
te zu Nacht, als um 7 Uhr von Stadion plötzlich von einem
Schlag angegriffen und überfallen wurde. Man schikte nach dem
Doktor Magenbuch, und König Ferdinand selbst schikte seinen
eigenen Leibdoktor Gerhard, um die Mittel zur Wiederherstel-
lung anzuwenden. Allein alles war fruchtlos, und man schikte
einen reitenden Boten an den Statthalter und Räthe nach Dillingen, um ihnen diesen traurigen Umstand zu hinterbringen. Den
15. April 1543 Morgens um 7 Uhr starb er in den Armen Wolfgang Andreas Rems, und erreichte ein Alter von 65 Jahren.
und 30 Tagen, seinem Bisthum aber stand er 26 Jahr und 3
Tage sehr rühmlich für. Dieser Todesfall wurde sogleich wieder,
Dechant, Kapitel, Statthalter und Räthen in Dillingen durch
eine eilende Post angezeigt. In Beisein Doktor Magenbuchs
und des Stadtarztes Meister Hannsen wurde durch einen Nürnbergischen Chirurgus der Körper Christoph von Stadion geöfnet. Man fand an der rechten Seite die Lunge, und an der
linken die Milz sehr fest angewachsen. Seine Eingeweide wurden
in der Kirchen des St. Egydienklosters begraben 107), sein Körper aber blieb im Kloster bis auf den 19. April, wo erst Pferde
und Wagen erwartet wurden, um denselben nach Dillingen ab-
führen zu können. Tag und Nacht brannten wächsene Kerzen.
Otto Truchseß von Waldburg sein Nachfolger im Bisthum,
Gregor von Stein, Johann Konrad von Stadion, Wolfgang Andreas Rem Doktor und Probst zu St. Morizen, alle
Domherren zu Augsburg, Georg Güß von Güssenberg, Hof-
marschall, Sebastian von Leonrod und Philipp von Landek,
giengen so gleich in die Veste, und zeigten dem König Ferdi-

nand dieſen Todesfall an. An dem nemlichen Tag Morgens um
9 Uhr ſchikte der König ſeine Kantorei und Geiſtlichkeit in das
Kloſter, und verordnete, daß ſeine Edelknaben mit Windlichtern,
Hatſchiers und ganzes Hofgeſind, mit der Projeſſion für die
Stadt hinaus gehen ſolten, welcher die katholiſchen und prote⸗
ſtantiſchen Stände folgten. Nach der Erzählung ſoll der Zulauf
ſo ſtark geweſen ſeyn, daß bey 20000 Perſonen zugegen geweſen.
Vor dem Thore hat Wolfgang Andreas Kem in ſeinem und
der Räthe Namen ſeine Dankſagung für dieſe Ehre gemacht.
Auf die Nacht wurde der Leichnam zu Pleniſelben in die Kirchen
geſtellt, und am 20. April Morgens kam er nach Monheim,
woſelbſt Burgermeiſter und Rath mit einer Projeſſion entgegen
gieng, und teutſche Pſalmen ſangen, der Sarg aber auf den
Kirchhof geſtellt wurde. Gegen Nacht langte er im Kloſter Rei⸗
ſersheim an, die dortigen Geiſtlichen trugen denſelben in die Kir⸗
che, ſungen etliche Pſalmen und hielten den 21. Morgens früh
ein Seelenamt; dann gieng der Zug nach Donauwört, woſelbſt
ſchon Burgermeiſter und Rath mit einer Projeſſion auf den Sarg
gewartet, durch die ganze Stadt vor demſelben herglengen, alle
Gloken läuten und auf dem Thurm blaſen ließen. Der Probſt
Kem machte denſelben vor der Stadt ſeine Dankſagung, und
theilte armen Leuten und Schülern ein Andenken und Almoſen
aus. Zu Dapfheim ſpeißte man, und von da wurde der Leich⸗
nam nach Höchſtätt geführt, wo bey der Klauſen abermals Bur⸗
germeiſter und Rath mit einer Projeſſion den Sarg erwarteten,
und denſelben vor die Stadt hinaus begleiteten, wo den Prie⸗
ſtern, Schülern und vielen armen Leuten widerum ein Andenken
und Almoſen gereicht wurde. Als man endlich zu St. Leon⸗
hards Kirchen vor Dillingen kam, ſo ſtanden ſchon die Prieſter
und Schüler von St. Petersſtift, viele Frauen und Männer da⸗
ſelbſt, und giengen in Projeſſion auf den Kirchhof herein, wo
das ganze Domkapitel mit ihrer Projeſſion und Prieſterſchaft den
Leichnam ihres Biſchofs erwarteten. Man nahm hierauf denſelben
vom Wagen, und ließ ihn durch Edelleut und Einſpänninger
neben der Projeſſion in die Pfarrkirche tragen, woſelbſt er über
Nacht ſtehen blieb, und Vigil gehalten wurde. Die Räthe gien⸗
gen in Trauerkleidern neben dem Sarg, und die weltlichen Prie⸗
ſter hatten die Nacht über die Wache und ſungen. Am Sonntag

Morgens den 22. April wurde Vigil gehalten und ein Seelamt gesungen, nach Endigung derselben aber der Sarg durch die jungen Edelleute vor den obersten Altar getragen, zur Erden bestättigt, und auf dem Sarg Siegel und Sekret zerschlagen. Seine Grabschrift ist noch auf dem Pfarrkirchhof zu Dillingen zu lesen, und zu St. Egydien in Nürnberg ließ das Domkapitel seinem verdienstvollen Bischof zu Ehren ein herrliches Denkmal von Messing sezen 108.)

§. 44.

Christoph von Stadion wurde von hohen Häuptern geehrt, geschäzt, geliebt. Er war ein Mann von edler Sanftmuth, friedliebend war sein Gemüth, gelind seine Regierung, und er wußte die Gemüther der Menschen zu gewinnen, wenn sie auch noch so hartnäckig waren. Nur da fand er starken Widerstand, wo es die Lehre des Evangeliums betraf, und ob er gleich hierinn Schärfe scheinen ließ; so gebrauchte er sie doch nicht, und wenn er sie gebrauchte, so war es gewiß nicht in seinem Karakter, sondern in der Verhezung anderer zu suchen, die ihn durch ungestüme Zudringlichkeiten aufbrachten. Nach seiner edeln, guten und christlichen Denkungsart, würde das niemals geschehen seyn, was anfangs seiner Regierung geschehen ist. Er war Wohlthäter gegen Arme, freigebig gegen Gelehrte, andächtig beim Gottesdienst, und überhaupt ein frommer Bischof, der den Frieden und Einigkeit über alle Güter schäzte und liebte. Seine männliche Beredtsamkeit würkte vorzüglich bei streitenden Partheien, wo er Schiedsrichter war, daß sich beide verglichen, und mit seinem Ausspruch zufrieden waren. Er wünschte Einigkeit in der Kirche, und beeiferte sich dieselbe herzustellen, daß er aber hiezu nicht vermögend war, lag nicht an ihm, sondern an mehrern Ständen des Reichs, und an der Lehre des Evangeliums selbst, die sich nicht mehr auf die offenbaren Mißbräuche zurückbringen ließ, wenn es aber nur allein von ihm abgehangen wäre; so wäre vielleicht eine Einigkeit bewirkt worden. Er fuhr Luthern auf dem Reichstage zu Worms 1521 nicht tobend an, sondern sprach mit Sanftmuth mit ihm, und suchte ihn nach seinen Grundsäzen auf andere Gedanken zu bringen, und war nicht wie andere auf eben diesem Reichstag ungehalten über ihn, als er auf seiner Meinung beharrte. Hierinn zeichnete er sich

vor allen aus, und äufferte merkbar feinen Mißmuth über Schärfe.
Er war klug, vernünftig, einfichtsvoll und gelehrt. Als ein
gelehrter Bifchof, unter die er mit Recht zu zählen ift, fah er
die Fehler in der Kirche fehr wohl ein, aber zeitliche Abfichten
erlaubten es ihm nicht, fein Bekenntniß abzulegen, und wer
konnte ihm dies verargen? Es haben fchon manche aus zeitlichen Abfichten die evangelifche Lehre verläugnet, und die gegen-
feitige angenommen, um fie defto ehender zu erreichen, er aber
dachte doch bey fich ganz anderft. Ehre genug für ihn, daß er
auf dem Reichstage zu Augsburg 1530 die Fehler feiner Kirche
einfah, die Mißbräuche öffentlich rügte, und eine Verbefferung
wünfchte. Wär er ein gemeiner Priefter gewefen, fo würde er
gewiß anders gehandelt haben, er würde auf Luthers Seite getreten feyn. Ehre genug für ihn, daß er eben damals auch feine
eigene Fehler eingeftund, die er im Anfang feiner Regierung in
Verfolgung der evangelifchen Lehre begieng. Die Zudringlichkeit
feiner Geiftlichkeit, die ihm beftändig in den Ohren lag, hinderte
ihn damals an beffern und hellern Einfichten, die er erft nach
Ablefung des Glaubensbekenntniffes bekam, das er zu prüfen
wußte. Von diefer Zeit an fuchte er noch mehr Friede und Einigkeit herzuftellen, und wie er bey allen wichtigen Gefchäften
handelte, fo handelte er auch in den Religionsangelegenheiten,
fanft, mild, gut und redlich. Als Gelehrter fchätzte er auch gelehrte Männer, fchützte und unterftützte fie nach Kräften. Er
verdiente ein bleibendes Denkmal, denn die allgemeine Liebe,
die ihm von Proteftanten wie von Katholiken geopfert wurde,
forderte es, und allgemeine Verehrung, die er genoß, mußte
ihm die Widerwärtigkeiten, mit denen er zu kämpfen hatte, ver-
füffen, und fchön ift es, allgemein geliebt, allgemein verehrt zu
feyn. Fühlte er dies in feinem Leben; fo gebührt es ihm auch
nach feinem Tode, um ihn aus der Vergeffenheit zu reiffen, in
die er kommen möchte, wenn fein rühmliches Andenken nicht er-
neuert würde. In feiner Lebensart und Kleidung war er einfach
und fparfam, und las die damals beften theologifchen und juri-
ftifchen Werke, befonders aber die heilige Schrift. Er fuchte
fein Vergnügen in wiffenfchaftlichen Gefprächen, und hielt es
nicht unter feiner Würde, eine Reife von 7 Tagen nach Freiburg
zu machen, um den Erasmus zu fprechen und kennen zu ler-

nen. Doch hievon gleich, wenn ich auf seine Gelehrsamkeit übergehe, und nur ganz kurz von derselben sprechen werde.

§. 45.

Daß der Bischof von Augsburg Christoph von Stadion
unter die gelehrten Bischöfe seines Zeitalters gesezt zu werden
verdient, daran wird wohl niemand zweifeln. Zwölf Jahre alt,
bezog er die Universität Tübingen, wurde nach einem Jahr Bakkalaur, und im 16. Jahr seines Alters Magister. Ohne gründ-
liche Wissenschaften, wie sie damals waren, konnte er dies in
so kurzer Zeit nicht werden, wenn er nicht mit allem Fleiß denselben obgelegen wäre. Seine in Bononien erhaltene Doktorswürde bestättigt denselben, und seine 1518. gehaltene Synodalrede an seine Geistlichkeit mag Zeuge von seinen Einsichten, besonders in die theologische Wissenschaften, denen er sich eigentlich
widmete, seyn. Aus eben dieser Rede kann man seinen ganzen
Karalter kennen lernen, und er beschämt noch damit die heu-
tige katholische Geistlichkeit, wovon der gröste Theil ihre
Zeit, zum Aergerniß anderer, mit dem Spielen verderbt, gegen
das von Stadion damals sehr eiferte, und sie auf rühmlichere
Beschäftigungen hinwies. Eben seine Gelehrsamkeit, die er besaß, theilte er auch andern mit, und rechnete es sich zur Ehre,
mit den Gelehrten seines Zeitalters im Briefwechsel zu stehen.
Unter diese Männer setzte ich den Erasmus oben an, dem er
selbsten schrieb. Mir ist nur ein einziger Brief bekannt, den er
an denselben geschrieben, und den uns der Hr. Prälat Burscher
in Leipzig aufbehalten hat. 109.) Er schikte ihm zwey Pferde,
eines das einen guten und sanften Schritt gieng, das andere
aber ein Paßgänger war, und unter diesem zweien solte er das-
jenige wählen, was ihm am bequemsten und besten schien. Schön
ist es auch, was er in eben diesem Brief von den Zwistigkeiten
in der Religion schreibt, die das bestättigen, was ich schon gesagt habe. Nach seinem Urtheil solte nichts im Wege stehen,
als nur diejenige, welche dieses Geschäft mehr als eigene, und
nicht als Gottes Sache behandelten, und er sagt: es wäre zu wün-
schen, daß uns Gott so viel Gnade ertheilte, daß wir unsere
Blindheit erkennten. Mit dem Bischof in Wien, Friedrich Nausea, war er schon vorher, ehe Nausea die bischöfliche Würde
begleitete, in einem Briefwechsel gestanden, wovon noch zwey

Briefe von Stadions an den Nausea vorhanden find 110.)
Erasmus der in dem Bischof von Stadion seinen grossen Wohlthäter fand, schrieb öfters an ihn, und sagte viel vortheilhaftes
von ihm. In einem dieser Briefe, deren 5 auf uns gekommen
find, lernen wir, daß dieser Bischof kurz vor dem Reichstage
zu Augsburg, blos um den Erasmus zu sehen, zu sprechen und
kennen zu lernen, bis nach Freyburg gereißt-sey, und ihm ein
Geschenk mit zween goldenen Bechern und Zweihundert Goldgulden gemacht habe. 111). Eben diese Freigebigkeit und des Bischofs
von Stadion übrige herfürleuchtende Verdienste, mögen auch
veranlaßt haben, daß ihm verschiedene Gelehrte ihre Schriften
zueigneten. Unter diesen Männern waren Johann Eck, der sich
gut bey ihm einschmeicheln konnte 112), der aber doch wegen seinem schlechten Karakter bey diesem rechtschaffenen Bischof in geringem Ansehen gestanden seyn muß 113), ungeachtet er anfangs
an der Strenge des Bischofs von Stadion gegen die evangelisch Gesinnten, viele Schuld hatte, wie Luther in einem Brief
an Spalatin aus der Nachricht Bernhard Adelmanns von
Adelmannsfelden selbst berichtete 114). Johann Altenfteig
aus Windheim eignete ihm zwey Werke zu 115) und konnte diesen Bischof in der ersten wegen seiner Klugheit, Einsicht, Rechtschaffenheit, Frömmigkeit, Gelehrsamkeit u. s. w. nicht genugsam
erheben. Er war auch gegen ihn ein Wohlthäter, wie ers selbsten bekannte, seine Wohlthaten aber scheint er nur an würdige
Männer verwendet zu haben. Der gelehrte Abt zu Ottobeuren
Leonhard Widemann setzte von Stadions schöner und geistvoller Synodalrede eine Zueignungsschrift an ihn vor, um ihm
seine Verehrung zu bezeigen und einen Beweiß zu geben, wie würdig seine Synodalrede gewesen sey, gedrukt zu werden 116).
Ottmar Nachtgall eignete dem Bischof von Stadion ebenfalls
zwey Werke zu 117). Johann Eck suchte sich durch eine aber-
malige Zueignungsschrift bey diesem gelehrten Bischofe zu empfehlen 118), und sich einzuschmeicheln. Aber gerade bey einer
Schrift, worinn dieser Fechter seinen wilden Geifer gegen Luthern ausgoß, und wegen seiner Verheurathung spottete. Ob
von Stadion damalen so ganz gut dazu gesehen, möchte ich in
Zweifel sezen, aber Eck war ausverschämt, und bekümmerte sich
nichts darum. Die übrigen find Wilhelm Detler, 119) Johann
Alexander Brassican, 120) Erasmus, der den von Stadion

mit Recht die Zierde unter den Bischöfen seines Zeitalters nann⸗
te, 121) Lopold Dik, 122) und Vincent Obsopäus 123).
Auſſer dieſen an den Bischof von Stadion gerichteten Zuſchrif⸗
ten, ſind mir noch bekannt Johann Cochläus, 124) Johann
Eck, 125) Kaſpar Bruſch, 126) und Peter Apian, 127) wel⸗
che ihm noch Schriften zugeeignet haben, die ich aber nicht erhal⸗
ten konnte. So wurde dieſer gelehrte Bischof geehrt, ſo wurde
ſein Ruhm verbreitet, ſo wetteiferte man, denſelben in allen
Ländern zu verkündigen, und einen Mann zu erheben, der es in
vielerley Rückſichten verdiente. Alle geben ihm das ehrenvolle
Zeugniß ſeiner Rechtſchaffenheit, und ſeiner gründlichen Gelehr⸗
ſamkeit. Kaſpar Bruſch, 128) macht von ihm eine ſchöne Schil⸗
derung, und alle die ihm ihre Schriften zueigneten ſtimmen darinn
überein. Für das Bißthum Augsburg iſt es Ehre, einen ſolchen
Bischof unter 69, die das Bißthum bis auf gegenwärtige Zeit
zählt, gehabt zu haben, von dem man ſagen kann, daß er der
gelehrteſte unter denſelben war. Der ſel. Senior Jakob Bruker
in Augsburg wolte demſelben unter ſeinen berühmten Männern
des 16. Jahrhunderts, welches Werk aber leider nicht zu Stande
kam, den erſten Platz einräumen. So ſprach dieſer gelehrte Mann,
als ihn Kolborn mit einem jungen Herrn Grafen von Stadion
beſuchte, und ſich es zur Ehre ſchätzte, aus dieſem berühmten
Geſchlechte einen Sprößling zu ſehen, der den Bischof von Augs⸗
burg Chriſtoph von Stadion als Zierde ſeines Geſchlechts ver⸗
ehren konnte. Ein ſolcher Bischof wäre eines längern Lebens wür⸗
dig geweſen, und gewiß hätte man von ihm noch viel Gutes er⸗
warten dürfen, das durch ſein Tod mit einmal vereitelt wurde.

§. 46.

Der Bischof von Stadion zeichnete ſich auch durch einige
Schriften aus, die ich aber meiſtens ſchon in den Anmerkungen
anführte, und hier nur ganz kurz wiederholen darf. Gleich im
Anfang ſeiner Regierung 1517 hielt er eine Synode, von welcher
er die Statuten noch in demſelbigen Jahr bekannt machte, 129) und
auf eben derſelben legte er an ſeine Geiſtlichkeit die ſchon oft er⸗
wähnte ſehr ſchöne, im apoſtoliſchen Geiſt verfaßte Synodalrede
ab, die eines ſolchen Bischofs würdig war 130). Dieſe verdient
geleſen, und noch von jedem katholiſchen Geiſtlichen beherzigt,
aber auch befolgt zu werden. Auſſer dieſer Synode hielt er noch

zwey andere, eine 1520 zu Dillingen, und die andere 1536 eben
daselbst. Ob die Statuten davon zum Vorschein gekommen, oder
ob sie verloren gegangen sind, kann ich nicht sagen, und eben so
wenig Veith, aber Thomasin beruft sich darauf 131). In Worms
ertheilte er 1521 einen Ablaßbrief auf 40 Tage der Brüderschaft
zum heil. Kreuz in der Stadt Schwarzach, um den ihn Nikolaus von Tettelbach gebeten hatte 132). Als 1537 der Rath
der Stadt Augsburg die Messe, Cerimonien, und Mißbräuche
abschafte, und deswegen ein Außschreiben ergehen ließ; so erfolgte
des Bischofs von Stadion Antwort darauf 133) die aber nicht
er, sondern andre, die ich schon oben nannte, verfaßt hatten,
da sie aber unter seinem Namen außgieng; so wolte ich sie den
übrigen beisezen. Unter diesen wenigen Schriften verdient seine
Synodalrede, die er selbst ohne eines andern Hülfe verfaßt hatte,
den Vorzug, und hätte sie Kolborn nicht neu herausgegeben,
so würde sie hier beigefügt worden seyn. Diese einzige Rede
erhält diesen würdigen Bischof im Andenken, nur hätte ich gewünscht, daß ich mit mehr Nachrichten zu seiner Geschichte unterstüzt worden wäre, um ihm ein würdigeres Denkmal zu stiften,
als ich ihm mit diesem Versuche stiften konnte.

Anmerkungen

zur

vorhergehenden Geschichte.

§. 1.

Seite 1.

(1.) In seinem Adelslexikon 1. Th. Kol. 1758.

Seite 2.

(2.) S. dessen genealogische Tabellen. 1. Theil, die 817 und 819 Tabelle.

Seite 2.

(3.) S. dessen Germania Topo - Chrono -Stemmatographica sacra et profana. Tom. III. P. III. p. 182. vergl. Ebendesselben Rhætia Ethrusca, Roma-
na, Gallica Germanica sacra et profana Topo - Chrono - Stemmatographica p. 438. Diese Genealogie ist unrichtiger, als die im erstern später er-
schienenen Werk.

Seite 2.

(4.) Am angeführten Orte.

Seite 2.

(5.) S. dessen Hierarchia Augustana p. 1. Cathedral. p. 594. u. folgg.

Seite 2.

(6) Bucelin in seinen beiden eben angezogenen Werken gibt ebenfalls den
Pankraz von Stadion zum Vater des Konrad und Nikolaus von
Stadion an, aber in seiner Rhætia Ethrusca &c. p. 438. gibt er unter den
Söhnen Titels von Stadion zwey Ludwig von Stadion an, wovon
er einen zum Domherrn zu Kostanz machte, den andern aber sich mit ei-
ner Agnes Freyinn von Grafeneck vermählen ließ, den Wilhelm von
Stadion hingegen wegließ, welchen Fehler er aber in seiner Germania
Topo - Chrono - Stemmatographica sacra et profana nachher verbesserte.

§. 2.

Seite 4.

(7.) Von diesem S. Herrn Prof. Veetenmeyers Beyträge zur Geschichte
der Litteratur und Reformation S. 127 und folgg.

Seite 4.

(8.) Ich besitze von ihm in meiner Sammlung folgenden Traktat: Tractatus I. trium quæstionum extremi judicis ad sacerdotos, an videlicet per ho-
stium intrauerint, Canonice vixerint, Populum legitime rexerint. II. De
jejunio quadragesimali et consuetudine, qua in certorum principum curiis
et aliorum patrum familias domibus, tribus diebus per quadragesimam datur
bis ciborum refectio. III. De Concordia sacerdotum curatorum cum fra-
tribus mendicantibus de audiendis confessionibus. Am Ende: Ex famosa

Tubingen univerſitate. Anno 1500. in 4. Hr. Prof. Schnurrer hat ſolches auch in ſeinem zweiten Programm de origine Typographiæ Tubingenſis 1788. Folio angeführrt.

Seite 5.

(9.) In ſeiner Bibliotheca Auguſtana Alphab. IV. p. 53.

Seite 5.

(10.) Dies war in folgender ziemlich ſeltenen Schrift, die ſich in meiner Sammlung befindet: Audi Lector, Joannis Eckii Theologi Ingolſtadienſis orationes accipe tres non inelegantes. De nobilitate literis exornanda, et laude Marchionum Brandenburgenſium. Oratio I. De fidei Chriſtianæ amplitudine ultra reliquas infidelium ſectas. Oratio II. De Germania excolta contra Grillos. Oratio III. Ad venerandum P. Chunradum Abbatem Cæſarienſem Epiſtola de profectione Eckii ad Bononiam, et diſputatione per eum habita: cum aliis tibi (ut arbitror) non diſplicituris. Generoſi d. Martini Comitis de Otingen in laudem d. Eckii Theologi maximi Tetraſtichon:

Eckius Arctoum docilis qui natus ad axem
  Ingenio pollet ædepol egregio,
Eloquio præſtat doctrina fultus amœna
  Vix ſimilem (credas) extera terra dabit.

Am Schluß: Auguſtæ ex officina excuſoria Millerana V. die Menſis Decembris. Anno gratiæ D. D. D. XV. Cæſ. Maximiliano P. F. Aug. Imp. Guber. Deo gloria, in 4. In der erſten Rede iſt von den angezogenen Gelehrten vom Abel die Rede, deren Zahl er noch am Ende derſelben durch Zuſätze vermehrte.

Seite 6.

(11.) Dieſe erſchien unter folgendem Titel: Oratio funebris habita per Joann. Eckium The. Auguſtæ in exequiali pompa Reverendiſſimi D. Henrici Epiſcopi Auguſtenſis M. D. XVII.

Henrici hæc fuerant Lichnoi inſignia clara
  Præſulis Auguſtæ, hic morte ſolutus, obit
Hæc modo Chriſtopherus Stadiona ſtirpe creatus
  Laude tenet ſumma, ſic moderante deo.

Am Ende: Impreſſum Auguſtæ in officina Sylvani Otmari ex transuerſo ſacelli diuinæ Urſulæ, in 4. befindet ſich in meiner Sammlung.

§. 3.

Seite 6.

(12.) In ſeiner Hierarchia Auguſtana p. 1. Cathedr. p. 310.

Seite 6.

(13.) In ſeiner Bibliotheca Auguſtana Alphab. IV. p. 54.

Seite 6.

(14.) In dem Commentario de rebus ad Chriſtophorum a Stadion attinentibus, den er dieſes Biſchofs ſchöner Synodalrede beigefügt hat, p. 26.

Seite 6.

(15.) In seiner kurzgefaßten Geschichte von Augsburg. Ein Lesebuch für den Bürger (d. i. katholischen Bürger) und dessen Abstämmlinge, S. 276.

Seite 6.

(16.) S. Jo. Heumanni documenta litteraria p. 160—162. und unter den Beilagen Nro. I. Veith in seiner Bibl. Augst. Alphab. IV. p. 54. Anmerk. d) will diese Adelmannische Nachricht mit dem Ausdruf eines ungeschikten Geschwäzes brandmarken, aber er war doch nicht im Stand, sie zu widerlegen, und sein Gewährsmann Thamm, wollte auch die Wahrheit nicht schreiben, vielleicht aber war ihm dieser Umstand nicht bekannt, der erst durch die Bekanntmachung dieses Schreibens ins helle Licht gesezt worden ist, und den Veith nicht so oben hin, als ein unnüzes Geschwäz verworfen haben solte.

Seite 7.

(17.) S. Luthers sämmtliche Schriften nach der Walchischen Ausgabe 10. Theil. Kol. 331 und 394.

Seite 8.

(18.) Ebendaselbst 22. Theil. Kol. 318 und 319.

Seite 8.

(19.) Dieser war Jakob Fugger, welcher von K. Maximilian I. nebst dem ganzen Fuggerischen Geschlecht geadelt, und zum Eques auratus und Comes S. Palatii Lateranensis von Pabst Leo dem X. gemacht worden.

Seite 8.

(20.) Von dem grossen Reichthum der alten Fugger S. des jezigen Hrn. Stadtpflegers von Stetten Erläuterungen der in Kupfer gestochenen Vorstellungen aus der Geschichte der Reichsstadt Augsburg, S. 80 — 85.

Seite 9.

(21.) S. Damons nüzlicher Baumgarten an dem Myrtenfest Zelinte und Amarillis, (Altdorf 1681, 12.) S. 60.

§. 4.

Seite 10.

(22.) In seinem Kommentar de rebus ad Christophorum a Stadion attinentibus p. 27 — 41.

Seite 10.

(23.) Statuta Diœcesana Reverendissimi in Christo Patris ac Domini D. Christophori Episcopi Augustensis in celebratione Synodi feria tertia post Galli Anno 1517. publicata. Am Ende: Finiunt statuta diœcesana de mandato prelibati Reuerendissimi patris et domini, domini Christophori presulis Augustensis dignissimi per Sylvanum Otmar Auguste impressa. Anno domini Millesimo quingentesimo decimo septimo Die Martis X. Nouembris. In 4. Sie stehen auch in Hrn. Joh. Ant. Steiners Werk: Synodi Diœcesis Augustanæ quotquot inueniri potuerunt, collectæ ac notis historicis, criticis et liturgicis illustratæ (Tomi II. Mindelh. 1766. 4.) Tom. I. p. 171. u. folgg.

§. 5.
Seite 12.

(24.) Von dieser Begebenheit handeln folgende Schriften: 1.) Acta Fr.
Martini Luther Auguſt. apud D. Legatum Apoſtolicum Auguſtæ, in 4. 2.)
De inclyto atque apud Germanos rariſſimo actu eccleſiaſtico Kalen. Auguſti Auguſte celebrato. Anno Domini 1518. Am Ende: Actum in urbe Auguſta anno Chriſtiano Milleſimo quingenteſimo decimo octavo Kalen. Aug.
Cum privilegio imperiali: in 4. Iſt in meiner Sammlung befindlich. 3.)
Reichardi Bartholini viri eruditiſs. de Conuentu Auguſtenſi conciuna de-
ſcriptio, rebus etiam externarum Gentium quæ interim geſtæ ſunt cum elegantia interſertis. 1518. in 4. 4.) Samuelis Brechenmacheri Diſſ. de Colloquio Auguſtano Lutheri cum Cajetano R. P. Legato. Lipſ. 1722. 4.
Luthers ſämmtliche Schriften nach der Walchiſchen Ausgabe 15. Th. Kol.
544—809. Löſchers vollſtändige Reformationsacta und Documenta Tom.
II. p. 435—492.

Seite 14.

(25.) Von dem Leonhard Widemann Abt zu Ottobeuren handelt der ſel.
Schelhorn in ſeinen Amœnitt. hiſtoriæ eccleſiaſticæ et litterariæ Tom. II.
p. 591—609.

Seite 14.

(26.) Die erſte ſeltene Ausgabe hat den Titel: Oratio Reverendiſſimi Auguſtenſis Eccleſiæ Antiſtitis Chriſtophori Stadion in Synodo ad Clerum
habita. Am Schluß ſteht: Finit fauſtiſſime Reverendi Auguſtani Præſulis
Oratio in noſtro Cœnobio Ottinpurrhenſi SS. Alexandri et Theodori Mar-
tyrum Anno 1518. in 4. Kolborn der ſie noch ungedruft zu ſeyn glaubte, oder vielleicht gar den alten Druf, der nicht der ſchönſte und regelmäſ-
ſigſte war, für Manuſcript anſah, gab ſie 1776 wieder unter dem Titel
heraus: Chriſtophori a Stadion Epiſcopi quondam Auguſtani Oratio in Synodo ad Clerum habita A. R. S. MDXVIII. Adjunctus eſt de rebus ad
Chriſtophorum attinentibus Commentarius. Ulmæ (1776) gr. 4. Ins teutſche überſetzt unter dem Titel: Synodalrede Chriſtophs von Stadion
Biſchofs zu Augsburg, gehalten im Jahr 1518. Ueberſetzt von zween jungen Grafen des nämlichen Hauſes. Ulm 1776 in 4.

Seite 14.

(27.) Von dieſer Diſputation ſind nachzuſehen: Luthers ſämmtliche
Schriften 15. Th. Kol. 954—1637. Löſchers vollſtändige Reformations-
Acta und Documenta Tom. III. p. 203—819.

§. 6.
Seite 17.

(28.) S. Schlegels ausführlicher Bericht von dem Leben und Tod Caſpari
Aquilæ S. 65. 74 und folgg. Vergl. des ſel. Schelhorns Acta hiſtorico-
eccleſiaſtica ſæculi XV. et XVI. oder kleine Sammlung einiger zur Erläuterung

terung der Kirchengeschichte des 15. und 16. Jahrhunderts nützlichen Urkunden und Schriften 1. Th. S. 90.

Seite 17.

(29.) Ist in meiner Sammlung befindlich, und führt den Titel: Pasquillus, von dem gejäg der Deuffel, des sich fürgenommen haben, on zweiffel, daß sie wellen Jagen faißte Schwein, wie der Bapst vnnd Antichrist sein, die Netz schon aufgespannen, vnd schon etlichen gefangen, die im haudt verhaißen zil, denen ers warlich nit vergessen will. Jn 4. Die ganze Schrift ist in elenden Knittelversen und gesprächsweise zwischen dem Jagteufel, Beelzebub und D. Johann Faber, der dem Teufel durch seine Schriften noch mehr fette Hirsche, d. i. Pabst, Kardinäl, Bischöfe, Prälaten u. d. gl. eintreiben soll, abgefaßt, und der Verfasser schreibt unter anderm Bogen B.

Den Hierßch vnd Bischoff von Aichstet
Erstest denselben in seim peth
Damit erspart ja puluer vnd pley
Des von Tillingen denckt wol dabey
Wie ir denselben fändt betretten
Bey toben Vesper oder Metten
Thut euch desselben wol befleissen
Laßt ja ehe die Hund gar zu reissen.

Seite 17.

(30.) S. Eliæ Veielii Memoria et Merita Urbani Regii, Ulmæ 1683. 4. Schlichthabers Evangelisch-lutherisches Mindisches Prediger-Gedächtniß, 1. Theil. Frankfurt und Leipzig 1749. 8.

§. 7.

Seite 19.

(31.) Im Jahr 1520 erschien eine sehr seltene und in meiner Sammlung befindliche Schrift unter folgendem Titel: Eccius dedolatus auctore Joanne Francisco Cottalambergio poeta laureato. Am Ende: Impressum in Utopia, in 4. Zu dem Catal: Bibliothecæ Bunavianæ Tom. III. Vol. III. p. 1116. woselbst zwey Ausgaben davon fürkommen, wird diese Schrift dem Ulrich von Hutten zugeschrieben, allein der sel. Riederer in seinem Beytrag zu den Reformationsurkunden S. 146 u. folgg. sucht zu beweisen, daß Willibald Pirkheimer der Verfasser derselben sey. Inzwischen will ich dies hier nicht untersuchen, und seinen Gründen andere Gegengründe entgegen setzen. Ich habe sie meiner Sammlung Huttenscher Schriften beigesellt. Riederer hat sie am angeführten Orte S. 156 → 191. mit Anmerkungen wieder abdrucken lassen.

Seite 20.

(32.) Diese Schrift hat folgenden Titel: Bulla decimi Leonis, contra errores Martini Lutheri, et sequacium.

H

Vide, Lector operæ precium eſt. Adficieris,
Cognoſces qualis paſtor ſit Leo.

Rechter Hand des päbſtlichen Wappens lieſt man:

Aſtitit Bulla a dextris ejus in veſtitu.

Unter Haub deſſelben aber:

De aurato, circum amicta varietatibus.

Am Schluß: Dirumpamus vincula eorum, et projiciamus a nobis
iugum ipſorum. (1520.) in 4. Ins Teutſche überſetzt ſteht ſie in Luthers
ſämmtlichen Schriften der Walchiſchen Ausgabe 15. Th. Kol. 1691 — 1728.
Die Ueberſetzung iſt aber nicht ganz gut gerathen. Vergl. des ſel. Riede-
rers Beytrag zu den Reformationsurkunden, betreffend die Händel, welche D. Eck bey Publication der päbſtlichen Bulle wieder den ſel. D. Luther im Jahr 1520 erreget hat, aus größtentheils ungedrukten Nachrichten herausgegeben und erläutert. Altd. 1762. 4. Die Originalausgabe
iſt in meiner Sammlung aufbewahrt.

Seite 20.

(33.) Beide Mandate ſtehen in Luthers ſämmtlichen Schriften 15. Th.
Kol. 1905 — 1909.

Seite 20.

(34.) S. des ſel. Schelhorns Acta hiſtorico-eccleſiaſtica Sæculi XV.
et XVI. 1. Th. S. 81. und folgg. Der verſtorbene Franz Anton Veith
machte ſich eine beſondere Freude davon, es in ſeiner Bibliotheca Auguſtana Alphab. IV. p. 56. und folgg. ebenfalls abdruken zu laſſen. Unter
den Beilagen iſt ſie Nro. II.

Seite 20.

(35.) Was überhaupt von dieſer Bulle handelt, das alles enthalten Luthers ſämmtliche Schriften 15. Th. Kol. 1675 — 1916. beſonders 1732.
und folgg. wo die Schrift wider die Bulle des Antichriſts ſteht.

Seite 21.

(36.) Ulrich von Hutten freute ſich ſo ſehr über den Muth Luthers,
daß er die Schrift: das Teutſch Requiem über die verbrante Bull, vnnd
das Bäpſtlich Recht (1520.) in 4. verfertigte, die ſich ebenfalls als eine
Seltenheit in meiner Sammlung befindet. Vergl. Luthers ſämmtliche
Schriften 15. Th. Kol. 1923. und folgg.

Seite 21.

(37.) Warumb des Bapſts vnd ſeyner Jungern bucher von Doc. Mar-
tino Luther verbränt ſeyn. Laß dich anzeigen wer ba vnd warumb ſie
Doc. Luthers bucher verbrennet haben. Wittenberg D. M. L. XX. Am
Ende: Gedrukt zu Wittenberg nach Chriſti gepurt. M. D. XX. J. A.
R. in 4. In meiner Sammlung. Vergl. Luthers ſämmtliche Schriften
15. Th. Kol. 1927 — 1941.

Seite 27.

(38.) Epiſtola Vlrichi de Hutten Equitis, ad D. Martinum Lutherum
Theologum. Vuittenbergæ (1520.) in 4. In meiner Sammlung und teutſch
in Luthers ſämmtlichen Schriften 15. Th. Kol. 1944 — 1946.

§. 8.

Seite 26.

(39.) Huldrichi ab Hutten Equ. Germ. In Hierodymum Aleandrum
et Marinum Caracciolum, Leonis decimi P. M. Oratores in Germania,
Inuectivæ ſingulæ. In Cardinales, Epiſcopos et Sacerdotes, Lutherum
Vuormaciæ in Concilio Germaniæ impngnantes, Inuectiua. Ad Carolum
Imperatorem, pro Luthero, et veritatis ac libertatis cauſa exhortatio.
Jacta eſt alea. Am Ende der abgekürzte Titel: Inuectiua Hutt. In Hie-
ron. Aleandrum. Iu Marin. Caracciolum. In Lutheromaſtygas ſacerdo-
tes. Epiſtolæ. Ad Carolum Cæſarem II. Ad Albertum Card. Mog. I. Ad
Bilibaldum Pyrck. I. (1521.) in 4. In meiner Sammlung. Die Akten
dieſes Reichstags enthält der 15. Th. von Luthers ſämmtlichen Schriften
Kol. 2018 — 2331. wo auch verſchiedene Briefe Huttens ins Teutſche überſezt fürkommen.

§. 9.

Seite 30.

(40.) S. des ältern Hrn. Paul von Stetten Geſchichte der Reichsſtadt Augsburg. 1. Th. S. 293. und 305. Des jezigen Hrn. Stadtpflegers
Paul von Stetten hiſtoriſche Abhandlung von dem Münzweſen der Reichsſtadt Augsburg in Hrn. Hofrath Meuſels Beyträgen zur Erweiterung der
Geſchichtkunde 1. Th. S. 33. und folgg.

§. 10.

Seite 32.

(41.) S. des Hrn. Prälaten Bueſchers in Leipzig Spicilegia autographorum, illuſtrantium rationem, quæ interceſſit Erasmo Roterodamo cum aulis
et hominibus æui ſui præcipuis omnique republica, Spicilegium XXI. wo
von p. III — XII. zwei Briefe von Xray an den Erasmus fürkommen,
und denſelben ſind noch zwei Fragmente eines noch ungedruckten Büchleins,
die er an den Erasmus ſandte, von p. XII — XVIII. beigeſügt. Vergl.
die Sammlung der Erasmiſchen Briefe. Baſel 1558 in Folio, Folio 998.
und 1018. Hrn. Superint. Schelhorns Beyträge zur Erläuterung der Geſchichte, beſonders der ſchwäbiſchen Gelehrten und Kirchengeſchichte 4. Stük.
S. 163 und folgg. Joh. Joach. Müllers Hiſtorie von der evangeliſchen
Stände Proteſtation und Augsburgiſchen Confeſſion S. 656. Zapfs
Baierſches Gelehrten Lexikon S. 382.

§. 11.

Seite 34.

(42.) S. des sel. Schelhorns Reformationshistorie der Reichsstabt Memmingen. S. 40. und folgg. und unter den Beilagen Nro. III.

Seite 35.

(43.) Dieser gab eine Schrift unter folgendem Titel heraus: Ain kurtz vnderweysung, wie man Got allein beichten sol, vnd daß die Oren beicht nur in den orblischen satzungen von des hayligen beichtpfennings wegen wi der die Geschrifft vnd Gebot Gots auffgesetzt. Auch das dieselb Beicht vnd die Oelung, damit bey vnsern zeytten in krancken gesalbt werden, kaine Sacrament seyen, aus der Epistel Jacobi am fünfften Capitel allen Christen Menschen zu gut durch Christophen Geruug von Memmingen gezogen. Im Jar M. D. XXIII. quinto Septembris in 4.

Seite 36.

(44.) S. Schelhornii Amœnitt. litter. Tom. VI. p. 320. und 322. folgt die wirkliche Erkommunikation, welche folgende ist. Hic auctoritate ordinaria denunciatur excommunicatus ac declaratur Christofferus Schappeler predicator oppidi Memmingen ob non paricionem monitorii. Contra eum Decretum et executum instante Fisco R. P. et D. D. Episcopi Augustensis. Unter den Beilagen Nro. IV.

Seite 37.

(45.) S. des sel. Schelhorns Reformationshistorie der Reichsstadt Memmingen S. 44. und folgg.

§. 12.

Seite 40.

(46.) Wie sich eyn diener Gottes worts ynn all seynem thun halten soll, vnd sonderlich gegen denen, wilchen das Euangelium zuuor nicht geprediget ist, das sie sich nicht ergern. Joh. Eberlyn v. G. Wittemb. 1525. in 4. Eberlin eignete diese Schrift dat. Witt. auf den Grünbonnstag 1524 dem würdigen Herrn Johann Jakob Wehe Bischof und Pfarrherrn zu Leypheim an der Thunawe seinem Vettern zu. S. Litterarisches Museum 1. Band S. 416.

Seite 43.

(47.) Im Ulmischen Kirch- und Schulenstaat, der nur im Manuscript vorhanden ist, und den ich nach der Originalhandschrift besitze, wird er unter den Pfarrern in Leipheim so geschildert, der Verfasser hatte aber noch keine bessere Nachrichten.

Seite 43.

(48.) In seinen Nachrichten von Hanns Jakob Wehe ersten evangelischen Pfarrer in Leipheim. Ulm 1794, 8.

Sekte 43.

(49.) S. Ulm mit seinem Gebiete S. 504.

§. 13.

Seite 45.

(50.) In seiner Bibliotheca Augustana Alph. IV. p. 59. und Werlich in der Chronike des heil. röm. Reichs-Stadt Augspurg 2. Th. S. 278.

Seite 45.

(51.) Sie steht im 15. Th. von Luthers sämmtlichen Schriften Kol. 2738. und folgg.

§. 14.

Seite 46.

(52.) Eine ausführliche Nachricht von diesem Manne gab der sel. Pastor Strobel unter dem Titel: Leben, Schriften und Lehren Thomä Münzers des Urhebers des Baurenaufruhrs in Thüringen. Nürnberg 1795. gr. 8.

Seite 47.

(53.) Ausführlich stehen diese Artikel in Luthers sämmtlichen Schriften 16. Th. Kol. 24. und folgg. Vergl. Roos Reformationsgeschichte 1. Band S. 268 und folgg.

Seite 48.

(54.) S. von Stettens Geschichte der Reichsstadt Augsburg 1. Th. S. 299. und folgg.

§. 17.

Seite 54.

(55.) Handlung der Stadt Memmingischen Gesandtschaft vor dem Bischof von Augsburg Christoph von Stadion 1527. den Johann Mack einen katholischen Priester betreffend. Unter den Beilagen Nro. V.

Seite 55.

(56.) Handlung mit Erhard Vöhlin wegen dem katholischen Priester Johann Mack 1527. Unter den Beilagen Nro. VI.

§. 18.

Seite 55.

(57.) Von seiner adelichen Familie S. Bucelini Constantia Rhenana Metropolis sacra et profana p. III. Stemmatographica p. 18. 19. Bucelin hat diesen Ambrosius Blaurer nicht mit augeführt.

Seite 58.

(58.) S. des sel. Schelhorns Reformationshistorie der Stadt Memmingen S. 97. und folgg.

§. 19.
Seite 61.

(59.) S. Joh. Joachim Müllers Historie von der evangelischen Stän-
de Protestation und Appellation wieder und von dem Reichsabschied zu
Speier 1529, dann der darauf erfolgten Legation in Spanien an Kays.
May. Karln V. Jena 1705 in 4. Das beste Werk zu der Geschichte des
Reichstags in Speier. Vergl. Roos Reformationsgeschichte 1. Band.
S. 471 — 491.

§. 20.
Seite 62.
(60.) In seiner Hierarchia Augustana P. I. p. 310 — 320.

Seite 62.
(61.) In seinem Commentar. rerum Aug. Vindelicarum p. 258 u. folgg.

Seite 62.
(62.) In seiner Bibl. Augustana Alphab. IV. p. 52 — 69.

Seite 62.
(63.) In seiner kurzgefaßten Geschichte von Augsburg. S. 276 — 282.

§. 23.
Seite 64.

(64.) Vincentii Pimpinelli Archicpiscopi Rossan. Oratio Augustæ habita
X ij Kalend. Julii MDXXX. Am Ende: Excusum Augustæ Vindelicorum per Alexandrum Vueyssenhorn. XV. July MDXXX. in 4. Von dieser, wie von der teutschen Ueberseßung die in diesem Jahr erschien. S.
Augsburgs Buchdrukergeschichte. 2. Th. S. 194. Lateinisch steht sie auch
in Cœlestini Historia Comitiorum Anno MDXXX. Augustæ celebratorum
Tom. I. Fol. 105 und folgg. und in einer neuen Ueberseßung in Luthers
sämtlichen Schriften 16. Th. Kol. 913 — 936. Vergl. Seckendorfii hist. Lu-
theranismi Lib. II. p. 167. Sußigs Historie der Augsburgischen Konfession
1. Th. S. 189. Beide erzählen den Inhalt derselben.

Seite 65.

(65.) Sie steht beim Cölestin in seiner Historia Comitiorum Tom. I.
Fol. 124. seqq. und teutsch in Luthers sämmtlichen Schriften 16. Th. Kol.
953 — 968.

Seite 66.

(66.) Beim Cölestin an angef. Orte, Tom. I. Fol. 131 b und beim
Luther Kol. 969 und 969.

Seite 68.
(67.) S. Luthers sämmtliche Schriften 16. Th. Kol. 1040.

§. 24.

Seite 69.

(68.) S. Cæleſtini hiſtoria Comitiorum Tom. II. Fol. 205 a. Dicitur Epiſcopus Auguſtanus in priuatis colloquiis hujusmodi vocem edidiſſe: Illa quæ recitata ſunt, vera ſunt, ſunt pura veritas, non poſſumus inficiari. Propius nunc contemplatus ſum faciem ac vultum Cæſaris, quam ante decennium in conuentu Wormacienſi, und 205 b. Epiſcopus Auguſtanus dicitur, in ſenatu etiam reclamaſſe conſiliis ſeuiris. Vergl. Saubert Miracula Auguſtanæ Confeſſionis, das iſt, Wunderwerk der Augſpurgiſchen Confeſſion S. 167. Ein mit Unrecht verachtetes Werk, aber in der Geſchichte von groſſem Nuzen, und kein Buch überhaupt iſt ſo ſchlecht, das nicht auch etwas gutes und nüzliches enthielte.

Seite 69.

(66.) Beim Cöleſtin am angef. Orte Tom. II. Fol. 205 b. Saubert S. 173, wo überhaupt das ganze Werk über dergleichen Aeuſſerungen nachzuleſen iſt.

Seite 70.

(70.) S. Luthers ſämmtliche Schriften 16. Th. Kol. 1044.

§. 27.

Seite 73.

(71.) Sie wurde zu Wittenberg 1530. und 1531. in 4. gedrukt, und ſteht auch in ſeinen ſämmtlichen Schriften 16. Th. Kol. 1720 — 1779.

Seite 73.

(72.) S. Ebendaſelbſt Kol. 1180.

Seite 75.

(73.) In ſeiner hiſtoriſchen Nachricht von dieſer Handlung in Luthers ſämmtlichen Schriften 16. Th. Kol. 1654.

Seite 75.

(74.) S. Hiſtoria Comitiorum Anno MDXXX. Auguſtæ celebratorum Tom. III. Fol. 25 b. 26 a.

Seite 75.

(75.) S. Miracula Auguſtana S. 169. und folgg.

Seite 75.

(76.) In Hiſtoria Lutheraniſmi Lib. II. p. 159 und 160. Vergl. Junii Compendium Seckendorfianum 2. Th. S. 314. 315. Roos Reformationsgeſchichte I. Band. S. 628. 629.

Seite 75.

(77.) In ſeiner Hiſtorie von der evangeliſchen Stände Proteſtation und Appellation S. 707. 708.

Seite 75.

(78.) S. deſſen kurzgefaßte Reformationshiſtorie S. 300 und folgg.

Seite 75.

(79.) S. vollſtändige Hiſtorie der Augsburgiſchen Confeſſion 1. Th. S. 277.

Seite 75.

(80.) In ſeiner Hiſtoria der Augſpurgiſchen Confeſſion S. 238.

Seite 75.

(81.) In ſeinem Kommentar de rebus ad Chriſtoph. de Stadion pertinentibus, den er der von Stadioniſchen Synodalrede angehängt hat p. 50, ſeq.

Seite 76.

(82.) S. deſſen Bibl. Auguſtana Alphab. IV. p. 60. Anmerk. *).

Seite 76.

(83.) In ſeiner kurzgefaßten Geſchichte von Augsburg S. 279.

Seite 76.

(84.) Den Titel dieſer Schrift habe ich ſchon in der Anmerkung (29) ganz angegeben. Im Bogen A ij b. ſchreibt der Verfaſſer von dieſem Kardinal:

Ey ſein blutgierig gar zuuil
Vnd wiſſen das ichs im Pasquil
Dem Paurn Jäger zu geſagt han
Von Salzburg dem Dorgiſchn Man
Ich wöll bald Pfaffen hetzen vnd jagen
Die weil ers thut mit Paurn wagen
Vnd hetzt dieſelbe mit den Hunden
Das ſo im beiſſen vil der munden
Doch will er das kurtzumb nit leiden
Das der Pasquil von jm thue ſchreiben
Will er die warheit thun verpieten
Warumb thut er Tyranniſch wüeten
Das ſprichwort iſt alſo geſit
Wer ſich ſchamb ſtelens nit
Thue ſich auch nit des henckens ſchamen
Denn dieſe zwey gehören zuſammen.

Im Bogen B. ij a. ſchreibt er ferner von ihm:

Der loß Salzburgeriſch Pauren Jäger
Kombt nit gern aus ſeinem leger
Nicht im daffer drdt vnd falſchſtrick
Das er in einer mäß verſtick
So er aber nit will herfür
So kumbt Sant Gilgen tag gar ſchier
Wirt er noch faiſter wais ich wol
Kein Härb ſchier jn nit helffen ſol

In die haber gßb will ich ja sparen
Auff sieben Jäger thut hinfaren.

Seite 77.

(84 a.) Dies war seine Defensio Sacerdotii et Sacrificii novæ legis Ingolst. 1544. in 4. Da ich diese Schrift nicht bey der Hand habe, und nicht auftreiben konnte; so kann ich die Stelle nicht angeben, wo sie eigentlich zu finden und nachzulesen ist, sie muß aber in der Vorrede stehen, die Musculus zuerst widerlegte.

Seite 77.

(84 b.) Sie hat den Titel: Auff das Büchlin Johannis Cochläi, welches er zur Verthädigung Bäpstlichs Priesterthumbs und Meßopffers, im Jar 1544 wider die leer des Euangelions inn den Druck geben hat. Erste Antwort vnd Ablaynung, durch Wolfgang Musculum, Prediger zu Augspurg. Augspurg 1545 in 4. Die Stelle steht Bogen E ij. Die Schrift selbst aber, die ich in meiner Sammlung besize, ist dem Magistrat in Augsburg zugeeignet.

Seite 78.

(85.) S. des sel. Strobels Miscellaneen litterarischen Inhalts. 2te Sammlung S. 36. und folgg.

Seite 78.

(86.) S. Cœlestini Historia Comitiorum Tom. III. Fol. 27 b. und unter den Beilagen Nro. VII.

Seite 78.

(87.) S. Georgi Uffenheimische Nebenstunden 1. Bandes 7. Stük. S. 707. und 714.

§. 30.

Seite 83.

(88.) S. von Stettens Geschichte der Reichsstadt Augsburg 1. Band. S. 335.

Seite 83.

(89.) S. dessen kurzgefaßte Geschichte von Augsburg. S. 279.

§. 31.

Seite 84.

(90.) S. von Stettens Geschichte der Reichsstadt Augsburg 1. Band S. 306.

§. 32.

Seite 86.

(91.) Diese Bulle befindet sich in Luthers sämmtlichen Schriften 16. Th. Kol. 2314 — 2322.

Seite 86.

(92.) Infinuatio Indictionis Generalis Concilii (1537.) in 4. Zuerſt folgt
des Biſchofs von Stadion Inſinuation, dann das Breve Paul des III.
an denſelben, und endlich die Bulle ſelbſten. Die beiden erſtern ſteyen
Nro. VIII. und IX. unter den Beilagen. Ich habe dieſe ſeltene Schrift aus
der Sammlung des Hrn. Prof. Verſenmeyer in Ulm zum Gebrauch erhalten…

§. 33.

Seite 88.

(93.) S. von Stettens Geſchichte der Reichsſtadt Augsburg. 1. Band
S. 341. und folgg.

Seite 88.

(94.) Abamms Hierarchia Auguſtana P. I. p. 318.

§. 34.

(95.) Ausſchreiben an die Römiſch-Kaiſerlich und Kunigkliche Maieſteten,
unſere Allergnedigſte Herren, Auch deß haillgen Römiſchen Reichs Churfürſten, Fürſten, Grauen, Herren, Frey und Reich Stett, von Burgermeiſter
unnd Ratgeben deß haillgen Reichs Stett Augſpurg, Abthuung der Päbſti-
ſchen Meß, unnd annderer ergerlichen Ceremonien und Mißbreuch belangen-
be. Am Ende: Datum, Mitwoch, den XVII. tag Januuarii, Nach
Chriſti unnſers lieben Herren unnd Seligmachers Geburt, Fünffzehenhundert, unnd im Siben und dreiſſigſten Jare, in 4. In den Beilagen,
Nro. X. befindet ſich in meiner Sammlung.

§. 35.

Seite 90.

(96.) Warhaffte Verantwurtung. An die Rö. Kay. und Kön. May. und
andere deß haylligen Rö. Reichs Stende, von dem hochwürdigen fürſten und
hern, hern Chriſtoffen Biſchoffen zu Augſpurg, unnd ſeiner F. G. Thumb-
Capitul. Uff der Burgermaiſter und Ratgeben daſelbſt unerfundtlich
Schmachgedicht, newelicher zeyt, im druck aufgangen, geſtellet. Am
Ende: Datum uff den Sechs-und zwainzigiſten tag deß Monats Februa-
ry Nach Chriſti unſers lieben Herrn gepurt, gezelt, Tauſent fünffhundert
dreiſſig und Sieben Jar, in 4. In den Beilagen Nro. XI. Hr. Prof.
Verſenmeyer in Ulm hat mir dieſe Schrift zum Gebrauch aus ſeiner
Sammlung mitgetheilt. Vergl. des ſel. Spies Geſchichte des Kaiſerlichen
neunjährigen Bunds S. 23. 153. und 178.

§. 37.

Seite 94.

(97.) S. Strobels Beyträge zur Litteratur beſonders des ſechszehen-
ten Jahrhunderts 2. Band. S. 229 — 271.

§. 39:

Seite 96†

(98.) S. die Deduktionsschrift der Jnsassen unter dem Titel: An
Jhro römisch Kaiserliche, auch in Hispanien, zu Hungarn und Böheim
Königl. Majestät ꝛc. alleruntertänigst und allergehorsamst in Jure et Facto
standhafte Gegeninformation der sammentlichen Jnnsassen, und in der
Marggraffschaft Burgau begüetteten Fürsten, Herrschaften, Prälaten, Gra=
fen, Reichs Ritterschaft und Reichstädt ꝛc. (1725. in Folio) unter den
Beilagen D b. Bogen e a. e 2 a. Bogen f a b. und unter den Beilagen
Nro. XII. XIII. XIV. XV. und XVI. Der weitläuftige beinahe unver=
bauliche Titel dieser seltenen Deduktionsschrift, steht in der Augsburgi=
schen Bibliothek 2. Band. S. 926. und folgg.

Seite 96.

(99.) Dieselbe steht unter den Beilagen Nro. XVII.

§. 40.

Seite 97.

(100.) S. von Lori der Geschichte des Lechrains 2ter Band, Urkunden
enthaltend (der erste Band, welcher die Geschichte selbst enthalten haben
sollte, erschien niemals) S. 260. 261. 262. 269. und 286. und unter den
Beilagen Nro. XVIII. XIX. XX. XXI. und XXII.

Seite 97.

(101.) Jn seiner kurzgefaßten Geschichte von Augsburg S. 124. vergl.
Werlichs Chronik von Augspurg 2. Th. S. 39.

§. 41.

Seite 98.

(102.) S. Zörmanns Kaufbeurische Chronik im Manuscript.]

§. 42.

Seite 99.

(103.) S. Hrn. von Stettens Lebensbeschreibungen zur Erwekung
und Unterhaltung bürgerlicher Tugenden. 2. Samml. S. 128.

Seite 99.

(104.) S. Oefelii Scriptores rerum Boicarum Tom. II. p. 381. Unter
den Beilagen Nro. XXIII.

Seite 100.

(105.) Jn seinen Annal. minor. ad Annum 1535. Mset.

Seite 100.

(106.) Jn seiner Hierarchia Augustana P. I. p. 319.

(107.) S. Waldaus Nürnbergisches Zion, oder Nachricht von allen Nürnbergischen Kirchen, Kapellen, Klöstern und lateinischen Schulen in und außer der Stadt. S. 41.

Seite 103.

(108.) S. die Beilagen Nro. XXIV. XXV. und XXVI. Auf seinen Tod erschien auch: In mortem Reuerendiſſimi dom. D Chriſtophori a Stadion, epiſcopi Auguſtani epicedion M. Sebaſt. Solidi 1543. in 4.

§. 45.

Seite 105.

(109.) S. deſſen Spicilegium III. Autographorum Erasmi &c. p. XXII. seqq. Unter den Beilagen Nro. XXVII.

Seite 106.

(110.) S. Epiſtolarum miſcellanearum ad Fridericum Nauſeam Blancicampianum, Epiſcopum Viennenſem &c. ſingularium Perſonarum Libri X. (Baſil. 1550. Fol.) p. 202. 203. und 318. Unter den Beilagen Nro. XXVIII. und XXIX.

Seite 106.

(111.) S. Eraſmi epiſtolæ, pluribus quam CCCCXXV. ab Erasmo aut ad Erasmum ſcriptis auctiores, ordine temporum nunc primum diſpoſitæ, multoquam umquam antea emendatiores, et præſtantium aliquot virorum, ad quos ſcriptæ ſunt, Imaginibus ornatæ Partes II. (Lugd. Batav. 1706. Folio) Vol. I. col. 1094. Vol. II. Col. 1128. 1292. 1302. und 1331. Vergl. Cœleſtini Hiſtoria Comitiorum P. I. Fol. 134 b. P. III. Fol. 28 b. Unter den Beilagen Nro. XXX. XXXI. XXXII. XXXIII. XXXIV.

Seite 106.

(112.) Er eignete ihm folgendes Werk zu: Dionyſii Areopagitæ de myſtica Theologia lib. I. Græce. Jo. Sarraceno Ambroſio Camaldul. Marſilio Ficino Interpret. cum vercellen. extractione. Joan. Eckius Commentarios adjecit pro Theologia negativa Ingolſtadii. Ad Reuerendiſſ. dominum D. Chriſtophorum Epiſcopum Auguſten. Soli Deo gloria. Am Ende: Leone Papa Orbi Chriſtiano præſidente, Interregno Ro. Imp. excuſum eſt hoc opus Auguſtæ Vindelicorum in officina Joannis Miller, Die XXV. Menſ. Maii Anno gratiæ MDXIX. Folio. Die Zueignungsſchrift iſt unter den Beilagen Nro. XXXV.

Seite 106.

(113.) S. Petri Lembergii Epiſtola de doctrina et morte Eccii, qua reſpondetur maledico Ingolſtadienſium ſcripto, quod æditum eſt contra Vitum Theodorum, Concionatorem Noribergenſem (Norib. 1543. 4.) Vogen

d lj b. Diefe Stelle ift merkwürdig, und ich will fie aus dem litterari-
fchen Mufeum I. Band S. 115. hier beifetzen. Cum paulo poft æditum
libellum ipfe Eccius Ingolftadii Epifcopum Auguftanum et quosdam alios
Legatos inuitaffet, palam dixit Epifcopus, audientibus reliquis conuiuis
omnibus; fe credere, quod cum ifta fcriberet Eccius, non tam vino,
quam Daemonibus plenus fuerit. Neque tamen hanc Epifcopi vocem Eccius aliter tum potuit ulcifci, quam quod digito oftendens pocula, quæ
tum ad Pompam deaurata et argentea plurima propofuerat, diceret ad
Epifcopum: in his nullum confpici, quod Epifcopi infignia haberet. In-
tellexit Epifcopus, quid uellet Eccius. Itaque mox fubjecit: At ne poft
hac quidem quisquam a me tibi donatum poculum inter hæc confpiciet.
Schön und mit baarer Münz ausbezahlt, wie es der Prahlhanns verbiente.
Aus diefer Stelle fann man das geringe Anfehen beweifen, in welchem
Eck beim von Stadion geftanden ift.

Seite 106.

(114.) S. Lutheri Epiftolæ Tom. I. Fol. 295.

Seite 106.

(115.) Der Titel biefer beiden Werke ift: 1.) Vocabularius theologiæ
complectens vocabulorum defcriptiones, deffinitiones et fignificatus ad
Theologiam utillum: et alia quibus prudens ac diligens lector multa ab-
ftrufa et obfcura theologorum dicta et diffoluere, et rationum difficiles no-
dos, et facile ea, quæ in ducem et principem Sententiarum doctores fcrip-
ferunt, intelligere poterit. Hagenox 1517. in Folio. 2.) Tres libri de
Felicitate triplici. Una que dicitur bracteata, perfonata fiue philofophica:
humana falfa et erronea. Altera chrifticolarum deo militantium, terreftris
fiue vie: vera, recta et meritoria, vel difpofitiua. Tertia celeftis: beato-
rum fiue triumphantium: fempiterna, abfoluta et integra. Et quod in
hifce libris continentur, defumpta funt ex penetralibus facre fcripture
doctrina: et inftitutione fanctorum et theologie primatum et ex fcriptis
philofophorum, poetarum et oratorum: et hiftoricorum illuftrium. Am
Ende: Opufculum tractans de triplici foelicitate, compilatum a Joanne
Aitenfteig Mindelhaimenfi facræ fcripturæ vero amatore: primitus excufum
in officina induftrii Henrici Gran: ciuis imperialis oppidi Hagenau: im-
penfis ac fumptibus prouidi viri Joannis Rynman de Oringaw archibiblio-
pole, finit foeliciter. Anno falutis noftræ MDXIX. die iiij. menfis Aprilis.
In Quart. Diefe zweite befindet fich in meiner Sammlung. Die Zueig-
nungsfchriften find Nro. XXXVI. XXXVII. und XXXVIII.

Seite 106.

(116.) Anmerkung (26) habe ich den Titel diefer Rebe fchon angefuhrt,
die Zueignungsfchrift aber erfcheint unter den Beilagen Nro. XXXIX.

Seite 106.

(117.) Das erfte führt den Titel: Evangelicæ hiftoriæ ex quatuor euangeliſtis perpetuo tenore continuata narratio, ex Ammonii Alexandrini Fragmentis quibusdam e græco per Ottomarum Luſcinium uerſa, quã et tedio ſacre lectionis ſtudioſorum ſuccurritur, et ordine pulcherrimo mire iuuatur memoria. Gregorii Epiſcopi Nazanzeni miracula ſecundum Matthæum, carmine græco cum translatione latina. Parabolæ ænigmata. Miracula ſecundum Joannem. Secundum Lucam. Secundum Marcum. Parabolæ quatuor Euangeliſtarum. Am Enbe; Auguſtæ Vindelicorum per Simpertum Ruff, Expenſis Do. Sigismundi Grimm, Men. Nouembris Anno MDXXIII. in 4. Beſinbet ſich in meiner Sammlung. Unter ben Beilagen Nro XL. Daß zwelte iſt: Pſalterium Dauidis regis et prophetæ, ea qua potuit fieri cura et diligentia e græco et hebraicis dialectis ab Ottomaro Luſcinio Argentino latinitati redditum. Am Enbe: Finit Pſalterium Dauidis ab Ottomaro Luſcinio e Græco et hebraicis dialectis, quatenus fieri potuit a mendis uindicatum in dei gloriam Anno XXIII. Menſe Auguſti. Excuſum Auguſtæ per Simpertum Ruff impendiis eximii D. Sigismundi Grimm Medici et ciuis Auguſtani in 8. Die Zueignungsſchrift an ben von Stablon fonnte ich nicht erhalten.

Seite 106.

(118.) Epiſtola Martini Lutheri ad Henricum VIII. Angliæ ac Franciæ Regem &c. in qua veniam petit eorum, quæ prius ſtultus ac præceps in eundem regem effuderit: offerens pallinodiam ſe cantaturum. Reſponſio dicti inuictiſſimi Angliæ ac Franciæ regis: defenſoris ſidei ac domini Hyberniæ &c. ad ſingula præfatæ epiſtolæ capita 1527. Epithalamia feſtiua in Lutherum, Heſſum et id genus nuptiatorum in 8. Unter ben Beilagen Nro. XLI.

Seite 106.

(119.) Luciani Samoſatenſis ſophiſtæ oratio ſuper Calumnia Chaſparo Rhudolfo interprete. Am Enbe: Auguſtæ Vindelicorum ex officina Alexandri Weyſſenhorn Anno MDXXIX. in 8. In meiner Sammlung, und unter ben Beilagen Nro. XLII.

Seite 106.

(120.) Dieſer gab folgenbes Werf heraus, und cignete ſolches bem Biſchof von Stablon zu: Salviani Maſſilienſis epiſcopi de vero judicio et prouidentia dei ad S. Salonium epiſcopum Viennenſem Libri VIII. cura Jo. Alexandri Braſſicani jureconſulti editi ac ſcholiis illuſtrati; Anticimesion lib. III. in quibus quaeſtiones veteris ac noui Teſtamenti, de locis in. ſpeciem pugnantibus, incerto authore. Am Enbe: Baſileæ in officina Frobeniana per Joannem Herwagium, Hieronymum Frobenium, et Nicolaum Epiſcopium menſe Auguſto Anno MDXXX in folio. Unter ben Beplagen Nro. XLIII. unb XLIV.

Seite 107.

(121.) Eraſmi Roterod. Eccleſiaſtes ſ. de ratione concionandi, Baſil. 1535. in 4. Unter ben Beplagen Nro. XLV.

Seite 107.

(122.) Dieser eignete ihm folgende Werke zu: 1.) Ad uniuersos Germaniæ Proceres, Status et Principes viros etc. Adhortatio etc. Auetore Leopoldo Dickio LL. Doctore etc. 1535. 4. 2) Aduersus impios Anabaptistarum errores, longe omnium pestilentissimos Leopoldi Dickii LL. Doctoris, sacri Romani Imperialis Consistorii ab Aduocacionibus et procuratoris Juditium etc. Hagenoæ apud Jo, Sec. MDXXX. Menf. Martio. in 4. Diese letztere befindet sich in der Sammlung des Hrn. Synbitus D. d'Annone in Basel. Unter den Beylagen Nro. XLVI: und XLVII.

Seite 107.

(123.) Er gab folgendes Werk heraus, und eignete solches dem Bischof von Stadion zu: Diodori Siculi historiarum Libri aliquot, qui extant, opera et studio Vincentii Obsopoei in lucem editi. Græce. Basileæ typis Jo. Oporini A. 1539. 4. Unter den Beylagen Nro. XLVIII.

Seite 107.

(124.) De Petro et Roma adversus Velenum Lutheranum Libri IV. Colon. 1525. in 4. S. litter. Museum I. Band S. 122.

Seite 107.

(125.) Er gab heraus: Franc. Pici Mirand. epistola apologica pro S. Dionysio Areopagita. Ingolst. 1526. 8. und eignete dieselbe dem Bischof von Stadion zu. S. Ebendaselbst S. 122.

Seite 107.

(126.) Salomonis Prouerbiorum capita duo priora carmine reddita a Casp. Bruschio. 1539. 4.

Seite 107.

(127.) Instrumentum primi mobilis a Petro Apiano nunc primum et inuentum et editum. Ad cujus declarationem et intellectum pronunciata centum hic proponuntur etc. etc. etc. Omnia haec industria et benevolentia Petri Apiani Mathematici prelo commissa et Reuerendo in Christo Patri D. D. Christophoro a Stadio etc. ornatissimo Praesuli Augustensi ob illustrationem suae familiae insignium dedicata. Quibus et tu studiose lector benignus fruere tanto Praesidi perpetuo gratissimus. Norimberg. apud Jo. Petreium Anno M.D.XXXIIII. in folio. S. Kästners Geschichte der Mathematik I. Band S. 579.

Seite 107.

(128.) In seinem seltenen Werk de Episcopatibus Germaniae fol. 149. Doctor erat utriusque juris omnium eruditorum ac aliqua doctrina praestantium incomparabilis fautor ac Maecenas, pietate, liberalitate, benignitate in pauperes, clementia et conseruandae publicae pacis studio nemini mortalium secundus. Discordiarum ac disceptationum inter Principes ortarum diligentissimus ac felicissimus conciliator; verus in hoc patriae pater, et iccirco

omnibus doctis, omnibus bonis chariſſimus. Interfuit multis comitiis, primis uidelicet a. 1518. a D. Maximiliano Auguſtae celebratis, poſtea Caroli-
nis fere omnibus, in quibus ſemper pacis ſuaſor et auctor exſtitit. Der
gelehrte D. Johann Heumann in Altdorf hat in ſeinen ſchönen Docu-
ment. litter. comment. iſagog. p. 90. dieſe Stelle ganz abgeſchrieben.

§. 46.

Seite 107.

(129.) Den Titel dieſer Statuten findet man in der Anmerkung (23.)

Seite 107.

(130.) S. die Anmerkung (26) wo die Ausgaben und die teutſche Ueberſetzung angeführt werden.

Seite 108.

(131.) In ſeiner Bibliotheca Auguſtana Alph. IV. p. 66. und Tho-
maſin in ſeinem Werke: De nova et vateri eccleſiae diſciplina Tom. I. lib.
2, cap. 6, n. 2,

Seite 108.

(132.) Litterae Indulgentiarum 40 dierum Fraternitati S. Crucis in oppido Schwarzach, Wormatiae Ao. 1521. die veneris 22. menſis Martii.
Steht in Ignaz Gropps Scriptt. rerum Würceburgenſium. Tom. I.
pag. 24.

Seite 108.

(133.) Der ganze Titel erſcheint in der Anmerkung (96.)

Monarch.

agen.

I. Schreiben Bernhard Adelmanns von Adelmannsfelden, Domherrns in Augsburg, an Willbald Pirkheimer in Nürnberg, den neuerwählten Bischof von Augsburg Christoph von Stadion betreffend.

II. Mandat Christophs von Stadion, Bischofs von Augsburg, wider Luthern, womit er die vom Pabst Leo X. wider denselben abgefaßte Bulle in seiner Diöces bekannt machte.

III. Schreiben Christophs von Stadion an den Magistrat in Memmingen.

IV. Ebendesselben Schreiben an die Helfer bey St. Martin in Memmingen den Christoph Schappeler betreffend.

V. Handlung der Stadt Memmingischen Gesandtschaft vor dem Bischof von Augsburg Christoph von Stadion 1527. den Johann Mack einen katholischen Priester betreffend.

VI. Handlung mit Erhard Wöhlin wegen dem katholischen Priester Johann Mack, 1527.

VII. Schreiben Melanchthons an Christoph von Stadion während dem Reichstag zu Augsburg, den 10. August 1530.

VIII. Breve Pabst Paul III. an den Bischof von Augsburg Christoph von Stadion wegen der Kirchenversammlung die zu Mantua 1537. gehalten werden seyn sollte.

IX. Insinuation Christophs von Stadion an seine Diöces wegen der Kirchenversammlung zu Mantua.

X. Ausschreiben des Magistrats zu Augsburg wegen Abstellung der Meß und anderer Ceremonien und Mißbräuche, von 1537.

XI. Chriſtophs von Stadion Verantwortung auf das Ausſchreiben von Burgermeiſter und Räth daſelbſt von 1537.

XII. Schreiben der Begüterten in der Marggrafſchaft Burgau an Chriſtoph
von Stadion, als Pfand-Inhaber der Marggrafſchaft Burgau, wegen
des ausgeſchriebenen öſterreichiſchen Landtags nacher Linz 1529.

XIII. Schreiben der Einwohner der Marggrafſchaft Burgau an Chriſtoph
von Stadion wegen Beſuchung des öſterreichiſchen Landtags nacher
Günzburg 1531.

XIV. Entſchuldigungsſchreiben der Begüterten in der Marggrafſchaft Burgau
an Chriſtoph von Stadion wegen dem ausgeſchriebenen öſterreichiſchen
Landtag nacher Weingarten 1532.

XV. Entſchuldigungsſchreiben des Abts zu Elchingen Andreas Dirrlin an
Chriſtoph von Stadion wegen ſeines Ausbleibens auf dem ausgeſchriebenen Landtag 1541.

XVI. Schreiben des Magiſtrats in Ulm an Chriſtoph von Stadion 1541.

XVII. Urkunde Chriſtophs von Stadion wegen einer Brücke über das Schmutterfluß, deswegen angelegten Weggelds, und Befreiung der Biburger
Gemeinde von demſelben, 1534.

XVIII. Schreiben Herzog Wilhelms von Baiern an Chriſtoph von Stadion
wegen beſtrafter Umfahrung der Niederlage zu Schongau, 1517.

XIX. Abſchied wegen Ausmerkung der Jagdgrenzen um Landsberg und
Schwabek, zwiſchen Chriſtoph von Stadion und Wilhelm und Ludwig
Herzogen in Baiern, 1518.

XX. Vertrag zwiſchen Baiern und Chriſtoph von Stadion wegen dem Wildbann um Landsberg und Schwabek, 1518.

XXI. Vertrag zwiſchen Herzog Wilhelm von Baiern und Chriſtoph von Stadion der Rottgüter halb, die von Füſen bis Schongau vorbey geführt
werden dürfen, 1523.

XXII. Vertrag zwiſchen den Brüdern Wilhelm und Ludwigen, Herzogen in
Baiern, und Chriſtoph von Stadion, wegen dem Straßenbau bey
Buchloe, 1534.

XXIII. Handlung zwiſchen Herzog Wilhelm und Herzog Ludwig, dann Pfalz graf Ludwig, wegen der durch Abſterben Frauen Sybilla Pfalzgräfin, als Herzog Wilhelms und Ludwigs Schweſter heimgefallenen Verlaſſenſchaft. 1523.

XXIV. Kurze Beſchreibung Chriſtophs von Stadions Lebens 1543.

XXV. Grabſchrift auf dem Pfarrkirchhof zu Dillingen.

XXVI. Monument Chriſtophs von Stadion in der St. Egydienkirche zu Nürnberg.

Briefe des Chriſtophs von Stadion,

XXVII. An den Erasmus von Roterdam, 1533.

XXVIII. An den Biſchof von Wien Friedrich Nauſea, 1537.

XXIX. An Ebendemſelben, 1541.

Briefe an den Chriſtoph von Stadion.

XXX. Von dem Erasmus von Roterdam 1528.

XXXI. Von Ebendemſelben 1528.

XXXII. Von Ebendemſelben 1530.

XXXIII. Von Ebendemſelben 1530.

XXXIV. Von Ebendemſelben 1530.

Zueignungsſchriften an Chriſtoph von Stadion.

XXXV. Von Johann Eck, 1517.

XXXVI. Von Johann Altenſteig, 1517.

XXXVII. Von Ebendemſelben, ein Gedicht.

XXXVIII. Von Ebendemselben, 1518.

XXXIX. Von Leonhard Widemann Abt zu Ottobeuren, 1518.

XL. Von Otmar Nachtgall, 1523.

XLI. Von Johann Eck. Ohne Jahr.

XLII. Von Wilhelm Datler, 1529.

XLIII. Von Johann Alexander Brassikan, 1530.

XLIV. Von Ebendemselben, ein Gedicht.

XLV. Von Desb. Erasmus, 1535.

XLVI. Von Leopold Dick, 1535.

XLVII. Von Ebendemselben. Ohne Jahr.

XLVIII. Von Vinzent Obsopäus, 1539.

I.

Schreiben Bernhard Abelmanns von Abelmannsfelden Dom
herrns in Augsburg an Wilibald Pirkheimer in Nürnberg,
den neuerwählten Bischof von Augsburg Christoph von
Stadion betreffend.

S. Quod tuas litteras Perſico more, non ſine munere me
adire uoluiſti, non mea cupiditas, ſed tua munificentia cauſa
fuit. Legi itaque tuum Plutarchum, et, ut ſcribis, obſcu-
rior aliquando eſt, quam ab homine rerum Graecarum ignaro intelligi poſſit: quod et tibi aliquando de Luciano con-
queſtus fui. Quod uero ad ſolita ſtudia redieris, commendo ac gaudeo: non enim floreſcunt virtutes animi, niſi corporis defloreſcant; nec mentis acuitur acies, niſi corporis he-
betetur, ut melius me noſti. Picum cum Luciano tuo ac
Nazianzeno cum oportunum fuerit expecto. Reuchlin noſter utinam ſpe ſua non fruſtretur; et fratrum technas, uti
tu, et Protheum iſtum timeo. Eraſmo ſi ea, quae ſcribis,
euenerunt, omnibus bonarum litterarum ſtudioſis gratulor.
Habebunt enim, qui non ſolum eruditione ſua, ſed etiam
potentia et fauore eos tueatur ac propugnet. De commentariis uero in Paulum (pace tua ſcripſerim) nil certi perci-
pere potui. Coclaeus noſter, non dubito, quin et tuo con-
ſilio ac pro ſua induſtria ac bonitate, ea ſit acturus, quae
ſibi ac pluribus ſint profutura. Vtinam ſibi ſimiles plures
haberemus. Nec opus fuit, ut mihi, pro mea qualicumque
oblata opera, gratias ageres, quam longe libentius praeſtare, quam offerre paratus eſſem. Quod Fuckerus iactitat, ſe
nobis epiſcopum creaſſe, quis prohibebit? praecipue, cum
nuncios Romam mittere, ac pecuniam hiſce, quibus negotium commiſſum fuerit, largius, quam forſitan conſuetum
eſt, perſoluere inſtitores iſti pro re neſcio cujus pretii etiam
cum eorum lucro aeſtiment. Sed quid multa? *Ego ſolus*
(*crede mihi, non jactanter loquenti*) *potuiſſem impedire, ne rex
iſte* (*ut eum Cardinalis Adrianus appellare conſueuit*) *denariorum, ac noſter Epiſcopus compotes voti fierent. Sed uideant*

ifti, ut bene confulant. Quae tamen his diebus nobiscum funt acta, te pro mea in te fiducia ac beneuolentia latere nolo. *Inuitauit Epifcopus nofter Fuckerum cum fua tota familia ad Dillingen, quo laetos iucundosque agerent dies; cumque Epifcopus nofter in aduentu hofpitum fonitu bombardarum fuam laetitiam fignificare uoluiffet, fracta bombarda unum ex familiaribus fuis, quem unice dilexit, interemit; nocte fequenti Fucker ac praepofitus Bambergenfis grauiter aegrotare coeperunt, adeo, ut fi non illico in curru huc reducti fuiffent, forfitan de uita periclitati fuiffent, quorum alter adhuc aegrotat.* Dorfe uero in redeundo pene fubmerfus fuit. Hae, mi Wilibalde, primitiae noftri Epifcopi fuere. Vtinam jucundiora, non mirabiliora, ut fcribis, aliquando uideam, ne fit ueridicus, qui·dixit: Magnos principatus per uiolentiam, magna uero facerdotia per fraudes dolosque acquiri. Vale, ut te ualere opto. Augu-ftae, XVIIII Julii, Anno falutis M.D.XVII.

II.

Mandat Christophs von Stabion Bischofs von Augöburg wider Luthern, womit er die vom Pabst Leo X. wider denselben abgefaßte Bulle in seiner Diöces 1520 öffentlich bekannt machte.

Chriftophorus Dei et apoftolicae fedis gratia Epifcopus Auguftenfis, uniuerfis et fingulis nobis in Chrifto dilectis Ecclefiarum et monafteriorum etiam exemptorum prelatis, abbatibus, prioribus, prepofitis, decanis, capitulis, parochialiumque ecclefiarum rectoribus plebanis, uiceplebanis, ceterisque presbyteris clericis. notariis, et tabellionibus publicis, per civitatem et diocefim noftras Auguftens. ubi libet conftitutis, ad quos praefentes noftrae litterae peruenerint, quosque praefens tangit negocium. Salutem in domino et noftris imo uerius Apoftolicis firmiter obedire mandatis. Noueritis nos uigore certi tranffumpti litterarum Sanctiffimi in Chrifto patris et domini noftri domini Leonis divina prouidentia Papae decimi contra quendam fratrem *Martinum Luther* ordinis fancti Auguftini heremitarum, ejusdem *adhcrentes*, *complices*, *fautores* et *receptatores*, occafione *erroneae atque piarum mentium feductiuae doctrinae ac fcripturarum dicti fratris Martini* nuper Romae decimo feptimo calendas Julii anno *ꜰ ꜱ* uicefimo emanatarum, per Venerabilem Egregium nobis fin- cere dilectum magiftrum *Joannem Eckium* facrae theologiae et canonum doctorem prefati domini noftri papae ad infra fcripta nuntium jam fepius effe requifitos, quatenus easdem litteras apoftolicas feu illarum tranffumpta per dictas ciuitatem et diocefim noftras publicari curaremus, unde requifitioni ac mandatis apoftolicis hujusmodi ex debito obedientiae et fub penis in dictis litteris apoftolicis contentis diftricte praecipiendo mandamus, quatenus poftquam uigore praefentium fueritis requifiti feu alter ueftrum fuerit requifitus, dictas litteras apoftolicas feu earum tranffumpta publica omniaque et fingula in eis contenta, in cancellis ecclefiarum et monafteriorum ueftrorum ac alibi ubi, quando, et quoties opus fuerit chrifti fidelibus diligenter publicetis et intimetis, ac publicari et intimari permittatis ct faciatis, omnes et fingulos chrifti fideles fupradictos fideliter exhortando ut *ab erroribus et doctrlna praefati fratris Martini Lutheri* in dictis apoftolicis litteris deffignatis *eorumque predicatione, publicatione, affertione, defenfione libellorum et fcripturarum editione, omnino abftineant*. Neque *libellos, predicationes, fcripturas, fiue cedulas erroneam doctrinam dicti Lutheri in fe continentes de cetero laudent, imprimant, uendant, publicent, fiue defendant publice uel occulte*. Aut *eosdem in eorum domibus fiue aliis locis tenere feu occultare quo modo prefumant uel aliquis eorum prefumat*, Quin imo illos poft publicationem prefentium prelatis et decanis capitulorum *ad comburendum indiiate affignare cureat*, aliasque et alia faciant quae ipfos et quemllbet eorum ferie litterarum apoftolicarum ejusmodl refpectiue concernunt, prout ultionem diuinam ac praefati domini noftri Papae indignationem, nec. fententias, cenfuras et penas alias in ipfis litteris apoftolicis expreffas uolueriut euitare. Datum in caftro noftro Dilling, die octaua, menfis Nouembris Anno domini millefimo quingentefimo uicefimo fub noftri figilli impraeffione.

III.

Schreiben Christophs von Stadion Bischofs von Augsburg
an den Magistrat in Memmingen.

Christoph von Gots Gnaden Bischoue zu Augspurg.

Vnnsern gunstlichen grues zuuor Ersamen Weisen Lieben besonndern. Wiewol Ir vnd die Ewern vnns bisher vnd besonders
seid die betruglich lere vnd vnterweysung Martini Luthers
vnd seinen Anhang aufgestanden ist, alwegen für cristennlich
vnd bestentlich berumt worden seyen. So lanngt vnns doch an
wie sich etlich wenig der Euern vngelert layen auch verweisen
lassen, vnd darjue vnderstanden habe, sollen ander mer zu ihnen
zuuerwenten, das vns wa dem also Ewer vnd Ewers loblichen
commnuß halber gar laid vnd mißfellig were; dann wie wol
der Luther vnd seine anheng anfangs von etlichen der Kirchen diener mißpreuchen vnd anderm vil Christenlicher vnd
gueter leren geschrieben. So haben Sy doch darunder so
uil. betruglichs gifftes eingemischt, daraus bisher kain besserung
oder merung göttlichs lobs, Sonder nicht anders dann hinlessigs
keit leichtfertigkeit vnd ergernus gegen Gott vnd der welt erwachssen, vnd groslich zu besorgen ist, wa Gott der Herr nit
mit sondern gnaden sehen, das daraus nicht anders dann gantz
verfueren vnd verderben der Seelen leib Eren vnd gut erfolgen
werden: dann so man nicht mer vasten, Beichten, Bethen,
messhören, die Mueter Cristi vnd annder sein lieb Heiligen nicht
mer in Got Eren, vnd vmb Ir furbitt gegen Gott anruffen,
Sonnder menniglich nach seinem freyen willen vnd zu neben zeiten die bisheer verbotten Speiß nach seim geuallen vnd wolust
niessen vnd anders mer thun solt vnd möcht, wie dann die Lutherischen gar vbel dauon schreiben vnd leren, So wurd dadurch
nicht allein der gantz Christenlich glaub vnd gaistliche oberkeit vertrukt, Sonnder auch dem weltlichen Regiment aller gehorsam
entzogen, zuletst groß pluet uergießen daraus erwachsen, vnd
alles wesen zu nichten werden. Darumb vnd dieweil söllich
schwer groß sachen zu uerfechten des gemeinen vngelerten layen
vernunfft vnd schicflichkeit weit vbertreffen, So haben wir nit

vnderlaffen mugin, Euch vnnſer beſonnder lieb vnd getreue nach-
paueren denen wir gegen Got vnd in zeit zu allem guten ſonder
wol geneigt ſind deſſhalb vätterlich haim zu ſuchen vnd zu war-
nen, In Got dem Herrn Ernſtlich ermanend vnd günſtlich bittend, Ir wollet zuuorderſt anſehen die Eere vnd das lob Gottes
auch die ſwere Mandata der Sachen halb in geſtalt einer getreuen warnung von vnnſern geiſtlichen vnd weltlichen oberleiten
an Euch vnd all Stennd des Heiligen Rö. Reichs abgangen,
welche in vil treffennlichen vnd groſſen Fürſtenthumben vnd Her-
ſchafften geiſtlichen vnd weltlichen in Rechter erkantnus der göttlichen gerechtigkeit gehorſamlich angenomen vnd bisher getreuelich
gehalten worden ſind, vnd noch alſo mit harter ſtraff der freuenlichen verbrecher gehalten werden, vnd welt alſo ſelbs auch in
ſollicher Gehorſam bleiben, auch die Ewern darzu getreulich ziehen vnd weiſen, vnd ſonderlich bey den Ihenen, ſo ſolliche
fälſchliche betrügliche Lutheriſche Leer angenomen vnd andre darinn heimlich oder offentlich zuuerweyſen vnderſtanden hetten oder
noch thun wurden, deßhalb in der newhe ee ſich annder auch alſo
verwatten vnd die ſach noch beſchwerlicher werde, Ernſtlich für-
komen vnd abſtellen vnd nicht länger zuſehen, wie Ir daſſelb
Gott vnd Euch ſelbs verpflicht ſchuldig ſeit, auch euch an ſollichem nicht Irren noch verhindern laſſen, das anber wenig vnbillich zu ſehen ſollichen ſo freuenlich vnd uerächtlich zu widerzu
handlen vnd gentzlich glauben, das ſollichs nicht Got zu lob noch
zu merung der Seelenhailes ſonder mer aus neid und haß etlichen gaiſtlichen zu wider beſchieht, Wollet auch bedencken vnd
ſorgueltiglich zu hertzen fueren wie bekumerlich es ettlichen, die
ſich der betruglichen Lutheriſchen Sect biSher zuuil freuenlich vnd
uerächtlich beladen hand, ergangen iſt. Gott woll Inen verzei-
hen, Euch vnd anber barmhertzigelich dauor vnd weiterm vnrat,
dem ſonſt mißlich zu entweichen wirt, verwaren. Dann ab
dem, das etlich freuenlich vnd verächtlich handlen ſoll und mag
nit vrſach noch entſchuldigung dergleichen zu thun erfolgen, noch
vil minder mögen die mißbreuch etlicher der kirchen diener dadurch gewendet werden, Sonndermueß das allein von ſchickung
des Almechtigen Gottes beſchehen. Sollichs deſt ee zu erlangen,
haben wir Got zue lob anb Euch zu troſt vnd guet beiden Ewern
Pharrern hieneben Ernſtlich geſchrieben, das ir yeder nun hinfü-

ro alle wochen auf einen bequemlichen tag ain lobliche Proceſ
ſion vnd geſungen Ambt von der heiligen Triualtigkeit in ſeiner
kirchen halten vnd Got anrueffen vnd Bitten ſoll, Euch die Ewern
vnd alles Chriſtenlich volk in aim Rechten waren Chriſtennlichen
glauben zu behalten.

Vnd iſt demnach vnſer vätterlicher getrewer Rat vnd Ernſtlich Bitt an Euch, dieweil das volck in dieſen ſchwern leuffen
zu ſollichem durch die weltlichen mer dann durch die gaiſtlichen
oberkeit bewegt werden mag, Jr wollt Ewer Volck in ihren
Zunfften inſonderheit auch darzue beſcheiden, vnd vermugen.
Daran werden Jr vngzwepfelt Gott dem Herrn ein gros wolgeuallen erzaigen, vnd darburch in dem vnd anderm, ſo leider
der heiligen Chriſtennheit vnd beſonnder tewtſcher Nation vil-
faltig obligt, ſein göttlich gnad vnd Huld erlangen, damit alle
ſachen durch das fürgenomen conſili vnd in anderweg zum beſſten
gewendt werden. Datum Dillingen Sonntags nach Diviſionis
Apoſtolorum Anno &c. XXIII.

IV.

Schreiben Chriſtophs von Stadion, Biſchofs von Augsburg,
an die Helfer bey St. Martin in Memmingen, den Chriſtoph
Schappeler betreffend.

Chriſtofferus Dei et Apoſtolicae ſedis gratia Epiſcopus Auguſtenſis, dilectis in Chriſto nobis deuotis diuinorum coopera-
toribus Eccleſiae parochialis Sancti Martini oppidi imperialis
Memmingen, ceteriſque ſalutem in Domino. Tenore preſen-
cium uobis et cuilibet ueſtrum in ſolidum ſub pena indigna-
cionis mandamus, ut ſtatim uiſis ac receptis preſentibus noſtra ex parte peremptorie citare curetis Chriſtofferum Schappeler, aſſertum beneficiatum, atque predicatorem dicti oppidi Memmingen, ut feria ſexta poſt feſtum conuerſionis Sancti
Pauli proxime uentura comparent coram nobis in oppido et
caſtro noſtris Dillingen nobis ſuper non nullis articulis ſibi
objiciendis in juſtitia reſponſurus, ſub excommunicationis,
ſuſpenſionis a diuinis ingreſſis eccleſiarum, ac etiam priua-

tionis omnium et fingulorum beneficiorum fuorum,, que obtinet et in pofterum obtinebit, atque in habilitatis ad illa et alia
obtinenda, confifcationisque omnium et fingulorum bonorum
fifco noftro applicandorum penis. Quod fi dictus ˜Chriftoffe-
rüs˜in preüato Citationis termino, ut praefertur, comparere
curauerit fiue non, nos nihilominus ad declaracionem pe-
narum predictarum ipfius dictante contumacia procedere cu-
rabimus juftitia mediante, dictoque citato de cetero non
alibi nifi in ualuis fiue portis ecclefie parochialis prefati oppidi Dillingen per publicam proclamationem edicti citato et
vocato. Datum in dicto caftro noftro Dillingen Anno &c.
vigefimo quarto die tertia decima menfis Januarii fub figilli
noftri impreffione.

V.

Handlung der Stadt Memmingifchen Gefandtfchaft vor dem
Bifchof von Augsburg Chriftoph von Stadion 1527, den
Johann Mack einen katholifchen Priefter betreffend.

Auff Sampstag nach Martinj Anno ꝛc. ꝛꝛvij Iſt von ains erbern
Rath der Statt Memmingen gefanten nachuolgend werbung an
Chriftoff Bifchoue ꝛu Augfpurg gepracht vnnd von Jm felbs darauff
geredt worden wie auch uolgt.

Erftlich haben ains erbern Rath gefanndten dem bifchoue ains
erbern Rath dienaft angefagt vnnd fich dabey wie fich geꝛurt
vanderthenig erpotten.

Dennach auf das beyliegend fchreiben dauon die Coppey mit A
beꝛaichnet fein F. G. mit nachuolgender anntwurt begegnet das
ain Rath daffelb fchreiben Empfanngn vnnd vngeꝛweifelt wo fein
F. G. des predigers haandlung mit Grund angeꝛaigt das fich die
ꝛu follichem nit bewegen fonnder das erlaffen het, vnnd damit fein
F. G. deffelben auch feins weffens vnnd haltens bericht werd,
hab es die gftalt, wie wol die vöhlin als Lehenherrn difer predicatur hie vor Jn gepraucht gehart, fo offt das predigampt ledig das fy ꝛuuor allweg ainen Erfamen gelerten priefter gen Memmingen gefchickt vnnd dafelbft ettlich prebigen thun laffen, vnnd

so daß aim erbern Rat vnnd gmaind gefallen Ist er alßdann
presentirt vnd Jnueſtiert worden des aber mit diſem nit gehallten
noch geprauckt noch dann hat es ain erberer Rat geſchehen
laſſen.

Zum añdern ſo ſcyen Jnn der botas Jnnſonderheit fürſehen das
ain Jeder prediger ditz predigampts ain erber vnnd vnabenlich
weſſen fueren und kain Concubin noch Argkwenig dieren hallten,
des ſich dann bey diſem nit erfundt, dann er ain Argkwenige
diernen offenntlich bey Jme hallt, darab gmain nit clain ergernuß
nemen.

Zum dritten zu dem das er auff der Cantzl gantz freuenlich vn-
pertig, hat er ſich mermals Jnn ſeinen predigen ſollicher freuenlicher unnd auffrueriſchen Reden die zu bewegung des gemainen
mans dienen horen laſſen, das ain erber Rath auß notturfft
Jnne mermals beſchickt daſſelb am erſten mit guete vnnd nachge-
bends mit erniſt vnterſagt der Zuuerſicht er ſollte furo ſollichs
gemitten vnnd das volck zum wort gottes gewiſen haben, dann
ain erberer Rat bißher nit genaigt geweſen die prieſterſchafft vil zu
verclagen noch vmbtzutreiben noch ſein F. G. damit zu bemuen,
des hat aber bey diſem vnruhigen prediger nichts erſchieſſen wellen,
dann nach ſollcher getrewen warnung aller hat er am Jnngſten
ettlich Artickl geprediget die er vnnſere predicanten beſchuldigt
vnnd zumüßt, das ſy nit gethan, noch mit warhait von Jn geſagt
werden mag, vnnd namlich ſo hat er vnnder aundern geprediget
der prieſter ſey der ainig mitler zwiſchen got vnnd dem menſchen,
zum anndern ewer newen Ecleſiaſten ſagen, die muter gots ſey
kain Junckfrau, zum dritten ſtelen ſey bey Jrem newen Ewan-
gelj nit vnrecht, zum vierdten ſy leren vnnd ſagen man ſol dem
kayſer vnnd dem fürſten nit gehorſam ſein, das ſagen die newen
ſellmerder vnnd annder ſo vnzimliche auffrueriſche Scheltwort
das die gſandten dieſelbigen vor E. F. G. zu melden von mer
beſchaidenhait wegen vnnderlaſſen. alß nun ſollchs vnder einer
erbern gmaind zu Memmingen die zum tail ſolchs von Jnn ſelbſt
gehört komen vnnd lautpart, Iſt ain erberer Rath als die beſorgt
das nit allain dem prediger ſonnder auch Jnn Jrer gemaind vnrue entſteen möchten vnnd wie ain Jede oberkait ſollichs zufürko-
men ſchuldig verurſacht werden nach dem prediger geſchickt Im
ſollichs damit die gmaind geſtillt werd vnnderſagen was ſich dann

verrer gepurt haunbeln wellen barauff ber bemelt prediger mit ai=
nem Notarien auff das Rathauß komen, vnnd alß ain erber Rath
 den zum aunbernmal Inn Rat erfordert, hat er für Rath on
beysein des notarien nit gen wöllen, barauff am erberer Rat zwen
Ratfreundt zu Im zum drittenmal geschick mit beger für Rat zu
komen. So baun ber notarj mit bem ain Rat nichts zu thun
hat, nachwenndigs bey aim Rat was außzurichten alsobaun well
man Ine auch boren aber ber prediger kainswegs on ben notarj
für Rat wellen, Sonnder aim erberer Rath alfo vngborsam ge=
weffen, vnnd follichen truß vnnd hochmut erpotten, babey ain Rath
beforgen mueffen, bas es mit bem bey Ime nit erwinden, fonn=
ber er furo follchs noch annberst vnnd forgsamer predigen zu thun
vnnderfteen werb, damit nun ain follchs furkomen, vnnd ain
erberer Rath sein gmaind Rillte das sich bie bes predigers auffru=
rischen gepredigt Articul nicht zu vil annem vnnd barauß bem
prediger ain erberer Rath vnnd gmaind verrer burch ainchen
verzug mit groffer vnrue entftinbt, So hat ain erberer Rath bem
prediger füro zu predigen biß auff feree befchaid ftill zu fteen fa=
gen laffen, vnnd damit fein F. G. Irer ordenlichen Jurisbicton
vnnd gerechtigkait wie sich bie beclagt nit entfeßt noch ber zu
nachtapl vnnd fcheierung gehannbelt, fonnder allain auß getrun=
genlicher notturft vnnd erzellten vrfachen, vnnd wie ain Jede
oberkait aufrur vnnd ergers zufurkomen fchuldig ift, Ires achtens
pillich gethan haben, barumb fo bitten ains erberen Rat gefand=
ten follchs kainer vngnadigen maynung fonnber ber vnuermay=
benlichen getrengten notturfft nach zuuernemen vnnd ain erberer
Rath furo In gnedigem Beuelch zu haben, bas beger ain erberer
Rath vnnberthenig mit vleiß zuuerbienen.

Darauff volgt bes Bifchoffs felbs gegeben antwurt.

Ir von Memmingen es gepurte fich wol bas Ich mich bes nachs
peurlichen erbietten neß bebanckte, Ich befind aber bas felb nit
mit benn wercken wie mit ben worten erzellt, bann bes predigers
halb waun man Ime bie ober bergleichen fein hannblung ne an=
gezaigt ober as Im clagt, wellt er barInn gehannbelt haben, bas
Im wolgepurt hett, warumb hannb Ir bem prediger feinen ge=
fellen mit Ime nit hinein für Rath gelaffen, barumb bas ewer
fyt vnnd prauch ift, bas Ir mit ben lewten gern allain hannbeln

aber wie ewer art ist, vnnd darumb so stellen mir ewer werbung vnnd anpringen Jn schrifft, sagten ains Rats gesandten wir haben kain beuelch, Anntwurt der bischoff das Jst allweg ewer außred, So will Jchs für kain anntwurt haben, wo Jr mirs nit Jnn schrifft schickend, Schickend Jr mirs Jn schrifft so wil Jchs wol seßen, wo nit so will Jch das fur kain anntwurt annemen, das Jst des bischoffs anntwurt vnd abschid gewesen.

Neben soullichem haben sich ettlich Reden verloffen vnnd zugetra= gen, Namlich das der bischoff sagt Jr hand mir hieuor ain pfaffen auch gefanngen vnnd strengelich auff das gefragt, somit mein Eer vnnd gfier antrifft, vnnd mit Jm auch allain gehaun= delt, Sagt ains Rats gesandten, wir hand Jn fur vnnd alß ain pauren, wie erganngen vnnd erfunden ist, gefanngen, (*) Sagt der bischoff, Jr hond Jnn wol kendt, das er vor Järn ewer schullmaister geweßen, darauff sagten ains Rats gesandten, es wärt sich soulich sein bekantnus wie er E. F. G. furgeben Jm Rech= ten nit befunden sonnder das widerspill rc. Darauff der bischoff verrer sagt Jr von Memmingen handlen ewers aigens gfallens vnnd welt mich vnnd mein gstifft vnnser Jurißdiction vnd gerech= tigkait entseßen, wiewol Jr melt das Jr soullichs vnnsers Juriß= diction nit zu nachtail gehandelt das sind sich aber nit dann wie= wol Jr wißt das Jm kayserlichen Rechten vnnd der punkts ayñung darJnn Jr auch begryffen furseßen das man die gaistlichen mit Jren Jurisdictionen vnnd Eorgerichten bleiben lassen vnnd nit entseßen, So thuet Jr doch daffelb nit sonnder haypt Jr disen prediger durch ewern aigen gwalt abgestellt vnnd hanndelt alse ewers gefallens.

Dazwischen sagt der Canßler wir verleiben auch kaine pfrendt mer, vnnd redt der bischoff weiter wo Jr also ewers aigen willen vnnd gfallens fur faren so wurd Jch daffelb, wo es mir zu gutt wurt gegen euch vnnd den ewern auch thun, man wayßt auch wol wie Jr euch Jn der pauren auffrur gehaulten, das die pauren kainen weren gehapt, dann was Jr Jn geben vnnd euch also gehaulten

.das

<hr>

(*) Dieser war Nikolaus Schweyghart ein katholischer Priester, der sich als einen Bauren verkleidete, ein Wagenmesser an die Seite hängte, Tan= nenreiß auf den Hut steckte, und einen Baurensack auf die Achsel nahm. Von ihm ist nachzulesen des sel. Schelhorns Reformationshisterie der Stadt Memmingen S. 95 u. folgg.

das man euch das sigl ab der aynnung des pundts von Ulme auß
schicken wellen, So wyßt Ir auch wie euch der pundt geschriben
die annder prediger hinweg zu thun das hapt Ir auch nit ge=
than.

Ir sagt nun was diser prediger thue vnnd handele Ir zaigen aber
nit an was ewere prediger thutt dieselben hayssen den anndern
offenntlich liegen, Ir wellt nur haymlich mit den lewten hanndlen
was Ir hewt hanndlen das wellt Ir morgen nit geston, darauff
fuel ains Ratsgesandten dem bischoff Inn die Red vnnd sagt, das
well got nit, wir hanndeln als fromb Redlich lewt, vnnd das
wir vertrawen gegen got kay. Mt. vnnd menigclichen zuuerant=
wurten.

Darauff sagt der Bischoff das ist auch außred aine, zu dem sagt
ains Rats gesandter was nachtayl wir bißher von der priesterschafft
gehapt wie wir die bißher so getrewlich beschuzt vnnd beschirmpt,
vnd anfenglich dem preceptor so vnser pfarrer sein solt, mit dem
zehenden so behülfflich geweßt, das wir ainen vnnsern bürger
ober sein Recht erbietten fengelich eingelegt darburch vns die erst
auffrur Inn Memmingen entsprungen, ober sollich guettlichhapt
hat der preceptor aim erbern Rat die peselenz auff den pfulben
bomen gewinscht.

VI.

Handlung mit Erhard Böhlin wegen dem katholischen Priester
Johann Mack 1527.

Erhart fehlins predigers halb.

Die geselschafft der vehlin haben verschiner Jar bey vnns ain pre=
dicatur gestifft Inhallts der dotation vnnd Stifftung hieben, vnd
daran ain behausung, vnnd Jarlich hundert gulden Jnkomens
verschafft.

Item die Rechenschafft, auff den elltisten vehlin vnnd wa kainer
mer vorhannden off ain Ratt gesezt.

Item so die Rechenschafft ye ledig gewesen, So hatt allweg ain
Ratt nach ainem gelertten man getrachtet, denselbigen ettliche mall
predigen vnnd Brob thun lassen, vnnd so er ainem Ratt gefallen
So hatt dann denselbigen der Rechenherr auffgenomen, des hott

K

ſich ain Rat zu Erhart veßlin auch verſechen, So hatt aber Er=
hartt veßlin ainem Erbern Ratt geſchriben, das ſy Jme ainen
Layenprieſter zu prediger anzaigen vnnd zuſchicken, So weil er
demſelbigen, wie ſich gepürt, leichen, doch mit dem anhanng,
das er der luteriſcheu vnnd newen ler mit Jchten anhengig Sonn=
der des allten lebens ſey, damit er dem Biſchoffe anzaigen vnnd
daſelbſt Jnueſtiert vnnd beſtättigett werden mög.

Die weil nun ain Ratt ſollichs vom veßlin verſtannden, So hatt
er Jme kainen der allten lerr anheñgig zuſchicken wöllen, Sonnder
Jme geſchrieben vnns mit ainem gelertten vnnd verſteanndigen
predicanten zu uerſechen wie ſich Jnnhallt der dotacion ge=
piertt.

Welche dotaz für nemlich drey artigkell vermag.

Der erſt das die predicatur durch ainen treffenlichen prieſter, der
ain gutt prediger vnnd in nachgeſchribner weis graduuiert ſey,
verweſen werden ſoll.

Der annder alſo laut, vnnd mit namen ſo ſoll dehain prediger ditz
predigampts nymer mer kain Concubin noch argkwenig diernen
haben, ſonnder ſoll ſich Jr vegklicher allzeitt prieſterlich vnnd Eerlich
halltten, wie Jm nach ſeinem Stat wol zimpt vnnd gepurtt.

Zum dritten ſo ſoll ain yeder prieſten ainem Biſchoff oder ſeinem
vicary globen, das er all vnnd yed artigkell trewlich halltten
woll.

Nun hatt Erhart veßlin ainen zu prediger angenomen, aber vnns
den vor nit heren laſſen, Sonnder dem Biſchoff den zugeſchickt,
Jnueſtiert beſtätt vnd Jme das ampt eingegeben.

Derſelbig prediger kan ſich nun auff der Canzell fräffenlicher vn=
geſchickter vnnd vnpärtiger nit woll halltten denn er thut.

Zum anndern ſo helltt er bey Jm ain diernen vnnd argkwenige
perſon, von deren ain gemain ſag iſt, das ſo mer dann ain kůnd
bey Jm gehaptt hab.

Zum dritten ſo iſt er gannz vngelertt vnnd minder der geſchrifft
verſteanndig, dann ain Kůnd, warumb vnnd wie er aber zu Maiſter
gemacht, Jſt gutt zu gedenncken.

Jtem ſo hatt er nachfolgennd artigkell gepredigett.

Jtem fürnemlich ſich an der Canzell wider ainer vnnſer Eriſtenli=
chen prediger hören laſſen vnnd außgeſchryen, Sag du was du

willt so sag ich das Maria voll aller gnaden vnns sündern gnad nit allain erwerben sonder auch geben mög. (*)

Item o du süesser nam Jhesus es ist kain Wunder, das man yez vnnser frawen verschmecht, So man Jren Sun Jhesum verschupfft.

Item du machst des Cristen, So willt du nichts von der oberkaitt halltten, darumb hallt ich nichts von dir, O lond euch nit verfüren vnnd abweisen vom ave Maria vnnd der Muter goz dann es steet geschriben zun Römern am xvj griessent Mariam.

Item ist euch der prediger nit worden, so geschech es noch, Jr werdent noch die hennd auff dem haupt zusamenschlagen, Es ist ain Spruchwort, was bald würdt das zergett bald, wir teutschen sennd bald zum Cristenlichen glauben komen, darumb sind vil bald vnnd liederlich widerumb daruon gefallen.

Item ich sag frey vnnd wills gerett han wann gott die Cristenhait so lanng hett lassen Jrren, so wer er nit barmherzig Ach wie woll ist es gestanden Jn der Cristenhait dieweil wir einhellig Jm glauben warend vnnd mit yederman gutten frid hettend Eugend wie woll es iez stand, so man von der Cristenlichen kurchen abgefallen ist.

Item ich wais nit was du sagst, Jch sieh kain frucht aus deinem Eeuangelion, Auch so ist dein Eeuangelion, von der Mutter der hailligen Cristenlichen kurchen weder bewertt noch angenomen, darumb Jm nichts zu gelauben.

Item die gwonhaitten vnnd allt herkomen gepreuch der Cristenlichen kurchen soll man halltten, dann ausserhalb genannter Muter der kurchen Jst kayn hayll, vnnd wie woll dem ist, das weder gott, noch das wortt gottes die speis verbaitt zu diser oder ainer andern zeitt, Es ist war ichmus bekennen, das an kain ortt Jn der schrifft verpotten sey, das man ein flaisch essen soll zu ettlichen zeitten doch so hatts die haillig Muter die kristenlich kürch verpotten, vnnd die mag nit Jrren, das hörst du vngern.

Item du vnnderstast dich ain abfall zu machen von der hailligen Cristenlichen kurchen vnnd willt sy zerstören, die so laung beleiben ist. Nun thu gemach sy würt vor dir auch beleiben, Jch

---

(*) Dies war ohne Zweifel Simprecht Schenk, der in St. Martinskirche am Dienstag und Donnerstag predigen mußte.

waß du mußt. Bald von hannd geben, vnnd wilf daß ich mich
dein erwören will, dann du vnnderfteft dich vmbzeftürjen das
Eriftenlich schifflin Sannct peters, es soll dir nit gelüngen.

Item du predigeft man dürff nichts guß thůn, vnnd den Criften
sey ain Zeitt wie die aunder, das haft du Jn kainer hailligen
schrifft gelesan, Sonnder Jn liederlichen buechlin.

Item Sannct peter ift der groß vnndern apofteün dann Criftus
hatt Jn ain pfarrherrn gemacht seiner schäfflin, vnnd Jn verlassen
seinen Statthaültter.

Item dein Eeuangelion macht kain frid es macht nichts dann
auffrur, vnd kumpt nichts guß darvff.

Item sagts von ainer kriftenlichen kürchen die mög nit Jrren, on
die sey kain hail.

Item du magft nit horen, ift deinen oren hartt ju hören, schreib
auff, schreib auff, ich will mich dein erweren, vnnd soll ich ain
hauffen biecher hervff tragen.

Item es ift nit gnug ain abfall von der Eriftenlichen kürchen ju
machen, Sonnder vnnderftaunnd sich Sannt peter Schifflin vmb
juftürjen, es schwancken, es fall aber nit, wöll woll vor die
beleiben.

Item der priefter sey der Mittler jwischen gott vnnd den menschen
vnnd weün das fürpitt Sannt Steffans nit gewesen, so wer
Sannt pals ymer darju komen.

Item Lannjman schannjman ich wollt schier reden, will schwei
gen, sag dir, ker vor deiner thür hinweg Jch kenn dich woll, sag
dir sunft wer du bift.

Jn Suma er schämptt sich kainer lugin noch vnjucht.

Item er nempet das Eeuangelion das luftig Eeuangelion. (*)
Nun was ainer Eriftenlichen oberkaitt hier Jn ju banndlen gepürt
Ift woll ju gedenncken.

Vnnd ob gleichwoll difes predigers lugin vnnd falschen ler also
geftaltett, das die wie falschen profeten geimten vnnd darfor ge
hiett wurd, So ift doch ju besorgen das sich bey der weil der

---

(ª) Ju des sel. Schelborns Reformationshiftorie der Stadt Memmingen
fteht S. 109, daß dieser katholische Priefter Johann Mack die Lehre der
evangelischen Wahrheit ein laufig Evangelium genannt, worauf ihn aber
ein Bürger von Memmingen öffentlich in der Kirche widersprochen habe.

gemain man darein henncken daraus bnwill. auffruren onnd aunder Vnratt folgen onnd wachsen mecht, vnnd darumb so ist zu gedenncken ob solchs nachfolgenndet oder, annderer gestallt furlosmeu, verhiett werden mecht.

Erstlich weill er wider den Innhallt der botacion ain Concubin oder argkwenig diernen bey Im hatt, wo derselbigen die Statt verpotten, oder zu Ir gesagt wurd das sy Iren pfennig annderst zerrte, So wer zu uerhoffen, er wurd selbst auch nit beleiben. Zum anndern, ob ain Ratt (wie in ettlichen Richsstetten auch beschechen) an die hand nem, das wir gott, wer dann dem menschen zu gehorsam schuldig sein, vnnd derhalben nach der ler petri georsacht wurd, von aller Irer priesterschafft Irer ler vnnd wesens rechenschafft zu nemen was dann mit göttlicher schrifft erhallten dasselbig angenomen vnnd gehörtt, vnnd was wider das göttlich wortt, dasselbig abgeschafft wurd, vnnd darInn ain oberkait wer dann ain beweglich vrsach an die hand nemen mecht, als nit allain die Eer gottes, der Seellen haill ound verfürung auch auffrur vnnd annders damit zefürkomen.

Zum dritten ob Erharden behlin vor solchen ze schreiben, wer Summarie das sich diser predicant der botacion in seiner ler vnnd wesen, nit gleichförmig hiellte, wie woll man sich lanng mit Im geleitten auch mermals gewarnett vnnd gnug mit Im versucht, aber sich kainer besserung noch annders bey Im zuuerhoffen dann das durch sollich sein ergerlich ler, vnnd wesens, vnwill vnnd auffrur zu gewartten, mit begern ain andern der botacion gleich vnnd gemeß daher zu stellen.

VII.

Schreiben Philipp Melanchthons an Christoph von Stadion, Bischofen von Augsburg, während dem Reichstag zu Augsburg den 10. August 1530.

Multo ante intellexi te in deliberationibus de Ecclesiasticis controuersiis moderatissime loqui. Quanquam autem cupiebam tibi causam commendare, et meam de tota re sententiam exponere, ut melius intelligi possit, me inprimis cupidum esse pacis : tamen habui certas causas, quare non ambinerim colloquium tuum, quod fama nostri congressus uideba-

tur aliquid incommodi habitura, et sic statuebam magnos
et sapientes uiros, inter quos merito te numeramus, sua
sponte ad benefaciendum esse accensos. Nunc tamen duxi
ad te scribendum esse : primum ut intelligeres beneficium
tuum apud gratos homines collocari : Deinde, ut cognitis
nostris uoluntatibus negotium fiat facilius, praesertim cum
iam in extremo quasi agone maxime sit laborandum bonis
uiris, ut exitum habeat tranquillum. Principio autem habeo
tibi gratiam, quantum animo concipere possum maximam,
quod hactenus in dicenda sententia violenta confilia repu-
diasti, et hac uoce mea exiftimabis tibi gratias agere omnes
bonos uiros in his partibus. Non enim sunt omnes perditi
aut improbi iudicandi, qui amplexi sunt hoc doctrinae genus, in quo nos uerfamur. Deinde uelim hoc tibi persua-
deas de me deque multis aliis, nos optare, ut pace consti-
tuta Episcoporum poteftas sit incolumis, et hanc plurimum
prodeffe Ecclesiis judicamus. Erit autem clementia Episco-
palis ut nos, qui parere recufamus, feruemur, atque iis
rebus relaxatis, quae neque fidem laedunt neque bonos mores, et quas iam natura rerum non patitur mutari, noftri
non grauatim parebunt. Ac prouidendum eft ne hi qui iam
funt fanabiles, conjungantur cum deterioribus, fi res ad
arma deducatur. Quod fi accidet, non folum infinitum belium
erit ; fed etiam orientur haerefes, quae fi excitatae fuerint,
nunquam ad omnem pofteritatem coire Ecclefiae concordia
poterit. Scio quas opiniones, quam perniciofa dogmata nonnulli intra parietes fuos contineant, ut per occafionem pro-
ferant. Et multum licet improbis tempore belli, praefertim
fi Dux contingat audax et furiofo ingenio praeditus. Meminifti fcriptum effe ; obturans aurem fuam a clamore pauperum et ipfe clamabit, et non exaudietur. Haec res merito
commouere debet bonos uiros, ne heminum miferorum pre-
ces in tali caufa afpernentur. Vobis uero Chriftus ueftrae
pietatis et clementiae praemia reddet ampliffima, quemadmodum pollicitus eft ; Qui dederit potum aquae &c. Haec
mala tranquillis temporibus caueri poffunt praefertim fi Epifcoporum autoritas ualeat, et Ecclefia fuarum rerum curam
fufceperit. Quod fi pacem impetrabimus, ego de me, deque

multis aliis bonis uiris polliceor., nos omne ftudium noftrum
ad illuftrandam doctrinam chriftianam collaturos effe. Tale
feculum impendet, ut nifi transmittatur doctrina Religionis
diligenter et prudenter collecta et munita ad pofteros, major
confufio religionum fecutura uideatur. Neque leues habeo
caufas cur hoc metuam. Et haec cura decet Epifcopos pu-
ram doctrinam propagandi ad pofteros. Oro igitur propter
Deum, qui nobis commifit hoc officium in terris erudiendi
alios, ut, quod facitis, a violentis confiliis dehortemini
Principes, Bene uale.

VIII.

Breve Pabft Paul III. an den Bifchof von Augsburg,
Chriftoph von Stadion, wegen der Kirchenverfammlung,
die zu Mantua 1537 gehalten worden feyn follte.

- Paulus Papa III. Venerabili Fratri Epifcopo Auguftenfi.

Venerabilis Frater, falutem et Apoftolicam Benedictionem.
Etfi arbitramur jam tuae fraternitati innotuiffe de oecumeni-
co uniuerfali et generali Concilio, per nos de uenerabilium
fratrum noftrorum Sanctae Romanae ecclefiae Cardinalium
confilio et affenfu indicto, ac Romae publicato, Mantuae
celebrando, et in die uigefima tertia Menfis Maii, proxime
futuri inchoando, Tamen id ipfum particulariter tuae fraternitati his noftris fignificandum ac exempla literarum ipfarum
indictionis, pro te, et abbatibus ac aliis ecclefiarum praelatis, etiam exemptis, nec non Vniuerfitatibus ftudiorum
Vniuerfalium, in tua Diocefi exiftentibus, mittenda duxi-
mus, per te illis mittenda et diftribuenda: ut pleniore rei no-
titia per nos habita, omnia in dictis litteris contenta: Te
et illos concernentia, cum Dei nomine effectualiter adim-
pleantur. Fidem uero hujus noftrae fignificationis per nos
tibi, et per te illis, factae, ad nos poftea deftinare curabis.
Datum Romae, apud fanctum Petrum, fub annulo pifcato-
ris, Die X. Septembris. M.D.XXXVI. Pontificatus noftri Anno fecundo.

Anmerk. Nach diefem Breve erfcheint die Bulle Pabft Paul III.
felbft, welche von 27 Kardinälen unterfchrieben und beftätiget wurde.

IX.

Inſinuation Chriſtophs von Stablon Biſchofs von Augſburg an ſeine Diôces wegen der Kirchenverſammlung zu Mantua.

Chriſtophorus Dei gratia Epiſcopus Auguſtenſis, Venerabilibus, Religioſis et Egregiis fidelibus et nobis ſyncere dilectis Abbatibus Monaſteriorumque et Eccleſiarum noſtrae Dioceſis omnibus Praelatis, etiam exemptis, Salutem et omne bonum. Summi Pontificis Sanctiſſimi Domini noſtri Domini Pauli III Legatus, ſuperioribus diebus apud nos fuit, et Concilium uniuerſale XXIII. Maii, Anni hujus XXXVII. Mantuae futurum, nobis publicis et priuatis Pontificiis literis denunctiauit. Quae res, ne uos lateat earundem literarum Exemplar inferius inſertum, uobis transmittimus: ut quilibet ueſtrum Juſſis et Mandatis Pontificiis, quantum ſe contingant, parere ſtudeat. Haec certe Sanctiſſimi Domini noſtri Juſſa, his litteris noſtris uobis denunctiamus et ſignificamus. Valete. Ex oppido noſtro Dillingen Die XVIII. Menſis Januarii: Anno Domini M.D.XXXVII.

X.

Ausſchreiben des Magiſtrats in Augsburg wegen Abſtellung der Meß und anderer Ceremonien und Mißbrâuche von 1537.

Den Alerdurchleuchtigſten, Großmechtigſten Fürſten vnd Herren, der Rômiſchen Kapſerlichen vnd Kônigklichen Maieſteten, Auch Durchleuchtigſten, Durchleuchtigen, Hoch vnd Wolgebornen, Eblen, Erenhafften, Fürſichtigen, Erſamen vnd Weiſen, deß bailligen Rômiſchen Reichs, Churfürſten, Fürſten, Grauen, Herrnn, Auch Burgermaiſtern vnnd Râten, der Erbern Frep vnd Reich Statt, vnſern Allergnâdigſten, Gnedigſten, Gnedigen, Günſtigen, Lieben Herren vnd Freunden, Embieten, wir Burgermaiſter vnd die Ratgeben der Stat Augſpur vnnſer vnderthenig, gefliſſen, willig vnd freundlich dienſt, Auch was wir Eren, Liebs vnd Guts vermôgen, zuuor, Mit wûnſchung aller Gnaden Fribs vnd hails, von Gott dem Allmechtigen, vnnſerm himeliſchen, barmhertzigen vatter, durch Jeſum Chriſtum ſeinen Eingebornen Sune, vnsern Herren vnd Seligmacher. Allergnedigste, gnedigste, gnedige, günstige liebe Herren, vnd besondere gute Freunde, Ewer Kaiserliche vnd Küniglliche Maiesteten, Churfürstlich vnnd Fürstliche Gnaden, gnaden, guusten, vnd Freundschafft, tragen, sonder allen zweifel, noch in frischer guter gedechtnuß, welcher massen vnd gestalt, nun mer etliche Jare here, auf vil gehalten Reichstägen, von der vnordnung vnd den Mißbreuchen, So sich in der Kirchen, etlich zeitlang Eingerissen vnd erhalten, inn baiden Stucken, mit der Lere, vnnd den Ceremonien oder Kirchenbreuchen, treffenlich vnd hoch Geratschlagt, gehanndelt vnnd disputiret, Auch gemeinlich dahin Geschlossen worden ist; das die allerhöchst vnnd vnnermeidenlichste Notdurfft, sollicher vnordnung vnd Mißbreuch, ain statliche, tapffere Reformation, erheischen vnd erfordern thue. Wie wol nun auch zu volziehung vnnd erstattung solcher Reformation, Durch Ewer Kai. vnnd Kün. Maiesteten, Auch Churfürstlich vnd Fürstlich Gnaden, gnaden vnd gunsten, diß der Ansehenlichste, richtigste vnnd schleunigste Weg betrachtet vnd erwegen worden ist, So ain frey Christenlich Concilium im Reich, Teutscher Nation, gehalten wurde. Welchs auch vermög des Abschids letst allhie gehaltnen Reichstag, in Sechs Monaten, von Dato desselben, Außgeschriben, vnd auff lengst, in einem Jare darnach, angefengt worden sein sollte. Daß aber nit allain in so angesetzter Zeit, Sonder auch in etlichen Jaren darnach, nit beschehen, dardurch dann nit wenig Fürsten, Stennde vnd Stett, im hailigen Reich, vnd darunder oder neben, auch wir bewegt vnd verursacht worden, in Krafft vnnsers Ampts vnd Oberkeit, so wir, von wegen Ewer Kai. Ma. vnd deß heiligen Römischen Reichs, in deß Statt Augspurg, verwalten vnd tragen, die Mittel vnd Wege zu geen, vnd fürzunemen, Jnn Sachen der Religion vnd deß Glaubens, Souil die Lere, vnd auch die Ceremonien belangen thut, Wie wir vnns das verhoffen vnnd getrawen, zuuorderst vor Gott dem Allmechtigen vnnd denn Ewer Kai. vnd Kün. Maiestaten, Chur vnd Fürstlichen gnaden vnd gunsten, Auch Gemeinen Steunden deß Reichs, vnd aller Erbarkeit, mit der heiligen Göttlichen Biblischen Schrift, zuuertheidigen vnd zuuerantwortten. Bitten auch hierauf, dieselben Ewer Maiesteten Gnaden, gnaden vnd Gunsten, vmb Gottes vnd der warhait willen, vnnderthenigsts, vnderthenigs,

dienſtlichs vnnd freundlichs fleiſſ, die wöllen vnnſerthalben, alle
Sachen wie hernach gemeldet, gnedigſt, gnedigklich, günſtlich
vnd freundtlich, vnd mit Chriſtenlichem vnpárteiiſchem gemüte
(wie vnns bey ainem neben guthertzigen Chriſten, nit zweifelt,
geſchehen werde) vernemen, vnd hierinnen nit anderſt gedencken,
reden, Interpretieren, noch vrtailen, dann wie ain yeder wolte,
das jme, in ſeinen Sachen, gleichfals beſchehen ſolte.

Geben darauf Erwer Kaiſ. vnd Kün. Maieſteten, Auch Chur
vnd Fürſtlichen Gnaden, gnaden vnd gunſten, Auch menigklich
zu erkennen, Als wir hertzlich Betracht haben, Wie der Allmechtig güttig Gott, alle menſchen, zu ſeiner Göttlichen Allmechtigen
Ere fürnemlich erſchaffen, vnd derohalben aller; zuuor aber denen menſchen thun, die Gott der Herre andern zu Obern verordnet: dahin gericht ſein ſolle, das alle jr leben, thun, vnd
laſſen, allein zu ſeiner Götlichen Ere, der Selen hail, beſſerung
des Nechſten, Auch der vnderthan Nutz vnd wolfart, an Sele
vnd Leib fürdern vnd dienen thue, damit Sy das jhr aige ſo
darzu dienlich iſt, oder ſein mag, Auffrichten, Pflantzen, vnd
erhalten, Aber was darwider iſt, abſtellen vnd verhüten mögen,
Welliches denn Gott der Allmechtig, ſo vil mer von der Oberkait
haben will, als vil jr Götlich Maieſtet, jnen das Schwerdt,
das Gut zu hanndthaben, vnnd das Vbel zu ſtraffen, beuolhen,
vnnd derohalben auch der Vnderthonen Mißhanndlung, in was
offenbar wege die geſchehen, Wo denen, durch Sy, die Obers-
kait, zn geſehen würdt, gleichermaß Straffen will, vnnd offter-
mals Geſtrafft hat, als ob die, von je, der Oberkait, ſelbſ
begangen weren, Welchs, ſo wir Betracht, vnd zu hertzen gefürt, das vnns dennach nit allain zu ſteen, aignen, oder gebüren wölle, die offne vnnd bekannte Malefitz oder Laſter (So
wider die Brüderlichen Liebe, an dem Zeitlichen, Es ſeyen Leib
oder Gut, begangen werden) auff beuelch vnnſers Ampts, zu
ſtraffen, Sonnder noch vil mer vnnd zu vorderſt, Aufmerkens
vnd Einſehrns ze haben, das die Ere vnd Glori Gottes des Allmechtigen (Als daran vnuſerer Selen hail vnnd troſt ainig hann-
gen thut) von niemands verleſtert, noch geſchenndet, Aber dargegen, von menigklichen groß gemacht, vnnd gepreißt werde,
So haben wir demnach vnd drumben, deß Erſten, möglichen
fleiß für gewendt, bey vns, in des Hailigen Reichs Statt Augs-

ſpurg, Gelerte, tapffere vnd Erfarne Männer, dem volck auff-
zuſtellen, die da ſollet, das Hailig Euangelium vnd Gottes
Wort, auffs allerrainest vnd lautereſt, oder ainfeltigſte, lerten
vnnd vnnderweißten, darburch dann ſein Götliche Maieſtet, jr
Götlichs hailigs Wort (ſo von wegen vnnſerer Sünde, ain lanns-
ge zeit, in Mißuerſtand kummen) Aber bey wenig Jaren: jrer
Götlichen Maieſtät ſey deßhalben ewig lob vnnd danck: ſollichs
zu rechtem waren verſtannd vnd gebrauch, allen Chriſten zu troſt
vnd hail, an vil Enden vnd Ortten, Teutſcher vnd annderer
Nationen, vnd neben denſelbigen, auch vnns, alſo gnedigklich
erſcheinen laſſen, das daburch, was zu ſeiner Götlichen Maieſtet Ere, vnd vnſerer Selen hail dienet, ſchainlich vnd offenlich,
Auch dabey erkennet werden mag, was ainem yeden Chriſtens
menſchen, in ſeinem hertzen, zuuor aber der Oberkeit, denen
(wie obgemeldt) das Schwerdt beuolhen, gegen allem demjhe-
nen, was offenlich wider Gott iſt, mit hertzen vnd der that,
zu bannblen gebüren will.

Vnnd wie wol wir (gleich wie auch vil annder Chriſtlich
Stennde) auß hochgemeltem hailigen Götlichen Wort, Gelernt
vnd Bericht worden ſein, das durch den Papſt vil Mißuerſtannd
in ſollichem Eingefürt, vnnd darburch die Päpſtiſche Meſſen,
Abgöttiſche Bildtnuſſen, vnd annder Mißbrauch vnd Ceremonien,
allain von des Aigen Nutzs wegen, wider Gottes Ere, vnd der
Selen hail, durch deſſ Papſt, vnd ſeiner angemaßten Gaiſtlichen,
Leren, Schreiben vnnd Predigen, alſo grauſam vnd offenbar
Eingeriſſen, das wir genugſame vrſachen, fug vnnd glimpff
demnach gehabt, Ja auch vnſer Ampt vnd Beruff: wie obſteet,
erfordert hatte, Sollichs alles, alſo offenbar, wider die Ere
Gottes, vnnd der Selen hail, durch die hailig Götlich Schrifft
angezeigt, in der Statt Augſpurg alsbald anzuſtellen, vnnd ba-
gegen, allein das zu bannbthaben, was Gott durch ſein Wort
gefällig, der Selen hail dienlich, vnd dem mennſchen Beſſerlich
geweßt were, So haben wir doch ain zeitlang zugeſehen, vnnd
zu Gott verhoffet, daß das helle Predigen, ſeines Götlichen
Worts, bey den genannten Geiſtlichen: vor mittels Götlicher
Gnaden; ſouil gefruchtet vnnd gewirkt haben wurde, das Sy
ſelbs jre Conſcientz geratniget, vnnd jr aigen, auch annder mer
Chriſtenleut hail bedacht, vnd beßhalben gutwilligklich von jrem
Mißuerſtannd abgeſtannden ſein ſollten.

Dweil aber follichs nit allain nit beschehen, Sonnder auch
Sy, die genannten Gaistlichen, ye lennger, ye mer, in vil we=
ge, wider Gottes Ere, der Selen hail, und die Liebe deß Nech=
sten, wissendtlich, one scheuchnuß, Gerebt, gelert, geprebigt,
vnnd gehanndelt, dardurch dann wir abermalen gut vrsach, mit
Gottes hilff, wie Sich gebürt, dagegen zu hanndeln gehabt,
So haben wir doch darüber ain zeit gebuldt tragen, vnnd noch
Besserung verhoffet: Oder aber, wo ye kaine volgen wolte, ais
nen gütlichen mitlen Weg geen vnd hanblen wöllen.
Vnnd haben derohalben die Heupter, genannte, vnnser
Gaistlichen, in der Stat Augspurg, Nemlich den Bischof, vnd
das Capitel, Schrifftlich, Auch durch vnnsere Gesanndten,
Freundtlicher, Christlicher weiß, sollicher irer Mißbreuch vnnd
Hannblungen, wider Gottes Ere, der Selen Hail, vnnd Brü=
derliche Lieb, erinnern lassen: Vns auch darbey erbotten, das
wir derohalben ain freundtlich Christlich Gesprech vnd Vnnder=
richt, mit jnen Einzugern, vnnd ainannder Gottes Beuelch zu
erinnern, begerten, damit der ain Tail (welcher durch Götliche
Schrifft zu irren bewisen wurde) von solcher Irrtumb absteen,
vnnd die Sachen, nach Gottes Wort, zu Besserung schicken
möchte.
Als aber, dieselben genannten Gaystlichen, nach vil Haunb=
lungen zu letst, sollich christlich Gespräch, vnd Erinnern (gleich
vnnsers erachtens, dweil Sy allain Gottes Wort zu leren,
vnd dauon zu reden, gewidmet) vnbillicher weiß gewaigert,
vnnd daotzu in vil wege, noch weiter mit Reden, Schreiben,
Leren, Prebigen vnd hanndlen, wider das Wort Gottes der
Selen Hail, vnnd Liebe des Nechsten, on scheuchnuß fütgefaren,
vnd daoburch nit allain vil frumme, ainfeltige menschen, von
dem rechten Weg abzuwelsen, vnberstannben: darauff dann ge=
gen Gott vnd dem Mennschen, vil ergernus geuolgt, vnd ins
sonnberhait, neben dem zum höchsten zu besorgen, vnnd schier
vor Augen geweßt ist, das auß sollichem allem: vnnd sonnder=
lich dem Widerwertigen Prebigen: vnfriden, vnnd gleich etwas
thätliche Vnruh vnd Empörung entsteen vnd erwachsen hett
mögen, Haben wir mit gemeldten Gaistlichen, abermals gantz
Christenlich vnd freundtlich gehanndelt, vnnd sollich ir wider=
wertige beschwerbliche Prebigen vnd Lere, ain zeitlang, vnd biß

auff ain Frey, Chriſtlich Gemain oder Nacional Concilium, im
Reich, Teutſcher Nation; Oder ſo lang Sy vnß beſſers, durch
die Göttliche Schrifft berichten, anſtellen laſſen: Alles innhalts
vnnſers hieuor außgeganngen Getruckten Beruffs: vnd alſo verhofft, Sy durch diſen Weg doch zum wenigſten zu obgemeldtem
Chriſtenlichen Gegenbericht, zu bewegen: vnd in ſollichem Chriſtenlichen Bericht vnnd erinnern, Sy durch das Götlich Wort,
zu rainer vnd warer Chriſtenlicher Erkanntnuuſſ, vnd Abſtellung
jrer Mißbreuch: durch Hilff Gottes: zu bringen.

Do wir aber vermerckt, vnd laider im Werck befunden, das
nit allain ſollichs Chriſtenlichs Fürnemen, alles bey jnen nichts
gewirkt, vnnd vergebanlich geweſt, Sonnder wir auch daneben,
in glaubwirdige erfarung kummen, wie dann die Sach zum
tail offenlich am Tag ligt, vnd ſelbs zu erkennen gibt, das Sy,
die Gaiſtlichen, bey Ewer Römiſchen Kaiſerlichen vnd Künigklichen Maieſtaten, vnſern allergnedigſten Herren, Auch anndern
Fürſten, Stenden vnd ſonndern Perſonen, vnns (gleichwol vnbillich) dero halben auffs höchſt verunglimpfft, verklagt, vnnd
obgemeldt vnnſer Chriſtenlich, friblich Werck, widerumb Abzu-
treiben, zum Embſigſten Sich bearbeitt vnd Practiciert, Auch
etlich ernſtlich Beuelch, deßhalben wider vnns Auffgebracht:
Zuſambt dem, auch das Sy, in der Statt Augſpurg, bey ſondern Perſonen, vnnſern Mitbürgern in vil wege, Geſärlich, ge-
ſchwinnde Practiken, mit Außbreitung, als ob wir alſobald
(obgemeldter vnnſer Chriſtenlichen Hannblung halber) ſolten
Benötet vnd Vberzogen werden, geübt: vnnd zu ſcheinlicher be-
krefftigung deſſelben, Sich etlich, gleich darauf, auß der Statt
flüchtig gethon, vnd nit allain ire aigne bewegliche Hab vnd
Güter, Sonnder auch Bilder, Guldin, Silberin, vnd annder
Geſchmeid, ſo gar ob den Altaren vnd jren Taſlen hinweg genommen vnnd gefürt, Auch mit einer ſolchen Vnbeſchaidenhait
hierinne gehandelt, Wo ainiche Guldin, Silberin, oder aber
mer anndere Bilder, die was Anſehenlichs gelten mögen, vorhannden geweſt, So hetten Sy die dozumal, vonn gemeldten
ortten, vmb zeitlichs Genieß willen, Hinwegt zu thun, nit vnnderlaſſen. Zu dem, das Sy auch ander Lewt mer zu gleicher
Vnſchicklichkeit, erweckt, vnd Wiglifch gemacht: Welchs alles,
neben denen geſchwinden, erdichten Anſchlegen, dahin gericht

geweſt: wie Sy, in der Statt Augſpurg, die Gemaine Burgers ſchafft, Reich vnd Arm, wider ainander, vnnd wider vnns, zu gäblingem Vnrat erweckt, Vnd alſo dardurch, obgemelbte vnſer Chriſtenliche Hannblung, vngeachtet der Ere Gottes, vnd der Selen hail, Auch die Liebe des Rechſten, wider vmbſtaſſen, vnd die Sachen auf die Alten pan richten oder pringen möchten: In welchem allem, Sy kainn möglichen fleiß, durch allerlay Geſchwinndigkeit, geſparrt, vnnd gar nichts vnnterlaſſen, das zu ſolcher augenſcheinlicher vnnd zu gerichter Vnruw (alſo ge- ſchwinnd iſt der Sathan) hett fürderlich oder dienlich ſeyn mögen.

Do nun aus Gnaden des Allmechtigen Gottes, ſolche Ge- ſchwindigkeit, jren fürganng nit gewunnen, Sonder gnedigklich verhütt worden iſt, vnd Sich die genannte vnnſere Gaiſtlichen, widerumb in die Statt Augsburg, gezettelt, Haben wir vnns getröſt, Sy ſollten Sich ſelbs (dweil doch jnen durch vns vnd vnnſer Burger vnd Inwoner, weder ah Leib, noch Gut, der- wegen, nie kain Laid zugefügt, Wol Sy gleich vnſern Burgern, ja etwann auch mer dann dieſelbigen, vor allem Gewalt vnd Vnrechten Beſchirmmet worden) geruwiget, vnd Gottes Ere, jrer Selen hail, der Lieb des Rechſten, vnnd dem Burgerlichen Friden zu wider, was ferrner zu hannblen oder zu practicieren Sich gemüßiget, vnd inſunderheit (welchs Sy gewiß anzaigen, von vnns vnd andern gehabt) erwegen haben, das wir hierin- nen ye nichts annders, dann das zu Gottes Glori, der Selen hail, Auferbawung des Rechſten, vnnd gemainen Friden, in der Statt Augſpurg dienlich, gehanndelt, auch hinfüro zu hann- deln vorhetten.

Aber das alles vnangeſehen, iſt bey gemeldten Gaiſtlichen obgedachts jres Verunglimpffens, Verklagens, Außſchreiens, vnnd Practicierens kain aufhören, Wol ſaind Sy (ye lenger ye mer hierinne deſt freulicher vnnd vnverſchambter geweſen, Alſo das Sy ſich, auch offenlich, durch Sich ſelbs vnd andere, Berümmt, vnd Gettroet haben, wie Ewer Kai. Maieſtet (zu deren wir vnns doch, als zu ainem Gerechten, Milten, Chri- ſtenlichen Kaiſer, vnd vnſerm, nach Gott, ainigem, rechten, auch Allergnedigſten Herrnn, aller Gnaben, allzeit getröſt, vnd noch tröſten) vns obgemelbter Chriſtenlicher Hannblung halben,

ongestrafft, vnd die Sach, inn Alten jren Stand zu bringen,
nit vnnderlaffen ,wurde: wie Sy dann deßhalben schon Vorbe-
reittung darzu, mit Außbringung etlicher Ernstlicher Kaiserlicher
Mandaten, gemacht: vnd in jren Hannden hetten.

Auff welchem allem dann wir nit wenig Betrübt worden,
vnd das nit allain von vnnsern, Sonnder vilmer, von der Ere
Gottes, der Selen hail, Zerrüttung der Pollicey, vnnd deß gemainen Fridens wegen, so durch obgemeldte, der genannten
Gaistlichen, geschwinnde Practicken, Anschleg vnd Haudlungen,
nit ain klainer Anstoß vnd Verhindernuß zugefügt hett werden
müssen.

Neben dem aber saind wir auch, durch die Gnad Gottes,
in vnnserm Christenlichen Vorhaben, zum höchsten Getröst,
vnnd dardurch dahin gewisen, Auch darinn dermassen gesterkt
worden, das wir krefftigklich darfür geacht, vnnd noch achten,
in obgemeldtem vnnserm Christlichen Fürnemen, Recht, Erbar-
lich, vnnd wol gehanndelt zu haben.

Dann dweil gedachte genannten Gaistlichen vnnserer Christlichen Erinnerung, mit dem Wort Gottes (damit Sy doch,
jrem Berümbten Ampt nach, vnd sunst durch kainen anndern
Werkzeug, in Religion Sachen, Streiten sollten) in kainen weg:
Gott lob: begegnen kunden, noch wöllen, vnnd doch jr Aigen-
nützig, hergebracht leben, mit seinem Pracht, Reichthumbern
vnd Wollusten, durch was gestalt das beschehen möchte, begeren
zu erhalten, dweil Sy das auch, durch Christenlich billiche Wege, mit der Schrifft nit zu thun wissen, vnd Sich darumben
zu diesem geschwinnden Practicieren kören, So kan ne sollichs
vand vnnd allen anndern Frummen, Erbern Christenmenschen,
nichts annders, dann ain glaubwirdig Anzaigen, Trost vnd
beweisung sein, das Sy, die offt genannten Gaistlichen an jrer
Sachen selbs verzweifelt, vnnd in jrem aigen Gewissen, bezeugt,
auch überwunnden seyn, das Sy in jrem vorhaben vnrecht,
vnnd wir, vnnsers Fürnemens, guten Glimpff, auch Fug vnd
Recht haben.

Dweil wir dann auch, auß Gnaden Gottes, hierinn vnnsers
Ampts, oder Oberkait, zu vilmalen durch das Heilig Göttlich
Wort, erinnert vnnd bezeugt, das vnns, als ainer Christenli-
chen Oberkait, So von wegen Ewer Kai. Ma. vnnd deß Haili-

gen Reichs, den Obersten Gewalt deß Schwerdts, gegen allen
vnd yeden, in der Statt Augspurg wonend, zu Abstellung deß
Vnrechten, zu gebrauchen haben, vnnd gebrauchen: Welchen Ge=
walt, auch ain yeder mennsch, gar niemands, ja auch kainen
Gaistlichen auf Erdtrich Außgenommen, ob Er auch ain Apo=
stel, Euangelist oder Prophet were: Jnmassen die Alten Hailli=
gen Bätter dauon geschriben, zu widerstreben, Sonnder vnder=
thänig zu sein gebüret, dardurch dann vnns bey vnser Selen
Seligkeit vnd Hail zu steet, vnd aufferlegt ist, Alles dasjhenig,
was vuns, durch Götlich Schrifft, wider Gott vnd sein Hailigs
Wort zu sein erzeuget, oder sunst ergerlich ist, in sollicher vnn=
ser Oberkait, allenthalben Abzustellen, vnnd dasselbig kainswegs
zu gedulden oder zu gestatten, Wie dann die Christenlichen Kai=
ser in jren jüngsten Satzungen, von jnen selbs rümen, das dem
Ampt der Oberkait fürnemlich gebüre, acht oder Auffsehens zu
haben, damit die Bischoff oder Gaistlichen, die gesunden Lere,
nach der Regel der hailigen Apostel vnnd Alten Bätter, dem
Bolk fürtragen, vnnd ain Erber, Züchtig leben süren, dann so
durch die Oberkeit das also bestellet vnnd verfügt werde, So
sey dester er zu uerhoffen, das Gott der Allmechtig, derselben,
in jrem Zeitlichen vnnd Eufferlichen Regiment, auch deß meer
Glüks vnnd Wolfart verleihen werde: Welchs Ampt, wir auch
fürnemmlichst von Gott dem Allmechtigen, darzu gewidemmt
vnnd aufgesetzt sein, achten, damit die Oberkait, allen mögli=
chen fleiß fürwende, das sein hailiger Name geeret, sein Reich
erweittert, sein Glori vnnd Ere groß gemacht, vnd gepriesen:
Aber dargegen, alles das Abgestellt, vnd hinweggethan werde,
was zu Schmälerung, Abbruch, oder Verklainerung deß alles
raichen vnnd Sich erstrecken möcht. Dweil dann auß der haili=
gen Götlichen Schrifft, offenbar vnnd vor augen ist, wie, vnnd
in welcher gestalt, die Päpstische Meß, mit jren erschröcklichen
Vmstenden, Auch die Anbettung der Lieben Hailigen, vnnd der
Bilder, sampt anndern mer verderblichen Mißbreuchen, so die
genannten Gaistlichen, in Vbung, ain Zeitlang, herbracht, vnd
biß auf die Stund, durch was wege (ligt auch am tag) laider
an vil ortten, wie bey vnns, auch wider Gottes Ere vnd der
Selen Seligkeit, erhalten, inmassen dann solche Mißbreuch vnnd
Jrrtumb, hieuor, bey den Alten, vnd zu vnnsern Zeiten, auß

sonndern

sonndern Gnaden vnd Fürsehung Gottes, durch vil Frumme, Gelerte Leut, der hal'igen Schrifft, gar nichts gründtlichs an gezaigt, oder dargetban werden möge. Das Ey auch da wider noch nichts anders, dann mit haimlicher Practik vnd vorhabens der That, getrachtet vnnd gehanndelt haben.

Dennach, als wir solche verklainerung vnnd ergernus, an Gottes Ere, Auch die Gefärden der Selen Leibs vnnd Guts, zu schwerer ergernus deß Nechsten, ferrner zu gedulden, auß Pflicht vnnsers Ampts vnnd Beruffs, gegen Gott dem Allmechtigen, vnnd allen gutherzigen Christenmenschen, lennger mit kainem Fug, noch Grund, verautwortten kunden, Auch vnns, vnnsern aigen Gewissen, vnd das Hail an Seel vnnd Leib, täglich getrungen, zuuor, dweil wir sunst kain gebürlich Einsehen, über vnnser vilfeltig, Christenlich, Freundtlich, Anlangen, noch sunst, bey offt gedachten Gaistlichen, nit erlanngen mögen, Sonnder vil mer dargegen, Endtlich verderben, an Sele vnd Leib, durch Sy, gewißlich förchten vnd gewartten müssen. Vnd wir dann auf das lanng vertröst Gemain, Frey Christenlich Concilium, im Reich Teutscher Nation, das auf vilen Reichstägen beschlossen, vnd verabschidet ist, vnnd Christenlichs Einsehens, über so vilfeltig Bestimmen, Auch jüngst bescheben angemaßte Eröffnung, hierinn gar kainen Trost erlangen, noch bey vns selbst nit Schöpffen mögen. Dann so ist dasselbig vermaint Concilium juuorderst nit im Reich, Teutscher Nation: vermöge der obangeregten Reichs Abschid: Angesetzt. So steet das Außschreiben, Sonderlich mit Beruffung der Personen, die zu solchem Berümbten Concilio geforbert vnnd Geladen werden: Auch der massen auf deß Papsts vnnd kines Anhanngs seiten, So vorthailhafftig, das man darauß wol abnemen vnnd vermerken kan: Wa schon dasselbig der schwebenden Kriegßleuff halben im Welschlannd, ainen Fürganng haben oder gewinnen sollt: da es doch weder Christenlich, noch Frey, sein, oder gehaissen werden möcht, Besunder, das es nit mer, dann ain Conuenticulum vnnd Versamblung sein wurde, derjhenigen, so dem Papst Gelobt, Geschworen vnd verwanndt, Welche zu erhaltung der Herrschafften, deß Pomps, Prachts, vnnd Reichtumbs der Kirchen, Sonnder allen zweifel, durchauß zu allen dingen wurden antwortten, perverfum placet. Nun aines solichen vermainten Pa,

Z

piſtiſchen Concilii, begeren wir aber eben ſo wenig, vnnd haben
als wenig darauf gewißt ze wartten, So wenig, als wir geſe=
hen vnnd vermerckt, das der Papſt ainen Luſt oder Willen ge=
habt, ain Frey, Chriſtenlich Concilium, im Reich, Teutſcher
Nation: vermöge offt gemeldter Reichs Abſchiden: zu halten
vnnd zu leiſten. Demnach vnd hierumb, So wir an vnnſer
beuolhen Amt, der Oberkeit gedacht, vnd vnns erinnert haben,
was wir, vnnſerer befohlen Gemainde, ze laiſten ſchuldig ſeyen,
Nämlich zu uerfügen, das ſy, ain ſtill, ruwig leben füren mö=
gen, in aller Gotſeligkait vnd Erberkait, das auch den Gutherr=
tzigen vnd Frummen, nichts Abgeen, oder mangeln thue, zu
der Frümblait, Tugent vnnd Erberkait: Herwider auch, den
Böſen vnd Gottloſen, kain Vrſach zu gelaſſen, oder ſtat gege=
ben werde, die rechten, waren Gotſeligkeit. Auch die fromme,
gutherzige Chriſten zu uerlöſtern, zu beſchädigen, vnnd zuuerle=
tzen, Sonnder, daß das Böſe, als die verleſterung Gottes,
oder ergernuß des Nechſten, auß dem Mittel der Chriſtenlichen
Gemainde, Aufgeſchriben, vnnd hinweg genummen werde. Das
rumb, auß oberzelten, auch annder mer Chriſtenlichen Bewegs=
nuſſen vnnd Vrſachen, haben wir vnns, ſampt vnnſerer Chriſt=
lichen, Freundtlichen, Gehorſamen, lieben Gemaind, entſchloſ=
ſen: Alles das wider die Ere Gottes, vnd der Selen hail ſein
mag, bis auf ain Frey, Gemain, Chriſtenlich Concilium, im
Reich Teutſcher Nation: in maſſen, wie obſteet: oder, ſo lang
wir durch das Gottes Wort, zu ainem Beſſern gewiſen werden,
bey vns, in vnſer Stat allenthalben abzuſtellen.
Vnd derhalben dem Thumbcapitel, auch in der Gemain,
allen genannten Gaiſtlichen allhie, anzaigen laſſen, das Sy,
mit iren meſſen, vnnd anndern vermainten Ceremonien, an allen
ortten, ſtillſteen, vnnd hinfür an, kain Meßmer, an kainem
ort in der Statt Augſpurg, vnnd derſelbigen Gebieten, halten,
Singgen oder Leſen: Auch die Stainene vnnd Hültzine, gebawen
oder geſchnitzte Götzen, ſo vnnder dem Namen der Außerwölten
Junckfrawen Marie, oder annderer lieben Hailigen, ſo Sy in
iren Verwaltung, vnnd offenlich, zu der Schmach vnnd erger=
nuß Gottes, Auch irem Aigen Nutz, fürgeſtellt, Welche von
vilen Ainfältigen Leuten, mit niedergebogen Kayen, vnnd ſunſt,
Angebett vnd vererrt wurden, Abſtellen, vnd hinwegt thun ſollten.

Wir achten vnns auch darburch vnnd damit, weder dem
Bischoue von Augspurg, noch yemands anderen, in sein Oberkait gegriffen, Sonnder vnnsers Ampts, der waren, rechten
Oberkait, so der Ennde das Schwerdt trägt, vnnd von Gott
Eingesetzt, Auch allen mennschen, on Vnnderschid, die seyen
Gaistlich oder Weltlich, derselben Gehorsam vnnd Vndterthenig
zu sein, befolhen vnd gepotten ist ꝛc. hierinn gebraucht, zu haben: Dweil doch berürt Bischoff vnd seine genannte Gaistlichen,
über so vilfeltig vnnser beschehen Ansuchen vnnd Begeren Sich
zuuolziehung jres Ampts vnd Befelchs, Nemlich des Kirchen-
diennsts, inn beiden Stucken, der Lere vnnd Ceremonien, zu
Aufpawung der Christenlichen Gemainde, nit haben vermögen,
oder bewegen lassen wöllen.

So dann ye die Religion ain sollich ding, welchs auch bey
den Haiden, yedermann gemain, vnd de jure Gentium geachtet worden ist: daher auch die Sacra vnnd Sacerdotes im Rechten, vunder das Jus publicum gerechnet vnnd gezelt werden:
Vnnd dann auch die Christenlichen Kaiser (inmassen hie oben
zum tail auch gemeldet) fürnemlich jres Ampts sein erkennt,
Einsehens zu haben, vnnd Fürsehung ze thun, wie durch die
Bischoue vnnd Gaistliche, nach der Regel der hailigen Aposel
vnnd Alten Vätter gelert, Auch Erberlichen gelebt werde. So
haben dennach vnd darumb wir, als diejhenigen, so solchen Gewalt des Schwerdts, im Namen, vnnd von wegen Ewer Kai.
Maiestet, vnnd deß haillgen Römischen Reichs, in dessen Statt
Augspurg Administrieren vnd verwalten, Sollich notwendig Einsehens vnd ännderung, Gott dem Herren zunorderst zu Lob,
Ere, vnd Preiß, Auch vnnsern Gewissen zu erleichterung vnnd
Aufpawung der Christlichen Gemaind, berümter maß, zu thun
vnd fürzunemen, kainswegs ferrner zu vmbgeen oder zu vnnder-
lassen gewißt.

Dweil wir daneben auch ferrner durch das Wort Gottes
vnd die Weltlichen Kaiserlichen Gesetzen Bericht vnd gewisen
werden, das die genannten Gaistlichen, so dem hailigen Gottes
Wort nach, weder leben noch Leren, Sonder vilmer, dasselbig
außzutilgken vnnd juueruolgen, mit höchstem fleiß trachten,
Hanndlen vnd Practicieren, Ja auch das Hochwirdig Sacrament, des waren Leibs vnd Bluts, vnnsers Seligmachers vnnd

Herren Jesu Christi, also offenbar, ärgerlich vnnd grewlich, durch jre Messen, Mißbraucht vnnd verlestert, das dardurch Gott der Allmechtig, zu sonnderm Zoren vnd Straffe, wider vnns, deßhalben billich bewegt werden möcht, wa Wir in dem ferrner den genannten Gaistlichen zusehen. Durch solche auch annbere mer vnchristenliche Mißbreuch, Gottes Namen, vnnd sein hailige Christenliche Gemain ze lestern: derhalben Sy ye nit für die Priester vnd Kirchendiener gehalten mögen werden. So die güttigen, milden, Christenlichen Kaiser, in vil wege, mit Freyhaiten begnädiget vnnd Fürsehen, Sonder, das dieselbigen vilmer, aller vnd yeder Freyhaiten vnd Guthaiten deß Rechtens) als die dem Beuelch Gottes nach, vnnd wie der hailig Paulus leret: weder leben, hanndlen noch leren, Sonder dem allem zu gegen streben) nit väbig, Ja auch dergestalt, bey rechten Christen, also on besserung, nit zu geduden seyen. Dann ye die Kaiserliche Freyhaiten, allain auf die waren Kirchendiener, vnnd Priester, so nach Gottes Befelch, vnnd wie S. Pauls sampt andern hailigen Aposteln, vnd das Concilium zu Nicena, auch annder hailig Gottes Lerer, gelert haben, leben, leren vnnd hanndlen, sich erstrefen thun und verstanden werden sollen.

Vnd dann auch die Kaiserlichen jüngsten Recht, außtruflichen Setzen, ordnen vnnd wöllen, das die Gaistliche sollen sein, aines guten Erbern lebens, der hailigen Apostolischen Schrift geleit, vnnd erfaren, die deß auch ain gut Gezeugnus von der Gemain haben: vnd wa die beyde bey jnen nit erfunden, so sollen Sy, zu sollichem Ampt vnnd dienst, nit Angenommen noch gefürdert: Oder auch, wa Sy durch Vnfürsichtigkeit darzu kommen, also dann dauon wider Abgesetzt werden. Wa nun die Römischen Kaiser vnd Künig den Gaistlichen, Gemaine oder sonbere Freyhaiten, hernachmals verlihen vnnd geben, wer wolt oder möcht dann sagen, jren willen, gemüt vnnd mainung hierjnn geweßt sein, annbere Gaistlichen zu begnaden oder zu befreyen? Dann eben diejsenigen, so nach sollicher jrer Ordnung, zu jrem Stand Erwelet vnnd erforen worden, derselben gemäß auch Leren vnnd leben thaten. Hetten wir dann nun solche Gaistliche bey vnns gehabt, oder noch, Ach Gott, wie wolten wir den Sachen alsobald mit jnen zu ruwe vnnd Friden kommen seyn, denen auch mit Freyem willen, vil mer gethon haben, vnnd noch thun: dann jnen kain Kaiserliche oder Künigkliche Freyhait oder Begnadung zu geben oder vergünstigen hett mögen. Do wir aber deß alles, leider wenig, oder schier gar nichts, bey vnnser vermainten Gaistlichen befunden, So haben wir bey vnns nit erachten, noch gedencken können, das dise genannte Gaistliche, sich deren Freyhaiten, so den Gotsgelerten, Gotsfürchtigen, Andechtigen, Gaistlichen verlihen sind, zu jrem vngotseligen Gotsdienst, auch Vngotsförchtigen vnd Vngaistlichen leben, wanndel, vnd wesen, der Warhait zu wider, behelffen, noch gebrauchen möchten.

Zu sampt dem, das man sihet, das die genannte Gaistliche vast alle, über das Vngotselig leben, so Sy, als oben angeregt, gefüret, biß anhero, nichts embsigers Betracht, gehandelt, vnd Practiciert haben, dann wie Sy sich inn zeitlichen Gütern bereichten, Land vnd Lewt an Sich brechten, Fürstenthumb vnnd Stett erniderten, vnd ersaygten, dieselben auch, durch solch jre Practick, vnder Sich zugen, Darumb Sy auch inn Stetten, zwischen den Burgern vnd Jnwonern, Ratgeben, vnd deß Rats verwandten, vnderainander, vnd gegen der Oberkait, vnnd nach dem jnen sollichs gelegen, die Armen wider die Reichen, vnnd herwiderumb rc. auch allen Nachpawrn, gewanblichen widerwillen, mit allem möglichen fleiß vnnd schleichender stiller geschwindigkeit erwecken, Pflantzen, auch erhalten, vnd kain frid, ruwe, noch ainigkait gedulden, allain zu merung jres zeitlichen Gewalts vnnd Nidertruckung der Weltlichen Oberkait, leiden mögen. Dann insonnder jr Gemüt vnnd Ennd dahin gericht ist, wie Sy den Stetten jre Freyhaiten benämen, vnd dieselbigen Ewer Römischen Kay. Ma. vnd dem hailigen Reich Entziehen, vnd in jren Gewalt bringen, wie dann laider, an vil Orten im hailigen Reich, vnnd anndern Nationen, vor augen, vnnd vnnsern Voreltern, mer als einmal auch begegnet ist, das Sy auch, durch jre genannte Gaistlichen, Bekrieget, Beraubet, die Statt Augspurg dargeben, Eingenommen, Geplündert, vnd viler vnschuldigen Burger Blut jämerlich (wie inn aundern Orten vnnd Stetten mer beschehen) vergossen worden ist: Wir geschweigen deß vnzüchtigen lebens, So Sy, mit dem Weiblichen Geschlecht gefürt, vnnd anderer viler Laster, so Sy, on Straffe,

vnder dem angeregten Schein, der berümbten Freyhaiten (die
doch als oberzelt, auf Sy nit verstannden noch gezogen werden
mögen) wider Gott den Allmechtigen, der Selen hail, Auch zu
Verderblichen Gemainer Burgerschafften ergernuß, verhanndelt,
Also, das auch ainer Christenlichen gutherßigen Oberkait, sollichs
alles gemainer Erberkeit, Pollizey, vnd guten Sitten zuwider,
Solcher gestalt, ferrner nit zu gedulden geweßt were.
Darumb so haben wir, zu Abstellung obgemeldter Beschwerdnuß-
sen, vor Gott dem Allmechtigen, vnd der Gemainde Gottes,
allain zu seiner Göttlichen Ere, der Selen hail, vnd zu erhaltung gemains Fridens, ruw, vnd ainigkait. Auch so vil ergernus, Schand vnnd Laster zu uerhüten, vnnd vunser durch die
Gnad Gottes, herbrachte thewre Freyhaiten, bey dem hailigen
Römischen Reich, Auch Ewer Kai. vnd Kün. Ma. demselbigen
Römischen Reich zu Nuß vnd Wolfart, die Statt Augspurg,
lennger in Gehorsam vnnd Vnterthenigkait zu erhalten: vnd
darzu alle der gemeldten vnnser Gaistlichen geschwinnden Practik
vnnd Anschlag, so wider das hailig Gottes Wort, der Selen
hail, gemainen Bürgerlichen Frid, Nuß vnd wolfart, Auch wider vnns gemaine Statt, vnnd vnnser Freyhaiten, gehalten vnnd
gemacht, so vil müglich, mit Göttlicher hilff, Abzestricken, vnd
derohalben allen Vnrat, so von jenen zu besorgen, in der Statt
Augspurg, zu fürkommen vnnd zu begegnen. Auch gar auß
kainer anndern Vrsach (des wir mit Gott dem Allmechtigen bezeugen) vnns in massen, wie obstect, Entschlossen, Auch gleichermaß den benannten vnsern Gaistlichen, innhalt vnnsers Beruffs, anzeigen lassen, Wa Sy alle groß oder klain, ainer oder
mer, kainen außgenommen, hinfüren, in der Statt Augspurg,
jr gewondliche Wonung, haben oder halten, vnnd darinnen
jeben wolten, das Sy sich, in die Burgerlich Pflicht vnnd
Recht, wie annder Gehorsam Burger, der Statt Augspurg begeben, von kainns zeitlichen Genieß wegen: dweil wir weder
Stewr, Vngelt, noch annders an Sy begert haben, Sonnder
allain, Recht geben vnnd nemmen, wie anndere Burger, vnnd
der Oberkait, allhie, darunder Sy wonen, vnnd geschüßt werden, Gehorsum zu sein, damit die Straffwirdige alle, niemands
außgenummen, Sy haissen Gaistlich oder Weltlich, so diese lobliche Reichs Statt innwonen, zu straffen, vnd die frummen zu

schützen, vnnd dardurch, auch damit sich erzaigen vnnd beweisen
sollten, das Sy hinfüren, wider Gottes Ere, der Selen hail,
gemainer Friden, Nutz, Wolfart, vnnd die Oberkait, Auch jre
Mituerwandte nechste Christen. Vnd die Statt Augspurg, als jr
Vatterland obberürter massen ferrner nit Practicieren, Ratschla=
gen, thun, oder hanndeln, Sonnder gegen jene, dem Vatterlannd,
vnnd derselbigen Oberkait, von Gott gesetzt, vnnd den Nechsten,
ain gleiche gehorsame, Liebe, Gunst vnd Freundtschafft, wie ann=
dere frumm Burger laisten, vnd erzaigen wollten. Auß welchem
dann ferrner volgen wurde, das wir vnnser Burgerschaft, vnd
Sy, bey ainannder, aintrechtigklich, Christlich vnd fridlich leben:
Auch aller Vnwill, zwischen allen Tailen, außgelescht, oder zum
wenigsten Aufgehebt vnd Angestellt werden möcht.
Vnnd damit das menigklich lautter abnemen könne, das wir sol=
cher Hanndlung, allain auff obgemeldten Vrsachen, getrengter
Not, nach vnsers Gewissens, der Sele, Leibs vnnd Guts,
vnnd gar auß kainem Neid, Genies oder andern dergleichen
vrsachen, Sonnder allain zu erhaltung Gottes Ere, vnd gemains
Fridens, Auch darurch grosse Empörung, vnd enndlichs Ver=
derben (wa sollichen, der genannten Gaistlichen, geschwinnden
Practick, nit mit guttem zeitlichen Rat, vnd in freundtliche weg,
begegnet worden were) zu für kommen vnnd zu begegnen, So
haben wir vnns, gegen den genannten vnnsern Gaistlichen,
alsobald erbotten, wie wir vnns auch hiemit erbieten, das wir
jnen, nit allain weder klains noch groß, an jren zeitlichen Güt=
tern nemmen, Sonnder Sy an Leib vnnd Gut, vor allem vn=
rechten Gewalt, gleich wie vnns selbs vnnd annder vnser Bur=
ger, treulich Schützen, Schirmen, vnnd hanndthaben wöllen.
Damit auch weder Sy, noch sunst yemands annders, vnnserer
Religion vnnd Bekenntnuß halben vnsers Glaubens, ainich
annder gedanken in Sich bilde, vnd sich hierinne zu beschwerten,
oder ainicher annderer Handlung, oder Fürnemens, Annderst
denn was zu Gottes Ere, vnnd gemainen Fridens vnd obge=
meldts Fürnemens raichet, zu besorgen, So haben wir vnns
alßbald vernemen lassen, wie auch hiemit vnnser offenlich Be=
kanntnus vnd Confession ist, das wir inn vnserm Hailigen Chri=
stenlichen Glauben, alle die Articul vnnd Confession deß Glau=
bens, so durch weiland den durchlauchtigsten, Hochgebornen
Fürsten, Hertzog Johanns, Churfürsten zu Sachsen, loblichster

Gedechtnuß, auch annbere feiner Churfürflichen Gnaden Mit=
uerwandte Fürften, Grauen, Frey vnd Reichs Stett, vnnfere
Gnedigfte, Gnedige, Günftige liebe Herren vnd Freund, Ewer
Kai. Ma. auf den letften, allhie bey vnns gehaltnem Reichstag,
übergeben worden, hiemit offenlich, Bekennen, Glauben, vnd
halten, vnd demfelben veftigtlich vnnd fteiff, anhanngen, Auch
dauon kainswegs weichen wöllen, Alles nach Innhalt obgemeld=
ter Chur vnd Fürften, auch annderer, deren verwandten Stennd,
übergebene, vnnd offenlich im Truck auffganngnen Bekenntnuß.
   Vnd wie wol vnns nit zweiffelt, das obengeregter vnnferer Chrift=
lichen Hanndlung halber, Ewer Kai. vnd Kün. Maiefteten, Auch
Chur= vnd Fürftlichen Gnaden, gnaden, vnd Gunften, Auch
yedem frummen, gutherzigen, vnpartheijfchen Chriften, durch
das, wie oben mit kurz dargethan worden, gnugfam gegründt,
anzaigung befchehen, vnd wir deßhalben Entfchuldigt fein, das
auch dardurch vnnfer mercklich Bekennqung vnnd Eifer, zu
rettung Gottes Ere, vnd das hail der Selen, Leibs, Ere vnnd
Guts, erhaltung gemaines Friedens, gutter Polliccy, vnferer
Freyhaiten, lauter ermeffen, vnd nichts anders, in folcher vnn=
fer Hannblung, vermerkt, verftannden, noch gefunden werde,
So müffen wir doch taneben, auß den gefchwinden, der genann=
ten Gaiftlichen, biß daher geübten Practick, beforgen, das Sy
folche vnnfere Chriftliche Hannblung, gemüte vnnd fürnémen,
bey denfelben Ewren Kai. vnd Kün. Maiefteten, Auch Chur=
vnd Fürftlichen Gnaden, gnaden vnd Gunften, vil anderft Auß=
fchreyen, Außlegen, vnd außgieffen werden, dann Sy, in rech=
ter warhait, an ir felbs geftalt vnd gefchaffen: Ob wol bey
vnns gewiß ift, das Sy die genannten Gaiftlichen, wo nit alle,
doch derfelben merer tail, felbs wol wiffend, vnnd bericht feyen,
oder zum wenigften wiffen follen, das die Päpftifche Meß, An=
bettung vnd Vererung der Stainen vnnd Hülzen Bilder, vnd
annders mer dermaffen, wie oben gedeutet, vnd funft offenbar
am Tag ift, mißbraucht, ain offenbaar, vnleidenliche Gotslefte=
rung geweft, vnd noch feyen. Daß wir auch derhalben, auß ob=
gemeldten vnd annbern Vrfachen, Erlich, Chriftenlich, recht
vnnd wol gehanndelt, wie Sy dann dagegen, nichts gründlichs,
auß der hailigen Götlichen Schrifft, über vilfeltig befchehen Chri=
ftenlich Anfuchen vnd Begeren, dargethon haben, vnd noch dar=

thun mögen: Angesehen, das ain solche offenbare Sach in so
liechtem Schein, Götlichs Worts, durch kain Sophisterey ver-
blendt werden mag: So erinneren wir vnns doch, das die genannten Gaistlichen, jrem Brauch nach, so Sy sunst an aller
obgemeldter vnnser Christlichen Hanndlung, nichts zu tadlen
wissen, Sich fürnemlich dahin, mit geschwindigkait legen, vnnd
schreyen werden, als solten wir Sy, mit Recht, oder sre vermainte Freyhaiten, zu den Bürgerlichen Pflichten vund Recht,
wie oben gemeldt gewisen vnnd angehalten haben.

Demnach Ewer Kai. vnnd Kün. Maiesteten, auch Chur- vnnd
Furstlichen Gnaden, gnaden vnd Gunsten, Auch allen guthertzigen Christenmenschen, hierinnen ain kurtze Rechnung, neben dem,
das ain yeder bey jm selbs ferrner erwegen mag, zu geben: Bitten wir dieselben alle, sambt vnnd sonnder, mit Christenlichen,
vnpartheijschem gemüte, inmassen, wie wir hieoben, im anfanng,
auch gebetten, zuvernemen vnd zu bedencken.

Deß Ersten, das wir allen benannten vnnsern Gaistlichen, die
freyen Wal vnd Willküre gegeben vnd gelassen haben, Welcher
vnnder jnen, die fürgenummene vnnser Christenliche Ordnung
oder Reformation, in der Religion, nit wol leiden oder gebul-
den möcht, das der dazu mit nichten genötet, noch gedrungen
werden, Sonder dem frey gelassen sein soll, mit seinem Leib,
Hab vnd Gut, vnuerhindert menigklichs, Sich auß der Statt
Augspurg, an die Ort vnd Ende zu thun und zuuerfügen, da
Er die Religion vnd Ceremonien, nach allem seinem willen
vnnd gefallen befünde. Wa nun ainer, oder mer über das,
bey vnns, in der Statt Augspurg, beleiben vnd wonen wöllen,
die müssen ye aintweder, also gesinnet gewesen, vhd noch sein,
das Sy bey jnen selbs gewißt, oder aber es dafür gehalten haben, vnsere fürgenommen ordnung vnd Reformation, der Religion, sey Just, Recht geschaffen, vnd der hailigen Götlichen
Schrifft gemäß. Denen (dweil Sy mit vns der Sachen vnnd
des glaubeus ainig seind) wirdt nit Beschwerlich geachtet werden
mögen, jr Berümmte der Gaistlichen Freyheit zuuerlassen, vnnd
zu der gemainen Burgerschafft zu tretten, mit deren Sy doch,
on das, sollichs jrs Glaubens halben, gleiche Sorg vnd Ge-
färlichkait besteen vnnd erwarten müssen. Oder aber Sy müssen
dermassen gesinnet sein, das Sy gedencken, Wie wol jnen die

fürgenommen vnnſer Ordnung zum höchſten zu wider vnd miß⸗
fellig; So wöllen Sy doch daſſelb, biß ſo lanng Sy iren vor⸗
tail vnd gelegne zeit erſehen diſſimulieren, vnnd deß ſich offens
lich nit annemen, Aber daneben haimlich, auf alle menſchliche
vnd mügliche Mittel, Weg, vnd Practick gedenken, wie Sy
ſollich vnſer Ordnung wider Abtreiben, vnnd jren Alten Jar⸗
marckt, in der Kirchen wider aufrichten mögen. Diſe (dweil Sy
vnnſere warhaffte Widerſecher ſeyen) die mögen Sich der Bur⸗
gerspflicht noch vil weniger mit ainigem Fug beſchwären, da⸗
rumb, dann wer könnt das immer billichen, das man in ainer
Statt, oder ainem Gemainen Nutz, ainen Sitzen vnnd wonen
laſſen ſölt, frey vnnd vnnerſtrikt, da man wiſſendtlich wißt,
daß Er derſelben Statt höchſter Widerwertiger were? Vnnd
das nit dieſelbig Statt, zum wenigſten doch dieſe weg, gegen
jm, fürzunemen Macht hette, das Sy, vnd die jren, vor jme
Befridet, Aſſecuriert, vnd verſichert ſein, auch beleiben möchten,
Sonnderlich dweil Er Geſchützt, vnd Geſchirmmt, vnd für ſöl⸗
lichs nichts annders, dann Burgerliche Lieb vnd Trew begert
wirdt, So doch die gemaine geſchribne Recht vnd die natürlich
Billichkait, ainer neben ſonndern Perſonn zu laſſen vnnd zuuers
günnen, in ſolchen vnnd dergleichen Fällen, Caution vnnd Si⸗
cherung von iren Widerwertigen zu erlanngen, Wie vilmer ſoll
dann ſollichs ainer Oberkait gegen denjhenigen, ſo vnnder oder
bey jr ſitzen, wonen vnnd Beſchützt werden, vergünſtiget vnnd
zu gelaſſen ſein oder werden? Dann vnnſere Voreltern, haben
nit vergebenlich, oder vmbſunſt, geſagt vnnd geſprochen: Man
ſoll ain Schlangen nit in der Schoß, noch ainen Lewen in dem
Gemainen Nutz aufferzichen ꝛc.
Derwegen ditz Geſchlecht der genannten Gaiſtlichen, Sich Ein⸗
zehnug ainicher vermainten Freyhaiten, noch mit vil weniger
Fug zu beklagen hat: dann man waißt ye wol, das niemand
ſich ainiger Freyhait behelffen oder gebrauchen mag, übels oder
vnrechts ze thun, Auch wider ſeinen Nechſten, zu geſchweigen
wider ſein Oberkait von Gott geſetzt.
Nun wiſſen wir vnns gleichwol auch zu erinnern, was von Göt⸗
lichem vnd Kaiſerlichem Rechten, die waren rechten Hirten,
Prieſter vnd Kirchendiener (welichs alles ains iſt) für Freyhai⸗
ten haben mögen. Darneben iſt auch offenbar, was demſelbi⸗

gen jrem Ampt vnnd Beruff nach (wöllen Sy annderſt ſöllicher
Freyhaiten fähig, vnd rechte ware Kirchendiener vnnd Hirten
ſein) zu thun gebürt, Namlich, wie der Hailig Apoſtel Paulus,
die hailigen Vätter, Sonnderlich auch das Kaiſerlich Recht mit
lautterer Benennung, gemeldts Apoſtels, Leren vnnd Anzaigen,
Alſo: das Sy nüchtern, Züchtig, nit Weinig, nit Haberer, zu
leren geſchickt, vnnd vnſträflichs leben ſein ſollen ꝛc. So nun,
wie vor Augen, vnd am tag ligt, die genannten vnnſere Gaiſtlichen, derſelbigen Anzeigen gemäß, weder Leren, noch vil weniger darnach Hanndlen vnd leben, Sonnder das zum allerun-
leidenlichſten vnd erſchröcklichſten iſt, Solliche Apoſtolliſche Lere,
vnd das lautter Wort Gottes, zuuerhindern, zuuertrucken; vnnd
gar außzutilgken, höchſts fleiß, täglich, on vnnderlaß vnnd aufhören Sich bearbeiten, vnnd in ſolchem weder müe noch Co-
ſten ſparen, Ja auch die Erbgütter Chriſti vnd der Armen, zu
ſollichen jrem Widerchriſtiſchen Handel, vnd ſunſt, ſo ärgerlich
gebrauchen vnd verſchwenden, So muß ne vnwiderſprechlich folgen, vnd darauß geſchloſſen werde, das Sy nit die Chriſtenliche Prieſterſchafft, denen ſolche Freyhaiten gegeben, zutreglich
oder Nutzlich, Sonder das vil mer dieſelbigen Gaiſtlichen, (Sy
tören Sich dann zu beſſerung) in den Chriſtenlichen Gemainden,
alſo ergerlich, wider Got, zu leben nach der Prophecey Oſee,
nit zu gedulden ſeyn.
Vnd ob wir als ain Chriſtenliche Oberkait, ſolch vnnd der gleichen Gaiſtlichen, wider Gottes Ere, der Selen hail, vnnd vnnſer Gewiſſen, lenger alſo mit jrem Gotloſen, Vngaiſtlichen leben
gedulbeten, möcht wol wider vns, ſampt dem Zorn Gottes,
ſo wir dardurch erweckten, vnd zu gewarten hetten, nit vnbillich
geſagt werden, wie gemeldter Prophet Oſeas ſagt, daß das
Volk gleich jren Prieſtern, vnd derohalben an allen ergernuſſen
vnd übel ſchuldig weren.
Dann ne allen gutherzigen Chriſten, auch allen liebhabern der
Erberkait, vnuerborgen, iſt, das auch das Kaiſerlich Recht (zu
geſchweigen des Götlichen) ordnet, daß der, ſo das übel verhüten kan, vnnd ſollichs nit verhüttet, nit weniger, als der-
ſelbs theten, Straffwirdig vnnd darfür geachtet wirdt, als ob
Er, an ſollichem übel, ain wolgefallen hab.
Nach dem dann die genannten Gaiſtlichen, in jrem angemaßten

Ampt (wie oben gemeldt) also vnchriſtenlich, ärgerlich, vnd
Sträflich leben, vnnd an ſollichem nit benügig, Sonnder auch
annder vil Chriſtenmenſchen, mit jnen zum Abfal gern bewegen
wolten, vnnd die an dem rechten Götlichen wort vnd leben
verhinderen: Auch darzu, durch ſöllich jr vnweſen, zu nachvolg
aller Laſter, ain vnerleidenlich ergernuß vnnd Exempel von ſich
geben, dardurch dann, in der Gemain Gottes, alle Laſter eingefürt, vnnd Sy, die genannten Gaiſtlichen, in dem, allain
im ſchein, jrer vermainten Freyhaiten, on Straff der Weltlichen
Oberkait, wider Gottes Gepott (durch welchs menigklich der
Oberkait, ſo das Schwerdt vnnd den Gewalt tregt, Gehorſam
zu ſein, gepotten) jrem ergerlichen vnnd Sträflichen gefallen
nach, on ſcheuchnuß, in allem frey ſein wöllen, So bitten
wir hiebey, Ewer Kai. vnd Kün. Maieſteten, Auch Chur- vnd
Fürſtlichen Gnaden, gnaden vnd gunſten, darzu ainen yeden
frummen Chriſten vnd Erliebhabenden minnſchen, vmb Gottes
vnnd der Götlichen Warhait willen, zu erwegen, wie vnleiden-
lich vnnd beſchwerlich ain ſolchs in der Chriſtenlichen Gemaind
vnnd Policey zu erdulden oder zu geſtatten ſey, das yemand,
vmb ain Laſter, von der weltlichen Oberkait (die den Gewalt
von Gott hat) Geſtrafft werden, vnd der andre, als die genannten Gaiſtlichen, ſo Sy, wie laider teglich geſchicht, eben
gleicher geſtalt, Straffwirdigklich banndlen, in ſolchem vngeſtrafft
bleiben, Auch darzu, den Erbtail Chriſti, vnd der Armen, üp-
piglich verſchwennden, vnnd dannoch in ſolchen jren Laſtern gefreyet ſain, vnnd gebanndthabt werden wolten.

Wa nun ain ſolche offenliche vngleichheit alſo, wie bißhero, ain
zeitlanng beſcheben, hinfüro geſtattet werden ſolt, So iſt am
tag, das die Oberkait, für diejhenigen geacht werden müſte:
welche nit allain wiſſendtlich die Laſter geduldet, Sunder auch
ſelbs, wider Gott, jrer Seelen hail, vnd dem Beruff jres Ampts
banndelt: vnnd darumb vor Gott vnd der Welt Straffwirdig
were. Zu dem das den genannten Gaiſtlichen, ferrner ain ſollich
vngotſelig leben, on Straff vnnd Gehorſam der Oberkait zu
füren, in vil weg, ſelbs zum höchſten, gegen Gott vnd der
Welt vnuerantwortlich, beſchwerdlich, vnnd vntreglich ſein wurde.

Dann ye die berürte Gaiſtlichen (wa Sy irre Beruffrecht anſehen wöllten) nichts annders ſind, dann diener der Gemainen

Kirchen, vnd Außtailer der hailigen Göttlichen Gehaimnuß, derhalben jnen zum fürnemsten gebüren will, neben der Rechtschaffen Lere, ain Züchtig, Erber vnnd Gotsförchtig leben zu füren,
damit durch jr hailige Lere vnd leben, die Christlich Gemaind,
täglichs gebessert vnd zur Gotseligkait aufferbawen werden mögen. Wann ye (wie der Kaiser Justinianus, Hochloblichster
gedechtnuß, an ainem Ort sagt) Söllen Sy annder Lewt zu
Gott füren, vnnd den Weg weisen, So müssen Sy zuuor Sich
zu Got bekört han, vnd sollen Sy ander Leut Weiß machen, so
müssen Sy zuuorderst mit Weißhait verfaßt sein: Dergleichen
Söllen Sy andere Erleuchten, vnd hailigen, so müssen Sy
zuuorderst Erleucht vnd hailig seyn 2c. Wer kan oder mag
dann nun anderst sagen, dann das die Freihaiten, so von den
Christlichen Kaisern vnnd Künigen, den Gaistlichen verlihen, allain solchen Gaistlichen, wie oberzelt, so da Gotsförchtig, Gelert, Erleucht, vnnd hailig 2c. gegeben seind: vnd eben allain
dazu, das Sy die Christenlichen Gemainde, mit Lere vnd Leben
bessern vnd hailigen solten. Wa die nun sollichem gemäß, nit
allain nit Gelert seind, noch leben, vnnd die Gemaind, weder
Leren, noch mit dem Leben zur Besserung raitzen, Sonnder auch,
allen möglichen fleiß fürwenden, zuuerhindern, das die Christenlich Gemainde, von anndern auch nit recht Gelert, vnd in
der Gotseligkait Erbawen werde, Wie möchten Sy dann, zu
solchem vnchristlichem Werk, ainiger Freyhait behelffen oder ge-
brauchen? So doch zuuorderst wider die Ere Gottes zu hanndlen, kain Freyhait außgelegt, oder verstannden werden: Wie
auch kain Freyhait, (vermöge der Recht) nichts vnzimmlichs,
Einschliffen mag: Dann das Recht Presumirt oder vermuttet nit,
das der Will vnd die mainung, deß, so solche Freyhaiten gegeben, ye gewesen sey, dardurch yemand zu schützen, oder hanndt
zehaben, bey oder dem Vnrechten, Ja Es will, vnd vermag
auch des weiter oder merer, das, So, vnnd wann, ain Freyhait yemand gegeben worden, im Fal, der zimmlich vnd billich
war, zur selben Zeit, vnd ännder Sich aber nach der handt,
die Sachen, in der Geschicht, oder jrer gelegenhait, dermassen
vnd also, das der billichkait nach, nit zuuermuthen noch zu glauben ist, wa die Hanndlung im anfanng, solcher gestalt geschaffen geweßt were, das der Geber, im anfanng, demjhenigen die

Freyhait für Aufgehaben, Reuoclert, vnnd caffiert, geacht vnd gehalten werden foll, Auff das die Freyhait nichts vnzimblichs noch vnb:lichs Einschließ oder begreiffe. Auß welchem dann endt: lich vnd vnwiderrnflicher uolgen ift, das die Freyhaiten, den Gaiftlichen verlihen, allain für die Warhait vnd Gotfeligkait, vnnd denen nit zuwider, Abbruch oder Schmelerung, von Rechts wegen, foll vnd muß Außgelegt oder verftannden werden: Dann auch der Gaiftlichen Gewalt, nach der Lere des Hailigen Pauli, Sich allain zu Aufpawung, vnd nit zu Zerbrechung, oder Nider: truckung der Chriftenlichen Gemeind, erftrecken vnd erreichen thut. Darumb fo mögen die genannten vnfere Gaiftliche, mit keinem Grund fagen, oder darthun, das wir jnen jre Kaiferliche vnd Künigkliche Freyhait benummen, oder Enzogen, Sonnder Sy haben Sich felbs, mit Leren vnd Leben, dermaffen gehalten vnd erzaigt, das Sy, vermöge der Recht vnd aller Billichkait follicher Freyhait nit mer fähig, noch Empfänngklich geweft: das auch zu difem jren vngaiftlichen Leben, Sunder allen Zweifel, kain Chri: ftenlicher Kaifer, Sy zu befreyen, oder zu priuilegieren ye ge: dacht ꝛc.

So haben wir, in vnnferm fürnemen, zudem auch nit wenig zu beforgen gehabt, das dardurch in der Gemain Gottes, ein groß: fer Widerwill vnnd Spaltung entfteen, darauf zuletft, villeicht die Sachen zu ainer offenbaren Empörung (aus verhengnuß vnnd Straffe Gottes) erwachfen möchten, zuuor, dweil die Aufruren fürnemmlich vnnd gemeinklich aus dem (wie die Recht anzeigen) herflieffen, wa in ainer Commun, nit gleich Recht vnd Gericht gehalten, Auch ain tail vmb Verbrechen Geftraft wirdet, vnd der ander, vmb glaiche verhandlung, vngeftraft vnd frey bleibt, das alfo in denn annderm ain tail Befchwerdt, oder funft ainem tail Burgerlich obligen, gar vnd allain zu tragen Auferlegt, vnd der ander deffelbigen alles überhebt wirdet.

Bey dem allen, auch Ewer Kaiferlich vnnd Künigkliche Maiefte: ten, auch Chur. vnd fürftliche Gnaden, gnaden vnd gunften, auch alle vnpartheijfche Chriften, ferrner zu bedencken, Nachdem die genannten Gaiftlichen, wider das lauter hailig Wort Got: tes, das wir als obfteet, bekannt, offenlich vnd haimlich Leren, Practicieren, vnnd handlen, das Sy auch, vnns allen vnnd neben, fo das Gottes Wort bekennen, vnnd deffen Sich mit flaiß annemen, derhalben nit günftig noch holdt, Sonder vilmer, als vnnfer höchfte Widerwertige vnd Mißgünner: nach Außwei= fung deß Rechten: zu halten vnd zu achten feind. Das vnns auch derhalben, allen Rechten nach (inmaffen hieoben zum tail auch angezaigt) vor inen, in vnfer Stat, billich, als vor vnn= fern gemeldten Widerwertigen, zu bewaren, zu uerbüten, zu uerfehen, vnnd zu befriden zu gelaffen: Wie auch vnns felbs, vnnfer gemaine Burgerfchafft vnd Statt, follichs zu thun, durch gebürliche wege (wie obgemeldt) fchuldig feind. Welchs vnns auch fo vilmer, weder andern Stetten, von nötten ift, fo uil wir mit vnferm verderblichen Nachtail vnd Schaden, zu dem offtermalen hieuor deß gewitziget worden feind, von vnnfer Gaiftlichen vnd deren vorfaren.

Dann fo wir vnns erinnern, was unzalbaren Schadens vnd verderbens vnns, gemainer Statt Augfpurg, vnd derfelben Bur= gerfchafft bißhero, von den genannten vnfern Gaiftlichen, inn Gaiftlichen vnd Zeitlichen Sachen, wider alle Billichkait zugefügt, alfo das die Statt Augfpurg, von denfelbigen (gefchweig anndern mer) verderblichen Nachtail, an Ere, Leib vnd Gut, wie wir dann zu vnfern Zeiten, fehen vnd vernemen, das Sy noch mit follichen vnd dergleichen Befchwerden wegen, nit gefeyrt haben, vnnd noch nit feiren, zu zweymalen Eingenummen, geplündert vnnd zu tail verbrennt, die Burger jämerlich erftochen, Gefan= gen, hinwegkgefchlaipft, vnnd darnach Gefchätzt werden, So ha= ben wir vnns billicher, difer Zeit, fo vilmer vnd höher zu förch= ten gehabt, als vil der Satan, das hailig Wort Gottes, fo grimmig angegriffen, widerfechten vnnd verfolgen thut, damit wir vnnfer Freyhaiten, an Seel, Leib, Ere vnd Gut (welche die genannten Gaiftlichen, vnnder Sich zu bringen, hoch nach ge= tracht) Zuuorderft mit Gottes, vnd dann Ewer Römifchen Kaif. vnd Künigklichen Maieftaten Hilff, erretten vnd erhalten möchten, wie wir dann zu thun fchuldig fain.

Vnd wiewol wir hieben infonnderhait leungs zu erzelen wißten, wie vil böfer Practik vnnd Anfchlege, die genannten vnfere Gaift= lichen, wider alle Euangelifche Stende, beuor aber wider vnns, vnnfre Freyhait, vnd die wolfart gemainer Statt Augfpurg, in vnd aufferhalb derfelben, geübt, dardurch, ires verhoffens, Acht, Bann, Befehden, vnnd zuletzt engblich verderben, oder zum we=

nigſten Aufruren vnnd Empörung, gefolgt fein ſollten, Es wöl
len wir doch ſolchs, diſer Zeit, aus etlichen Chriſtlichen guten
vrſachen vnd bewegnuſſen, fürnemlich aber darumb vnnderlaſſen,
damit wir dadurch nit zu vnrat, ſo darauff, gegen jnen, vnd
ſunſt in vil wege, gewißlich erfolgen wurde, vrſach geben, Sonder vilmer, vnſernthalb allen vnwillen fallen laſſen, vnnd den
vnfriden (wa das annderſt von Gott ſein ſoll) lieber verhüten,
auf das wir hinfüro, in Friden vnd ruwe, leben, vnd beleiben
mögen.

Dem allem nach, vnd dweil wir ya nichts annders hierrinnen ge-
ſucht, dann vor allen dingen Gottes Ere, vnnſer Selen hail,
den Gemainen vnd Sonndern Friden, auch vnſer theure Freyhait, in Gottesforcht, rechter warer Pollicey, bey dem hailigen
Römiſchen Reich, vnnd Ewer Römiſchen Kaiſ. vnnd Kün. Maieſteten, vnns zu erhalten, vnnd was dem allem zugegen iſt, Als
da ſeind, alle ergernus, Zwietracht, vnnd Empörung, das zu
verderblichem Schaden, an Seel, Ere, Leib, vnd Gut raichen
mag, abzuſtellen vnnd zu verhüten, Auch Sy, die genannten
Gaiſtlichen neben vnns, ſtatlich vnnd beharrlich zu befriden,
Welchs dann jnen, diſer zeit vnnd bey diſen Leuffen, nit für
das geringſt zu achten iſt: Wellichs allain, vnd gar nichts annders, wir inn allen vnnſern Hanndlungen, vorgehabt, vnnd
noch vorhaben: das wir mit Gott bezeugen. So ſeind wir zuuor, zu Ewer Römiſchen Kaiſ. vnd Kün. Maieſteten, vnnſern
Allergnedigſten rechten vnd alnigen Herren, Auch Ewern Churfürſtlichen vnd Fürſtlichen Gnaden, gnaden vnd gunſten, vnnd
allen Gutherzigen frummen Chriſten, der allervnderthenigſten,
vnderthenigſten, vnderthenigen, dienſtlichen, vnd freundtlichen
Hoffnung vnd Zuuerſicht, dieſelben Ewer Maieſteten, Gnaden
vnd Gunſten, haben auß oben angezaigtem Bericht, vnſer Chriſtenlichen, notwendigen Handlung, genugſame Rechenſchaft vnd
Anzaig, alſo, das wir, zum wenigſten hierinn zur billichkait,
Notdurfftigklich Entſchuldigt ſein, wie wir dann hiemit Ewer
Kaiſ. vnd Kün. Maieſteten, Auch Churfürſtlich fürſtlich Gnaden,
gnaden vnnd gunſten zum vnderthänigſten, vnnderthenigklich,
dienſtlich vnd freundlich, vmb Gottes Allmechtigen willen, gebetten haben wöllen, vnns nit allain in ſöllichem vnnſerm Anzaigen
alſo Allergnedigſt, Gnedigſt, gnedig, günnſtig vnnd freundtlich,

zum

zum beſten Entſchuldigt zu haben, Sonnder auch den genannten
vnnſern Gaiſtlichen vnnd anndern vnnſern Mißgünſtigen oder
Widerwertigen, in jrem verunglimpffen vnnd Außſchreyen, diſem
vnnſerm warhafften Bericht zuwider, kainen Zufall thun, Auch
weder ſtat noch glauben geben, dann wir hiemit, gegen denſelben
Ewer Kaiſ. vnd Kün. Maieſteten, Auch Chur. vnnd Fürſtlichen
Gnaden, gnaden und gunſten, diß vnnderthenigſten, vndertheni-
nigen, vnnd überflüſſigen Erbietens ſein, Ob die in ainigen oder
mer Puncten, obberüerts vnnſers gethanen Berichts, nach ainigen Fäl, mangel, oder zweifel hatten, das wir denſelben, auf
beſchehen Erinnerung, ferrner vnd weiter grund vnnd vrſachen,
auß der hailigen Götlichen Schrifft, vnnd zum tail auch auß den
Alten hailigen vättern, vnd Kaiſerlichem Rechten, dermaſſen für
vnd darbringen wöllen, das, vnnſers verhoffens, Ewer Maieſteten vnd Gn. ein gnedigſt vnd gnedig, genügen vnd wolgefallen zu der billichait, daran haben vnd empfehlen ſollen. Erbieten vnns hierauf zu verhören, vor menniglich, wie, vnd wohin
diſe Sachen, von Götlichem, Natürlichen, vnd Kaiſerlichem
Rechten, gehören mögen, Sonderlich aber, für Ewer Kaiſerlich
vnd Künigkliche Maleſtäten, vnnd die gemeine Reichs Stende,
Auch für ain Gemain, Frey, Chriſtenlich Concilium, im Reich
teutſcher Nation, zu vnd für welichs dann wir vnns hierinn,
yetzt als dann, vnnd dann als yetzt, offentlich bedingt vnnd be-
rufft. Vnnd wöllen vnns auch hiemit, abermals, (wie vor offt-
malen) gegen Ewer Kaiſ. vnnd Kün. Maleſteten, vnnſer allergnedigſte Herren, beſchehen, erbotten haben, das wir iren Maieſteten ſunſt, mit aller Schuldigen, vnndertheniſgten gehorſam,
Auch darſtreckung vnnſerer Leib vnd Guetter vnd allem vermögen, als gehorſame Mitglieder deß Reichs zu dienen, die willig-
ſte vnderthan, angeſpart allzeit ſein, vnd erfunden werden wöllen. Gleichermas ſeind wir auch Em. Churfürſtlichen, Fürſtlichen
Gnaden, gnaden vnd gunſten, vnſern Gnedigſten, gnedigen,
vnnd günſtigen Churfürſten, Fürſten vnd Herren vnnd Freunden,
als den Stenden des hailigen Römiſchen Reichs, vnndertheniſgſte,
vnnderthenige Dienſt vnnd Freundſchafft zu beweiſen berait. Hiemit denſelben, ſampt vnnd ſonder, vnns auffs allervnndertheni-
nigſt, vnndertheniglich, dienſtlich, vnnd mit fleiß, freundtlich
befelhend. Datum, Mitwoch, den XVII. tag Januarii, Nach
M

Chriſti vnnſers lieben Herren vnnd Seligmachers Geburt, fünff=
zehenhundert, vnnd im Sibenvnddreiſſigſten Jare.

XI.

Des Biſchofs von Augsburg Chriſtophs von Stadion Verantwortung auf das Ausſchreiben von Burger= meiſter vnd Rath daſelbſt von 1537.

Den Allerdurchleuchtigſten, Großmechtigiſten fürſten vnd her=
ren, herren Carolo dem fünfften Röm. Kayſer, zu allen Zeiten
merern des Reichs, in Germanien, Hiſpanien, bayder Sicilien,
Jheruſalem, Hungaren, Dalmacien, Croacien ꝛc. vnd herren Fer=
dinando, Röm. Hungariſchem vnd Behemiſchen, Könnigen, Ertz=
hertzogen zu Oeſterreich, Hertzogen zu Burgundien ꝛc. Grauen zu
Hapſpurg, Flandern vnd Tyrol ꝛc. Auch den hochwürdigen,
durchleuchtigen, hochwürdigſten, durchleuchtigiſten, Erwürdigen,
hoch vnd wolgebornen, Edlen, geſtrengen, veſten, Erſamen,
fürſichtigen vnd weiſen, des heiligen Röm. Reichs Churfürſten,
Fürſten, Grauen, Herren, Prelaten, vnd denen vom Adel, auch
allen vnd jeden frey vnd Reichs Stetten vnſern allergnedigſten,
gnedigen, gnedigiſten, beſonder lieben herren vnd freunden,
freunden vnd beſonder lieben, Empieten wir Chriſtoff von gotes
gnaden, Biſchoue zu Augſpurg, Marquart vom Stain, Thum=
propſt, Philips von Rechberg von hohen Rechberg dechant, vnd
gemeynlich das gantz Capittel deß Thumbſtiffts daſelbſt zu Aug=
ſpurg, vnſer vnderthenigiſt, gutwillig, vndertbenig, freuntlich
dienſt, vnnd gunſtlichen grus, zuvor, allergnedigiſten, gnedigen,
gnedigiſten, günſtigen lieben herren vnnd freund, Freundt, vnd
beſonder lieben.

Es haben Burgermeiſter vnd Rathgeben, der Stat Augſpurg,
kurtz verſchiner zeit, ain vngegrünte Schmach vnd Eerenrürige
ſchrifft, on all vnſer, vnd vnſerer zugethanen Cleriſey verurſachen,
aus aignem willen, vnd neydiſchen gemuet, in druck gegeben,
vnd außgeen laſſen, die wir gleychwol, als die, für vns gebracht
worden, in bedruckung vnſerer vnſchuld, mit betruebtem hertzen
angehört vnd vernommen, vnd wiewol, wir, genugſam vrſach
hetten, Si, mit gleicher loſung oder ſcherpffe zu bezalen, vnd

jren gesuchten berlümpten vngrund, etwas Newher an den tag zepringen, So wollen doch, wir, hierinnen Ew. Kayf vnd Kön. Mai. auch Chur vnd F. G. liebden, gnaden, fründschafften, gunst vnd Eur, auch vnser selbs, vilmer, dann ir verschonen, vns auch, geliebter bescheidenheit gebrauchen, vnd nichts anders einfuern, dann, das wir, mit Got, vnd der warheit darthun vnd bezeugen, auch vnser Eeren vnuermeidlicher noturfft nach, nit vmgeen noch ersparen mügen, dann vnsers gemuets gar nit ist, das wir durch dise vnsere warhaffte verantwurtung vnd entschuldigung, jemandt schmehen, antaschen oder jniurieren, sonder allein, dern von Augspurg vnpißliche, gwaltige, verpotne vnd strefliche handlung, an vns, vnd den vnsern begangen, so uil die sach immer erleiden mag, mit kurtzen worten erzelen, anzaigen, vnd jr vnerfrindtlich fürgeben, mit scheinparlichem grund wider treiben, von vns schutten vnd ablegen, des wir vns, hiemit protestiert, vnd bezeugt, auch vnderthenigst; vnderthenigklich, günstlich vnd freuntlich gebetten haben wollen, Eur Kayf. vnd Kön. Man. Auch Churf. F. G. liebden, gnaden, gunsten, vnd jr, geruchen, biß vnser anzaigen, gegenbericht vnd entschuldigung, one verdruß anzehören, zu uernemen auch bayder tail Sachen vnd handlungen, mit gleichem, rechtem, vnd vnpartheischem gemuet vnd hertzen, wie wir vns, vnzweiffenlich getrösten vnnd versehen, gegen ennander zu bedenken, zu erwegen, vnnd alß dann zu richten vnd zu vrtailen.

Vns zweiffelt nit, Eur Kaif. vnd Kön. Man. Auch Churf. F. G. liebden, gnaden, fruntschafften, gunsten vnd euch, sey noch vns uergessen, was Eur Kayf. vnd Kön. Man. neben vnd mit andern Reichs Stenden, jn Sachen, die Religion, vnd also vnsern hayligen, waren, Christlichen, vnzweifenlichen glauben, belangend, gemeiner teutscher Nation, vnd gantzer Christenheit zu nutz, wolfart vnd gutem, vff Jüngst gehaltnem Reichstag zu Augspurg beratschlagt, gehandelt, fürgenomen, beschlossen, vnd publiciert, Wellichen Abschid wir, als die gehorsamen, angenommen, vnd demselben, bißher, wie vns wol ansteet vnnd gepurt, nachkomen vnd gelebt. *)

---

*) Da damals die Reichstagsabschiede in Religionsangelegenheiten beynahe jederzeit vnd durchaus zu Gunsten der katholischen Stände abgefaßt vnd

Dagegen, haben Ew. Kay. May. genannte Burgermeiſter und
Rathgeben, damals, ein ſchrifft, zugeſtelt, vbergeben, vnd Sich
darinnen gegen Ew. Kay. May. mit vßgedruckten worten, bewilliget, wie hernach uolgt, vnder anderm alſo lautendt.

Item an der Meß, Beicht, noch ſonſt andern Ceremonien, haben wir von altem bißher, niemands geirrt, oder daruon gedrungen, alſo gedenken wir auch, fürther, niemandts daruon zu dringen, oder daran zu verhindern *)

Wie Sie das gehalten haben, dem gelebt vnd nachkomen ſeyen,
das gib jr hienach gemelte vermeynte erkantnus clerlich zu erkennen.

Wiewol nun, wir, vns verſehen, vnd getröſt hetten, die genanten Burgermeiſter und Ratgeben, ſolten jrer vbergebnen ſchrifft,
krafft vnd ſtat gegeben, vnd in Religionſachen, kain enderung
fürgenomen, auch das Concilium, wolches doch, Ew. Kayſ.
May. vermüg der verfaßten Reichs Abſcheid, zufürdern, in ſtetter vebung geſtanden, vnd an Ew. May. kain mangel erſchinen
iſt, nit für gegriffen, ſonder erwarttet, **) vnd in dem allen
zum wenigſten, dem Nürnbergiſchen Anſtand, der alle vnd jede
weytere newerung, in glaubensſachen verpeut, gemeß gehalten

---

beſchloſſen worden ſind, ſo konnten ſie ſolche wohl annehmen und Gehorſam leiſten, wohingegen die evangeliſchen Stände, welche durch die
ſelbe unverantwortlicherweiſe eingeſchränkt, und nicht ſelten ſehr getrückt
wurden, öfters dagegen nicht nur proteſtiren mußten, ſondern ſich auch
dieſelbe nicht gefallen laſſen konnten, woraus aber deswegen kein Ungehorſam zu folgern geweſen, wie hier gleichſam darauf gedeutet werden wollte.

*) Das reine evangeliſche Licht der Wahrheit war zu jener Zeit in Augsburg
noch nicht ſo eindringend geweſen, als ſolches erſt nach und nach wurde.
Es war noch eine Morgendämmerung, welche die aufgegangene Sonne
nachher verſcheuchte, da mehrere Aufklärung eintrat. Der Augsburgiſche
Magiſtrat entſchloß ſich damals mit gerechtem Eifer, nur eine, und alſo
die evangeliſche Religion als die herrſchende einzuführen und auszüben zu
laſſen, und um dieſe rein zu erhalten, mußte er die Mißbräuche abſtellen, welches ganz der Natur der Sache gemäß war. Dieſer Heroiſm —
dann ſo kann man ihn nennen — gereichte der Stadt zu keiner Unehre,
und noch jetzt nicht, ob ſie gleich denſelben heut zu Tag nicht mehr hätte.

**) K. Karl der V. war freylich zu Abhaltung einer Kirchenverſammlung
ſehr geneigt, wenn nur die römiſchen Biſchöfe ihr Verſprechen und der
ſelben Legaten ihre Verſicherungen gehalten hätten, aber es waren nur
leere Verſicherungen. Vielleicht wäre Hadrian der VI. dazu geneigt

vnd erzaigt, *) Wie wol wir auch, jnen zu ainicher vnrwe oder widerwillen, mit dem wenigsten, ainich vrsach nit gegeben, sonder bey jnen gern friblich vnd ainig, gesessen sein, vnd gewonet haben wolten So haben doch, Sie solchen obberurten jrem trefsenlichen zusagen vnd erbieten zuwider, ein newerung nach der andern angefangt, die loblichen, lang hergebrachte Creutzgeng, zu halten verhindert, **) alle vnd jede vnsere, vnd anderer gaistlichen, Predicanten, aigens gwaltz, jrer leeren halben vnüberwunden, mit der that abgestelt, vns, vnser Kirchen, zu Sanct Johans genant, die der bailig Bischoff Sanct Vlrich gebawen, vnd Sie, oder jre vorfarn, kain Stain daran je gelegt, die wir auch, bißher on all jr zuthun, off vnsere costen vnderhalten, sampt andern mer Kirchen vnd Capellen, gewaltigklich eingenomen, verspört vnd zu jrem gefallen gebraucht, deßgleichen die jerlichen Liechter, Wachs vnd Olgülten, so wir, vnd die vnsern, von jnen, oder den Pfarrzehen, vmb bar gelt erkaufft, nit mer geraicht, sonder innen behalten, vnd also, wie der veryrrten leut art vnd naigung ist, von ainem zu dem andern gegriffen, biß doch zuletst, jr wiederspnnig gemüt, vnd verbittert hertz, so nit

---

gewesen, allein sein schneller Tod hinderte ihn daran, und seine Nachfolger auf Peters Stuhl, zogen absichtlich die Sache ins weite, sie sich selbst aber aus der Schlinge, denn sie fürchteten sich, es möchten zu viel schlechte Streiche von der Klerisey, vom ersten Bischof bis zum niedrigsten Kleriker an Tag kommen, und die Beschwerden der deutschen Nation mit Eifer befestigt und durchgetrieben werden, wovon sie auf den Reichstägen nie etwas hören wollten, und über dieselbe hinausgiengen.

*) Es war freylich betrübt, daß die protestantischen Stände den Einfällen der Katholischen auf den Reichstägen nicht nach Wunsch und Willen gelebt, und blos nach ihrer Freyheit und nach ihrem Gewissen gehandelt haben, gerade so, wie sie handeln mußten, um ihre Religions- und Gewissensfreyheit durchzusetzen, und sich von dem päbstlichen hartdrückenden Joch zu befreyen.

**) Das war sicher kein Gedanke des Bischofs von Stadion, denn die Kreutzgänge gehören unter die schlechtesten und heillosesten Mißbräuche in der römischen Kirche, und diese kannte von Stadion zu gut, als daß er dem Magistrat deswegen einen Vorwurf gemacht haben sollte, denn er suchte sie ja selbst abzustellen, und eiferte gegen alle Mißbräuche auf dem Reichstage zu Augsburg 1530. wie konnte er sie hier vertheidigen? Es bleibt also dieser Vorwurf ein Hirngespinst des Verfassers.

erſt jetz angefangen, ſonder lange jar, in jnen gewurtzelt hat, laider vßgebrochen, auch mit höchſtem trutz, poch, vnnd vbermeſſiger vnbeſchaidenheit erſchinen iſt.

Wann vff den XVIIj. tag des Monats Jenners, nechſt verſchinen, haben vns, die eegedachten Burgermeiſter vnd Rathgeben, ein vermeinte ſchrifft, die Sie, ain erkentnuß nennen, durch jre geſandten, vberantworten laſſen. Mit dem anhang, das dieſelb vermeint erkantnus, der groß vnd klain Räthe fürgenomen, vnd beſchloſſen hetten. Die Sie auch, volnziehen, vnnd ernſtlich das robhalten wölten. Vnd laut die bemeldt ſchrifft alſo.

Dieweil die Bäpſtlichen Meß vnd Ceremonien, Götzen vnd Bilder vererung vnnd dienſt erſchreckenlich wider Gott mißbraucht ſeind worden. So hat ein Erber klainer vnd groſſer Rath der Statt Augſpurg, erkennt vnd angeſehen, bey vnd mit allen Gaiſtlichen, in der Statt Augſpurg, vnnd derſelben Gebiet, fürnemlich in allen Pfarrkirchen hoch vnd nibers Stiffts, niemand vßgenomen, die Bäpſtliche Meß vnd Ceremonien, dann dieſelben gemißbraucht, alle abzuſchaffen, auch die Götzenbilder, ſo mißbraucht worden, an allen enden, durch jre ains Erbern Rats Werckleut, vnzertzentzt vnd vnzerbrochen, als vil immer müglich, beſchaidenlicher ſtiller weiß abzuheben, hinweg zu thun, vnnd an ainem darzu gebürlichen orth zu behalten. Alſo, das von diſem tag an, hinfüro, in der Stat Augſpurg, vnd derſelben Oberkait, durch jemandts, kein Bäpſtliche Meß oder Ceremonie, gehalten, noch jemands zu halten, oder andere dergleichen ärgerliche Bildt vffzurichten, oder fürzuſtellen geſtatt werden ſol, bey verlierung alles ſchutz vnd ſchirms, vnd vermeidung ains Erbern Rats ſtraffe. Alles biß auf ain Chriſtenlich, frey, gemain Concilium, oder Nationalverſamblung, vermöge des hailigen Reichs Abſchied, in Teutſcher Nation gehalten.

Zum andern, hat ein Erber klainer vnd groſſer Rath erkennt, vnd angeſehen, vmb ſicherer, ſchuldiger, Chriſtenlicher vnd gebürlicher ſichernuß, vnd ſtanbhafftiger ruwe. Ainigkeit vnd gemains fribens willen, das alle Gaiſtliche, ſampt, jren binern, vnd Amptleuten vnd verwandten, ſo die Stat Augſpurg, vnnd derſelben Gebiet inwonen, des hohen vnd Nidern Stiffts, niemand außgeſchloſſen, burgerliche pflicht vnd recht thun vnd annemen, darzu auch, würcklich gehalten werden ſollen, von kains zeitlichen genieß wegen, Sonder allein, recht geben vnd nemen, wie ander Burger, vud, der Oberkait albie, darunder sie wonen, gehorsam zu sein. Dardurch die straffwürdigen alle, niemand vßgenomen, Es sein Gaistlich oder weltlich, so dise löbliche Reichs Stat inwonen zu straffen, vnd die frommen zu schützen, bey verlierung alles schuß vnd schirmß, wo die obgemelten, Sich sollichs waigern wurden.

Demnach, welchen sollichs nit gelegen, der mag Sich, mit seinem habe vnd gut, innerhalb acht tagen, vnd lenger nit zu verziehen, allerley geuerlikeit zu uerhueten, vß der Stat Augspurg, vnd derselben gebiet, an andere ort hinnauß thun, Ires zeitlichen guts, begert ein Erber, Rath nit, sonder allein die Eere Gotes, Christenliche, Erbere, fridliche, sichere, guete policey vnd Rwe zu erhalten.

Wöllicher aber, vß den Gaistlichen, Sich, dergestalt, wie oben gemelt, in burgerlichen gehorsam vnd pflicht begeben will, der soll gutwillig vffgenomen, vnd nit weniger albie, dann andere Burgere geschützt vnd gehandthapt werden.

Vnnd hat eyn Erber clainer vnd grosser Rath erkent, albie, gegen allen denjhenen, so wider angeregte Christliche, fridliche vnd billiche Erkantnuß, schreiben, reden, handlen, Sy seyen hochs oder nidres stands, Gaistlich oder weltlich, weibs oder Mannspersonen, nach eines jeden verschuldung, an Eere, leib oder gut, mitt ernstlicher vnablessiger straffe zu handlen, Sich darnach haben zu richten, doch bey dem allem, will jm, ain Erber Rath, sonst in all ander wege hierinnen sein Oberkait vnbegeben, vnd vorbehalten haben, Actum dornstag Xvilj. Januarij Ao. Mdxxxvij.

Vnd dweyl Sy, irem freuenlichen fürnemen, weder zil noch maß gesteckt, haben Sy, vns, vnd allen andern Gaistlichen, zu Augspurg, die Christliche Sacrament, von Gott gegeben vnd eingesetzt, wie die, nun mer, vil hundert jar gehalten, vnd gebraucht worden sindt, Nemlich das hochwirdig Sacrament, deß leibs vnd bluts Christi, vnsers seligmachers, sampt der gedechtnuß seines pittern leidens vnd sterbens, in der heiligen Meß gehalten, desgleichen den Tauff, in vnsern Kirchen, auch andere Sacramente, alte gebreuch, vnd andechtige Ceremonien, abgethan, fräuenlich verpotten, vnsere Thumb, vnd anderer Stifft vnd Closter, Kirchen, einnemen, versperren, vnd Erstlich, die

Taffeln vnd Altär, darzu die vnwörlichen Bilder darinn, so wes
der zum anbetten, noch vnserm aigen nutz, wie Sie, neben dem
grund fürgeben, sonder allein zu einer erinnerung, anmanung vnd
nachuolgung, guts Chriſtlichs lebens, gemacht vnd fürgeſtelt
worden, vnd der vngelerten Layen geſchrifft ſind, die etwan,
auch auſſerhalb der obberürten vrſach, von jres groſſen alters,
vnnd etwan von kunſtwegen, anffrecht gelaſſen ſein ſolten, zum
tail verwieſt vnd erſchlagen, Auch etliche Monumente, Epitaphie,
vnd der abgeſtorbnen, Edler vnnd vnedler gedechtnuß, die bey
einichem glauben, nie verhaßt geweſen, erriſſen, erſtört vnd wegs
gethan. *)

Wir geſchweigen, der hochen Jniurien, Schmach vnd antaſchtung
die Sie vns, durch jre Predicanten, vnd damals, als Sie, den
vorwtg jres vnpillichen fürnamens, zu abthunung der Heiligen
Meß, beraitten vnd machen wöllen, offentlich an der Cantzel ha:
ben zufüegen laſſen.

Vnnd alſo, durch jr vermainte, vnpilliche erkantnus, ſo uil ans
gericht, das wir, aintwerders, jr fräuenlich fürnemen, durchge:
drungene bewilligung, approbiren, vnd hingägen, vnſer bißher
gehaltne Chriſtenliche Ceremonien, da Gott vor ſey, für vnrecht
erkennen, vnnd fallen laſſen, Oder aber, vnſern Stifft vnd Mue:
terkirchen, darzue vnſere heuſer vnd höff, alſo auch, die Stat
Anaſpurg, dern vnſere vorfarn vnd wir, one rhum zu ermelden,
uil hundert Jar, one dern von Augſpurg nachteil, ſonder mit
jrem groſſen nutz vnd vorteil, Chriſtenlich vorgeweſen ſein, ver:
laſſen, vnd wir Cegemelte Thumbprobſt, Dechant vnd Capittul,

---

*) Dieſe Handlungsart war freylich nicht zu loben, und die Mahlereien wä:
ren beſſer in den Kirchen ſtehen geblieben, als daß ſie allenfalls in in:
tereſſirte Hände gekommen ſind, welche ſie im Eifer zum Schaden der
Kunſt entweder elend verſchleudert, oder gar zernichtet haben. Man
weiß aus der neuern Geſchichte, daß die ſchönſten Kunſtſtücke, von den
größten und berühmteſten Meiſtern, des lieben Geldes wegen aus den
angeſehenſten Häuſern in Augsburg ausgewandert ſind. Ueberhaupt hat
zu ſelbiger Zeit die Bilderſtürmerei der Kunſt einen unerſetzlichen Scha:
den zugefügt. Auch die unſchuldigen Monumente und Epitaphien alter
Familien, die gleich den Urkunden in der Genealogie beweiſende Doku:
mente ſind, und deren Zernichtung ein beträchtlicher Schaden für die
Geſchichte überhaupt iſt, ſollten verſchont worden ſeyn.

sampt vnsern zugewandten, vnd gemainer Clerisey. In Acht tagen, auch in grosser Winters kelttin, die Stat räumen müessen,
Wie wir dann, als wir hoffen, den bössern tail außerwölt,
vnnd als wunderbarlich zu reden ist, mit frölichem hertzen, vnd
standthaffter gedult, in so kurtzer zeit gethan, die Stat Augspurg,
vnser Alte Mueterkirch, schöne höf vnd heuser darinn, verlassen
vnd vns, an andere Christenliche ort gefuegt haben.

An dem allem, seyen Sie nit benüegig geweft, Sonder haben
jr verbittert vnd vbel Affectioniert hertz, noch weiter geoffenbart,
vnd vber alle jre vnpilliche vnnd eylende gethaten, das obermelt
vermaint vnerfindtlich vßschreiben, vnsernhalb vnerschuldt,
jnen zu vorthail, vnnd argweniger beschönung, vns aber zu
Schmach, vnnd damit Sie, vns, gegen meniglichen verhaßt
machen, vnd alle erberkait, zu vnwillen bewegen möchten, vß-
geen lassen, derhalben, vns, vnsern warhafften bericht, vnser
Eere notturfft, vnd schuldiger rettung nach, dagögen zu thun
geburn wil, vnd sagen ingemein, das vns, daran, gewalt vnd
vnrecht beschehe. Aber solch jr vnerfindig geticht, insonders
zuuerantwurten.

Ist meniglichen vnuerborgen, das wir vorgemelte Thumbpropst,
Dechant vnd Capitul, jr vnd allwegen, der Bäpstlichen Heiligkeit, Auch Eu. Rö. Kay. vnd Rö. May. vnd dann, dem Hochwirdigen Fürsten, vnserm genedigen Herren, Herrn Christoffen
Bischouen zu Augspurg, Als Ordinarien (dessen F. G. die er-
nanten Burgermaister vnd Rathgeben, in jrem vnerfindigen außschreiben, aintweder auß vnuerdientem Neid, oder vß grobhait
vnd vnverstand, ainichen gebürenden Titel, nit zu legen) vnd
seiner F. G. Vorfaren Bischouen, als einem besondern Reichs
Stand, vnderworffen gewesen vnd noch. Also das wir, zu keiner Zeit, vnder noch hinder denen von Augspurg gesessen sein,
Sy auch, einiche Oberkait, vber vns, oder die vnsern, nie gehabt, auch noch nit haben.

Derhalben, hetten die von Augspurg, jre vbrige, ruemweise,
vergebne wort, das Sie vns, durch auß, jn jrem außschreiben
(jre Gaistlichen nennen) als ob wir jnen zugehörig, vnd vnderworffen wern, wol erspart vnd bedacht, das jre voröltern,
vnserer vorfarn loblicher gdechtnus, Burger, vnd die Stat Augspurg, wie hernach klerer angezeigt wirdet, derselben vnserer

vorfarn al;en geweſt, des auch, mt ein ſleine anzal, frer Rat,
geben, vnd Burger, noch heutigs tags, vns, vnd vnſerm Stifft,
mit Leßen, Aid vnd pflichten verwandt ſeien, vnd demnach,
Sie, vilmer, die vnſern, dann wir, die jren, genannt werden
mügen.

Als Sie aber, im Anfang, vnd auch in der mitte, jres erdichten Schmachbuechs, (Eu Kay. May. vnder annderm zuemeſſen,
als ob vermug des Abſcheids, off jüngſtem Reichétag zu Augs-
ſpurg gehalten, verfaßt, eyn frey, gemain Chriſtenlich Concilium, in Sechs Monaten, von datho deſſelben außgeſchriben,
vnd off lengſt, in ainem Jar darnach, angefangt worden ſein
ſolt, das aber, in ſo angeſetzter Zeit, nit geſchehen ſey. *)
Wie wol nun, Solche vnpißiche Pflag, vnd Verunglimpfung,
darinn E. Kay. Ma. nit haltens, verborgenlich bezigen wirdet,
derſelben E. Ma. mer, denn vnns zuverantwurten gepurte, So
wiſſen doch Sich, die von Augspurg, wol zu erinnern, das E.
Ka. M. jnen, kain ſoßich Concilium, wie Sie, dauon reden,
zugeſagt noch verſprochen hat, wie dann, derſelbig vorangeregt
Augſpurgiſch Abſcheid, vermag vnd inhelt, zu dem, achten vnd
halten wir, das E. Kay. M. ſolch lang begert Concilium, vor
etlichen Jaren, wol wurde erlangt vnd verfuegt haben. Wo E.
Ka. Ma. daran, durch geſchwinde Practiken, wie die von Augs-
ſpurg wiſſen mögen, nit verhindert worden were.

So mag auch, den von Augspurg, das Sie, E. Ka. M. in diſem oder andern feßen, ainich zil oder maß ſetzen ſoßen, gar
mit nichten gepürn, Sonder Sie, wie ſonſt menigklich, ſchuldig
ſein, off E. Ka Ma. als das obriſt haupt, vnd vogt der Chri-
ſtenheit, jr offſehen zu haben, vnd derſelben zu gehorſamen.
Dann, dieweil Sie, den ganzen Scopum vnd zweck, jrer vn-
chriſtenlichen Eylenden handlung, aßain auff die Grund ſetzen,

---

*) Dies war die Kirchenverſammlung, welche nach Mantua ausgeſchrieben,
aber mit Recht für verdächtig gehalten wurde. Allein es war auch dieſelbe nicht ſo nahe, und weil der Herzog von Mantua ſie Zuſammen-
kunft daſelbſt nicht verwilligen wollte; ſo bekam der Pabſt eine erwünſchte
Gelegenheit, die ganze Sache wieder ins weite Feld hinauszuſpielen,
und nicht eher wurde eine Kirchenverſammlung gehalten, bis die nach
Trident 1542 ausgeſchriebene, die aber von den Proteſtanten aus guten Gründen nicht beſucht wurde, und nicht beſucht werden konnte.

daß man, wie wir bekennen, vnd die warhait ist, der Oberkait
gehorsam sein sol. Vnd dann, zum andern, das Sie, von E.
Kay. Ma. den gewalt des Schwerts tragen, So müessen Sie,
dagögen bekennen, das Eu. Kay. Ma. das Schwert, oder Sie
trag, auch jr rechter vnd ainiger Herr. Sie aber E. Ma. Vn-
derthauen, vnd demnach jrer Ma. zu gehorsamen schuldig seyen.
Dieweil Sie dann, nit allein, in Weltlichen oder Burgerlichen,
Sonder auch, in glaubenssachen, die gehorsame, von jren Burgern erbordern, wie dann, jr vermeinte erkantnus, vns, off den
Achtzehenden Januarij, als oblaut, vbergeben, ein solchs cierlich
außweißt, vnd denen, so darwider reden, schreiben oder handlen, die straff, an Eer, leib, oder gut, miniert, troet vnd offlegt.
So volgt darauß vnwidersprechenlich, das Sie aintweders, jren
Burgern, von denen Sie, in glaubenssachen, die gehorsame erfordern, vnd die meuler, nit zu reden verstopffen, gwalt thuen,
oder aber Eu. Kay. May. Sie, vil mer, dann jre Turger,
jnen, in allen Sachen, kaine außgenomen, zu gehorsamen schuldig. Dweil doch, die genannten Burgermeister vnd Rathgeben,
gleich, wie jre Burger, vnd jre Burger, nit minder dann Sie,
Eu. Kay. May. gelobt, verpflicht, vnd geschworen seyen. Also
das Eu. Kay. Ma. von jnen allen, vilmer, dann Sie, von jren
Burgern zu erfordern hat.
So dann, dem, wie gehort, also, So haben die offtermelten
Burgermeister vnd Ratgeben, ob Sie, E. Kay. vnd Rö. May.
vilfeltigen vßgegangnen Mandaten, darinnen Sie, jres gethanen
zusagens, vnnd anders ermant worden seyen, pariert, volg
gethan, vnnd gehorsamet haben, oder nit, Sich Selbs, zum
maisten zu erinnern.
Sagen Sie dann, das Sie E. Kay. vnd Kön. May. in glaubens Sachen, die offt erfordert gehorsame zu laisten nit schuldig. So wirdet gewißlich darauß eruolgen, das jre Burger,
jnen, in angeregten Religionischen stucken, zeuolgen auch nit
schuldig seyen. *)

---

*) Das ist ein wahrer und wirklicher Trugschluß. Welcher Reichsstand war
damals so weit verpflichtet, daß er in Religionssachen einen blinden
Gehorsam leisten mußte? und welcher unter den evangelischen Ständen
hat ihn geleistet? Der Gehorsam der Bürger in Augsburg gegen ihre
Obrigkeit war kein blinder und erzwungener Gehorsam, sondern war in

Vnd volgt auch weitter, Dweil Sie, in der Stat Augspurg, kain andern gewalt noch Oberkait, dann was Eu. Kay. May. jnen, wie andern Stenden des Heiligen Reichs, oder jre Burger (vnd nit vber mich Bischove, als ein Gaistlichen Fürsten des Reichs, vnd ein besondern Reichsstand, noch auch, vber mein Thumb Capitul vnd Clerisey) gnedigklich geliehen, das Sie, jres gwaltätigen fürnemens keinen fug, vnd durch jr zwingende, vnd tröende Erkantnus, vns vorgemelten Bischove, Thumbs probst, Dechant vnnd Capitul, auch anderer vnser Clerisey, die jnen, mit nichten zu gethan, verwant noch vnderworffen, Auch nit weniger, jren Burgern, so Eu. Kay. May. mer dann jnen verpflicht sein, vnrecht vnd gewalt gethan haben, vnd noch thuen.

Dann offenbar, vnd auß jremm aignen außschreiben zuuernemen ist, das Eu. Kay. Ma. jnen ainich newerung in der Religionsach fürzunemen, nit allain, nit erlaubt, sonder auch, bey grossen Straffen vnd peenen, verbotten hat. *)

---

der Einigkeit und Liebe zur evangelischen Wahrheit gegründet. Diese Einigkeit, reine Religionswahrheiten allgemein einzuführen und zu verbreiten, und dagegen die Mißbräuche der römischen Kirche abzuschaffen, war unter beyden Theilen vollkommen fest gegründet, und diese hatten sodann den Gehorsam im Gefolge, ohne ihn erst bey jedem einzelnen Individuum erwecken und anfeuern zu dörfen.

*) Dieses Verbot war kein Beleg zur Vertheidigung, denn es war nur ein Versuch, oder eine leere Drohung, um der Ausbreitung der reinen Lehre des Evangeliums keinen noch schnellern Fortgang zu verschaffen, und hie und da die Gemüther noch etwas furchtsam zu machen und zurück zu halten. Aber nicht nur Augsburg gieng dieses Verbot oder diese Drohung an, sondern es wurde solche auch beynahe in allen Reichsabschieden auf andere evangelische Reichsstände ausgedehnt, und damit belegt, man kann aber nicht beweisen, daß sich je einer deswegen von der weitern Ausbreitung des Evangeliums zurük halten ließ. Die Geschichte hat uns auch das rühmliche Benehmen K. Karls des V. gegen die Protestanten aufbehalten, woraus zu schliessen, daß es eben nie sein rechter Ernst bey solchen Drohungen war. Was er öfters that, und wirklich zu scharf war, oder wenigstens zu scharf schien, das that er damals dem römischen Bischof zu Gefallen, weil man noch in jenem Zeitalter seine Bannstrahlen scheute, die heut zu Tag matt geworden und ausser Mode gekommen sind. Ueberhaupt achtete die Gewissensfrey-

Also das baide jre argumenta, was Sie, von dem vertröften Concilio, vnd der Oberkeit eingefüert, jrenthalber fallen, vnnd ein jeder verftenndiger, der inn difem handel, baiden tailen gleich affectioniert ift, oder fein will, onzweyfenlich, diefelben Argu= menta, von Eur Kay. May. Als von dem Oberften Haupt, vff die von Augfpurg, vnd von denen von Augfpurg gar nit vff vnns, noch jre Burger interpretieren vnd außlegen wirdet. Derhalben, wer denen von Augfpurg, jr berümpte Oberkait, die Sie doch, vber niemands, dann allain jre Burger, vnnd den= noch auch, nit anderft, dann vß Eu. Kay. May. begnadung, vnd mit einer verdingten maß, das Sie, E. Ka. M. gehorfam fein follen, haben, dermaffen, fo hoch anzuziehen, abermals wol vberig bliben, dann was Sie, von jren Burgern haben wöllen vnnd begern, das feyen Sie, E. Kay. May. von dern, jre vnd alle andere Oberkeiten, im Heiligen Reich berflieffen, gleich fo wol, vnnd mer, dann jre Burger, jnen zu thun vnnd zu erzaygen fchuldig.

Sie haben fich aber, biß hieher, darinn fo gehorfam erzaigt, das Sie E. Ka. M. in jrer Salutation, in vorberürtem jrem außfchreiben verleibt, jr gehorfam dienft (Sie wölten dann, fich felbft gepfendt haben) nit anbieten dörfen, noch auch an= gebotten haben.

Nach dem Sie aber, vnder anderm anregen, das Sie, erft, müglichen vleiß für gewandt, gelerte, dapffere, vnd erfarne Män= ner, dem volck vff zuftellen, die das Haylig Euangelium vnd Gots wort, vffs allerraineft vnd lauttereft, oder ainfältigeft, lerten vnd vnderweißten rc. Wie wol wir nun das Vrtail der Perfonen, Got vnferm hailand haimfetzen, So wiffen doch, Sie felb, vnd auch ander, bey denen Sie gewonet, wie Sie fich, hieuor gehalten, vnd funft gelebt haben. Wir möchten aber gantz wol leyden, das die vermeinten Predicanten, Solche Leut, dafür Sie vßgefchriben feyen, geweft, oder noch wern, fo wur= den wir, vnd andere fromme erbere leut, an der Cantzel, der= maffen nit, wie on allen grund befchehen, gefchmecht, gefcholten,

---

keit, die Roms Bifchof durch viele Jahrhunderte gefeffelt hatte, keine Verbote vnd Drohungen mehr, denn Luthers Unternehmungen waren von einer höhern Beftimmung gegründet worden.

noch die von Augſpurg, ſolcher geſtalt, in vnß gewachſen, ſonder wir, bey jnen, noch lenger in gutem friden geſeſſen ſein *)

Vnd in Summa, Sie verachten oder nennen die Hailigen Chriſtenliche Meß, auch der lieben Hailigen Bildtnuſſen vnd andere Ceremonien, wie Sie wöllen, So haben dennochte, wir vnß, nit wenig, ſonder boch zu befrewen, das wir, in dem allem, für vnß Selbs, nichts fürgenomen, ſonder gleich das jhenig, das ire fromme Voröltern, vnd vor diſer ſorgklichen zait, Sie ſelbs, mit der Hailigen Chriſtenlichen Kirchen, der Sponß Chriſti, vnd auch, mit vnß, gehalten vnd geglaubt, die Chriſtenlichen Concilien, beſchloſſen, auch die Hailigen Vätter vnd Leerer geſchriben haben, vnd das E. Kayſ. vnd Kö. May. vnd annder Chriſtenlich Potentaten, mit der Chriſtenlichen Kirchen, noch glauben vnd halten. **)

Vnnd dweil wir, die Meß, wie die Chriſtenlich Kirch, auch alle Hailige Altuätter vnd Leerer, für Chriſtenlich, vnd die Bildtnuſſen, nit für örgerlich achten, ſo will vnß, ainich enderung das rinnen fürzenemen, oder anderſt zehalten, nit geburn, bis wir, in ainem General Concilio, vermög des Hailigen Reichs Abſchieden, durch die Hailigen ſchrifft, ains böſſern gewiſen werden. ***)

---

*) Damals war es allgemeine Sitte dem Volk auf öffentlicher Kanzel die Mißbräuche, die ſich in der römiſchen Kirche von Jahrhundert zu Jahrhundert eingeſchlichen haben, zu zergliedern, und zu zeigen, wie durch dieſelbe die reine Lehre des Evangeliums verdunkelt werden, um dadurch das Intereſſe des Klerus zu befördern und zu vermehren, das Volk aber in der Dummheit, im Aberglauben, und in der Finſterniß zu erhalten. Der Verfaſſer hat alſo unrecht, wenn er ſagt, daß die evangeliſchen Prediger geſchmäht und geſcholten haben, denn ſie haben nur die reine Wahrheit gepredigt, und das Volk vor Aberglauben und Mißbräuchen gewarnt, und demſelben bewieſen, daß ſie ſchnurſtraks wider Chriſtus Lehre laufen, und mehrentheils Abgöttereien ſeyen.

**) Es iſt richtig und wahr, daß unſere Vorältern alles das geglaubt und mit gemacht haben, was die Kirche oder der römiſche Biſchof von Zeit zu Zeit einführte, und zu glauben befahl, es iſt aber keine Folge, daß man bey beſſern Einſichten noch ferners an Albernheiten glauben, und ſich ſolche gleichſam als ein Evangelium aufbringen laſſen mußte.

***) Luther hat ja ſelbſt an eine allgemeine Kirchenverſammlung appellirt, die Stände verlangten ſie, aber die Päbſte getrauten ſich nicht, und wußten ſelbſt den Kaiſer mit ihren Verſprechungen zu hintergehen.

Hetten wir dann, in Religionsfachen, jnen bißhere, nach=
geuolgt, Ach Gott, Wie uil Glauben vnd Enderungen mueſten
wir angenomen? Vnd wie offt, in der Chriſtenlichen kirchen
vnd ordnung, geuerlich gewanckelt haben? Dann erſtlich, ha=
ben Sie die Meß, inn vilerley weg, mitt der ſprach vnnd klei=
dern, wie offenbar vnd wiſſentlich iſt, geendert, Nachdem, baide
Canones, vnd zu letſt, die Meß, als ob die ein Gotſleſterung
were, gar abgethan vnd verworffen. Das Hailig hochwirdig
Sacrament, Erſtlich), nach gemainem, lang hergebrachtem,
Eerempietlichen gebrauch, vnd ordnung der Hailigen Chriſtli=
chen Kirchen, offenlich auff der Gaſſen, mit vorgeendem geleuth.
Nachdem, in den Täſchen oder Ermeln, verborgen, den krancken
haim getragen. Nit lang darnach, das Sacrament in baiderlay
geſtalt, vnd zu letſt den krancken, gar nit raichen laſſen, daſſel=
big, jetz ein brot, dann ain zeichen genent, vnd darnach, dern
keins je ſein gepredigt, vnd alſo die offenbarn wort Chriſti,
dern doch, Sie ſich, hoch berömen, jrs gefallens, wider den
außgedruckten text, euch der Apoſtel, vnd aller Alten Vätter
vnd Lerer meinung interpretiert, vnd jemerlich zerriſſen, Auch
in den allem, vff kainem weg weder beſtendig beliben, noch ſich,
mit jemandts anderm in jren leeren vergleichen wügen. *)

Luther wolle vor dem Legaten Kajetan zu Augsburg 1518 und 1521
auf dem Reichstage zu Worms widerrufen, wenn ſie ein Leſer aus der
heiligen Schrift widerlegt werden könne. Warum bezieht ſich hier der
Verfaſſer auf dieſelbe, da man ſich doch nie darauf einlies, und nur
die päbſtliche Dekretalen als menſchliche Satzungen zur Richtſchnur und
Entſcheidung in Glaubensſachen in Vorſchlag brachte?

*) Dieſe Behauptung iſt der Wahrheit ſchnur ſtraks entgegen, und ein Be=
weiß, daß der Verfaſſer von der Lehre der Evangeliſchen gar keinen Be=
griff hatte, oder die Lehrer nur damit kränken wollte. Oft mußte et=
was heimlich geſchehen, um den Zorn der erbitterten Katholiken nicht
noch mehr zu reizen, und dahin gehört die heimliche Reichung des heil.
Abendmals in den Häuſern der Kranken, wo man die Hoſtie verborgen
halten mußte, wie aus der Geſchichte bekannt iſt. Was die übrigen
Vorwürfe in den Aenderungen betrift, ſo möchte der Verfaſſer auf die
Wiedertäufer, und auf die Lehre des Ulrich Zwingli, des groſſen und
tiefblikenden Reformators in der Schweiz, vom heil. Abendmal deuten,
der anfangs einige, vielleicht nicht ohne Urſache, anhiengen, die aber
der Verfaſſer zu beurtheilen allzu kurzſichtig war.

Es ist aber nitt ain wunder, das die von Augspurg, im glau=
ben; so unbestendig, vnd wanckelmütig sein, dann, was vor
wenig jaren, denen vonn Augspurg, durch ein frawen pild, das
Laminitlin genant, die Sy, zuuor, irer missethat halben, off
den Pranger gestelt hätten, auch geschehen vnd begegnet sey,
ist jnen vnd meniglichem vnuerporgen, dasselb frawenpild, ließ=
sen sich, die Armen leuth die von Augspurg, dahin, als ob Sy
heilig, vnd ain Prophetissin war, nichts Cess oder Trenck, der=
massen bereden, das Sy sich, vnsere prediger, dauon nit wol=
ten weisen lassen, bis doch zu letst, durch ein frawen, hochs
Stands der betrug, den die von Augspurg, in langer zeit, irer
plindthait halben, nit haben erkundigen noch mörcken mögen,
in kurzer weil erfarn worden ist, vnd dasselbig Weibsbild vol=
gends, in Schweitz, vmb der, vnd anderer irer mißhandlung
willen, ir verschuldte Todstraff empfangen hat. *)

Daruor, Stuend auch, ein Weber auff, Preunnig genant, der
ward bey jnen, darumb, das Er, seine Predigen, vor der Stat,
auff den Beumen thet, vnd neuwe vnerhörte ding saget, für
hoch gehalten. **)

Solten nun, wir, jnen, wie ir jetzig begeren steet, in allen
Newerungen, die Religion betreffend, wie vorlaut, durch Sie
eingefuert, nach gefolgt So würde jederman gesagt haben, die
Priester sein jrem volck gleich.

Wir seyen noch bißhere, bey der Hailigen Christlichen Kirchen,
Got hab lob, bestendig beliben, dauon vns auch zu schreitten,
nit geburn will, bis wir, durch die Christenlich kirch widerumb,
eins böffern gewisen werden.

Das Sie aber, zu beschönung jrer vnuerantwortlichen groben
hannd=

---

*) Was der Verfasser damit sagen wolte, daß er diese Geschichte anführt,
   will ich nicht errathen. Glaubte er die Evangelischen damit zu nelen,
   so ist es gerade der umgekehrte Fall, da sich diese Geschichte 1503 und
   gerade in jener Zeit zu getragen hat, wo noch alles im Aberglauben
   ertrunken, und ganz katholisch war. Nicht nur Niedere, sondern auch
   die Hohen hielten diese Laminitin in Ehren. S. des sel. von Stettens
   Geschichte der Stadt Augsburg 1. Th. S. 257.
**) Davon schweigt die Geschichte ganz, wo sie also der Verfasser hergenom=
   men hat, das ist mir unbekannt.

handlung, neben anderm einfuern, das wir, das begert Gesprech oder Disputation, der strittigen vnd zwyspaltigen Articul, gewaigert, vnd darzu, in vil weg, mit reden, Schreiben, Leeren, Predigen vnd handlen, wider das wort Gottes, der Selen hail, auch liebe des nechsten, one scheuchnns practiciert, vnd die frommen ainfeltigen mentschen, von dem rechten weg gefuert haben ꝛc. das reden vnd schreiben Sie, on allen grund, dann, wie wol wir, jnen vil gegrundt, vnd vnaufflöslich vrsachen, warumb Solch gesprech vnd disputation, weder nuß, gut, noch von nötten sey, angezeigt. So haben doch, wir, vnß, dern (wie Sy fürgeben) nit gewaigert, Sonder, dieselbig, so wir vns, bederseits, eines Richters (nit vber das wort Gottes, sunder vber den mißverstand, vnd vngleiche vßlegung desselben) mit ainander vergleichen wurden, zehalten bewilligt, vnd demnach, E. Röm. Kay. vnd Kön. May. vnnd dann, die Hochwirdigen, Durchleuchtigen, Hochgebornen Fürsten vnnd Herrn, Herrn Gabrieln, weyland zu Eystett, vnnd Herrn Philipsen zu Freysingen, Bischove, Hern Wilhelmen vnnd Hern Ludwigen gebrüdere, Pfalßgrauen bey Rein, Herßogen in Obern vnnd Nidern Bayrn ꝛc. vnsere Allergnedigist, gnedig lieb Herren, Freund vnd gnedig Herren, auch die drey nechsten Hochen Schulen, Als Jngoldstat, Thübingen oder Freyburg, vnd zu letst wir Thumbpropst, Dechant vnd Capitul, den hochgemeldten Fürsten, vnsern Gnedigen Hern von Augspurg, zu verhörern vnd Richtern, damals fürgeschlagen, das alles haben Sie gewaigert, vnnd gleichwol, vnsern Gnedigen Hern von Augspurg, zu einem Zuhörer, aber zu keinem Richter des Gesprechs leiden wöllen, was nun das für ein ding sey, das jemands in ain Verhörer, oder auch Richter bewilligt, vnd doch, sain vrtail vnd erkantnuß, nit leiden wil, mag menigklich wol versteen, vnnd abnemen. Dann wölcher, wie an dem orth erscheint, ain böse Sach hat, der ist des Richters oder Rechtlichen außtrags, nit gern gewertig.

Das wir aber, vns der vorbemelten vnpillichen, vnd gwaltigen entseßung, der hailsamen Predig, vnnd dann auch vnserer Kirchen zu Sant Johanns, dauon oben gemelt ist, bey E. Kay. vnd Kön. May. beklagt, vnd zu widertreiben vnderstanden, Oder vnsere aigne bewägliche hab vnd güter, auch Silberine vnd Gul-

N

dine Bilder, oder anders, auß der Statt, hinweg gefuert haben
sollen ꝛc. Dieweil dann, jemants, das sain, gewaltigtlich zu
nemen, je nit für freuntlich geacht werden mag, wie auch, nit
dahin beredt, noch an onser sach verzweyfelt, noch auch, wie
Sie schreiben, in onserm gewissen oberzeugt, noch oberwunden,
das jr gwalttat, weder Erbar, Göttlich oder billich sey, So
kan ons, je, von kainem verstendigen, Erbers gemuets, verwi-
sen, oder verunbillicht werden, das wir, onser entsetzt Predig
Amt, ond entpfrembdte kirchen, die onsere Vorfarn, ond wir,
etliche Hundertjar, ruewiglich innen gehabt, ond besessen, durch
ordenlichen, geburenden weg, bey E. Kay. ond Kön. May. onsern baiderseits Allergnedigsten Herren, Richtern ond Obern, zu
recuperiren, ond zu erlangen, oder onsere aigne, onnd auch,
der kirchen hab ond güter, an ain gewarsam ortb, zu stebnen
vnderstanden, Ja es wer nit ein wunder, ob wir schon Selbs
dazumaln, mit onsern leiben herauß geflohen, ond nit beliben
wern (welchts aber von einichen onder ons, beschehen sein,
wir nitt wissen) dann das jetzig Grimmig werck ond das erdicht, onersindig außschreiben, zaigen den Maister, ond guten
willen, den Sie, zur selben zeyt, zu ons gehapt ond noch.
Das wir aber, laut jres gedichts, ander Leuth, wiglig gemacht,
allerlai geuerlicher Practicken angericht, die gemaine Burgers-
schafft, Reich ond Arm, wider ainander, ond wider die Oberkait, zu gächlichem Ontrat erweckt, oder das wir ons, ainigs
Oberzugs, straff oder Mandaten, von E. Kay. oder Kön. May.
berömpt, oder mit onsern Predigen, einich offrur oder empörung
verursacht, oder auch das wort Gottes zuuerhindern, ond nie-
derzutrucken onderstanden haben sollen, daran thuen Sie ons,
nit allein gewalt ond onrecht, Sonder es ist auch nitt wer,
ond wirdet Sich, bey einichem frommen Eerliebenden Biber-
man, mit warhait nit erfinden mögen.
So wirdet auch, neben dem grundt eingefuert, das wir, jnen,
mit dem wort Gottes, nitt haben begegnen kunden, noch wöllen,
dann, an wem, die Disputation, erwunden sey, ist oben angezeigt, So ist jnen auch, durch die Christenlichen Concilien, vor
vil hundert Jaren, gnugsam begegnet, der gestalt, dweil die
Meß, Bilder, ond andere Ceremonien, so jetzo onsers Versehens,
onbillich in Spennen steen, durch die gantzen Christenhait appro-

biert, angenomen, vnnd auch also, biß auff dise zeit gehalten
worden sein, So solten die von Augspurg, einer gemeinen vir-
enderung erwartet, vnd für sich selb, dem gemainen Landtfriden,
Kayserlichem Rechten, auch obberürtem jrem zusagen, dem Nür-
renbergischen Anstand, deßgleichen Eu. Kay. vnd Kön. May.
außgegangnen Edicten vnd Mandaten zu wider, beuorab, mit
solcher vngeschicklichkait, die vormals, bey keinem, oder gar
wenig Stenden im Reich, erhört worden ist, nichts fürgenomen, noch attentirt haben, dann was von der Christenlichen
Kirchen, statuirt, geordnet, gesetzt vnd gemacht worden ist,
das sol vnd mag, durch die Kirchen (aber nit durch ain jeden,
seins gefallens) nach gelegenheyt der leuff vnnd zeit, gemiltert
vnd gebössert werden.

Wer aber, die auffruren vnd empörungen, so etliche jar her, in
der Stat Augspurg gewest, verursacht vnd erweckt hab, das ist
so offenbar, vnd ligt dermassen am tag, das es vnsern halben,
keiner verantwurtung bedörffte, dann wissentlich, das die von
Augspurg, zu vnsern zeiten, vnnd bey vnsern Predigern, fridlich, ruewig, in ainigkeit vnd allem offnemen gesessen sein. Alsbald Sy aber, vngelert leut, vnd sonderlich ein Haußknecht
(dern einer, noch bey jnen, vnd in der zal, jrer vorberümpten,
gelerten, erfarnen Männer ist) offenlich, vnd auch in den win-
keln, vff steen vnnd Predigen liessen, *) Alda seyen neben vnd
mit jnen, die Burgerlichen empörungen, Zwitracht, Vnaynnigkait,
Widerwill vnd mißvertrawen eingerissen, deßgleichen wurd auch,
durch ain kain nutzen, offrürigen Barfuesser Münch, jren Prediger ainen, ain empörung angericht, Also, das sich, gleichwolt
zugetragen vnd begeben haben, das man das Wort Gots, mit
Harnasch, Langen spiessen vnd Büchsen, so damals, schon ober
den blaß gefuert wurden, hette außspenden vnd tailen muessen. **)

---

*) Ist eine offenbare Vnwahrheit, dann Augsburg hatte damals schon ge-
lehrte vnd berühmte Männer zu Predigern gehabt. Urban Regius,
Augsburgs erster Reformator, ein Mann von grossen Verdiensten,
Keller, Muskulus, Ehinger, Forster, Wolfarth, Mayr, Held,
waren Männer von Gewicht, die es mit jedem andern aufnahmen.
Sie waren weder vngelehrte Hausknechte, noch Winkelprediger, wie sie
der Verfasser nannte.

**) Damit deutet der Verfasser auf den Bruder Johannes Schilling ei-
nen Barfüsser Mönch, welcher wider den katholischen Klerus allzuhitzig

Was auch offt ein zept, eins bösen gelegten brieffs halben für
entböruug entstanden sep, dešhalben Sie, einen vnsern vnschuldigen Priester, venctlich annemen, darzu on alle vorgeende,
gnugsame Jnditia vnd anzeigen, peinlich fragen vnd jemerlich
erreisen lassen, Jst menigklichem vnuerborgen, Wöllichem Priester, Sie, volgends, zu abtrag vnd ergöhung, sepner vnuer-
schuldten Marter, eine Summa gelts bezalt haben *)

Vnd was also, in der ganzen Stat, fürgangen, vnd beschehen
ist, das alles, muessen die Gaistlichen gethan, verursacht vnd
erweckt, vnd das vnschuldig Lemlin, dem Wolff, der gleichwol
inn fliessendem Bach, ob dem Lemlin stuend, das Wasser be-
truebt haben.

Das Sie dann, an dem ort, die Oberkait vnd Gewalt des
Schwerts, abrrmals so hoch anziehen, vnd dardurch inferiern
wöllen, Als ob Eu. Rayf. May. jnen die Oberkait, vber vns
gegeben hette. Dagögen ist oben angezeigt, das solche jr vermeinte einfuerung, vnd das Sie, ainiche Oberkait, vber vns je
gehapt, oder noch haben sollen oder mögen, nit gestanden wirde.

Sie können, werden oder mugen auch, auß den jüngsten Kay.
Sahungen nit probiren, das Sie, ainiche Oberkait, vber vns
oder andere Gaistlichen haben, oder gebrauchen sollen. Dann
der Rayser sagt, an dem orth, das Sie allegiern, Es sep sein
meinung, sorgfeltigkeit vnd gemuet, das die Regel vnd Leere
der Apostel, vnd Hailigen vätter gehalten werden, Er sagt aber
nit, das der Weltlichen Oberkait, die gaistlichen Sachen oder
Personen, zu richten, oder zu disponiern gebure.

Aber dagögen sehen, ordnen vnd wöllen die Christenlichen Kayser in jren Jüngsten Sahungen, Wöllicher die Hailigen Ampter
der Priester, turbier, oder zu halten, oder zu uolnbringen ver-
biet, das derselb, mit dem Todt gestrafft werden, dešgleichen
das die Münch vnd Pfaffen nit zu der See greifen sollen.

---

predigte, und deswegen aus der Stadt beurlaubt wurde, worauf sodann
unter der Burgerschaft ein Aufruhr entstund, woran aber nicht Schilling,
sondern seine Beurlaubung schuld war.

*) Die Geschichte nennt den Namen dieses Geistlichen nicht, aber man hatte
auf einen aus dem Dom die Vermuthung. S. von Stetten am angezeigten Orte, I. Thl. S. 331.

Item das die Weltlichen Ordnungen, Satzungen vnd Berueff, wider der Kirchen vnd Gaistlichen Freyhait, nichtig vnd crafftlos, vnd die, so solche Ordnung machen vnd berueffen, gestrafft werden, Auch jre Gueter jederman erlaubt seyn sollen.

Item das die Gaistlichen Personen weder in peinlichen noch Burgerlichen Sachen, vor dem Weltlichen Richter zu raht steen, noch für Jne gestölt, Wo aber, ein solchs geschehe, das dann aller ergangner Proceß vnd handlung nichtig, vnd der Weltlich Richter, darumben, seins Ampts entsetzt, priuiert vnd beraubt werden solle.

Sollichs alles haben die von Augspurg, jn irem Schmechbuech nitt angeregt, Sonder alleyn dasjhenig, das jres vermainens, zu jrem vortail dienet, auff die ban gebracht. So doch, dieselben angezeigten Recht, in der warheit, wider all jr fürnemen vnd handlung sein, dermassen, das Sie, mit jrem aignen Pfeil erlegt vnd vberwunden werden, Sie muessen aber, jr vnpilliche gethat, mit zugelegten worten beschönen, vnnd den gemainen Leyen, dadurch vndersteen zu bethören.

Das Sie dann, abermals, vnbillicher weiß fürgeben, wir haben bisanher, die Bärstlichen Meß, wie Sie die nennen, mit jren erschrockenlichen vmbstenden, auch die Anbettung der lieben Heilligen vnd Bilder, sampt andern mer verderblichen mißbreuchen, erhalten rc. Dagögen sagen wir, das vnns, kein erschrockenlicher vmbstand der Meß bewißt, Sie können vnd werden auch, mit aincher Biblischen, oder anderer glaubwürdigen schrifft, nitt erweisen.

So haben wir auch, weder die lieben Hailigen noch Bilder angebettet, noch anzebetten geleret, dann wer wolt doch, so thoret sein, das Er die lieben Hailigen, als ob Sie, die rechten gnadengeber weren, je angebettet hette? Oder wer wolt doch, in den Bildern (Er sey dann, nitt wol bey ihm selbs) ainiche Sinnlicheit, wie geschweigen, gnad oder gabe, verhofft oder geglaubt haben?

Wir haben aber, neben vnd mit der Christenlichen Kirchen, nit für vnrecht noch ärgerlich, das wir, der lieben Hailigen Bilder, zu ainer erinnerung der christenlichen Exempel, die Sie vns vorgetragen haben, fürstellen, Hingegen, kunnen wir, nit für recht noch loblich achten oder halten, das die von Augspurg, als wir derfinnig Leut, Sanct Ulrichs des heiligen Bifchoues Bildnus, so lange zeit, off dem Verlach gestanden ist, verachterwiß, hinweg gethan, vnd an deſſelben stat, des Abgots Neptuni Bildtnus, off den Brunnen gestelt haben. Aber die von Augspurg, schreiben vnd reden, was Sie wöllen, damit Sie, jren außgezognen Neid vnd Haß, bedecken, vnnd jr aigenwillige Tyrannische handlung, etlicher maſſen beschönen vnd verhelen möchten.

Damit Sie nun der Päpstlichen Hailigkeit, Ew. Kay. vnd Kön. May. vnd andern Christlichen Potentaten, nichts guts nachreden, vnd daneben, jr vermeinte Gotseligkeit gnugsam römen mugen, So nennen Sie, das oßgeschriben Concilium, dern, die dem Bapst anhangen, gelobt, geschworen vnd verwandt sein, vnnd die, zu erhaltung der herrschafften, des Pomps, brachts vnd Reichthumbs der Kirchen, zu allen dingen antwurten wurden peruerbum placet &c. dardurch Sie E. Kay. vnd Kün. May. den König von Franckreich vnd andere Christenliche Potentaten, die offenlich zu difem Concilium erbetten, ernennt vnnd beruefft worden seyen, nit wenig antaschen vnd schmehen.

Wann nun die offtgemelten Burgermeister vnd Ratgeben zu Augspurg, E. Kay. vnd Kön. May. auch andern Christenlichen Potentaten vnd Stenden, nit mer vertrawen, dann das Sie, in solchen hochwichtigen Sachen, die Seel, Leib, Eer vnd Gut belangen, per uerbum placet, votiren, vnd alſo, dasjhenig, so E. Kay. vnd Kön. May. auch ander Potentaten vnd Stende, in dem handel Gottes, bey jnen, innerlich für vnrecht halten vnd achten, zu recht, gut vnnd hailsam erkennen werden, Solchs auch reden? schreiben? vnd offentlich in Truck geben dörfen? So solle Sich niemand verwundern, das sie vnser nit verschonen, Sonder neben der warhayt stumpffiern, sagen, reden, vnd schreiben, das wir nie gedacht, vnnd noch vilweniger gethan haben. *)

Das Sie aber, mit jrer vnzeitlichen handlung, des außge-

---

*) Man kann vielleicht hierinn dem Bischof von Stadion keinen Vorwurf machen, was aber der Clerus that, ist bekannt, und Augsburgs Geschichte beweißt es, wie sehr derselbe bey allen Gelegenheiten, gegen die Protestanten tobte und wüthete, wo er glaubte, Macht und Gewalt dazu zu haben. Wer denkt nicht an die traurige Geschichte von 1628 bis 1632 und von 1635 bis 1648 ?

schribnen Concilien, nit erwartet, bringen Sie, ein geferbte, baufellige vrsach für, das solch Concilium, im Teutschland, vermög des Reichs Abschid, nit gehalten werd, wöllen also Sich, der Reichs Abschid, auch etwan an vilen orten, der Alten vätter Leere, zu jrem vortanl behelffen. So doch wissentlich am Tag ligt, das Sie, die Reichs Abschid, nit allein nit angenomen haben, sonder auch nit halten, noch der Alten vätter schrifften glauben.

Das Sie dann, all jre verschüttne Sachen vnd handlungen, die Sie, mit kainem Glimpff, fug noch Rechten, verantwurten können noch mögen, vff jr Gemaind legen, vnd sagen wöllen, Sie haben sich, mit jrer Gemaindt entschlossen, die Meß vnd Bilder, bis auff ein frey gemein Christenlich Concilium anzustellen, rc. Ist eben als war, als das Sie, vns, angezaigt haben sollen, die Hültzene gehawen, oder geschnitzten Bilder abzustellen vnnd hinwegzethun, dann Sie haben, difes vngebürlich werck vnd fürnemen, wie wir bericht worden sein, vnd auch menigklich bey jnen daruon saget, den Zünfften, darinn die recht Gemaind sitzt, nitt fürhalten, sonder allein, vff jeder Zunfft zwölff Männer, die den merern tail, jrer opinion vnd maynung, also mit jnen, ains Schrots vnd Korns seyen, berueffen lassen, vnd mit denselben, vnbewist der Gemaind, offtgemelten vnveranwurtlichen Handel, berathschlagt vnd beschlossen. Ob dann das, ein Gemeind sey, Zwölff oß einer gantzen Zunfft nimpt, darinnen etwan, Sechs, Siben, Acht oder noch mer hundert Mann sitzen? das hat ein jeder verstendiger zu ermessen. *)

So ist die Sach, mit Stürmung der vnwörlichen Bilder, durch sie fürgenomen vnd geschehen, wie oben, nach lengs begriffen ist. Also, das Sie, vns, nit haben lassen anzeigen, das wir, die Bilder, Selbs ab, vnd hinweck heben solten.

So wirdet jnen, gar kein glimpff noch fueg bringen, das Sie sagen, Religio et res sacrae seyen de jure gentium vnd juris publici,

---

*) Wenn aber diese 6, 7 bis 800. Mann und noch mehr, wie der Verfasser glaubte, alle einig waren, denn sie sind gewiß vorher zusammen gekommen, und haben sich berathschlagt, und wählten aus ihnen 12. Männer als Ausschuß; so war es ja eben so viel, als wenn die ganze Menge erschienen wäre. Und wird es dann heut zu Tag in andern wichtigen Fällen nicht noch eben so gehalten?

So doch, allen gelerten offenbar vnd wiſſend iſt, daß die juris
diuini, gar nit den Weltlichen, ſonder allein den Gaiſtlichen,
damit zu diſponiren zugehört.

Vnd nachdem, die genanten von Augſpurg, vil vrſachen ſuechen,
vnd herfür bringen, Warumb wir, vnſere Freyheiten verloren,
vnd verwirckt haben ſolten. Dann die Kayſer haben allein, diſe
Gaiſtlichen, ſo der Apoſtoliſchen vnd Alten vätter Ordnung gemäß,
leeren vnd leben, mitt Freyheiten begabet ꝛc.

Dagögen, Sagen vnd Fragen wir, Als E. Rö. Kay. May.
vnns, auff vorgemeltem Reichstag zu Augſpurg, vnſere Freyheiten, gnedigklich confirmirt, auch andere gegeben, vnd darzu,
in jrer May. Schütz vnd Schirm genomen hat. Ob zur ſelben
zeit, andere Gaiſtlichen, die ſolche Priuilegien vnd Freyheiten
von Eu. Kay. May. impetrirt vnnd erlangt., die auch jr May.
in jren Schütz vnd Schirm genomen haben, vorhanden? oder ob
wir dieſelben geweſt ſeyen? Fürwar, wir werden gleich dieſelben
ſein, vnd nitt andre, wölche Eu. Kay. May. mit Freyheiten,
gnedigſt begabt, verſehen, vnd in jrer May. Schutz genomen.

Was wöllen dann, die genanten von Augſpurg, vnns nemen,
ſo Sie vns nichts gegeben haben.

Das Sie aber weiter ſagen, wir können vnns der Freyheiten,
ſo die Chriſtenlichen Kayſer, den rechten Gaiſtlichen gegeben haben, von vnſer Mißbreuch wegen, nit behelffen ꝛc.

Dagögen will der Hailig Petrus in ſeiner erſten Epiſtel, das keiner ſein Gerechtigkeit, Freyheit oder Oberkeit, durch ſein args
ſündig leben, verwircken noch verlieren ſoll, dann Er gebeut,
nit allein der frommen, Sonder auch der böſen Oberkait zu gehorſamen.

Wann nun, dem, alſo ſein ſolt, wie die von Augſpurg, vnge-
lerter weis, fürgeben, So wurden Sie, all jre Freyheiten darzu
auch, das offt berömpt Schwert, vorlengſt verwirckt vnd ver-
lorn haben.

Dann Sie wiſſen, das nit allein jre Burger, ſonder auch jre
Burgermeiſter, Zunfftmeiſter vnd andere, ſo zu verwaltung der
Obrigkeit, erwölt geweſen ſein, wider den beuelch Gottes gehan-
delt, wie Sie dann, darnach dieſelben, mit dem Strang, vnnd
Schwert gericht haben. Als wenig aber, Solche gerichte Perſo-
nen, ainem Rat zu Augſpurg, jre Priuilegien, können oder mö-

gen verwircken, als wenig, haben auch, die Gaistlichen Personen, ob Sie schon anderst, dann jnen gepört, gehandelt. (Wölchs aber, wir vsserhalb dessen, das wir alle Sünder seyen, keyns= wegs gesteen) dem Gaistlichen Stand, jre Freyheiten, verwürcken mögen.

Den Juden, Türcken vnd auch den vberthetern, sollen jre Glait, Freyheiten vnd Gerechtigkeiten gehalten vnd nit genomen werden, Thut jemands vnrecht, so soll vnd muß derselb, darumb der Straff, die jme, sein rechte, ordenliche Oberkeit, so das schwert vber jne tregt, vfflegt, gewertig, wie dann auch die Gaistlichen, wo sie vnrecht thun, für jrer ordenlichen Oberkeit Straffe, nit gefreyet seyn.

Aber gesetzt (doch denen von Augspurg, jres vermalnten Bezigs, dardurch vngestanden) das wir, vnsern Priuilegien vnd Frey= heiten, ichts znwider gehandelt hetten. So gepürte doch, de= nen von Augspurg gar nitt, sonder E. Kay. May. vnnd den= jhenigen, die vns solche Priuilegien, gnedigklich gegeben haben, zu erkennen, ob wir, die verwirckt hetten oder nit. Vilweniger aber gepürt jnen, das Sie, vns derselben on vorgeend rechtliche erkentnus entsetzen oder darwider handlen, vnnd jnen, in aignen Sachen Recht sprechen sollen.

Solte aber, diser gebrauch, im Hailigen Reich entsteen vnd er= wachssen, Wann einem seines Nachparn Oberkait, Freyheit, hab vnd gut, liebet vnd gefiele, das der, dieselben, als ob die, vmb mißbrauchs, oder anderer Sünd, mengel vnd gebrechen willen, verwirkt sein solten, möcht einziehen oder abstellen, Wer kandt, bey seinen Freyheiten? vnd wie lang, wurden die von Augspurg, bey jren hab vnnd gütern beleiben?

Das wir aber, Sündig menschen seyen, können wir, wider die Hailig Schrifft nit verfechten, noch dannocht, gebrauchen oder behelffen wir vns, vnserer Freyheit, gar nit vnrecht oder vbels zu thun. Dann obgleych, die von Augspurg, vns zu straffen nit macht haben, noch straffen sollen, Nichts bestweniger. Dweil wir, wie niemands verborgen, ain andere Oberkait vnd Straffer haben, vnns von Gott, Bäpstlichem vnd Kayserlichem gewalt eingesetzt, So beleiben wir, wo durch vns, vnrechts be= gangen wirdet, nit vngestrafft, Sonder muessen der Straffe, von derselben vnser Oberkeit, nit minder, dann jre Burger,

von jnen gewertig sein, wie wir dann, bißhero vnser ordenlichen
Oberkeit, schuldige gehorsam gelaist, vnd derselben Straff, nie
geflohen haben. Dweil aber, die von Augspurg, aller Sünden
frey, sollen Sie Gott dem Herrn, vor andern Leuten, deſter mer
hertzlichen danck, auch lob, Eer, vnd Preis nachsagen, darumb
ben, das Sie den Balcken zuuor, auß jrem Aug gezogen, vol,
gents die erſten sein, die wider das frewlin, so Chriſto, von
des Eebruchs wegen fürgeſtelt worden iſt, den Stain werffen,
vnd den Reumen zu Nürmberg, der doch bißher, von menigkli,
chem, hochs vnd niders Stands, vnuertilgt beliben iſt, haben
auswischen, vnd erlöschen mügen.

So vil dann, jr vnwarhaffte bezeichnung belangt. Nemlich, das
wir, ober vnser vngottselig leben, bißher, nichts embsigers be,
tracht, dann das wir, Land vnd Leut, an vns bringen, Fürſten,
thumb vnd Stett ernidern, vnd vnter vns ziehen möchten, das
wir auch, darumben zwischen den Burgern vnd Einwonern,
Rathgeben vnnd des Rathsverwandten, vnder ainander, vnd
gegen der Oberkait. Die Armen wider die Reichen, verhöſt,
vnd zwischen den Nachbarn, gewonlichen widerwillen erweckt,
Auch den Stetten, jre Freyheiten entzogen, die Stat Augspurg
betrieget, bargeben, zweymal eingenomen, geplündert, zum tail
verbrennt, die Burger jemerlich, erſtochen, gefangen, hinwegge,
schlaifft, vnd geschetzt, vns auch, sunſt, mit den Weibern, vnß
in ander weg, vnzüchtig gehalten haben sollen rc.

Das alles vnd jedes, iſt vff vns erdicht, vnd die gantz Sach,
allein dahin gericht, wie Sie vns bey E. Kay. vnd Kön. May.
Auch andern Stenden des Hailigen Reichs, deßgleich, bey jren
Burgern, vnnd sunſt menigklichem jrer hergebrachten gewonhait
nach, verhaßt machen, vnd mit vnwarhait eingeben, damit
Sie jre fräuenliche, grobbe, eylende, vnd trutzliche handlung
beschönen, jren bracht, vnd aigenwillig fürnemen erhalten möchten.

Vnd sagen wieuor, das vns, das alles vnd jedes, durch die
von Augspurg, mit vnuerschempter vnwarbait, zugemeſſen werde.
Ain solchs wirdet sich auch, mit einichem Grund der warheit,
gar nit, Wol aber das widerspil, vnd nemlich befinden, das die
von Augspurg vor zeiten (wie jetzo vnderſtunden wirdet) die
Gaiſtlichen, zu Burgerlicher pflicht gedrungen, Auch die Bi,
schofflich Pfaltz vnnd Müntz, deßgleichen jre Mülinen, Badſtu,

Gen vnd Heuſſer abgebrochen, zum tail verkaufft, geplündert, an
jren rechten vnd gerechtigkaiten, freuenliche verhinderung, eintrag vnd gewalt gethan. Auch Buecher, Bettgewandt, Hauß-
rath vnd Korn, denjhenigen, die nit im Krieg, noch jre vßind
geweſen ſeyn, entwört vnd genomen. Dweil nun gwalt, mit
gleichem gwalt zuuertreiben, jne rechten zugelaſſen, So haben
ſich, vnſere vorfarn Biſchoue, mit jren Bunds vnd Geſelſchafft
verwandten Fürſten vnd Herrn, Sollicher vorgemelter thätlicher
freuenlicher handlung, mit billicher gögenwör vnd rettung ent-
ſchütt, vnd die von Augſpurg dahin gebracht, das Sie, die
Gaiſtlichen, jres gebrengten Burgkrechtens, widerumb haben ledig zellen mueſſen.

In wöllchem allem, Sie von Augſpurg, allwegen vnfueg vnd
vnrecht erlangt, vnd vnſere vorfarn, ſolcher handlung halben,
jnen ichts zu thun, nit ſchuldig, Sonder es iſt allzeit erkennt
vnd geſprochen worden, das Sie, vnſere vorfarn, Biſchoue,
Capitul, Prelaten, Corhern vnd Pfaffen, vnſer vnd jre Nachkomen, fürbas ewigklich vnd gern ewigklich, bey vnſern Rechten,
Eehafften vnd Freyheiten, beleiben laſſen ſollen vnd wöllen, vermüg der Vertreg, deßhalb vnder dern von Augſpurg Inſigel
auffgericht, Ob ſie dann, dieſelben jre Brieff vnd Sigel gehalten
haben oder nit, das geben jre gethaten, inn vilweg zu erkennen.

So wölten wir auch, den Biderman gern ſehen, der ain Fürſtenthumb, oder Lannd nennen oder anzaygen möcht, darnach
wir je geſtelt, oder hetten ſtellen können oder mögen.
Wer wolte nun, bey ihme ſelbs, nitt erwegen können, das die vermeinten Burgermeiſter vnd Rathgeben zu Augſpurg, nichts anders
vorhetten, dann vns, bey menigklichem, ein vnverſchuldten vnwillen, anzurichten vnd zu erwöcken, ohweil Sie, allein die verur-
ſachten Kriegsgeſchicht anzeigen. Aber ergangner handlung, en-
ſengkliche vrſachen vnd bewegnüſſen, hinderliſtiger weiß verhalten.
Damit nun, noch augenſcheinlicher an das Licht gebracht werde,
Ob vnſere vorfarn vnd wir, die von Augſpurg, oder die bonn
Augſpurg, vnns, Aigenthums, Innhabens, vnnd der Freyheiten, ſpoliert, entſetzt vnnd beraubt, So haben wir, den Innhalt einer kurzen bekantnus, ſo die von Augſpurg vnſern vorfarn
vnder der Statt Augſpurg anhangenden Inſigel zugeſtelt, von
wort zu wort zu referiern, nit vnderlaſſen wöllen, alſo Lautend.

Wir die Ratgeben der Stat Augspurg, thun kund allen den, die disen Brieff lesend, hörent oder sehendt, das vnser Erber Herru Bischeff Wolffhart von Augspurg, durch vnser Beth, vnd zu vestung, seiner Stat hie zu Augspurg, mit seins Capitels guust vnd Rathe, vnd die gnade gethan hat, das wir, ein vns gelt nemen sollen, ze allen Thoren an der Statt, von hin an, vntz Sanct Georientag, der nun schiereft kumpt, vnd darnach vber vier jar, in der gewonheit, als es bey seinen vorfarn ge= nomen ist, vnd sollen von jm, noch seinen Capityl, noch von allem jren Gesünde, keyn vngelt nemen, das das steet beleiben, vnd vnzerbrochen, vnd sein nit vergessen werde, haben wir disen Brieff versigelt mit der Statt Insigel zu Augspurg daran hanget, diser Brieff ward geben, zu Augspurg, da vonn Christus geburt waren Tausent Jar, Zweyhundert Jar, inn dem Neuntzigisten Jare, An dem Sontag, nach Sant Tiburtin tag, der vor Sanct Georintag ist.

Wie wol nun wir, noch mer dergleichen Brieff, vnder dern von Augspurg Insigel verfertiget, wo es von nöten sein solt, fürzal= gen möchten, darinn die Stat Augspurg vnd Burger, des Bi= schoffs Stat, vnd Burger genent werden, So wirdet doch, aus jetz gehörter bekantnus, gnugsam deutlich angezaigt, das nit allein, das vngelt, sonder auch die Statt Selbs, vnserer vor= farn, aigen gewesen ist. *)

Dieweil nun die von Augspurg, kein glaubwirdigen Titul oder Schein, wölhermassen Sie, der aigenschafft geledigt, erweisen können noch mögen. So volgt vnd fleußt darauß, daß Sie, vnsere vorfarn, der Stat entsetzt, oder Sich, durch vntrew ab= geworffen, Wie sie dann, jr welten her, nit allein, mit vn= sern vorfarn, sonder auch mit vns, ains nach dem andern ver= fuegt, vnd sonst alle widerwertigkeit erzaigt haben.

So erscheint auch, jr freundlicher will, an jrem nechst fürgeno= men werck, das Sie vns, den obberürten vnsern Freyheiten, ver=

___

*) Das heißt viel behauptet, aber wo ist die Urkunde dazu, um es zu be= weisen? vielleicht leitet es der Verfasser von der Belehrung der Wlode= licier zum christlichen Glauben her, und träumte deswegen ein Eigen= thum der Bischöfe, aber es bleibt freylich nur ein Traum, und ein Beweis von der schlechten Kenntniß der Geschichte des Verfassers.

trägen, alter erseßner gewonheit, recht vnd preſcription, jren aig=
nen Prieff vnd Inſigeln, auch gemeinem Landtfriden, Kayſerli=
chem Rechten, vnnd aller pillicheit zuwider in Burgerliche pflicht,
zu dringen vnderſtanden haben.

Dann ſie ſagen, man ſoll in einer Stat, kainen frey vnd vnuer=
ſtrickt ſißen laſſen, da man wiſſentlich weiß, das Er, derſelbigen
Stat höchſter widerwertiger were, Sonder, man ſoll vnd mög,
gegen jme, weeg fürnemen, das Sie vnnd die jren, vor jme be=
fridet, aſſecuriert vnd verſichert ſeyen, dann die gemeinen Recht,
ainen jeden zu laſſen vnd vergunnen, von ſeinen widerwertigen,
Caution vnd Sicherheyt zu erlangen ꝛc. Hat gleichwol, rſts an=
ſehens, nit ein böſen ſchein, Wann man aber, das alles alſo,
bey dem Liecht beſicht, So werden die allegierte Recht, allein
vff die, ſo thätliche handlung fürzunemen geſynnet ſeyen, verſtan=
den, dhweil ſich aber, die von Augſpurg, beſorgter thätlicher
handlung, ab vns nit zu beclagen gehapt, wir auch nichts an=
ders, dann ein pillichen, gepürlichen vnd rechtmäßigen weeg.
Nemlich, jr vorige gwalttätige handlung ver E. Kay. vnd Kön.
May. als vnſern beederſeits Allergnedigiſten vnd rechten Herren,
zu beclagen, vnd außzefueren fürgenomen, So können vnd mu=
gen, die von Augſpurg, jr rechnung, der begerten Burgersspflicht,
daher gar nit ziehen, noch reymen.

So können wir auch nit glauben, das jnen, weylund des durchleuchti=
gen durchleuchtigiſten, Hochgebornen Fürſten, Herßog Johannſen,
des Churfürſten zu Sachſſen ꝛc. loblicher gedechtnus, auch ander
ſeiner Churfürſtlichen gnaden mituerwandten, Fürſten, Grauen,
Frey vnd Reichs Stett, vnſerer gnedigen, gnedigiſten, lieben
Herren vnd freundt, freundt vnd beſonder lieben, angezogne Con=
feſſion des glaubens, dermaſſen, wie Sie dauon ſchreiben, ge=
fellig ſey, dann als vil wir, bißher, auß jren Predigen vnd ſonſt
vermerckt, So haben ſie dieſelbig, vilmer, zu einem Banzer,
dann zum Glauben angenomen, Sich auch derhalben mit ainan=
der nie vergleichen mugen, Sogar iſt juen, Doctor Martin Lu=
thers Leer, wider vnd mißfellig geweſt, Glauben vnd achten auch
noch, wo Sie, one ſorg, frey reden vnnd bekennen dörffen, Sie
wurden noch heutigs tags, ehe vnnd lieber zum Karlſtatt oder
Zwinglin, oder auch ſchier zum Bapſthumb, dann zum Luther
tretten. Darumb iſt niemand ſo ſchlecht, der nitt mercken oder

terſteen müg, vß was vrſachen Sie, ſolche Confeſſion (vnd war=
lich E. Kay. oder Kön. May. nit zu lieb noch gefallen) hieher
beſchriben haben. Wir ſeyen aber der vngezweyfelten tröſtlichen
hoffnung, die Chur vnd Fürſten, auch andere, denen Sie damit,
ein whan zu machen gedencken, werden ſich, durch ſolche ſchein=
wort, wider vns, zu kainer vnfründtſchafft, vngnaden, oder wi=
derwertigkeit, bewögen noch verhötzen laſſen. Dann wir bißher
jemands, zu ſolchem, ainich vrſach nit gegeben, vnd auch, füro
hin, ob Gott will, keine geben wöllen.

Vnnd nachdem, die von Augſpurg, nienigklich dahin zuweyſen
vnd zu bereden vnderſteen, ols ob wir vil böſer practicken vnd
anſchleg, wider alle Euangeliſche Stende, geuebt haben ſollen ꝛc.
derhalben dieſelben Stende, dardurch, wider vnns, noch mer zu
nerpittern, vnd zu bewögen verhoffen. Dargegen ſagen wir, das
ſollichs alles erdicht, vnd nit war ſey, Sie werden auch das,
mit kainer warhait anzaigen, noch erweiſen mögen.

Mit gleichem vngrund, geben Sie für, das wir, gemainer Statt
Augſpurg, vnd derſelben Burgerſchafft, bißhere vnzalbarn ſchaden
vnd verderben zugefuegt, dann wir haben weder vngewirckt Heut,
Leder, Woll, Enſen, Stabel, Tuch, Gewürtz, Getraid, Wein,
Schmaltz, noch andere wahren fürgekaufft, auch einiche Kauf=
manſchafft nit getriben, vnd noch vilweniger, den gemeinen
Mann damit beſchwert, Sonder vnſere vorfern, Biſchoue vnd
Gaiſtlichen, das Spital zu Augſpurg, zu erhaltung viler Armen
darzu etliche Klöſter, Gotégaben vnd Almuſen, Nemlich vil Gets=
kroth, in gemeltem Spital vnd ob dreiſſig Spenden, daran,
vergangner zeit, etwa drew, vnd etwa vier Tauſent Armer men=
tſchen gegangen ſein, auffgericht vnd geſtifftet. So haben wir,
der Stat Augſpurg, vnd auch jrer gemainen Burgerſchafft, vnſer
getraid, deſſen ein groſſe merkliche anzal iſt, in ringerm werdt,
dann Sie das, auff dem Marckt betten bekomen mögen, järlich
zugeſtellt, Alle vnnd jede vnſere Arbaiter, handtwerckßleut vnd
ander, damit wir zu thun gehapt, erberklich bezahlt, vnnd alles,
ſo wir, nitt allein vonn dem Stifft Augſpurg, ſonder auch, von
andern vnſern Stifftungen, an fremdden orten gehapt, zu Augſ=
ſpurg verzert, vnnd daſſelb, ihren Burgern, on alle beſchwerdt
reichlich vnd miltigklich mitgetailt, jnen auch, in ander weg an=
heims, vnd in der frembde, alle Eer, lieb vnd freuntſchafft ge=

zaigt vnd bewifen, der gemain Mann, würdet vns deffen alles,
gute kuntfchafft geben. Noch dannocht, mueffen wir der Stat
Augsbrurg, vnd derfelben Burgerfchaffe, vnzalbarn nachtail vnnd
verderben zuegefuegt, diewenl Sie vns, den Schlangen in der
Schoß, vnd den Lewen im gemeinen nuß verglichen haben, Es
iſt aber wiſſentlich, das ein ainiger auffgeſtandner Kaufmann zu
Augſpurg kurz verſchiner Jar, etlich Fürſten, Grauen, Herrn,
Edel und vnedel, Gaiſtlich vnd Weltlich, auch etwa die Bettler
vnd Sunder Siechen, auch die Statt Augſpurg in merern vn-
ratb, fchaden vnd nachteil gefuert hatt, dann alle Gaiſtlicheu
zu Augſpurg, jmmer hetten bezalen mögen, wie dann die ver-
nachtailten, vnd zum tail in armut gefeßte leut, noch täglich
klagen vnd nachlauffen.

Mit difem beſtendigen warhafften grund, wöllen wir alle vnd
jede, vnferer widerwertigen, vnpillichs, vnwarhaffte Bezig, an-
tafchlung vnd fchmehungen, abgelaint vnd ausgelöfcht, vnd auch
hiemlt wie jm anfang, proteſtirt vnd bezeugt, dweil wir, auß
getrengter not, die befftige, fchmechliche zulegung, verantwurten, vnd etwa mit gleicher lofung bezalen mueffen, vnd wir
doch wiffen, das vil Eerliebender, Redlicher, Frommer leut von
der Burgerfchaft, Kauffleutten vnd der Gemaind zu Augſpurg
fein, denen dife grose Handlung vnd antafchung, nit lieb noch
gefellig iſt. Das wir, diefelben, mit follicher jeßgemelter vnfer
verantwurtung, nit gemaint, Sonder je lob vnd Eer, vil lieber
befürdert fehen. Auch dife vnfer entfchuldigung, obfchon, die
vff dern von Augſpurg vnpilliche zuelag, mer dann wir gemeint,
gefchoepfft war, nit anderer geſtalt, dann allain zu plillchen
Rettung, vnferer Vorfaren, viler Fürſten, Grauen, Herren,
vnd vom Adel, loblicher vnd faliger gedechtnus, auch vnfer
Selbs Eer, guten Rueff vnd laimbds, getban vnnd fürgebracht
haben wöllen. Wie wol auch, niemands, feins Junhabens, alten geprauchs,
oder poffeß, one recht entfeßt noch fpolirt werden folle. Auch
der entfeßt vnd fpoliert, zu gütlichem oder rechtlichem außtrag
zu kommen nit fchuldig iſt, Er fey dann zuuor, in den vorigen Stand gebracht, reſtituirt, vnd eingefeßt. Noch dannocht,
vnd daffelb vnangefehen, damit an vnnfern rechten, glimpff vnd
fueg, niemands zweyflen müg, So wöllen wir, vns, aller vn-

jeder Sachen halben, so die von Augspurg, wider vns, vnd
hingegen wir, wider die von Augspurg, haben, Es sey in Religion, entsaßung, Schmach oder anderer Sachen, für. E. Röm.
Kay. vnnd Kön. M. vnd sonst, für ein jeden vnpartheyischen
Richter, niemands außgeschlossen, beuorab, für ein Christenlich
gemein Concilium, vnd wohin diese Sachen von Götlichem,
geschribnem, vnd allem Rechten, gehörn, zu verhör erpeten
haben.

Vnd dweil nun, dern von Augspurg gepflegne handlung, vnd
außschreiben, wider Gott, alle Recht, den gemainen Kay. Lant-
friden, des Hailigen Reichs Abschid, auch jr obberürt zusagen,
vnd E. Kay. vnd Kön. May. vßgegangne Mandate, darzu wider alle Erbar vnd pillicheit, vnd sonst dermassen gestalt seyen,
das E. Kay. vnd Kön. May. auch all ander des Hailigen Reichs
Stende, vnd menigklich, pillich mißfallen, scheuch vnd erschre-
cken darab haben vnd empfahen sollen.

So ist an E. Kay. vnd Kön. Ma. auch Churfürstlich, F. Gnaden, liebden, gnaden, freuntschafften, günsten vnd Euch, vnser
vnderthenigst, freuntlich, vnderthenig vnd hoch vleissig bitt, an-
synnen vnd gnedigs begeren, dweyl die von Augspurg, vns,
nach jrem gefallen angezogen, vnd jr Sach, mit vil vngrunds,
auch widersinniger Interpretation vnd außlegung, zu beschönen
vnderstanden, wir auch, von jnen, alles vnrechten, so Sie bißher, an vns begangen haben, freuenlich vnd fälschlich bezigen
werden, das dann E. Kay. vnd Kön. May. Churfürstlichen, F.
gnaden, liebden, gnaden, freuntschafften, günsten, vnnd jr,
Solchem jrem vnwarhefften bezig, damit wir, bey jnen be-
schreit worden sein möchten, kain gehör, noch glauben geben.
Sonder diser vnser entschuldigung, vnd gegenbericht, den wir,
den merern tail, mit jrem aignen vnnd geschwornen Statbuch,
darzue mit iren aignen Brieff vnd Sigeln, beweisen wöllen vnd
mügen, auch zu thun vrpuetig seyen, gnedigisten, gnedigen vnnd
freuntlichen zuefall thun, Vns auch, vnd vnser angehörige Cle-
risei, bey jnen, allergnedigst, gnedigklich vnd freuntlich, entschuldigt vnd beuolhen haben, daneben Christenlich zu hertzen
fueren, vnd bedencken, das dise beschweilich Sach vnd handl-
lung E. Rö. Kay. vnd Kö. M. vnd des hailigen Reichs, auch
E. Churfürstlichen, F. Gnaden, liebden, freuntschafften, günsten
                                                              vnd

vnnd Euch, nit weniger, dann vns Selbs betreffen. Also auch, vnser aller, gemaine Sach ist, In ansehung, das Sich Eweret Churfürstlichen F. gnaden, liebden, freuntschafften, gunsten vnd Ewere gebrüder, geuettern, Freund vnd Kinder, auch ander hochgelert vnd erfarne Menner, auß Herren, Frey vnd Reichs Stetten geborn, vff disem löblichen Stifft, je welten her, statt-lich vnd eerlich erhalten haben, noch erhalten, vnnd hinfüro, so diser vnser Stifft, sein vorgehapte Wird vnd Eer, durch jren Rath, hilff vnd zuthun, widerumb recuperieren vnd erlangen mag, noch lange zeit, wilß Got, erhalten werden mügen, das wöllen vmb E. Kay. vnnd Kön. Ma. auch Churfürstlichen F. gnaden, liebden, gnaden, freuntschafften, günst vnd Euch, Ne-ben dem, das jnen, jren Kindern vnd Nachkomen, ein Solchs auch zu gutem raichen wirdet, wir, neben schuldiger gehorsame, vndertbenigstlich, freuntlich, vndertbenigklich, günstlich vnd mit vngespartem vleis zuuerdienen, zuerwidern, vnd zu beschulden, willig, bereit, vnd genaigt erfunden werden. Datum vff den Sechs vnd zwainzigisten tag deß Monats Februarii, Nach Christi vnsers lieben Herren gepurt, gezelt, Tausent fünffhun-dert dreyssig vnd Siben Jare.

XII.

Schreiben der Begüterten in der Marggraffschaft Bur-gau an den Bischof von Augsburg Christoph von Stadion als Pfandinnhabern der Marggraffschaft Burgau, wegen des ausgeschriebenen Oesterreichi-schen Landtags nacher Linz. Günzburg Montags den Tag Lucia 1529.

Hochwürdiger Fürst, vnser vnterthänig gehorsam willig dienst seyen Ewer fürstl. Gnaden mit allem vleisse zuuor, Gnädiger Herr, auf des Landvogts der Marggraffschaft Burgau an vns beschehen schreiben seyen wir zum thail, doch nit als die beschri-ben, heut dato erschienen, vnd haben hochgenannter Königl. Mayeft. General Mandat sampt Ewer fürstl. Gnaden gesandten Wilhelms von Knöringen mündtlichen anzeigen mit gebührlichen

O

würden alles Innhalts nach Längs vernommen vndt hätten vnß gleichwol auß volgendten Vrsachen, bey Königlicher Mayestät diſes anſinnens vnd begerens nit verſehen, dann den leſten tag Decembris nechſt verruckt, alß Königl. Mayeſt. vns auch zuſammenzufordern, ein außſchuß vnter vns zu machen, vnd den mit vollem gewalt on hinter ſich pringen gen Innſprugk (wie E. F. Gn. ſonder Zweiffel noch wiſſen) zu verordnen begert, haben wir ſeiner Majeſtätt diſe Antwurt geben, daß wir vormals bey ſeiner Mayeſtätt an herren, weylund Kayſer Maximilian, vnſerm Allergnedigiſten herrn Löblichſter gedächtnuß, auch weylund dern aller vorfaren, Fürſten zu oeſterreich, nie ainichmal in des Fürſtl. hauß öſterreich Landtſchafft erfordert vnd eingezogen worden ſeyn, darein auch nit gehörn, beſunder wie wir ſeiner Mayeſtätt an herrn weyland Kayſer Maximilian vormalen glaublich bericht vnd ſich im Grund der warhait erzaigen mag, daß wir je vnd allwegen bißher ſampt vnſern Leuthen vnd Güttern in der Marggraffſchaft Burgaw gelegen, aller beſchwerden halb, ſo die Landtſchafft der Fürſtenthumb dero hauß öſterreich zu tragen, in ybung vnd gebrauch auch ſchuldig ſeyn, vnangezogen, frey vndt vnbeladen zum thail, namblich Fürſten, Prälaten vnd Stett, alß glider des hailigen Reichs, in deſſelben hilff vnd beſchwerden, vnd die vom Adel, alß freye Schwaben vnd Dienſtleuth in veldlegern, turnieren vnd andern ſachen zu Schimpf vnd ernſt auch im anſchlag des gemeinen pfennings, dergleichen vnſer der merer tail vff erforderung vnd gepott hochlöblichſter gedächtnuß Kayſer Friedrichs vnd Kayſer Maximilians ſeiner Maj. vrän vnd ähherrn, beeder vnſer allergnädigſten herrn, one verhinderung weylund vnſer gnedigſten herrn von öſterreich, der zeit regierenden Fürſten, im bundt des Landß zu Schwaben, mit dem hauß öſterreich alſo in ainung vnd verſtand kommen, vnd biß auf diſen tag darin beliben, es haben auch ſeiner Mayeſtätt vorältern Löblichſter gedächtnuß vns Einwohnern der Marggraffſchaft Burgaw Prälaten vnd vom Adel in Jren aigen vnd andern ſachen, wie andern des Reichs zu gethanen vnd verwanten, vnſern vnd des Reichs lieben vnd Getreuen, geſchriben, wie wir daß zum tail mit vnſern aigen zugeſandten brieffen darthun vnd fürpringen mögen, wir vom adel auch allwegen vnd noch frey, meniglichs halb onuerhindert, in Kriegs

Läuffen vnd sonst fürsten vnd stånden (doch zuuorderst dem hauß
österreich auß freyem guten willen) gegen gepürlicher besoldung
getreulich gedient, mit Lebenspflichten etlich dem bailigen Reich,
etliche andern Fürsten verbunden vnd weder wir, noch vnser vnderthanen, so die Marggraffschaft Burgaw (wie offt beschehen)
durch ein neu herrschafft eingenommen, kein pflicht noch Erbhuldigung (alß Landschafft zethun gepürt) gethan, auch derhalb nie
angezogen worden, sonder hat man es allwegen bey den vier
örtren der Marggraffschaft, so seiner Mayestått Erblich zu gehören, alß Burgaw, Günßburg, Scheppach vnd Hohenwang bleiben lassen, gleicherweiß seyen vil Fürsten im bailigen Reich, so
an vnd in Jren Fürstenthumben vnd Landen Prelaten, Ritterschafft
vnd Stått sitzen, welche Sie in ainich Landtschafft zu ziehen,
noch mit ainicherley auflag zu beschweren nit macht haben, vnd
auß kainer andern Vrsach, dan daß es von alter nit hergebracht
ist rc. alles mit erzelung dieweil wirs nit schuldig, das es vns
auch an vnsern hergebrachten freyheiten vnd herkommen. (dabey
Sein Mayestät als wir, vnd die vnsern den Feurstatt guldin
bezahlt, vns beleiben zu lassen bewilligt vnd verschriben hab)
verletzlich vnd nachtheilig seyn wurd; Vber solchs Gnådiger Fürst
vnd herr, seyn von Königl. Mayestått durch den Wohlgebohrnen
Herrn Schwigkherrn von Gundelfingen Freyherrn rc. wir Prálaten vnd die von der Ritterschafft der merertail in dem sezigem
überzug des grausamen Wieterichs des Türken vm billf auch
angesucht, die dann von vnß alß Prälaten des Reichs vnde
frey Schwaben, doch nit, dann frey gutwillig vnd auß kainer
schuldigen pflicht, sonder königlichen Mayestått zu vntertbånigster
willfahr, in betracht der höchsten Noth zu Rettung vnsers hail.
Christlichen glaubens bewilligt, vnd ein Rayßigen Zeug vnsers
vermögens (so verr anderst Churfürsten, Fürsten vnd ander
Stendt ein tapffere Hülff bewilligen vnd leisten werden) alß
dann neben derselbigen des Reichs Hilff drey Monath lang zu
halten zugesagt worden, vnd mögen die Burgere zu Augspurg
vnd Vlm, so güter in der Marggraffschafft Burgaw haben, je
nit ein, noch Landseßen derselbigen Marggraffschafft seyn, noch
geacht oder genannt werden, die Jre gütter, Jren herrn zu
Augspurg vnd Vlm versteuren, welche beede des bailigen Reichs
Stett seyn, vndt dieselbige Jre Burgere gegen dem bailigen

Reich vertretten, wann sie auch sich mit der Marggraffschafft
Burgaw nie, weder in Besuchung der Landtäg, noch mit Rayt-
sen, Steuren, oder durch ander dergleichen Weg eingelassen,
dartzu zaigen die gesandten von der egemelten Burger wegen
an, daß Jre Herrn von Augspurg vnd Vlm in jüngstem des
türken überzug vnd einfall nit allein Jr gepürendte anlag des
Reichs one Mangel dargestreckt, sonder auch ober dieselbigen
anlag sich auß Christlichem mitleiden zu erretung der Christenheit
Jrem vermögen nach etwas dapferer vnd mehr, dann sye schuldig gewesen seyn, bewisen, die sich zuuersichtlich in gleicher
künfftiger noth, ob sie für fallen (daß der Allmächtig verhüten
wolle) abermalen nit weniger, dann andre Stätt oder Glieder
des Reichs nach Jrem vermögen erzaigen vnd vnuerweißlich
halten wurden, So hat sich auch Kayser Maximilian hochlöblich-
ster Gedechtnuß für sein Mayestäts dero Erben vnd Nachkhommen außtrukhlich verschriben, die in der Marggraffschafft Burgaw
all bey Jren alten präuchen, rechten vnd gerechtigkeiten bleiben
zu lassen. Dem allem nach langt an Eur Fürstl. Gnaden vnser
vnterthenig vnd dienstlich Bitt, Sie wollen diesen vnsern gegründten Bericht vnsern halb vntertheniger Maynung vffnemen,
vnd versteben, Auch vnß. darauff bey Hochgedachter Königl. Mayestätt dermassen nunmehr auff diesen Bericht vil beß, dan wir
anzaigen mögen, zu thun wissen, entschuldigen vnd verantwurten, damit wir one auffgelegt Neuerung bey Obberührter vnser
lang hergebrachter freyheit, herkommen, gebreuch, vndt Gerechtigkeit vnbetrübt beleiben mögen, alß wir daß des bey Euwr
fürstl. Gnaden vnzweifenlich vnd tröstlich verhoffen, daß wöllen
wir alle sampt vnd sonder vmb dieselb Eur Fürstl. Gnaden alt-
zeit vndertheniglich zu verdienen berait vnd willig erfunden werden. Datum Güntzburg, Montags den tag Luciæ Anno &c. 1529.

Eur Fürstl. Gnaden

vnterthenig
Die Einwohner vnd andere, so vil der gütter
in der Marggraffschafft Burgaw ligen haben,
jetzo zu Güntzburg versamlet.

XIII.

Schreiben der Einwohner der Marggrafschaft Burgau an den Bischoffen von Augsburg Christoph von Stadion als Pfandsinnhabern der Marggrafschafft Burgau wegen angemaßter Besuchung des von dem Burgauischen Landvogten nacher Günzburg ausgeschriebenen Oesterreichischen Landtags. Günzburg den 11. August 1531.

Hochwürdigster Fürst vnd Herr, Ewer Fürstl. Gnaden seyn vnser vnterthänig gehorsamb vnd willig dienst alzeit voran bereit. Gnädiger Herr; Auf Landtvogts der Marggrafschafft Burgaw an vnß beschechen außschreiben seyn wür zum thayll, doch nit alle, die beschrieben, heut dato allhie zu Güntzburg versamblet erschinen, vnd haben Römischer, Vngarischer vnd Böheimischer Küniglicher Mayestätt vnsers allergnädigsten Hn. gesünnen, darauf gedachts Landvogts obangeregt Vßschreiben außgegangen ist, sambt Ewer Fürstl. Gnaden gesandten Wilhelms von Knöringen mündtlichen anzeigen mit gebührenten Würden alles Innhalts nach längs vernomben, welchs der Kunigl. Mayestett an sünnens vnd begehrens Wür vnß nit versechen hätten, in betracht, daß wür sambt vnsern leuthen vnd guetheren in oder vm die Marggrafschafft Burgaw gelegen, Je vnd allwegen bißher aller beschwerden, So die Landtschafft der Fürstenthumb des hauß oesterreichs zetragen, in vebung vnd gebrauch, auch schuldig gewesen seyn, vnangezogen, frey vnd vnbeladen, nambtlich Fürsten, Prälaten vnd Stätt alß Glider des heylligen Reichs in desselben hülff vnd beschwehrden, vnd die vom Adel, alß frey Schwaben vnd dienstleuth in Veldtlegeren, Turnieren vnd andern Sachen zu Schimpff vnd Ernst, auch im anschlag des gemainen Pfennings bliben seyn, dergleichen vnser der mehrer thayll auff erforderung vnd gebott hochlöblichister gedächtnuß Kayser Friedrich vnd Kayser Maximillans Ihro Königlichen Mayestät vrEhnin vnd Anherrn, one verhinderung weylund vnserer gnädigsten herrn von Oesterreich, derselben zeit Regierenden Fürsten, Im bundt deß Landts zu Schwaben, mit dem hauß Oesterreich alfo in einung vnd verſtandt khommen, vnd biß auf biſen tag darin blieben, daß wür gegen vnd neben dem hauß Oeſter= reich geſundert, vnd vnterſchidlich Ständt vnd glider ermelt Schwäbiſchen bundts geacht, vnd genennt worden, vndt ſeyn, Wo nun Kayſer Friedrich vnd Kayſer Maximilian vnß für Landt= ſäſſen der Marggraffſchofft Burgaw vnd deß hauß Oeſterreich gehalten hätte, wäre von vnnöthen geweſen, Vnß zuegebietten, mit Jhrer Mayeſtät vnd anderer Bundtsverwandten in ainigung zu begeben, ſonder wären wir one die Manbat, alß Landtſeſſen vnter dem hauß Oeſterreich begriffen, vnd alſo vnter ſeiner Ma= yeſtät hievor in dem bund geweſen, dergeſtalt, dieſelbigen Man= dat alß vnnöthig überbl:ben wären, die aber So wür nit Landt= ſeſſen, auß geachter noth, an vnß mehres thanuß außgegangen, dero noch mehr dann ains bey der Handt ſein, So haben auch Ser Mayeſtät vorElteren Löblichſter gedechtnuß, vnß Einwoh= nern der Marggraffſchafft Burgaw Prälaten vnd vom Adel, Jn Jren aigen, vndt anderen Sachen, wie anderen des Reichs zue= gethanen vnd verwandten, vnſeren vnd des Reichs Lieben ge= trewen geſchriben, wie wür deß zum thayll mit zuegeſandten Brieffen dorthun vnd fürbringen mögen; Wür vom Adel haben allwegen vnd noch, Frey, von Mänigiichen ohngeirret, in Kriegs Läuffen vnd ſunſt Fürſten vnd andern Ständen (wie wohl dem hauß Oeſterreich zu forderiſt, doch allein auß vnter= thenigſtem freyen guetten willen, vnd khainer ſchuldigen pflicht, wie wür noch der Kunigl. Mayeſtät für andern herren zu ge= dienen in aller vnterthänigkeit erbiethig ſeyn) gegen gebührliche beſoldung, getreulich gedient, darzu vnſer etlich von dem heyll= gen Reich vnd etlich von andern Fürſten, dann den Erz Herzo= gen von Oeſterreich, vnſere guetter, die in der Marggraffſchafft gelegen ſeyn, nit in geringer anzahl zu Lehen tragen, denen wür derenthalben mit Lehenspflicht verſtrickht, vnd verwandt ſein, vnd mögen die Burger zu Augſpurg vnd Vlm, ſo guetter in oder vmb die Marggraffſchaft haben, je nit Ein= noch Landt= ſaſſen derſelben Marggraffſchafft ſein, noch geacht oder genant werden, die Jre guetter Jren herren zu Augſpurg vnd Vlm verſteuren, welche Baid Augſpurg vnd Vlm, deß hailigen Reichs Stätt ſeyn, deren Burger durch die Räth gegen Kayſer vnd Königlicher Mayeſtät, auch dem heiligen Reich, dem Löblichen

Bund zue Schwaben, vnd allenthalben, wo es die Gebühr
erhaischt, vertretten werden, wann Sie auch sich mit der Marggraffschafft Burgaw nie, weder in Erkiesung vnd Verordnung
eines Außschuß, Besuechung der Landtäg, noch mit Raysen,
Steuren, oder durch andere dergleichen wege eingelassen haben;
So auch die Marggraffschafft Burgaw durch ein newe Herrschafft,
wie offt beschechen, eingenomben worden ist, haben wür die
Einwohner, vndt anderen, so vill vnser guetter in oder vmb
die Marggraffschafft Burgaw ligen haben, noch vnsere Vntertha-
nen nie khein Pflicht, noch Erbhuldigung, alß Landtsessen zu
thun gebührt, gethan, sein auch dernhalben nie angezogen worden, sonder hat man es allwegen bey den vier Oertheren
der Marggraffschafft benantlich Burgaw, Güntzburg, Scheppach vnd Hohenwang, die der Königlichen Mayestät Erblich zu-
gehören, der Pflicht vnd Erbhuldigung halb, bleiben lassen,
gleicherweise mehr Fürsten im heyl. Reich gefunden worden, die
in Jren Fürstenthumben vnd Landen Prälaten, Ritterschafft vnd
Stätt sizend haben, welche Sie in ainich Landschafft zu ziehen,
noch mit ainicherley aufläg zu beschwehren nicht macht haben,
darauß beschließlich folgt, daß wür in das Fürstlich hauß Oesterreich Kunigl. Mayestät Erblande nit sollen, noch mögen gezogen werden, darumb wür vnter vns ein Außschuß fürzunemben,
denselben nit genugsamber gewaltsamen in dem, so off khünffti-
gen Landtag gehandelt werden soll oder mag, zue versehen,
vnd zu senden, noch ainigen Landtag zue besuechen, oder vnß
mit der Landtschafft einzulassen, nit schuldig sein, wann, ob
wür gleich hieuor zu Erkiesung vnd Verordnung eines Außschuß
oder zu besuechung angesezter Landtäg beschriben vnd erfordert
worden, so seyn wür doch alß die, so auß oberzehlten Vrsachen
zu erscheinen nit schuldig, nie; weder selbs persönlich, noch durch
ainigen Außschuß oder verordnete auf ainigen Landtag gegen-
wertig gewesen, sonder haben wür allwegen die Entschuldigung
vnsers Ausbleibens in vnterthänigkheit dargethan, die auch allweg mit gnädigster Ersätigung angenomben wordten, also daß
wür Prälaten vnd Stätt bey den Ständen des heyligen Reichs,
vnd wür vom Adel, alß frey Schwaben, auch vnsere voreltteren
in alltem herkhomben bliben, in besizung solcher libertaet vill
Jahr her, mit wissen vnd gedulden Kayser Friderichs, Herzog

Sigmunds, Herzog Jörgen vnd Kayser Maximilians hochlöblichister vnd löblicher gedächtnuß, auch yetzo Kayser vnd Königl.
Mayestät vnserer allergnädigisten herrn gewesen, vnd noch seyn,
darburch wür solche lange zeit her erseffen haben, darumb wür
bey vnnsern hergebrachten freyheiten vnd alten herkhommen ehge-
ruerter Besitzung vnd Ersitzung billich bleiben, vnd gehanbhabt
werden sollen, nit allein auß obgeschribner Vrsachen, sondern
auch fürnemblich darumb, daß Kayser Maximilian Hochlöblichister gedächtnuß sich für sein Mayestät selbs, auch deren Erben
vnd Nachkhommen außtrucklich verschriben hat, die in der Marggrafschafft Burgaw alle bey Jren alten gebräuchen, rechten vnd
gerechtigkeiten bleiben zu lassen, waß aber der Kayserl. vnd
Kunigl. Mayestät wür sonst zu thun schuldig seyn, in demselben wür vnß aller gebübr vnd gehorsamb in aller vnterthenig-
theit halten, vnd befleissen, dem allem nach an Ewer Fürstl.
Gnaden vnser vnterthenig Bitt gelangt, die wölle disen vnseren
gegründten vnd Nottürfftigen Bericht vnserthalb vnterthäniger
mainung aufnemmen, vndt versiehen, auch vnß darauf bey hochgedachter Kunigl. Mayestät dermassen, wie Si nunmehr hierauf
vil Baß, dann wir anzaigen mögen, zu thun wissen, entschuldigen, vnd verantwortten, damit wir ohne aufgelegt newerung
bey obberuerter vnser lang Hergebrachter freyheit, altem herkhomben, gebräuch, gerechtigkeit, Besitzung vnd Ersitzung obange-
regter libertaet vnbeschwürt vnd vnbetruebt bleiben mögen, Alß
wür vnß daß bey Ewer Fürstl. Gnaden vnterthäniglich vnd tröstlich verhoffen, Sollichs vmb dieselb Ewer Fürstl. Gnaden vnterthäniglich zuuerdienen, wollen wür allzeit vngespartß bleiß
willig vnd bereit erfunden werden; datum Güntzburg den 11.
August Anno 1531.

Ewer Fürstl. Gnaden

Vnterthänige
Jnnwohner vnd andere, so vill dero guetter
in der Marggrafschafft Burgaw liegen haben,
jetzo zu Güntzburg versamblt.

XIV.

Entſchuldigungsſchreiben der Einwohner und Begüterten in der Marggrafſchaſt Burgau an den Biſchof
von Augsburg Chriſtoph von Stadion, den nach
Weingarten ausgeſchriebenen öſterreichiſchen Landtag betreffend. Günzburg den 11. Junius 1532.

Hochwürdiger Fürſt vnd Herr, Ewer fürſtlichen Gnaden ſeyen
vnſer vnterthänig gehorſam vnd willig dienſt allzeit zuuoran berait, Gnediger Herr, Wir ſeyn aber auf ain außſchreiben Landtvogts der Marggraffſchafft Burgaw, doch nit all, wie Wir beſchriben, an heut datho zu Günßburg ankhommen, vnd haben
ain ſchreiben von Röm.ſ. auch Hungariſcher vnd Böhemiſcher Königl.
Mayeſtät vnnſerm allergnedigiſten Herrn, an denſelben Landtvogt
außgangen, vnd darinnen ain Landtag daruff Wir gen Weingarten, Montags nach Viti ſchiriſt eruordert worden, ſambt E. F. G.
geſandten Wilhalms von Kneringen Hanbtmans mundlichen anzaigen, mit den Würden, als ſich geziembt, Jnn vnterthänikbait
vernommen, vnd vnns deß auff, auch vber vnd wider vnnſer
wohl gegründte ſchrüfftliche antwurt E. F. G. alß Wir Jüngſt
bieuor auf dergleichen der Königl. Mayeſtät vnd Landtvogts begern vnd erſuchen, auch allhie zu Günßburg erſchinen ſeint,
lauth hierinn verwarter copi gegeben, vnd daß E. F. G. dieſelb
vnnſer anntwurtt der Königl. Mayeſtät Statthalter, und Regen-
ten zu Jnſprugg, wie Wir in kainen zweifel ſetzen, vberſchickht
hat, gar nit ſonder entlich verſehen, Wir ſolten in Bedacht der-
ſeiben alſo dabey beliben, vnd dero zugegen ferner nit angelangt
worden ſein.
Dieweil es aber vnnſers erachtens auß vergeſſenhait vnd verle-
gung ſolcher vnnſer anntwurtt nit geſchehen iſt ſo Repetiren vnd
erneuren Wür auf obgemelt der Königl. Mayeſtät vnd Landtvogts-
jetzig erfodern, vnd beger dieſelb vnnſer antwurt, vermög oban-
geregter Copi, vnd erinnern E. F. G. derſelben hiemit, vnd
laſſen es dabey beruen, vnderthänigſter troſtlicher Hoffnung vnd
zuuerſicht, ſo diß vnſer Schreiben, ſambt vermelter angeſchloſſe-
ner Copi, ſeine Königl. Mayeſtät oder derſelben verordneten
Commiſſarien gen Weingarten, alß Wür vnns verſehen, vnd

onterthenig bitten, zugesandt, vnd Jhrer Mayeſtát ober ber=
ſelben Commiſſarien aigentlich vernommen wurdt, ſein Königl.
Mayeſtát werbe vnnß nochmalen bey angezaigter vnnſer lang her=
gebrachten Freyhait, alten herkommen vnd gebrauch ꝛc. in obbe=
ruerter vnnſer hievor gegeben, gegründten vnd notturfftigen annt=
wurth gmelt, vnbeſchwert vnd vnbetruckht bleiben, vnd fürter
ſolcher geſtalt vnangelangt laſſen, Hierauff E. F. G. abermahlen
vntertheniglich bittend, daß ſye bey Jhrer Königl. Mayeſtát ſol=
ches alſo zu geſchehen gnediglich fürbern, daß wöllen Wir vnnß
vntertheniglich getröſten, vnd vmb E. F. G. alß vnſern gnedigen
herrn Jn vnberthánikhait zu verdienen allezeit willig vnd bereit
ſein. Datum am ailfften tag Junii anno 1532.

E. F. G.

Vnberthánig
Jnnwoner vnnd ander ſoull bero gütter
in der Marggraffſchafft Burgau ligen ha=
ben, yetzo zu Güntzburg verſamelt.

XV.

Entſchuldigungsſchreiben des Abts zu Elchingen an den Biſchof zu Augsburg Chriſtoph von Stadion, we= gen ſeines Ausbleibens auf den ausgeſchriebenen öſterreichiſchen Landtag.

Hochwürdiger Fürſt, gnediger Herr. E. F. G. ſeyen mein
gepet vndertbenig willig dienſt ꝛc. zevor Gnediger Herr.

Das Königlich Mandat, ſo mir E. F. G. zugeſandt, hab Jch
wie ſich gepürt, mit aller undertbenigkeit empfangen, doch nit
ohne verwunderen, daß Jch ſolte die, taglayſtung ſuchen, So
den Jnwoneren zu der Marggraffſchafft Burgaw gehörig, belangt
und betrifft, darin mein Gottßhuß nit gelegen, auch biß bieher
mit denſelbigen nie kein gemeinſame oder Anlag gehöpt, Jn an=
ſehung daß Jch, und meine vorfáren je und allwegen mit dem
Löblichen punct zu Schwaben gehandelt, gereußt, und geſteurt
haben, und ich noch auf dieſe ſtundt mit den Prálaten und der
Ritterſchafft am Bodenſe auß Bewilligung beyder Kayſerl. und
Königl. Mayeſtát meiner allergnedigſten Herrn Jn punctnuß bin,

Sölte ich dan mit denen stenden des Reichs auch mit meinen
pundts verwandten miessen raitzen, und nachwerdigen erst mit
der Marggraffschafft Burgaw darzu, So wurde ich mit drey
Ruethen geschlagen, wölches mir auch unleidenlich, besonder zu
diser Weyl, So Ich dermassen mit Gasterey, und täglichen un-
kosten dermassen überladen, daß mir solchen zu gedulten schier
unleidenlich seyn will. (Gelangt deßhalben an E. F. G. mein
underthenig emsig pit, E F. G wolle mich an den Ortb gegen
Königl. Mayestät Meine allergnedigste Herrn, also entschuldiget
haben, dann E. F. G. ye selbsten erachten mag, daß mir solches
unleidenlich, will mich also E F. G. mit aller unerkenigkeit
bevolhen haben. Datum Elchingen den 29. Augusti Jm 41.

                E. F. G.

                        Underteniger Caplan
                        Andreas Dirrlin Abbt in Elchingen.

XVI.

Schreiben des Magistrats in Ulm an den Bischof Chri-
stoph von Stadion in Augsburg.

Hochwürdiger Fürst und Herr. Unser underthenig willig
dienst seyen Ewern Fürstlichen Gnaden beraith voran,
Gnediger Herr.

E. F. G. schreiben unnß neulicher tagen, mit eingeschlossner,
Römischer Königl. Mayestät und unsers allergnedigsten Herren
Mandat, den ußgeschribnen und gen Riedlingen ernannten Lands-
tag, von wegen der Marggraffschafft Burgaw unberuerendt zu-
komen, haben Wür Innhalts in Underthenigkeit vernommen,
und fuegen derselben hiemit zu versteen, die weil wür glaubwür-
dig bericht werden, daß der Lufft zu Rüedlingen etwas unge-
sundt, und vergifft, also daß die sterbenden Leuff daselbst in der
Statt, und der nähin herumb, zimlicher weiß regieren, daß
Wür daher, und ß vernommnen Bewegungen den angesetzten
tag mit nichten zu besuechen, noch Jemanns von unsern wegen,
darauff zu verordnen wissen; Underthenig und höchstes fleiß bittend, E. F. G. wollen uns bis Orts gnedig entschuldiget halten, unß auch gegen höchgenannter Römischer Kayserl. Mayestät

verordneten Commiſſarien nun forß außpleibenß und nit erſcheiſ
nenß halber mit böſem fuegen entreden laſſen. Begern Wür umb
E. F. G. unſerm Gnedigen Herren In vill mererm undertthenig
und mit willen zu verdienen. Datum Montagß den 5. September Anno 41.

Burgermeiſter und Rath zu Ulm.

XVII.

Urkunde Biſchof Chriſtophß von Stadion wegen einer
Brücke über den Schmutterfluß, deßwegen angelegten Weggeldß und Befreyung der Biburger Gemeinde von demſelben.

Wür Chriſtoph von Gotteß gnaden Biſchoffe zue Augſpurg,
diſer zeyt Inhaber der Marggraffſchaft Burgau, *) Auch wür

---

*) Herzog Sigmund von Oeſterreich hatte im Jahr 1497. am Montag
nach unſer lieben Frauen tag Conceptionis die Marggraffſchaft Burgau
um eine Summe von 37011. Gulten auf einen ewigen Wiederkauf an
den Biſchof Johann II. von Augſburg, einen gebornen Grafen von
Werdenberg überlaſſen, welchen Kauf Kayſer Friedrich III. an Mit-
tlichen nach ſannd Erhartß tag 1471. beſtättigte, und ſich den Wiederkauf
ebenfalß vorbehielt. Inzwiſchen war es eigentlich nur eine Verpfändung,
die auch auf deß Biſchofs Johann Nachfolger Friedrich III. einen gebornen Grafen von Zollern übergieng, die er aber nicht lange mehr nach
angetretener Regierung inne hatte, alß Herzog Georg von Baiern
die Marggraffſchaft Burgau einlöſte, und ihm 1486. von dem Erzherzog
ein Pfandbrief Hall im Innthal Erichtag vor Andreaßtag außgeſtellt
wurde. Dieſe Pfandinhabung dauerte alſo bey den Biſchöfen von Augsburg 15. Jahre. Die zweyte an die Biſchöfe in Augſburg geſchehene
Verpfändung erfolgte im Jahr 1498. von dem damalig römiſchen König Maximilian I. an gedachten Biſchof Friedrich III. von Augſburg.
Der Pfandbrief iſt gegeben an Mitichen vor ſand Matheys deß heiligen
zwölffpoten tag 1498. dieſe zweyte Pfandinhabung dauerte biß 1559. und
alſo 61. Jahre unter den Biſchöfen von Augſburg, die damalß dem
Biſthum vorgeſezt waren, nemlich unter Friedrich III. Grafen von
Zollern, Heinrich IV. auß dem Geſchlechte von Lichtenau, Chriſtoph auß dem Geſchlechte der von Stadion, und Otto auß dem Geſchlechte der Truchſeſſen von Waldburg. Daher kommt in dieſer
Urkunde der Außdruck Innhaber der Marggraffſchaft Burgau, deß-

Dechant vnd Capitul des Stüffts sanct Morizen in Augspurg als grundherren des fleckens Biburg, *) bekennen vnd thuen kund menniglichen nach dem vns von gemainer landtschafft vnd sonderlich von denen fuehrleuthen täglich klag fürkommen, wie daz die straß oder furt des wassers der schmutter bey schlipprsfürmühlen zue zeytten offt im jar vnd fürnemblich wan daz wasser zue nimbt dermassen so tieff vnd beschwehrt daz sy die fuhrleuth vnd

---

licher und bestimmter aber wäre der Ausdruck Pfandinnhaber gewesen, denn Innhaber bezeichnet einen wirklichen Besitzer, Pfandinnhaber hingegen nur einen solchen Besitzer, den man wieder auslösen kann, und gegen den man das Wiedereinlösungsrecht ausdrücklich vorbehalten hat.

*) Das Wort Flecken bedeutet hier keinen Marktflecken, denn Biburg ist nur ein gemeines Pfarrdorf katholischer Religion, das 38. Gemeindsmänner, zwey Tafernwirthschaften, eine kapitelsche und eine bekanische, welche letztere aber nicht selbst brauen darf, zwey andere Wirthshäuser und einige Gnadenhäuser hat, und etwa 300. Menschenseelen zählt. In demselben befinden sich auch drey Landhäuser, welche Augsburgische Bürger besitzen, wovon aber das Remische 1791. an die sel. Sautter, nach deren Tod hingegen an ihren Sohn den Hrn. Kanonikus Mainone bey St. Morizen übergieng. Der Meyerhof wurde 1795. von dem Besitzer Bonaventura Wörz zertrümmert und an die Juden verkauft, wodurch er seine Existenz verlor und zu einem kleinen Bauergütgen herunterfank. Das geographische Lexikon von Schwaben I. Band Kol. 209. und 220. hat Biburg unter zweyerley Bemerkungen angeführt, einmal als Biber; wie mans in der gemeinen Volkssprache ausspricht, und dann nach der eigentlichen Benennung, Biburg, aber beede Artikel sind durchaus falsch und unrichtig. Biber schreibt der Verfasser dem augsburgischen Patriziergeschlechte der Rem zu, von Biburg aber sagt er, daß solches dem Kloster St. Moriz in Augsburg gehöre, und wußte also nicht, daß St. Moriz ein Kollegiatstift ist. Denen von Rem schreibt er ein Gut von 9. Unterthanen in Biburg zu. Der 1788. zu Biburg verstorbene Joseph Anton von Rem besaß ein Bauerhölzgen, aber keine Unterthanen. In dem 16. Jahrhundert hatte Lukas Rem, der Anna Ehrmin zur Ehe hatte, 7. Sölden und 2. Bauerhöfe daselbst besessen, und vermuthlich waren solche Unterthanen zu ihm, die nach der Hand an die Dekaney zu St. Moriz kamen, bey der sie noch sind. Wer die ersten Besitzer dieses Dorfs waren, und ob sich ein Geschlecht ehemals so geschrieben hat, von dem es den Namen bekam, ist nicht aufzuforschen.

anber darvber nit komen mügen vnd alfo etwa vil täg alda biß
daß waffer wider abfällt, mit irem großem verderblichen schaden
ftil ligen vnd jeren müffen, haben wür zue fürderung gemeines
nuß vnd aller dern nahrung fo dife ftraß täglich geprauchen vnd
prauchen müßen vns veraint vnd wür Bifchoff Chriftoph vff vnns
fern coften vff folich waffer ain bruggen vnd fchlacht machen laffen, dergeftalt vnd mit dem fürnemblichen bedingte, das die bruggen vnd fchlacht befchloffen vnd nimmer geöfnet werden foll, danu
zue der zeytt fo daß waffer fo groß ift, daß man den fuert darnes
ben one forgflichen fchaden nit geprauchen mag, alßdann fol der
der darvber beftellt ift die bruggen vnd fchlacht öfnen vnd von denen fo darüber faren vnd reutten das vffgefeßt weggelt einnes
men, doch vnd dieweil der gemeind zu Biburg etlich grund der
vihwaid vnd abwechfel der wifmäder zue difer wegmachung geben,
fo dann diefelben von Biburg zuer zeytt fo die brugg vnd fchlacht
auß der not als vorftet geöfnet wäre, die bruggen vnd fchlacht
mit befuechung irer güter, getraidt, holß vnd dergleichen prauch-
ten follen fo kain weggeld, aber wo fy zentner gut oder kauff-
mannswaar darvber füeren würden, daß weggelt wie andere zue
geben fchuldig fein, vnd ift hierinnen außtruckhentlich vorbedingt,
daß wür bifchoff Chriftoph oder vnfere nachkhommen zue jeders
zeytt wan wür wöllen dife brugg vnd fchlacht widerum abzuthuen
vnd das weggelt abgeben laffen mügen, menniglichs halb vnver-
hindert. getreulich vngeuerdte. Zue vrkundt vnd gedechtnuß difer
ding, feind zween gleichlautend briff gemacht, mit vanfer bifchoffs
Chriftophs als inhabern der Marggraffchafft Burgau auch Dechant vnd Capituls zue fanct Moriß als der Grundherren anhangenden Infieglen. befiegelt vnd yedem tail ainen zue handen gegeben am freytag nach fanct Pauls bekerung tag vnd Chrifti gepurt fünffzehen hundert vnd im vier vnd dreyßigiften jar. *)

---

*) Diefe Urkunde hat Bifchof Marquard II. von Augsburg und Domprobft
   zu Bamberg aus dem Gefchlechte der von Berg in Schwaben, der
   leßte feiner Familie, auf Bitten der Gemeinde zu Biburg durch ein
   Transfumt Dillingen den 12. Januar 1579. beftätigt, und den Inhalt
   des auf Pergament gefchriebenen Originals demfelben ganz einverleibt,
   und am Ende noch beygefügt, daß der Schiffsheimer Müller und der
   Bauer zu Neubeck, die beede nach St. Moriß gehören, wie die von
   Biburg, von dem Weggeld befreit feyn follen.

XVIII.

Schreiben Herzog Wilhelms IV. von Baiern an den Bischof von Augsburg Christoph von Stadlon, wegen bestrafter Umfahrung der Niederlag zu Schongau 1517.

Unnser Freundtschafft zuvor, erwürdiger in Gott vatter, besonder lieber Freundt! Eurer Freuntschafft Schreiben, vnsern Stathaltern, Haubtmann vnd Räthen, von wegen eines Unterthanns Hannsen Schweigers von Burckaw, jetzt abermaln gethon, haben wir Inhalts vernommen, und wie wohl wir genugsam Erfarung vnd gründlich Bericht haben, daß gemelter eur Unterthom uns unsern Zoll zu Schongaw nit allein jezt, sonder auch vormaln vermessenlich verfiert, vnd angeregten unsern Zoll, auch die Niederlag daselbs umbfaren; das ime auch wol wissend ist, daß der Enden zu Soyen, also er die Guetter angesagt hat, keinerley Kauffmanns Guetter abgezollt werden, sonder dieselben Guetter alle dahin kommend, an Zoll vnd Niederleg zu Schongau gehörn, darumben dann der unsern von Schongau Handlung nit zu unpillichen ist. Jedoch Eur Freundtschafft zu nachperlichen Gefallen haben wir den unsern von Schongau verschafft, ain armen Man umb sollichs von Geltstraff wegen unangezogen, sunder sich für dieselben an seiner bißher geschechner Thurnfänckhnuß beniegen, und ine demnach auf ain alte vnd prieffte geschworne Urfehd, darinen er sich sonderlich verpflichte, dergleichen Straffen hinfür an nit mer zefaren, sonder mit den Kauffmanns Guetern, so er fürgefieret, an unsern Zoll vnd die Niederleg zu Schongaw ze kommen, deßgleichen auf Bezalung seiner bißher gethaner Münz, vnd des fürters, so über die Rott mit Hinauffuehrung der Guetter von Fuessen gangen ist, ze Stunden aus Fenckhaus ze lassen, vnd über solches dorten lenger nit zu enthalten, wolten wir euer Freundtschafft, der wir zu nachperlicher Willfarung geneigt sind, nit verhalten. Datum München am Abendt Nativitatis Mariæ. Anno 1517.

XIX.

Abſchied wegen Ausmarkuhg der Jagdgränzen um Landsberg und Schwabeck zwiſchen Chriſtoph von Stadion Biſchofen von Augsburg und den Herzogen von Baiern Wilhelm und Ludwig, Gebrüdern. Anno 1518.

Zu wiſſen, als verſchiner Zeit, zwiſchen dem hochwürdigen, durchleuchtigen und hochgebohrnen Fürſten und Herrn, Herrn Chriſtophen Biſchoue zu Augſpurg ains, Herrn Wilhalmen, und Herrn Ludwigen Gebruedern, Pfalzgrauen bey Rhein, Herzogen in Obern und Nidern Bayrn ꝛc. anders Thails, unſern gnedigen Herrn, von derſelben irer Fürſtl. Gnaden Räthen guetliche Mitl, etliche Geſaidt um Landſperg, und in der Graffſchafft Schwabeckh gelegen, betreffendt, abgeredt und vortragen worden ſeind. Wie dann ſolche Abred und verträg ſchrüfftlich verzaichend, am Datum an St. Anthonien Tag, im fünffzehenhundert und ſiben zehenten Jar aufzeweiſen iſt.

Welche Abred und Vertrag unter andern fürnemblichen innhalt, daß von jedem Thail zween Räth verordnet, ſo vermelter Geſaidt halben, der Orten es Not thut, auf ainen beſtimbten Tag beſtättigen, Marckh fürnemmen, und machen ſolten ꝛc. demnach ſo haben die obgemelten Fürſten nachvolgendt uff dato diß Briefs, auf ſolch Abred und Verträg, die erwürdigen, edlen und veſten Herrn Johann Matſe in geiſtlichen Sachen vicari zu Augſpurg, Wilhelm Guß von Guſſenberg, zu Glett, Hofmarſchalckh und Hauptmann von wegen unſers gnedigen Herrn von Augſpurg, Gregorj von Egloſtain zue Stainburg, zu Launtſperg, und Erhart von Perfall zu Greiffenberg, und zu Friedberg Pflegere, anſtatt obgenannter unſerer gnediger Herrn, beeder Fürſten zu Bayrn, ſambt Walther von Hürnhaim zu Hohloltingen Pfleger, zu Kirchberg Haubtmann ꝛc. als von beeden Thaillen nach Abgang Herrn Adam von Frontſperg Ritters ſelliger Gedechtnuß, erkieſen Obmann, auf die Orth, ſo dann in obangezeigter Abred und Vertrag begriffen ſein, verfiegt, und haben erſtlich für Marckhen, zwiſchen dem Paumwoll und dem Staffersberg ainhelliglich fürgenommen.

Nemb

Nemblich von dem Wasser die Sinckbeül an, und herauf über den Hanenbüchel, zwischen dem Paumwoll und dem Holz genannt, das Prantach, so des Spitals von Landtsperg ist, biß an dem Bach Lewbach abgeredt und gemacht, und daß auch yeder Thail, wann der auf dem seinen jagen will, für des andern Thaill Holz dazwischen khain Besuech ist, ohnverhindert richten möge.

Zum andern des Lanndtsperger Harts halben, haben sich vermelt Obmann und Zusetz mit einander veraint, daß die Untermarchen daselbst dermassen sollen verstanden werden, benanntlich unter dem Dorf zu Erpfftingen an dem Bach die Lewbach genannt, hinauf biß gen Erpfftingen, und von Erpfftingen die Straß hinauf biß gen Asch, und von Asch den rechten Steig hindurch geen Seestel biß in den Lech; doch wo der Bischof von Augspurg, oder yemand von seinetwegen an der Paumwoll oder an der Wäterhölzen jagen wurde, daß sy dann vor dem Lanndtsperger Hardt wol richten mögen, an Orthen und Enneden, dazwischen kein Besuech ist. Solcher Abred und Verträg der Vermarkhung, seindt zween gleichlauttendt Abschidt begriffen, und yedem Thail ainer, unter obgenannten Walthers von Hürnhaim als Obmanns, Wilhalmen Gussen und Gregorj von Egloffstein, als Zusetz rc. Insigeln gegeben, Sambßtags nach Francifcen Tag, nach Christi unsers lieben Herrn Geburt 1518 Jare.

XX.

Vertrag zwischen Balern und dem Bischof von Augsburg Christoph von Stadion wegen dem Wildbann um Landsberg und der Grafschaft Schwabek. 1518.

Von Gottes Genaden wir Wilhalm und wir Ludwig Gebrüder, Pfaltzgrauen bey Rhein, Hertzogen in Obern und Nidern-Bayrn rc. und wir Christoph von denselben Genaden Bischoue zu Augspurg, bekennen sammentlich und sonderlich für uns, unser Erben Stifft und Nachkommen, mit disem Brieff, als zwischen unsern Oeltern und vorfarn und unser, sich etwo lang Zeit Spenn und Irrung gehalten haben, von wegen hernach anges

P

zeigter Gejaid und Forstlicher Obrigkhait, umb Landtsperg, und in die Grafschafft Schwabekh gelegen, derhalben durch unser Vorfaren und unser Rethe auf mergehalten Tägen, vil gütlich Verhör, anch Beschaw, Erfarung und ander notturfftig Handlung beschehen. Ist darauf zu letst von solcher Gejaid wegen, durch unser Rethe nachfolgender Vertrag abgeredt, darinn wir baider Seitte nach gehabtem Bedacht und Rathe an dato diz Briefs bewilligt, und derselben Verträg mit rechter Wissen angenommen haben, und nemmen den hiemit an in Crafft diz Briefs, wie hernach volgt.

Als das wir obgenannt Fürsten von Bayrn, unser Erben und Nachkommen, nun hinfüran unverhindert des Stiffts Augspurg, und derselben Ambtleuth an Naffenberg, nnd Stauffersperg darein Iglinger Hartt beschlossen seyn soll, auch am Landtsperger Harde, doch ausserhalb des Holz genanndt die Paumwolle, zu jagen, und alles Waidwerch daselbs zetreiben Macht haben, und also uns Fürsten von Bayrn solcher Wildtpan füran frey in ewig Zeit zuesteen soll.

Damit aber der Gemerkh halben an bemelten Ennden khünfftig Irrsal fürkhommen und verhuet werden; so ist von merer Richtigkeit wegen, zwischen der Paumwoll und des Staufpergers hernach angezaigte Markhung gemacht, darbey es auch in ewig Zeit, allso beleiben, und gehalten werden soll, nemblich von dem Wasser genannt die Sinkhalt an, und darauf über den Hannenbüchel, zwischen der Paumwoll und dem Holz, genannt das Prombach, so deß Spitals von Landtsperg ist, biß an den Pach Leubach, also das jeder Tail, wann er auf dem seinen jagen wil, für des andern Tail Holz, dazwischen kain Besuech ist, unverhindert richten mag; dann die Untermarckh zwischen der Paumwoll und Landtsperger Hardt, fein mit Namen unter dem Dorff zu Erpfftingen, und an dem Pach, die Bubach genannt, hinauf bis gen Erpfftingen, und von Erpfftingen die Straß hinauf bis gen Asch, und von Asch den rechten Steig hindurch gen Sestal bis in den Lech; doch wo wir Bischof Christoph unser Nachkommen oder Ambtleuth des Stiffts Augspurg an der Paumwoll, oder an der Waaler Holzer jagen wöllen, so mugen wir alsdann von dem Landtsperger Hart wol richten, an Ortten und Ennden, dazwischen kain Besuech ist.

Verrer der hernach bemelten Ghaid und Wildpan halben, haben wir uns obgenannt Fürsten nachfolgender Massen vertragen, also daß wir Fürsten von Bayrn, unser Erben und Nachkommen, Innhaber der Grafschafft Schwabekh, one des Stiffts Augspurg verhinderung, auch frey ze jagen sollen haben, die Hiltenfinger und Etringer Auen inerhalb und her dishalb der Werchtag, aber am Aunberger Holtz sollen wir Fürsten von Bayrn allain ainen Mitbrauch haben, also daß wir Bischoff Christoff und unser Nachkommen und Ambtleuth des Stiffts Augspurg an demselben Aunberger Holz nichts weniger wie von Alter, von unsers Stiffts wegen, unser vorstlich Obrigkhait und Wildpan haben und brauchen sollen.

Es soll auch durch uns Fürsten von Bayrn unser Erben und Nach- kommen, Innhaber der Grafschafft Schwabeckh; uns Bischoff Christoffen, unsern Nachkommen und Stifft, am Widergeltin- ger Aichach Ghaid und Wildpanns halben, und füran auch kain Irrung zugefügt werden, auch diser gütlicher Vertrag uns Für- sten von Bayrn, und uns Bischoff Christoffen, und dem Stifft Augspurg und unser jedes Nachkommen jetzt und hinfüran, an anndern unsern jedes Hochhalten und Gerechtigkaiten, und des Stiffts vorstlichen Obrigkaiten zwischen Lechs und der Wertach unvergriffenlich und unschedlich, und mit disem freundtlichen und nachparlichen Zuelassen kainem Tail weiter ichts begeben sein. Wir obgenannt drey Fürsten gereden und versprechen auch dar- auff für uns, unser Erben, Stifft, und Nachkommen, disen guettlichen Vertrag, in allen und jeden seinen Puncten, Arti- culn, Clauseln und Innhaltungen, so vil der unser jeden be- ruert, und verbindet, ben u: ern fürstlichen Würden, und Wor- ten, stets vestiglich, auch treulich, und on Geuerde ze halten, und zu volziehen. Deß zu wahren und ewigen Urkhundt haben wir zween Vertrags Brieffen, in gleicher Lautt aufrichten, und wir Herzog Wilhelmen, und Herzog Ludwig den mit unser Ge- brueder gemainem Secret Innsigl, des wir uns als regierend Fürsten baid mit einander gebrauchen, und wir Bischoff Chri- stoff von unsers Stiffts wegen, auch mit unsern anhangenden Innsiglen besiglen lassen, und jeder Tail ainen zu Handen ge- nommen, und geben an sanct Gallen Tag, nach Christi Geburt fünffzechen hundert, und im achtzechenden Jar.

XXI.

Vertrag zwischen Herzog Wilhelm IV. von Baiern und dem Bischof von Augsburg Christoph von Stadion der Rottgüter halb, die von Füssen bis Schongau vorbey geführt werden dörfen. 1523.

Von Gottes Gnaden wir Wilhelmb Pfalzgrafe bey Rhein, Herzog in Obern und Nidern Bayrn rc. für uns selbst und anstatt unsers freundlich lieben Brueders Herzog Ludwigen; auch wir Christoph von denselben Gnaden Gottes Bischoffe zue Augspurg: bekhennen und thun khunot mäniglich, als sich zwischen denen von Füessen ains, und denen von Schongau anders Theils Spenn und Irrthumb des Rotten Stains halben, erhalten, den die von Schongau Rott, für Schongau abe zu fuehren begehrt, daß wir baiden Partheyen zu Guet, unsere Räth, guetlich zwischen ihnen zue handlen, verordnet, welche nach beeder Thail Fürbringen, Rede und Wiederrede, mit ihrem Vergunnen, von Wissen und Willen, verer Zwytracht zue verhüten, solchs obangezeigten Stritts halben in der Güte zwischen ihnen beredt, und sie nach folgender Gestalt vertragen haben: nemlich daß der Rottstain, und auch andere Waar, Kauffmannsgut, so bishero an die Rott zue Schongau gefuehrt, und aufgeben worden, fürter allweg auf die Rott daselbst gelegt werden, doch daß die von Flessen, fürohin in ewige Zeit, dero von Schongau, und männiglich unverhindert, Wein, Oehl, Yps, Gallmey, Rausch, und Kalch, Rurig, ohn alle Ein oder Wiederred für Schongau abe frey fürfuehren mögen; also daß Sye solche vorbestimbte Waar zue Schongau aufzugeben, oder auf die Rott zuelegen nit schuldig seind, doch uns und unsern Nachkommen, an unsern Mauth und Zollen der Ortben, unabbrüchig und unverlezlich Sollen hiemit beredt Partheyen, obbemelter Spenn, Zweyung, und alles Unwillens davon herruehrent, bis auf heut datum zwischen ihnen verloffen und begeben, ganz und gar gericht, geschlicht, versönnth und geaint sein, alles getreulich und ungeuerlich. Des zu Urkhundt, haben wir obgenannt Fürsten zwen gleich hellendt Vertrags Brief, unter unsern anhangenden Secret-Insigln versiglet, jedem Thail ainen geben, so geschehen zu Friedberg am Mithichen nach Mauritii, den drey und zwainzigisten Tag des Monats September im fünff, zehenhundert und zwainzigisten Jar.

XXII.

Vertrag zwischen den Brüdern Wilhelm und Ludwigen Herzogen in Bayern und dem Bischof von Augspurg Christoph von Stadion, wegen dem Strassenbau bey Buchloe. 1534.

Von Gottes Genaden, wir Wilhelm und wir Ludwig, Gebrüder, Pfalzgrauen bey Rhein, Herzogen in Obern und Niedern Bahrn 2c. und wir Christoph Bischoue zu Augspurg, thun kund hiemit offenlich gegen meniglich, als sich von Aufrichtung und notturfftiger Unterhaltung wegen des Wegs über den Schuchried, bey Puochloe Irrung zu getragen, daß wie derselben bee derseits gegen einander, freundlich und nachbarlich verglichen, und geaint worden sein. Es ist auch solcher Vergleichung halber ein schrifftliche Abred, auf Bedacht und Hintersichbringen gestelt, von Wort zu Wort lautend, wie hernach volgt. An der Handlung an heut Dato, durch dem hochwürdigen Fürsten und Herrn, Herrn Christoffen, Bischoffen zu Augspurg, meinen gnedigen Herrn, und dan der durchleuchtigen hochgebohrnen Fürsten und Herren, Herrn Wilhelms und Herr Ludwig Gebrueder, Pfalzgrauen bey Rhein, Herzog in Obern und Nidern Beyrn, mainer gnedigen Herrn Gesandten, den Weeg über das Schuchried bey Puchloe zu machen, betrl. geübt, haben sich beede Thail nach folgender massen veraint, und verglis chen. Nemlich und zum ersten, hat sich hochgedachter mein gne diger Herr von Augspurg bewilligt und begeben, daß sein Fürstl. Gnaden disen Weeg, doch auß kainer Gerechtigkait, auf iren Kosten fürderlich, und so bald, daß der Arbeit halb auf dem Veld gesein mag, notturfftiglich wellen machen und bauen lass fen, zu solchen bauen hochgedacht mein gnedig Herren, die Her zogen in Bayrn, auß gnedigen nachbarlichen Willen, gemainen Nuß zu Fürderung und Gueten, vierhundert Reisser mit sambt dem Oesten gegen ainem Revers, auß dem Hölzern derselben

Orth, wo es am füglichisten gesein mag, geben sollen und wellen; und so diser Weeg also erbauen soll und will in mein gnediger Herr, die nachvolgenden acht Jahr lang in Wasen unzer genizt, auch auf des Stiffts kosten erhalten. Dagegen, und nachdem bisher die Fuhrleuth in Gebrauch gehebt, von ainem Wagen ain Pfenning und von ainem Karn ain Haller zu geben, soll solches bis zu Ausgang obbemeldter acht Jahr lang in Ruhe stehen, und dafür von ainem jeden Roß, so die Fuhrleut ge brauchen, es sey in Waagen oder Karren, ain Pfenning zu Werggelt, vielgemelts meins gnedigen Herrn von Augspurg ver ordneten Zoller oder Einnemmer gegeben, damit, so bald der Weeg angefangen wird ze machen, soll solchs Gelt von ainem Roß ain Pfenning auch genommen, dasselb Gelt in ain Pichs zesammen verwahrt, der Weeg die acht Jahr lang davon unters halten, doch was jedes Jahrs eingefelt, und dargegen zu Be zahlung meines gnedigen Herrn von Augspurg dargelichen Gelts, jez im Anfang zu Erpauung erlegt, und hinfüro zu Unterhaltung des Weas daraus genommen wird, aigentlich aufgeschrieben, und jedes Jahrs die Pichs in Beysein ains, den die zu Lands spergg darzu verordnen mögen, vermehrt, auch ob etwas übrigs, allein zu Besserung und Uuterhaltung gebraucht werden; und so die acht Jahr wie vorstect, verruken, soll dise Abred gefallen, todt, ab, die Ordnung oder Gebreuch der Fuerleuth, das ist von ainem Wagen ain Pfenning, und von ainem Karren ain Haller ze nemmen, wider angeen, und ermelter mein gnediger Herr von Augspurg von diser Abred und Vergleichung wegen, nichts weiter schuldig seyn. Gleichwol ob noch etwas vor Augen, das soll, wie obsteet, an den Weeg gelegt, und damit, so lang es erreichen mag, in Wesen behalten werden, wa aber gar nichts übrigs vorhanden, mag als dann, wie der fürter in Wesen zu behalten sey, von einer neuen Ordnung geredt werden, getreulich ungeverde. Diser Abred und Vergleichung sein zwo in gleicher Laut begriffen, jedem Tail aine, und darzu vierzehen Tag, verrer zu bedenkhen Zeit gegeben, am Freytag nach dem Auffartag, Anno rc. im vier und dreyssigsten, diese jezt bemerte Abred haben wir die Fürsten von baiden Tailen gestelltermafen bewilligt und zugeschriben. Wöllen auch denselben in allen Punkten und Articuln, sovil unser jeden beruert, oder

beruern mag, ſtracks nachkommen, darwider nit thun, noch
jemands von unſern wegen zethun geſtatten. Und nach dem
wir Herzog Wilhelm und Wir Herzog Ludwig, unter anderen
zu Aufrichtung obberuerts Wegs, dißmals vierhundert Raiſer
zu geben bewilligt, bekennen wir Biſcheffe Chriſtoff, daß ſolchs
allein aus nachbarlichen Willen, gemainen Nuß zu Fürderung
und Gunſten, und aus kainer Gerechtigkeit beſchechen, alles
ohn Geuerde. Des zu Urkund ſein zween gleichlautende Briefe,
mit unſer der Fürſten von beeden Partheyen anhangenden Secret
Inſigln aufgericht. Geben auf Donnerſtag nach dem hailigen
Pfingſttag, und Chriſti Geburt, fünfzehenhundert und im vier
und dreyſſigſten Jare.

XXIII.

Handlung zwiſchen Herzog Wilhelm und Herzog Ludwig in Baiern, dann Pfalzgraf Ludwig wegen der durch Abſterben Frauen Sybilla Pfalzgräfin, als Herzog Wilhelms und Ludwigs Schweſter heimgefallenen Verlaſſenſchaft von 1523.

Wir Chriſtoph von Gottes Genaden Biſchoue zu Augſpurg
als in nachgemelter Sach erwelter vnd erkieſter Obmann bekennen hie mit diſem Brief, als ſich zwiſchen den durchlauchti-
gen hochgebornen Fürſten Herrn Ludwigen Pfalzgrauen bey
Rein, Herzogen in Bayrn des H. R. R. Erztruchſeſſen vnd
Churfürſten ꝛc. an ainem: Herrn Wilhelmen vnd Herrn Ludwigen Pfalzgrauen bey Rein, Herzogen im Obern vnd Nidern
Bayrn ꝛc. Gebruedern, vnſern gnedigen Herren am andern
Tayl, nach Abſterben der Hochgebornen Fürſtin Fraw Sibylle
Irer Gnaden Gemahel vnd Schweſter loblicher vnd ſeliger Gedechtnuß der Morgen gab, auch Klaider, Clainater, Silberge-
ſchirr vnd anders irs gelaſſen Varnuß halber, Irrung Mißuerſtand vnd Gebrechen erhalten, derohalben ſy ſich zu endlichen
Austrag, Erörterung vnd Entſcheid für vns als Obman ſambt
iren zu beeder Seitten nider ſetzten, Rätten vnd zuſätzen berat-
nigt, bewilligt vnd gegen ein ander alles Inhalt vnd nach vermögen des aufgerichten Anlas vnd Compromiß am Anfang ꝛc.

von Gottes Genaden ꝛc. vnd am datum zu Nurmberg auf Mit=
woch nach dem Sontag Misericordiae Domini Anno funfzehen=
hundert vnd im zway vnd zwanzigisten lauttende vnd hierüber
begriffen versprochen haben, vnd als Wir nach Empfahung
n=oder Tails drey Schrifften, wie das der beruert Anlaß zu
geben, sy zu baiderseitt, verrer nach Außweisung der bewilligten
Abredt zu procedieren vnd zu handlen, Afftermantags nach aller
Heyligen Tag in disen XXIIIten Jar für vns vertagt vnd be=
schaiden als sy auch zu allen Thailen durch ir Anwáld, in Crafft
irer übergeben mandata vor vns vnd den georbeten Zusätzen er=
schinen, haben wir nach genugsamer Verhörung bey bayder
Tayl Anwálden den Partheien zu diennstlichen Gevallen vnd
der Sachen zu guetem, in der guet auf zu oder abschreiben
gehandelt vnd zwischen ir in der guet abgeredt wie hernach uolgt.
Erstlich das vnsern Herrn Hertzog Wilhalmen vnd Hertzog Lud=
wigen alle irer Schwester weiland Fraw Sibylla Klaider, Khlai=
náder, Silbergeschirr, Geschmuckh, Gewannd, Gebennt vnd
all ander ir gelaffen Varnuß, so sy zu aine vnserm Herrn
Pfaltzgraf Ludwigen irem Ehegemahel mit gebracht, vnd nach
irem Absterben verlaffen hát, geuolt vnd zugestellt, was aber
bemeldter weilend Fraw Sibylla dergleichen Cleinader vnd Var=
nuß wie die jetzt ernent sein, bey berürtem vnsern Herrn Pfaltz=
graf Ludwigen iren Ehegemahel zu gestanden, geschenkt, damit
verehrt, erobert oder überkommen het, das solte im bey sein
vnser Herrn Hertzog Wilhelms und Hertzog Ludwigs Rätten,
oder Gesandten angezaigt, fürgelegt vnd in dern Tail ertailt,
die zween Tail vnsern Herrn Pfaltzgraf Ludwigen vnd der dritt
vnsern Herrn Hertzog Wilhelmen vnd Hertzog Ludwigen durch
vnsern Herrn den Pfaltzgrauen bey seinem Fürstlichen Glauben
zu Heydelberg zugestellt vnd eingeantwort werden, vnd zum
dritten das die Morgengab der zehen tausent Gulden dem vor=
gemeldten vnserm Herrn Hertzog Wilhelmen vnd Hertzog Ludwi=
gen durch vnsern Herrn den Pfaltzgrauen Churfürsten auch zu
gestellt, doch das es mit denselben fünfftausent Gulden, im
aller Gestalt vnd massen mit Bezalung und Losung wie mit den
XXXIIM Gulden zugebrachten Hewratgut das sich in gantzer
Summa XXVII—M Gulden furniert vnd erlaufft, gehalten
werden, vnd vnsere Herren die Hertzoge in Bayrn zu den übri=

gen fünfftausent Morgengab verrer kain Anspruch oder Vorderung haben noch vnser Herr Pfaltzgraf Ludwig oder sein Erben die zu bezalen schuldig sein vnd derhalb notturfftig Verschreibungen damit bayd vnnsere Herrn die Hertzogen der wol vergnüegt vnd versichert aufgericht werden, welche yetz ermelte vnnser fürgeschlagene guettliche Mittl vnd Abredt vns von baiden Partheien vnsern gnedigen Herrn inn der bestimbter Zeit wie die in vnnserm gegeben Abschidt oder Abredt ernennt gewesen, inen baiderseits, vmb Merung vetterlicher, schwägerlicher Lieb Frundschafft vnd Verwandtnuß willen, derselber irer Inhalt neben Bedanckung vnnser gehabten Mühe zu geleben nachzukhomen vnd volg zu thun vndter iren Secreten zugeschriben vnd angenomen auch nachuolgent das sy sich selbs der Vberantwortung der Khlaider, Khlainater, Silbergeschirr vnd Vorsicherung auch halbirten Morgengab gentzlich vergleicht vnd vnser Abred allerding volzogen haben, vns abermal in Schrifften vnter iren Secreten Bericht getan, vnd daneben das wir inen ergangner Handlung, vnd volzogner Abredt zu besserer Beständigkeit Vrkund vnd Vertrags Brief, ia vermög vnser Abredt aufrichten vnd zustellen sollen, damit die Volziehung vnd Verschreibung, so ein Tail dem andern hierüber geben hat bemelten Vertrag nachuolge, angesucht vnd gebetten, also geben wir hiemit yeder begerenden Parthey zu dienstlichen Wolgeuallen vor vns ergangner zuegeschribner vnd begerter Handlung einen gleichlauttenden Vertragsbrief vndter vnserm anbangenten Jnsigl besigelt, inn vnser Stat Dillingen auf afftermontag nach Sannt Thomas des heiligen Zwelfpoten Tag, nach Christi vnsers lieben Herrn Geburt funffzehenhundert vnd in dem drew vnd zwaintzigistem Jare.

XXIV.

Kurße Beschreibung Weiland Bischoue Christoffs zu Augspurg lebens, vnnd seines den 15. Aprilis Thȍdtlichen Abgangs vffm Reichstag zu Nürnberg, wie desselben Leichnamb von dannen gen Dillingen zur Begrebnuß gefiert worden. 1543.

Cristophorus Bischoff zu Augspurg, des namens der erst, vom Adel, geborn von Stadion, vnnd der Rechten Doctor, alß derselbig ain zeitlang Thumbber zu Augspurg, vnnd vnder denen weiln Officialis volgennd Thumbdechan war, ist er zu ainem Coadjutor weilannd Bischoff Hainrichs aufgenommen, aber wenig wochen darnach starb Bischoff Hainrich. Da ward er Bischoff. Ain Goßfȍrchtiger, Erberer, Redlicher, gelerter, vernünfftiger, Friedlicher Regierer, vnd Liebhaber der Armen ist ins Bischöfflich Ampt getretten, als man zelt von der geburt Cristj tausent fünfhundert vnd Sibentzehen jar. Hat zu der zeit als die Religion jn großer widerwertigkait vnd gefar gestannden, bis auf den tag seines tȍdtlichen abganngs. Seine vnnderthonen bey den alten kirchenordnungen vnnd gebreuchen tapferlich vnd sich selbs gegen den vernachpeurten Mit gedult vnd Sanfftmuettigkait erhallten, Gleichwol groß stöß vnd Betruebung erlitten, als Nemlich der Paurn aufstand, der one alles jrer fürstlichen gnaden verursachen jm Algeu vnd an andern orten des Stifts neben andern ereugt. Darjnn zu Stetten das Schloͤßlein Bischoffszolleß genannt, Auch Helmshouen durch die Aufruerischen Paurn, vnd das Schloͤßlin zu Buchloe durch die Bairischen, als sy den Marckht anzündten verbrannt, so war ben jn derselbigen Aufrur zu Schönegkh vnd Nesselwanng, die ein gebew derselben Gloͤsser zerschlagen vnd zerbrochen, Auch Oberndorff vnd Fluchenstein das getraid geblündert. Darzu Pfaffenhausen das Sloß zersteurt, vnnd dem Stift großer schad zugefuegt, also haben sein fürstliche gnaden volgends die Schlösser Pfaffenhausen vnd Buchloe, deßgleichen den vorhof zu Helmshouen widerumb mit grossen Costen Bawen, auch die einbew zu Nesselwanng vnd Schönegkh wider machen vnd ergentzen lassen, Sonst haben Seine fürstliche gnaden auch vil verbawen am Sloss Rottenberg des Landtschreibers haus daselbs auch

zů Dillingen Im Schloß. Item an pfarr vnd Amptheusern,
vnd fürnemblich ain mergklichs an dem Spital zu Zusmerhausen,
denn Seine fürstliche gnaden am anfang ein Stiffter desselben
Spitals gewesen. So ist Cleriß aus der Statt Augspurg vertri-
ben worden, welchs Seine fürstliche gnaden nit mit geringem
nachtail gedulden mueßen, hat sy aber zu Dillingen aufgenomen.

Vber das So haben Seine fürstliche gnaden in Zeit jrer Regierung treffenliche Beschwerd vnd außgab mueßen tragen, krieg
halben, So kayserliche Mayestett vnd das hailig Reich, auch der
Schwäbisch Pundt gefuert, als vilmaln wider den Turgkhen,
item in dreyen oder vier wirtenbergischen kriegen, darzu ein
fränckischen zug, vnd Pauren Krieg ꝛc.

Sy haben auch vil treffenlicher Rechtsachen vnd guettliche tagles-
stungen zwischen treffenlichen Partheyen aus Kayserl. vnd Königl. Befehlen vnd ettwa auf der Parthepn willkür verricht, Man-
cherlaj sachen in der guette, wie dann sein Fürstliche Gnaden
Sigbafft vnd guetten willen bey den vernachgepeurten Fürsten
herren vnd Stetten vnnd sonnst meniglichen gehabt, veraint vnd
vertragen, Als zwischen Meinem gnedigsten herren Pfaltz vnd
Branndenburg jrer Langwjrigen häuffigen Spänn halber auf dem
gebürg. Deßgleichen zwischen Brandenburg vnd dem Stifft Ay-
stett. Auch zwischen Brandenburg vnnd Meinem gnedigen herren von Bamberg.

Wil ist sein fürstlichen gnaden zu Besuechung der Reichstäg jn
zeitt jrer Regierung aufgeloffen, vnnd

Nachdeme die Römisch Kayserlich Mayestett vnser allergnedigister
herr Seine fürstliche gnaden legaliter an jrer Mayestett stat, vnd
alß derselben Commiſſarien off den Reichstag gen Nurmberg
Anno 1543. gehallten verordnet, hat hochgedachter mein gnediger
herr der Kayserl. vnd auch der Kuniglichen Mayestett die sein
fürstliche gnaden zum zweytenmal erfordert, zu vnderthenigister
gehorsam, vnangeseben das Sy sich deſſen in bedacht jrer leibs
vnuermugenlichait vnd anders halber zu entschuldigen wol fueg
gehabt, Sich dannocht aigner person gen Nurmberg verfuegt,
vnnd als Sy nun alda bis jn die Neundt wochen jn sant Gilgen Kloster beherbergt gelegen, wurde sein fürstliche gnaden durch
die Kunigliche Mayestett am Sambstag nach Misericordia domini
Xiiij tag aprilis nach mittem tag vmb ein hor zu jrer Mayestett

hinauff vff die vest vorberuefft, alba jn Reichsfachen, als Kays
ferlicher Comiffarius beratschlagen helffen, jst volgends vmb 4.
hor wider herab in fant Gilgen Closter, alba fein fürstliche gna=
den zu herberg gewesen, geriten, alba das nachtmal genommen,
vnd bis vmb 7. hor gegen aubends, jn verhoffenlicher gesund=
halt gewesen. Aber gleich in derselbigen stund jst fein fürstliche
gnaden nach dem willen gottes mit der eylenden Kranckhait dem
Schlag angegriffen, darob feiner fürstlichen gnaden Räthe, diener vnd alda gehabt hofgesind, jn höchstes laid vnd trauren gefallen, wurde eylends nach der Statt Nurmberg Stattdoctor Na-
genbuch genannt, vnd volgends auch noch doctor Gerharten Khö-
niglicher Mayestett algenem leib doctorn geschickt, die von stunden kommen, allen mentschlichen vleiß fürwandten, feiner fürstlichen gnaden mit christier vnd anderm zu helffen, als aber fein
fürstliche gnaden von derselbigen Sibenden stund an zu aubends,
biß vff Morgens gegen tags vmb vier hor, jn angesenngter
kranckhait dermaßen verharrt, das bey den doctoribus weniger
trost jrer fürstlichen gnaden Lebens befunden, haben feiner furstlichen gnaden bey der hannbt gehabte Räthe altzbald ein Reitenden poten solchs jrer gnaden Statthaltern vnd Räthen zu Dillingen zu verthinden vnnd anzuzaigen, mit schrifftlichen schein
abgefertigt, vnnd wie aber derselbig vmb 5. hor zu morgens den
15. Aprilis vrrruckht, jst gleich darnach vmb die Sibend stund
fein fürstliche Gnaden verstendtlich, vnnd alß ein fromer erlie-
bender christenlicher Furst jn Got feligtlich auß difem zeit verschi-
den. Der Almechtig geruehe dero feel gnedig vnd barmhertzig ze
fein. Allererst sich Jr fürstliche gnaden hofgesind Räth vnd diener, vmb jren lieben herrn feligen erbermlich beweint, geclagt,
vnd von stunden durch ein eilende Post, die jn 19. stunden gen
Dillingen geritten, den todtlichen abgang, dechant vnd capitul,
deßgleichen Etathaltern vnd Räthen gen Dillingen verthindt, alba
nicht weniger von menigklichen Laid gefehen worden.
Darnach haben die Räthe zu Nurmberg den abgestorbenen cörpel
jn Beifein doctor Magenbuchs vnd dero von Nurmberg Statt-
artzen Maister Hannfen durch ein Nurmbergischen Balbierer er-
öffnen vnnd auffschneiden lassen, jst befunden, das an der rechten feiten die lunng gar vest angewachsen, darzu an der gelingthen
feiten die Miltz hart angestanden, vnnd fonsten vil gebrechenli-

cholt, hat man das jngeweid jn das geweiht erdtrich jnn Sannt Gilgenkloster jn kor begraben, der Cerpel ist aber jm Chloster biß vff donnerstag den Xiiij Aprilis vß vrsach das man allererst nach den pferden vnd wägen gen Dillingen schickhen mußten, steen beliben, vnnd bei der bar mitlerweil tag vnd nacht wachsene Lichter gebronnen. Nachgeends haben sich herr Otho Truchses Freyherr ꝛc. der jetzig mein gnediger Furst vnd herr, herr Gregorj vom Stain, herr hanns Conrat von Stabion, herr Wolfgang Andreas von Röm doctor vnd Brobst, Alle Thumbherren zu Augspurg, Georg Gißs von Giffenberg hofmarschalckh, Sebastian von Leonrod vnnd Philips von Lanndegkh hinauf auf die vast zu khunigkhlicher Mayestett verfuegt, jrer Mayestett ir laib vnd den todlichen abgang meines guedigen herrn seligen enttcckt, vnnd gebetten, den Stifft Augspurg vnnd das Capitul daselbs jn gnedigestem beuelch zu haben, darauf sich jr khunigkhliche Mayestet mit gnedigster mit legender antwurt, vnd vnder anderm vernemen lassen, dhweil hochgedachter mein gnediger herr seligen, der kaysserlich vnd Jr khunigkhlichen Mayestet vnderthenigklich wol vnd getrewlich gedient, auch je vnd alweg sich gehorsamblich erzaigt ꝛc. das jre kayserlich vnd khunigkliche Mayestet solchs gegen dem Stifft Augspurg jn gnaden erkhennen vnd zu gutem nit vergessen wellten.

Mitlerweil waren die Pferd vnd wägen von Dilling·n khomen, vnd baten die Räth sich selbs vnd das gesind, so bey meinem gnedigen herrn seligen zu Nurmberg gewesen, vast gemainlich all jn schwartz lindisch klaiden lassen, vnd am donnerstag den 19. Junij *) vmb 9. hor zu morgens hat die khunigkliche Mayestet jr Cantarey vnd Gaistlichait, jn Sant Gilgen Closter, alda der abgestorben Cörpel hochgedachts meins gnedigen herrn seligen gestanden, sambt jrer Mayestet Edelknaben mit windtlichtern jrer Mayestet brrtschier vnnd ganntzes hofgesind verordnet mit der Procession hinauß für die Statt zugeen, mit welcher Procession auch viler Reichsstend der Newen vnnd allten Religion anhenngig Botschafften gegangen sein. Alda von vilen treffenlichen Personen der todtlich abganng meins gnedigen herrn seligen getrewlich gelegt worden vnnd wie man acht, So sollen der Personen,

---

*) Ist in der Urkunde ein Fehler, und muß April helfen.

so mit der Proceſſion geganngen, vnnd ſonſten zu ſehens halb in der Statt allenthalb geſtanden bey oder ob zwayntzig tauſend geweſen ſein. Als man nun mit der Proceſſion für die Statt khomen, hat doctor Wolfganng Andreas Röm, den mitgänngern von ſein ſelbs vnd anderer meiner herrn der Räth wegen danck ſagung gethan, hat man ſelbige nacht den Cörpel gen Pleinfelden in die Kirchen gefuert, alda die mit Reitenden vbernacht gelegen.

Freitags zu morgens iſt man gen Monhelm zum Morgenimal zogen, alda ſeien Burgermeiſter vnd Rath Mit einer Proceſſion entgegen ganngen, teutſch Pſalmen geſungen, iſt die Bar vf den Kirchhof daſelbs bis nach eſſens geſtellt worden.

Deſſelbigen freytags zu nacht fuer man gen Kaysheim, alda die Brueder die Bar ſelbs in kirchen getragen, etliche Pſalmen ge ſungen, vnnd am Sambſtag darnach zu morgens frue ein Seel ambt gehalten, vnd vff werd zuzogen.

Alda am Samſtag zu Morgens Burgermeiſter vnnd Rath zu werd mit einer vaſt ſchenen Proceß vff die Bar gewartet, durch die ganze Statt auß vor der Bar ganngen, alle gloggen leiten, vnnd vff dem thurn Plaſſen laſſen, vnd ſich ganz andechtig, mitleidig vnd chriſtlich erzaigt, denen auch obgedachter Brobſt Röm vor der Statt heraus freundtliche dankſagung gethan, vnd hat man alda den armen leuten vnd Schuelern Preſenz vnd al mueſen geben, vnd fuer man zum Morgeneſſen gen Dapfen.

Vnnd herauſſen vor Hochſtett bey der Clauſſen warn Burgermai ſter vnnd Rath daſelbs mit einer Proceſſion vorhanden, giengen mit der Bar für die Statt hinauß, alda iſt nach gethaner Be danckſagung abermalen den Prieſtern, Schuelern, vnd vilen ar men leuten Preſenz vnnd almueſen geben worden.

Wie wir aber herauf zu Sant Leonhartskirchen vor Dillingen khomen, Seyen die Brieſter vnnd ſchueler Sant Peters Stifftlin vnnd vil frawen vnnd Menner daſelbſt geſtannden vnnd mit der Proceß herein bis zum Gotſacker ganngen, alda das Thumbca pitul mit irer Proceſſion vnnd Brieſterſchafft verharret, hat man die Bar ab dem wagen gethan, vnd ſeiner fürſtlichen gnaden Edlleut vnnd Einſpennigen dieſelbige neben der Proceß hinein in die Pfarrkirchen getragen, alda wurde vigilj gehalten, vnnd pliß die Bar ſelbige nacht in der kirchen herinden ſteen, am herein geen giengen auch die Rethe in irer Clagkleidern neben der Bar, vnd

haben dieselbige nacht weltliche Priester beym Leichnam in gemelt
ter kirchen gewacht, vnd pfalliert.

Am Suntag zu morgens ist abermalen ein vigilj vnnd Seelambt
gesungen, vnd nach ennbung desselbigen die Bar hinauf für den
Obersten altar durch die jungen Edelleut getragen, alda ist seiner
fürstlichen gnaden abgestorbener leib gantz christlich, erlich vnnd
mit grossem bewainen vnd clagen menigklichs jm namen deß al=
mechtigen zur erden bestettigt vnd auff der Bar die Sigel vnd
Secret zerschlagen worden. Got welle seiner fürstlichen gnaden
lieben Seel gnad vnnd Barmhertzigkait verleihen.

XXV.

Grabschrift auf dem noch wirklich auf dem Pfarrkirchhof zu Dillingen stehenden Grabstein.

CHRISTOPHORI A STADION RARAE VIRTUTIS ALUMNI
HIC TEGIT AUGUSTAE PRAESULIS OSSA LAPIS.

Hochstiftisches und von Stadionisches Wappen.

OBIIT ANNO CHRISTI MDXLIII. XV. MENS. APRIL.
VIXIT ANNOS LXV. M. I.
REXIT ANNO XXVI. D. III.

XXVI.

Monument das dem Bischof von Augsburg Christoph
von Stadion zu Ehren das Domkapitel zu Augsburg in der St. Egydienkirche zu Nürnberg errichten ließ.

D. M.

CHRISTOPHORO A STADION EPISCOPO AUGUSTANO
HIC IN CAESAREA FUNCTIONE CAROLI V. RO. IMP.
DIEM SUUM OBEUNTI, PRINCIPI PIO DOCTO, EGENO-
RUM PATRI, RELIGIONIS SYNCERE AC PACIS AMANTISS.
VIRTUTUMQ. PLANE OMNIUM ALUMNO, INCREDIBILEM

Magnatum et infimatum moerorem et sui De-
syderium, maxime vero nomen bonum posteris
relinquenti. Capitulum Augustense pietatis et
perennis Memoriae ergo, Ta͞quam Filii parenti
Desyderatiss ob ipsius intestina hic condita
M. H. F. C.
Obiit An. Chri. M. D. XLIII. M. Apr. D. XV.
Vixit An. LXV. D. XXX. in quibus Ecclesiae
suae vigilantiss. praefuit An. XXVI. D. III.

XXVII.

Schreiben Chriſtophs von Stadion Biſchofs von Augsburg an den Deſiderius Erasmus in Freyburg.

Salutem p. d. doctiſſime Erasme mitto ad te duos equos grada-
rium et tolutarium, ut ex his duobus unum eligas: qui tibi fuerit
commodus inter omnes equos meos ac Familiarium non repertus
eſt, qui tibi commode ſeruire potuiſſet: Hos duos a quibusdam
nobilibus magnis precibus cum bona ſolucione extorſi: meliores
in tanta temporis' breuitate reperire non potui, ut Leuinus ipſe
atteſtabitur. Id circo ſi is quem elegeris uirtutes habebit boni con-
feſſoris: nichil michi imputabis, ſed potius iſtis, qui michi uen-
diderunt: non egre feras quod equi ſine debitis ornamentis ad te
ueniant, quum propter temporis breuitatem ornari non potuerint.
Ne tamen ſuſpicionem habeas alia de cauſa emiſſum, mitto ad te
per leuinum 40 coronatos quibus tuo arbitratu ornari facias.
Quo minus religionis diſſidium iis mediis de quibus in tuis litteris
facta eſt mentio, componetur nichil aliud uidetur obſtare meo
iudicio, niſi quod iſti qui hoc tractant, magis agunt proprium,
quam Dei negocium. Vtinam Deus nobis tantam gratiam conferat,
ut tandem noſtram agnoſcamus Cecitatem.
De Tragedia Bedaica mirandum eſt Cur Sorbonici theologi in tantam deuenerint Cecitatem, ut nichil patiantur abrogari ueteris ob-
ſeruantiae nunc demum ſentient, Chriſtum adhuc uiuere, Cum
in exilium miſſio non paruam irrogat Infamiam.
Symbolum per te explanatum omnes qui legerunt, commendant,

ideo

ideo non eft, cur exfpectes meum judicium. Id quod fe ipfum judicat, non opus eft, ut ab alio judicetur.

Venerunt litterae pacem inter regem Ferdinandum ac thurcam fortitam (effe) affectum, de conditionibus tamen nichil fcribitur. Auguftenfes quantum ad religionem attinet, adhuc fluctuant, licet magis ad Zwinglianam quam Lutheranam fectam inclinati uideantur. Deus omnia in bonum uertat exitum, qui te nobis diu feruet incolumem. Dat, Dilling. 8. Augufti anno 1533.

Tuus Epifcopus auguften.
ppria manu.

XXVIII.

Schreiben Chriſtophs von Stadion Biſchofs zu Augs-burg an den Biſchof zu Wien Friedrich Nauſen.

Chriſtophorus Dei gratia Epifcopus Auguftenfis &c. Doctiffimo Theologo Friderico Naufeae, Regio Confiliario &c. amico fuo chariffimo.

Salutem, doctiffime Vir, amice chariffime. Literas tuas de dato Moguntiae IX. Octobr. ad me fcriptas, una cum libello eis inclufo, vigefimo quarto Novembr. accepi, *) quae non una de caufa fuerunt mihi gratiffimae. Primo, quod ab homine doctiffimo, qui etfi de facie non notus, fcriptis tamen ac fama notiffimus fit, venerint. Deinde quod in illis, infignis praeceptoris mei, ac principis doctrinarum Erasmi Roterodami honorifica fiat mentio. Cuius laus ac virtus tanta eft, ut nulla humana uoce pro meritis praedicari poffit. A quo non minimam chriftianitatis portionem (fi faltem in me aliqua refidet) me accepiffe profiteor. Is fuit, qui veram pietatis ac religionis viam digito (ut ita loquar) demonftrauerit **).

---

*) Dies wird ohne Zweifel ſeine Homiliatica pro falutatione angelica aduerfus fchismaticos apologia geweſen ſeyn, welche Viennae Auftriae per Joannem Singrenium MDXXXVII, in quart erſchien.

**) Der ſel. Felix Andreas Oefele hat ſeinem Exemplar der Epiftol. ad Fridericum Naufeam, das ſich mit ſeiner übrigen Bibliothek in dem Stifte Rotheubuch in Baiern befindet, folgende Anmerkung beigeſchrieben: Sic fentiebant, quibus pietas cordi erat. Et ille Cantaber femi-latinus audet mortuo Leoni barbam vellere, et ejus contemptum,

Q

A Chrifto nato non fuit natus in terris, qui melius de re Chriftiana meritus fuerit: licet nonnulli malam ei rependant gratiam. Sed eo meliorem fperamus ipfum nunc in coelo recepturum. Quare doctiffime vir, fi qua in re tibi rem gratam facere poffum, id ob infignem tuam doctrinam, ac nominatiffimi Erasmi noftri amorem, me ex animo facturum polliceor. Vale, ex aedibus noftris Dillingen XXX. Nouemb. Anno Domini MDXXXVII.

XXIX.

Schreiben Christophs von Stadion Bischofs zu Augsburg an den Bischof von Wien Friedrich Nausea.

Chriftophorus Epifcopus Auguftenfis &c. Reverendiff. Patri ac Domino, D. Friderico Epifcopo Viennenfi &c. Domino ac Amico obfervandiffimo S. P. D.

Reverendiffime Pater ac Domine obfervandiffime, binas literas a te datas, videlicet XVij. May et XXV. Juny, accepi, in quibus denuncias Reverendiffimi D. Epifcopi Viennen. Joan. Fabri obitum, quod equidem ante non fine animi dolore intellexeram. Erat vir pius, humanus atque doctus: et nifi fatum iftud omnibus effet commune, atque ea lege nati effemus, ut aliquando moriamur, vix a lachrymis temperaffem. Precor Deum, ut ipfius animae mifereatur &c. Quid in Comitiis apud nos agatur, fcribere vix poffum. Profecto Reuerendiffime Domine hucusque parum actum eft. Theologi aliquot menfibus habuerunt colloquium: verum in paucis, aut nullis articulis concordarunt, qui faltem aliquid ponderis habeant.

velut praeceptum fectae fuae ftipulari. Diefe Anmerkung scheint zwar etwas dunkel zu seyn, sie läßt sich aber leicht aus der vorhergehenden Geschichte erklären, da Christoph von Stadion besonders auf dem Reichstage zu Augsburg 1530, ganz andere Gesinnungen gehegt hat, und mehr Luthers, als der römisch-katholischen Lehre geneigt war. Wesele mag daher auf ihn gezielt haben, daß er ihn in seinem Amte eiter einen Cantaber femilatinus, oder, wie ichs übersetze, einen halb-lateinischen Horplärrer geheissen hat. Allein dies wird den Ruhm dieses vortreflichen Bischofs nicht im mindesten vermindern, hing-gen ist es dem weniger Ehre, der diese beissende und anzügliche Anmerkung machte.

Nunc negotium hujus modi ad ſtatus Imperii deuolutum eſt.
Quid iſti agere aut decernere velint, diuinare non valeo. Ego
nullam, aut parvam ſpem de concordia habeo. Et ſi licitum eſſet,
ex conjecturis judicarem, nihil aliud, quam quod religionis cauſa,
finitis Comitiis, deterior ſit futura. Ex quo poſtea ſequetur, ut
verendum eſt, totius militantis eccleſiae deſtructio: quam Deus
velit diu incolumem ſervare. Nunc de ſubſidio Regi Ferdinando
contra Turcas praeſtando agitur. Proteſtantes, ut vocant, nihil
conſentient, niſi religionis negotium iuxta eorum voluntatem tra-
ctetur. Precor Deum, ut tandem militanti Eccleſiae ſubveniat.
Reliquas literas, de quibus in literis tuis facis mentionem, non
accepi. Tibi me, ut Domino et amico commendo. Datum Ratis-
bonae XXij Juny anno &c. XLI.

XXX.

Schreiben an Chriſtoph von Stadion Biſchofen von Augsburg vom Deſid. Erasmus von Roterdam.

Eraſmus Rot. Chriſtophoro a Stadio, Ep. Auguſtano S.

Quando coram non licet, in Epiſtola digitis tuis deſcripta ſacram
iſtam dexteram oſculatus ſum, ornatiſſime praeſul. Sed multo
reverentius oſculatus ſum pectus iſtud tuum pium, ſincerum
et candidum, quod tuae licet perbreues ſpirant literae. Verum,
idem mihi copioſius, velut in tabula quadam depictum, oculis
animi ſubiecit Auguſtini Marii ſermo, quem ſane uirum pietati
tuae reuerendae, quum innotuiſſe, tum placuiſſe non mediocriter
gaudeo: quandoquidem hic ob eruditionem Chriſtianam, ac morum ſingularem quandam humanitatem, candoremque, nulli bono
non gratiſſimus eſt, ſed nullo certiore pietatis argumento commendatus, quam quod peſſimo cuique quam maxime inuiſus eſt. Is
quidem mihi facile perſuaſit, quam paternum affectum, quae charitatis viſcera gerat erga nos tua R. pietas, eumque ſermonem cum
minime uulgari mentis alacritate ſuſcepi. Sed hoc gaudii abunde
temperauit admixtus dolor, atque etiam pudor, videlicet dum
tuam iſtam de me exiſtimationem, dum tuum iſtum fauorem cum
meis confero meritis. Et tamen meam puſillanimitatem utcunque
conſolor, tam integri, tam eruditi praeſulis iudicio, ſic mihi blan-
diens: non prorſus hallu\cinatur vir tam oculatus, nec verba dat

tam integer. His Ecclesiae tumultis, supra quam credi possit, discrucint animum meum, non quod hic accuset me mea conscientia, sed quod doleat publica religionis christianae calamitas: num ipse primus omnium ac pene solus restiti suppullulanti malo, suique vates nimio quam uellem verior, fabulam cum quantouis orbis applausu coeptam hunc habituram exitum. Ac prorsus evenisse videmus, quod in periculosis morbis partim inscitia medicorum, partim intractabilitate laborantium solet, ut hucusque malum incruduerit, ut propemodum jam sit immedicabile. Atque interim orbis Monarchae sine fine conflictantur inter se se, ac animis morem gerunt suis. Monachi fere suum agunt negotium, non Jesu Christi, nec hoc habent in votis, ut in animis hominum regnet Christus, sed ut ipsi suum regnum tucantur, praecipuam victoriae spem collocantes in tumultuosis apud populum clamoribus, ac procaci maledicentia qua profecto quidam valent plurimum. Theologi quidam odio Lutheri damnant, et illa quae pia sunt dicta, nec a nobis reperta sunt, sed ab Apostolis et Christo prodita. Itaque per istorum stolidam improbitatem fit, ut multi haereant in factione, qui fuerant alioqui recessuri, et accedant qui non erant accessuri. Quem autem non mouerunt, et hodie mouent, lapidem, ut me tandem injuriis del.flatum protrudant in castra Lutheranorum? Porro cum ipsa res loquatur, hanc tempestatem nobis immissam diuinitus a Deo nostris offenso sceleribus, quemadmodum olim Aegyptiis immisit ranas, locustas et cyniphes, aliasque pestes: nemo tamen agnoscens sua commissa inclamat Dei misericordiam, sed sibi quisque blanditur, et alius in alium culpam reiicit. Si quaeruntur occasiones humanae, nihil est facilius quam indicare, per quos hoc malum ortum est, per quos incruduit. Jam audio, multis persuasum, ex meis scriptis exstitisse totam hanc ecclesiae procellam: cujus vanissimi rumoris praecipuus author fuit Hieronymus Aleander, homo, ut nihil aliud dicam, non superstitiose verax. Ejusdem sententiae videtur Albertus Carporum Princeps, Aleandro junctissimus, magis quam simillimus: at interim nullus exstitit vel Lutheranus, vel Antilutheranus, qui liquido vel unum improbatum dogma potuerit in libris meis ostendere, quum tot greges coorti sint hoc summo studio molientium, tantum adferunt affinitates, congruentias, scandala, suspiciones, interdum splendida mendacia: neque ratio fit, ut quod carpunt non legerint, aut si legerint, non intelligant: quasi quiquam omnino tam circumfpecte fcriptum fit, ut his rationibus non trahi poffit ad calumniam, ft accedat interpres iniquus, vel aequum fit, me haereticum judicari, quod ipfi nec graece nec latine didicerint. Quod loquor, non effe vanum ex apologiis meis tua prudentia potuit cognofcere. Sed quo fit quod rideas, addam quod nuper accidit in Hifpania : Madriti Medicus quidam nomine Xuares, utriusque literaturae peritiffimus, nobis faget : ad hunc Dominicani fubornarant quendam fui gregis, qui hominem a lectione meorum voluminum deterreret : quum nihil proficeret, tandem pronunciauit meos libros indignos, qui legantur a piis, quod obfcoeniffimis conuiciis adfpergant Ecclefiae proceres. Id ut oftenderet, juffit proferri libellum de Matrimonio Chriftiano, in quo dicebat, Epifcopos a me vocatos draucos, et notatos quod haberent quatuor aut quinque Concubinas. Prolatus eft liber, oftendit locum, qui fic habet; *Qui imprudens duxit corruptam pro virgine, dicitur diuififfe corpus fuum: et qui cum tot meretricibus habuit confuetudinem, non diuifit corpus fuum, fed tanquam purus putus, et, ut graeci dicunt,* τάλειος *recipitur ad quatuor aut quinque, fi libet, Epifcopas.* *Purum putum* Veterum leges vocabant, quod vehementer effet purum: *putum* enim *purgatum* fonat, unde et putare vitem dicimus et putamina repurgamenta. Atqui *Hifpani* cum *Itali* vulgo *putum* appellant *puerum obfcoeni obfequii.* Deinde quoniam *Epifcopatus* nec graeca vox eft, nec latina, malui dicere *Epifcopas,* qua voce ufus eft Paulus, *qui Epifcopatum defiderat* &c. ἐπισκοπήν. At ille putabat *Epifcopum* et *Epifcopam* dici, quem admodum dicimus *dominum* et *dominam.* Quid ftupidius? Et tamen hunc *Dominicani* fufpicere ut hominem eruditum. Atque hujus farinae funt fere omnes, qui publice fimul ac priuatim debacchantur in nomen Erafmi, tanta peruicacia, ut nec Caefar, nec Archiepifcopi, Toletanus et Hifpalenfis, quos habeo pro fua aequitate fatis fauentes, potuerint illos compefcere. De me leuis eft jactura, quicquid eft mearum lucubrationum, prorfum exftinctum velim, fi fciam ex his impietatem haurin. Illud doleo, talibus belluis velut atlantibus fulciri domum dei. Ex his, quae offert tua benignitas, agnofco praecipuum quoddam animi in me tui ftudium, et omnino geftio hinc aliquo avolare, fed alligat afflictiffima valetudo. Caefar inuitat in Hifpaniam, Ferdinandus Viennam, Margareta in Brabantiam, Rex Anglus in Angliam; Sigismundus in

Poloniam, Francifcus in Galliam, et offerunt fatis ampla falaria, quae ut dare poffunt, utinam ita poffint dare iuuentutem ac valetudinem profperam. Haec fcripfi occupatiffimus ex tempore, quae vereor ut legas, quo vel hoc argumento cognofcas, me quae de tua fingulari humanitate praedicauit Auguftinus Marius, toto pectore credere. Dominus Jefus tuam Amplitudinem reuerendam feruet incolumem. Datum Bafilea 26. Augufti, anno 1528.

XXXI.

Schreiben an Chriſtoph von Stadion Biſchofen zu Augsburg vom Deſid. Eraſmus.

Erafmus Chriftophoro a Stadio Epifcopo Auguftano S.

Iftam vere chriftianam et optimo Praefule dignam pietatem exofculatus fum in tuis literis. Non poffum agnofcere quod mihi tribuis fingulari quodam candore. Non adeo mihi fum ignotus, fed iftam laudationem interpretor confolationem aduerfus quorundam malitiofa perverfaque judicia, nequid commemorem infidias capitales, quas mihi miris cuniculis ftruunt quidam nouis factionibus addicti, enecat me propemodum Auguftinus, et huic acceffit Seneca, labor invincibilis, praeter epiftolarum onus: et tamen minima laffitudinis meae pars eft, ftudiorum moles: Demiror patientiam tuam, qui Pfalmum, quem obiter tractaui et occupatiffimus veluti deliniaui, potueris evoluere: id enim intellexi ex Amplitudinis tuae ad R. D. Auguftinum Marium literis. Aliquanto minus infeliciter tractaffe videor Pfalmum quartum. Hoc tantum in praefentia licuit obruto negotiis, alias copiofius. Dominus Jefus feruet Amplitudinem tuam reuerendiffimam. Datum Bafilea 22. Octobris 1528.

XXXII.

Schreiben an Chriſtoph von Stadion Biſchofen von Augsburg Deſid. Eraſmus.

Erafmus Roterod. Chriftophoro a Stadio Epifcopo Auguftano S.

Ornatiffime Praeful, mihi tertium iam menfem cum morte lucta eft. Salutarat me Marius, ab eo malo vix reualueram, et ecce Aprilis poftridie Pafchae excepit me multo inclementius. Caelo nihil erat blandius, neque ferenius, fpirabat Euro Aquilo fuperne, fed a prandio fpirabant inferne ventuli quidam, Etefiia non abfimiles blandiffimi, fed fceleratiffimi. Senferam infidias, et aliquandiu pomeridianis horis me domi continui. At poftriilie Pafchae, quum domi nullum omnino flatum feutirem, prodii, et illico captus fum. Primum erant alui tormina, et hinc vomitus, ftomachi ruina, infomnia, fumma laffitudo. A Medicis nihil adferebatur opis, non artis vitio, fed hoc corpufculum non fert ullam violentiam. Tandem fedatis cruciatibus ingens apoftema obfedit umbilicum, durum in initio. Adhibitus eft Chirurgua, qui contra Medicorum fententiam pollicitus eft effecturum fefe, ut erumperet, quod nec ego credebam fore. Complures dies enecauit me malagmatis exulcerantibus, usque ad vitae taedium: totas enim noctes pervigilandum erat, non fine perpetuo cruciatu. Interdiu nec legere potui, nec fcribere, nec dictare, nec colloqui, nec audire recitantem. Interim corpufculum exarefcens tendebat ad mortem. Ante paucos dies vifum eft apoftema ferro rumpere. Quae illinc erupit lerna? Deum immortalem, homines talem thefaurum corpore tegere et vivere! Poft hac mitius habere coepimus, cum fomno reditum eft in gratiam, ftomachus paulatim revivifcit, laffitudo decrefcit, at fenfim. In ea afflictione folatii plurimum attulit mihi tuae Celfitudinis epiftola, candoris, humanitatis, et eximiae cujusdam in me pietatis plena. *) Quem fauorem fi promererer, vel tuo unius judicio me beatum exiftimarem: nunc apud me pudore fuffundor, quoties tuum iftum in me animum, quoties benignitatem effufiffimam cogito. Quotidie votis ardentiffimis Deum comprecor, ut fuo fpiritu Caefaris et Principum animis fuggerere dignetur Confilia Reipub. Chriftianae falutaria, perque Caefaris fummam potentiam, et potentiae parem pietatem, fatalem hanc et humanis praefidiis infedabilem tempeftatem in tranquillum vertere dignetur. Adeft iftic Card. Campegius, fedis Apoftolicae Legatus, qui me femper fingulari favore profequutus eft. Scripfit ad me ex Oeniponte, cuius literis ob morbum ferius refpondeo. Hoc Amplitudinem tuum non fine caufa fcire volui. Archiepifcopus Cantuarienfis jam ad extremam fenectutem pervenit. Si non attigit, certe proximus eft anno octogefimo, fed magis arbitror

---

*) Wenn die Ueberfchrift nicht Chriftoph von Stadion fünde, fo würde man glauben, Erafmus habe wegen feiner Krankheit an einen Doktor der Arzneikunde gefchrieben, und ihm feine Umftände berichtet.

excesisse. Alioqui semper hactenus prospera valetudine, nunc, ut fertur, adhibuit tertiam tibiam. Spero equidem illum mihi superstitem fore, sed timeo: si quid secus acciderit, *animus est tuam Celsitudinem in illius locum surrogare.* E duabus Angliae pensionibus debentur quotannis plus minus ducenti floreni, sed ea pecunia per negotiatores ad me peruenit accisa, nonnunquam ad quartam usque partem, interdum et intercipitur. Si quid humanitus acciderit Archiepiscopo, nihil mihi penderetur. Flandrica pensio, quam habebam ex Praebenda resignata, inaudita perfidia mihi coepit intercipi per eum, cui credideram omnia, vitam etiam crediturus. Tantum valet amor pecuniae. Ex Caesarea pensione absens renuncium non recipio, vix reverso quicquam daturos arbitror, utcunque lactant me magnificis promissis. Ita futurum arbitror, ut Erasmus breui redeat ad paupertatem Euangelicam, a qua tamen adhuc mediocri absum intervallo, gratia superis. Et si res ita postulet, parsimonia censum augebimus. Hactenus enim multa profudimus non necessario. *Non tamen est quod metuar, ne tibi grauis cliens futurus sim,* qui Cantuariensem ad eo non grauarim, ut non semel oblatam illius liberalitatem recusarim. Vtinam liceat aliquando moribus tuis humanissimis et eruditione multiplici propius frui. Libet hinc aliquo provolare, non quod quisquam mihi molestus sit, sed quod in oppido non inamoeno quidem illo, verum nec magno nec admodum frequenti, ad haec semoto, multa desiderent, qui multis egent. At non video portum. Quod si exoriatur bellum, nec tutum fuerit hic manere, nec aliquo proficisci. Sed de his viderit Dominus, qui tuam pietatem sospitet ac prosperet in omnibus. Friburgo 24. Junii 1530.

XXXIII.

Eben desselben Schreiben an den Bischof Christoph von Stadion.

Erasmus Christophoro a Stadio, Episcopo Augustano S.

Eodem die, quo Celsitudinis tuae postremas literas accepi, miseram isthuc nuncium meo aere in hoc proprie conductum. Tuas tertio Augusta scriptas reddidit rusticus quidam, dicens se Augustae accepisse a filio cujusdam piscatoris. Id quo casu acciderit nescio. Vereor ne reliquae sint interceptae: nam Corycaei nusquam non vigilant. Paulatim evado firmiufculus, nifi quod pulicum improbitas nos tantum non enecat inquietudine. *) Pergrata mihi fuit tua objurgatio, quod fcripferam me tibi non fore gravem clientulum: **) declarabat enim conftantiffimum in amicitia animum, cui utinam aliqua ex parte queam refpondere. Libellis, quos emittunt fectarum πρόμαχοι, etiam minantur nobis, tantùm abeft ut pacem ambiant. Tres conditiones, quas recenfes, meo judicio, nolla religionis jactura concedi poterant, fed minime credo fectarum proceres illis fore contentos. De cerebrofis et capitofis, fcio tuam fublimitatem extra reptilium morfus effe. Nihil tamen eft quod non moliantur ilti crabrones, et fi credimus apologis, etiam in coelum fub volans fcarabaeus ultus eft aquilam. Praefationem in Chryfoftomum jam abfolui. De Jacobo Fabro Stapulenfi fufpicor effe fabulam, ni id nuper accidit, nam ad feftum Afcenfionis e Lutetia recepi litteras, nec ullus vel huc vel Bafileam rumor advenit de illo triftior. Ante complures menfes exufferunt quendam *Ludovicum Ber,quinum* virum optimum ut praedicant, nec erat Lutheranus. Odium Theologorum ac Monachorum, libera lingua, fimplicitas et hujus comes fiducia perdidit hominem. Ea, uti fufpicor, fuit rumoris occafio: nam Faber, ut Enoch, affumtus eft a Rege Gallorum, qui vetuit, nequis, vel *in illum*, vel pro illo fcriberet. Id, opinor, procuratum ab ejus patrono Epifcopo Lodovienfi. Dominus Amplitudinem tuam profperet in omnibus. Friburgo. 11. Augufti 1530.

---

*) Mein Freund Hr. P. Bibliothefar Klemens Braun in Rothenbuch, der mir diefe Erasmifchen Briefe abfchriftlich mittheilte, machte hiebey die Bemerkung: Magni res argumenti, nifi bipedum pulicum turmam fubintelligat; quod minus videtur.

**) Eben diefer mein Freund, machte hierüber folgende Gloffe: En gratum verfipellis animum, pro gratiffima in clientelam fui receptione! Hac fe pelle contegere folet ac infinuare inops Erafmus, ne *mendicare videatur.* Sum ego amator Erafmi, cujus ingenium delicatiffimum, improbam induftriam, ingenfque litterarum promovendarum ftudium ita admiror ac aeftimo, ut non alius magis; id quod aliquando in litteris ad Te meis fat libere enunciavi. Non adeo tamen fum viri hujus amore deperditus, ut et ea probare velim, quae nemo prudens, et cui nafus emunctior eft. Ea eft enim mortalium conditio, ut aliqua fingulis infit macula, aliquid decoris finguli habeant; nullus autem ex omni parte aut malus fit, aut bonus. Ita de Erafmo meo judico, ita de Tuo Luthero.

XXXIV.

Ebendeffelben Schreiben an den Bischof Christoph von
Stadien.

*Christophoro a Stadio, Augustano Vindelicorum Episcopo Des. Eras-
mus Rot. S. D.* *)

Dedimus pridem, clarissime Praesul, facundissimum Ecclesiae Doctorem *Hieronymum*, ex deprauatissimo emaculatum, ex distructo
integrum, ex squalido nitidum et splendidum. Dedimus simili
dignitate vocalem illam ecclesiae Catholicae tubam *Hilarium*. Dedimus acerrimum fidei Christianae propugnatorem *Augustinum*. Dedimus non minus fortia quam diserta loquentem *Cyprianum marty-
rem.* Nunc prodit diuus *Joannes Chrysostomus*, melitissimus ille
concionator, Christique praeco indefatigabilis, cui iure optimo ob
sapientissimam eloquentiam et eloquentissimam sapientiam, oris aurei
cognomen tributum est. Sunt qui *Maximum* appellent. Hunc autem, uti speramus, hoc propensioribus studiis excipient studioso-
rum centuriae, quod incomparabilis Episcopus, laudatissimi Praesulis
felicibus auspiciis prodit in lucem. Neque enim parum multa inter vos conueniunt: vitae integritas, diuinarum litterarum amor, judicii rectitudo, veritatis libera professio, nec uulgaris Zelus erga Christi sponsam, Ecclesiam **) Quin et aliis compluribus Episcopo dignis
virtutibus sic emines, ut inter omnia ornamenta tua, minima portio
sit generis claritudo, ac reliquorum fortunae bonorum splendor,
quae contemsisse pulchrius est, quam possedisse. Ne illa quidem
animi bona minuunt istam tuam singularem modestiam, quum non
ignores esse gratuita Dei dona, ad usuram credita. Dixerit interim

---

*) Dies ist eigentlich eine Zueignungsschrift, die Erasmus der Ausgabe der
  Werke des Chrysostomus vorsetzte.

**) Diese Vergleichung mit dem Chrysostomus macht dem Bischof Chri-
  stoph von Stadion wahre Ehre, wenn Erasmus keinen Schmeichler
  und Heuchler gemacht hat. Wenn er aber seinen Eifer für die Kirche
  so sehr erhebt; so wird er damals wohl nicht gewußt haben, daß dieser
  einsichtsvolle Bischof auf dem Reichstag zu Augsburg 1530. selbst die
  Fehler in der Kirche offenherzig und mit aller Freymüthigkeit eingestan-
  den hat, wie aus der vorhergehenden Geschichte mit mehrerem zu ersehen ist. Aus des von Stadions Brief von 1533. an ihn, hat er
  seine Gesinnungen erkennen können.

aliquis, Heus tu, quid magni das nobis, fi Chryfoftomum das toties excufum? Non hoc colore mihi patrocinabor, quod iam folenne eft, quicquid excuditur a typographis, aliquo illuftri, gratiofoque nomine commendari: nec commemorabo quantum majeftatis accefferit voluminibus, ax amplitudine chartarum, ex elegantia dignitateque formularum; quae res ut typographis vix credendis impendiis conftant, ita Doctori tam eximio non parum conciliant gratiae, et lectorem, alioqui faftidiofum, ceu lenocinio quodam inuitant. Extraria funt ifta, fateor, fed ea tum denium fatebor pro nihilo ducenda, fi fordida veftis, illota facies, impexus capillus nihil obfcurant bonae formae gratiam, fique nihil eam commendant cultus, et honefta mundicies. Sed haec, ut dicebam, in praefentia non commemorabo; illa dicam, quae propius ad rem pertinent. In antehac excufis divi Chryfoftomi lucabrationibus, qui fuperfunt interpretes, fua quisque diligenter recognorunt, quod et a me factum eft non ofcitanter. Inter veteres interpretes multi funt, qui neque graece, neque latine fatis calluerunt. Horum interpretatio per doctos viros ex collatione graecorum codicum plurimis in locis emendata eft. Quod genus eft illud *Aniani*, qui vertens Commentarios in Matthaeum, in ipfo ftatim limine impegit, δούτερον πλοῦν transferens *fecundas diuitias*, quum graece fonent *fecundarium cirfuin*, fiue *nauigationem*. Item illud Francifci Aretini in ipfo ftatim frontifpicio Commentariorum in priorem ad Corinthios epiftolam, ubi οἴησιν tranftulerat *opinionem* pro faftu. Sufficiat hoc guftus dediffe gratia; neque enim hic confilii eft omnes interpretum lapfus prodere, quorum infinitus eft numerus. Pro fex libris pro *dignitate facerdotali* parum feliciter verfis, fuppofuimus interpretationem elaboratam *Germani Brixii*, cujus et *Babylam* adjunximus. Poftremo praeter omnia, quae hactenus excufa fuerant, adjecimus non mediocrem acceffionem: veluti Commentarios in priorem ad Corinthios Epiftolam, quos Francifcus Arerinus abfoluerat ufque ad Homiliam XX. Eam partem ad nos mifit unicum hifce temporibus Ecclefiae ornamentum *Joannes Phifcerus* Epifcopus Roffenfis: quod deerat fuppleuit uir utriusque linguae peritiffimus Simon Grynaeus. Item Commentarios in fecundam ad Corinthios epiftolam, quos ego verti ufque ad Homiliam VIII. libenter progreffurus, nifi fufpicionem moviffet, opus hoc non effe Chryfoftomi γνήσιον. Quod fupererat, alius transtulit non indoctus. Commentariis in Acta

adjecimus Homilias duas, preter eas quas prius dederamus: verum et hic eadem caufa, quam modo retuli, perfuafit inftitutum relinquere. Sunt amici, qui nobis ex Italia promittunt et alias quosdam Chryfoftomi lucubrationes, quas fi nanfcifci continget, certa autem fpes eft, fore ut contingat, idque breui, non grauabimur eas Chriftianae philofophiae ftudiofis communicare. Perfpicio frigus vel potius interitum chriftianae pietatis hinc proficifci, quod populus non alitur affidue verbo dei, et quibus hoc muneris delegatum eft, aut omnino muti funt, aut fecus quam oportet tractant fcripturas, vel quia potius ducunt lucrum decimarum quam animarum. Itaque nullum exfiftere hoc feculo, qui hunc Ecclefiaften imitetur? quum *Thomas* et *Scotus* tam multos habeant imitatores. Attamen hic tam amabilis Doctor, tot jactatus eft, tempeftatibus, tot exercitus procellis ejectus, reuocatus, rurfus majore tumultu relegatus in exfilium. Verum et vitae tenorem, et egregias Chryfoftomi dotes ex his quae fubjiciam, plenius licebit cognofcere — —
— — — — — — — — — — — — — — — — — — *)
Habes longam ac moleftam praefationis farraginem, ornatiffime Praeful, verum hoc taedii facile difcutiet Chryfoftomi fuauiloquentia, a qua te non remorabor diutius. Dominus R. amplitudinem tuam femper fofpitet ac tueatur. Friburgo, anno 1530.

XXXV.

Zueignungsschrift an den Bischof von Augsburg Christoph von Stadion, von Johann Eck in Ingolstadt.

Reuerendo in Chrifto patri et D. D. Chriftophoro de Stadio praefuli Auguftano digniffimo. Joan. Eckius in Domino bene agere.

Tanti fuit apud Athenienfes momenti, facratiffime praeful, affertorius Xenocratis fermo, ut cum femel in judicio manum effet aris admoturus, quo de more juramentum praeftaret, ob fpectatam ipfius integritatem et grauitatem judices ei juramentum remitterent, fola verborum fuorum affirmatione contenti. Quanto majoris apud Chriftianos omnes auctoritatis effe debet Dionyfius Areopagita, et

*) Hier folgt das Leben des Chryfoftomus, das ich hier, da es überdis ziemlich weitläuftig ift, beyzufügen für überflüffig halte. Nach demfelben kommt obiger Schluß.

ipfe Athenienfis, ac Galliarum Apoftolus? Qui et arcana myfteria
Fidei noftrae, et fapientiam Perfectorum a diuo Apoftolo Paulo,
Chriftianae doctrinae promptuario, in tertiò Coelo erudito ac fancto Hierotheo praeceptoribus auidiffime hauGt, haufta literis mandauit, ac u que ad fanguinis effufionem gloriofam nobili Martyrio
affirmatiffime afferuit. Digniffima autem et fummo femper honore
omni aetate habita funt illius diuiniffima fcripta, et ob doctrinae gratiam, et ob materiae dignitatem; quibus uiros quantum libet eruditos in admirationem duxit. Et imprimis mirificus ille ac praefta-
bilis Theologiae Myfticae liber omnibus Perficis gazis et Attalicis
opibus pretiofior exiftit, quod tot myfteriis et arcanis, ac fe retio-
ris Theologiae adytis, ubertim refertus fit; ut facile a mortalibus, .
diuino lumine non illuftratis capi nequeat.
Quamuis autem is de fuper benedicta prima omnium caufa philo-
fophandi modus per negationes ac ablationes multis annis neglectus
fuerit, Theologis (more Parifienfium non contemnendo) in elucu-
brandis Petri Lombardi fententiis fummis vigiliis dies noctesque la-
borantibus: Reuiruit tamen modo Theologia negatiua, effundente
fe paffim Chalcographorum diligentia magna librorum copia. Quae
enim tot annis emarcuerat, et obruta ac defolata jacens, caput iam
demum profert, lucerna ejus per Nicolaum Cufanum (Germanorum
doctiffimum et rubeo galero infignem) fplendidiffime accenfa. Quem
plufculi aetatis noftrae et fuperioris non poenitendi Theologi in ea
explicanda et dilatanda non fegniter fecuti funt.
Poft hos autem doctiffimos Myftas, multorum efflagitationibus coa-
ctus, qui Theologiam noftram negatiuam cum blattis et tineis adhuc
rixantem expoftularunt, Dionyfii fuper ea re diuiniffima fcripta, omni
Ambrofia et nectare dulciora, amicis gratificaturus, commentariis
illuftrare longiufculis adorfus fum. In quibus equidem excudendis,
quatnum per occupationes tantillo tempore licuit, tam vigilanter
aduigilauimus, tamque annixiffima opera curavimus, ne quid obfcu-
rum, aut in explicatum remaneret, ut omnino Delio nutatore (nifi .
plurimum mea me fallet opinio) non egeant, qui baec adyta adire humi-
liter inftituerint. Quantum autem eruditionis habeat, quantumve alla-
turus fit utilitatis hic labor nofter, aliorum fit iudicium, attamen
optimorum, et qui hanc Theologiae partem calleant. *Ne futor altra
crepidam.*
Hos novos commentarios in publicum uulgandos ampliffime Antiftes,

tibi nuncupatim in novi Praefulatus aufpicia dedicare conftitui, ut iam facio, ut et tuam gratiam dudum initam amplius demererer, et ampliorem fauorem tuum mihi conciliarem, cum videam, noftrates omnes certatim ftudiis fuis te obfervare, colere, ac venerari. *Ita impenfiffime omnes tuae gratulantur electioni, tuis arrident fortunis et auguftiffime cum ecclefia Auguftana actum effe praedicant, quae tam eruditum, tam prudentem nacta fit Epifcopum, in quo cuncta praeclara uirtutis momenta refplendeant et enitefcant.* Congratulor et ego feculo noftro, quo totus mundus in maligno pofitus effe apparet, quod docta tamen eruditio, ftudiofa doctrina, defudatiffimique labores litterarii pulcherrimo Epifcopatus faftigio in te appraemiata funt: *Et qui animum tuum ab infantilibus annis bonis litteris, in adolefcentia liberalium artium et philofopbiae ftudio, toga quoque fumpta jurisprudentiae peritia in Italia (ftudiorum altrice) exornare, excolere, et venuftare diligentiffime curafti. Sic venerandum ecclefiae Auguftanae capitulum fpiritu fancto directore, non coecum animal Deo offerens, praecigro Praefulatus ordine (quem ante merueras quam acciperes) bonoratiffime condecorauit, ut fic multijugae eruditioni ampliffimu effet conjuncta Religio.*
Teque indubie talem praeftabis protomyltam qualem graphice diuus Paulus (Tuba illa Euangelii magniloqua) delineauit, *fobrium, fanctum, irreprebenfibilem, prudentem et moribus adeo defecatis ornatum,* ut non fit tibi lauticiarum exquifitior cura, et religionis ac diuini cultus maxima incuria   Vere ἐπίκοπον te effe et fore iudicamus, hoc eft, fpeculatorem, exploratorem gregis dominici plus, quam cenfuum, reddituum aut exactionum (quamuis et temporalia nerui fint Religionis non contemnendi) ut fic diuina myfteria maxime cafte, folleniter et religiofe exerceas: Et procul dubio fpem maximam ab omnibus de te conceptum, Archiflamen pientiffime, praeftabis locuplete, adeo ut minime formidemus Biantis dictum ab Ariftotele renarratum ἀρχὴ τον ἄνδρα δείχνυσίν, in deteriorem vergere partem; uerum femper illa diui Pauli Tharfenfis uerba in aure perftrepentia te aduertere arbitramur. *Vide Minifterium,* quod accepifti in domino ut illud adimpleas.
Cum itaque perfuafum haberem, mores tuos (quod ajunt) non fapere fortunam tuam; quicquid eft laboris in hifce commentariis noftris, tuae ampliffimae dignitati dedicandum erat; ut effent penes te perpetuum et meae erga te obfervantiae monimentum; et quod non pa-

rum dignitatis accessurum commentariis arbitrabar, si nomen tuum in
fronte gestarent, quamuis et eos tibi existimo, nomen apud posteri-
tatem non incelebre propagaturos, quos cum occupationum tuarum
solatium habere expetes, in manum sumas, Eckii pauperculi me-
mor. Vale praesulum decus, litterarum ac litteratorum fautor.
Ex charisio nostro Ingolstadii V. Idus Septemb. Anno restitutae
salutis M. D. XVII.

XXXVI.

Zueignungsschrift Johann Altensteigs aus Mindelheim
an den Bischof von Augsburg Christoph von Stadion.

*Reverendissimo in Christo Patri et Domino, Domino Christophoro
Episcopo Augustensi, Joannes Altensteig Mindelhaimensis, Domino suo obseruandissimo S. P. et se commendat.*

Etsi pater praesul dignissime, quum renunciatum fuit mihi de
communis illius patris nostri antistitis *Henrici de Lichtenau* obitu,
*viri magni planeque sapientis, cuius uniuersa uita totius fuerat
probitatis, et honestatis exemplum.* non potui ut par fuit non
dolore angi et torqueri, grauiterque et acerbe ferre. tum quod
putaueram nobis non paruum dispendium et iacturam oblatam et
iniectam, praepositamque. *eo quod optime reipublicae christianae
praesuit, quam etiam consilio, prudentia et sapientia, quae ad
hanc rem gerendam sunt necessariae* (ut tuam non fugit Amplitudinem) *quam pulcerrime moderatus est gubernauit et rexit.* tum
quod bonis et eruditis beneficus fuit et liberalis. Multo tamen
plura sunt quae me consolantur. quaeque moerorem quem ex
ejus morte conceperam, leuant, minuunt et tollunt, vel saltem
leniunt. In primis quod fuerat annorum plenus et grandeuus. qui si
modo non commutasset uitam cum morte, post hac tamen sibi vel
breui ex hac luce migrandum fuisset. Cum senes non longe a
morte abesse possunt. statuit quoque Deus optimus maximus ut
tuam praestantiam minime latet terminum vitae, quem nulli prae-
terire licet. Quicquid autem a Deo est, id non nisi optimum esse
non posse existimandum est. Cuius imperio et uoluntati nulla
ratio, nulli humani conatus; terrenaeque uires aduersari unquam

poffunt. Omnes etiam qui gignuntur, non alia lege quam gignuntur reliqui partus confufione elementorum mortales fcilicet et peri-
culis omnibus, fortunaeque telis languoribusque fubiecti. Nec quiquam uitae diuturnitatem vel valetudinem nifi variam et perfuncto-
riam habere poteft. Et quae (ut liberius loquar cum tua magni-
ficentia) in hac vita fuauitas, cum ne unus quidem praeterit dies
fine aliqua corporis vel animi offenfione. Et quis mundanae vitae
miferias et moleftias incommodaque enumerare ualet? Quis non
videt in quantis fluctibus et procellis verfamur. et praefertim qui in
altiore conditione et gradu collocantur, quos venti nonnumquam
vehementiffimi qui alta perflare folent, afflant, commouent et per-
turbant. Ex quibus milerrimis calamitatibus hujus vitae ad melioris uitae tranquillitatem Epifcopus modeftiffimus receptus eft. ad
humanique generis rediit redemptorem. euolauitque in fempiternum
coeleftis gloriae domicilium. ubi gaudii plena funt omnia. ubi nulla
mutabilitas. nulla varietas. fed omnia plena tranquilitatis, fecuritatis
et beatitudinis. ubi nullus eft factioni, nullus inuidiae, nullus
fimultati locus.
Corpore itaque humi reftituto unde conftabat, immortalis tamen et
nitidus illius quem coelefti ab origine hauferat, ad coeleftem gloriam rediiffe putandus eft animus. eoque loci fublatum ubi decorus
de manu Dei diademitate regali fit coronandus, et ceteris fempiter-
nis cumulandus deliciis. quibus fruuntur hi qui cum pietate dormi-
tionem accipiunt. ubi et fruitur illo bono quo nihil eft maius, nihil optatius, nihil jucundius. Quamobrem cum praeclare cum illo
actum effe fperamus et credimus, noftri officii erit moderate ferre
hanc naturae neceffitatem, et magis gaudendum quam triftandum
effe. nec ob noftrum ullum commodum doleamus. id quod neque
amantis nec liberalis, fed potius inuidentis effet. Iccirco magis
letandum eft de foelici ejus egreffu ad foelicitatem fempiternam.
ubi fuorum innocentiffimorum ac fanctiffimorum operum mercedem
accipit exoptatam. Id quod ex fancta et immaculata ipfius vita
et exitu mihi certo perfuaferim. *Fuit enim* ut certiffima fide et
narratione percepi, *epifcopus nofter integerrimus bonas litteras uel
optimas egregie doctus: carnali mente vacuus. bonorum operum fe-
ctator. omnium virtutum norma. omnia veritate perfpexit. omnia
prudentia confilieque (ut fuit prudentiffimus) metitus eft et foecit
iufta et digna animaduerfione. mulos puniuit et cafligauit, et eccle-*
fiae

fiae nociuos ut morbidam pecudem ne alios fanos corrumperent et maculareut, ficut bonus paftor in populo de medio tulit. bonos et iuftos dignis meritis et praemiis honorauit et profecutus eft. Cafti-
tate denique fplenduit, parfimonia nituit. cujus uita praeclara et vicariatui Chrifti conueniens, gregem excitauit ad innocentiam et probitatem. qui Chrifti fidelibus fapientia qua claruit confulere fta-
tuit. et ut femel dicam tanta ingenii bonitate et animi dotibus, tantaque laude praeftabat, ut Deo effet et hominibus illius uita, conuerfatioque gratiffima. Vigilauit iuxta illud. Vigilate nefcitis
qua hora dominus vefter venturus fit. Quem et dominus ex hac
luce reuocauit. qui fana mente, fanoque confilio teftamentum lauda-
bile condens optima ratione et voluntarie. quod fine diuina gratia
et benignitate non conceditur homini, oculos claufit in mortem.
quare qui prius dolore affecti fumus, gaudere et letari conuenit
quam rectiffime. quoniam bene cum eo actum effe credimus.
Quae autem in nauarcho illo praeclaro amiferimus in te nauclero
opdmo affatim reperimus. Quare nefcio quod et aliis conchriftia-
nis Auguftenfis Dioecefis contingere potuiffet gratius et optatius,
quam quod diuina prouidentia qua omnia gubernantur, tuam Amplitudinem totius ecclefiae Auguftenfi praefectum didicerim. *Jam-*
que tandem priuatim eruditis omnibufque viris optimis, tuo faufto
atque foelici ductu pulcerrime confultum, et ad rem et dignitatem
auimaduerto. Nam qui generis claritudine, vel potius fola ingenii
virtute praeftantia atque doctrina incomparabili et Jurifpruden-
tia fingulari ad epifcopatum fublatum fore. te qui dubitat puto effe
neminem.
Sed quid memorem generis nobilitatem, fecundum quam natus es
ex utroque parente. *Ex patre enim et domo fatus es de Stadion.*
Ex qua familia tanquam ex equo trojano multi viri nobiles et
rebus geftis praeclari eqtites aurati, fplendidi, militaribus armis
ftrenui et honorati prodierunt apud caefaream majeftatem et alios
principes auctoritate et gratia florentes. quae quidem nobilitas faltem generis non magni effet pendenda. quoniam ab extrinfeco venit, quae laudis rationem non magnam habet: nifi accedat animi
nobilitas, quae in animi bonis perfpicitur et intelligitur qua tuam
dignitatem effe ornatam liquido ex veriffimis auctoribus cognoui
et didici. et tua opera honeftiffima omnibus nota perfpicuam faciunt. *Sed quid dicam de Jurifprudentia et ftudio legum et Ca-*

R

nonum, cuius utriusque insignibus exornatissime decoratus, qua iusticiae et aequitatis amantissimum, humanitatiisque et amicitiae seruantissimum: te hoc ipso praestare poteris. Pro qua re conse-*quenda et eruditione dies noctesque laborasti.* Sed quid magno viro et nobili genere procreatus (ut tu es) illustrius, quid iucundius et melius vel dignius et laudabilius et praesertim qui in regimine aliquo vel Magistratu collocatur vel seculari vel ecclesiastico, quam assidue alere animum bonis artibus, sapientia et prudentia. Sine qua nulla res (ut omnes sentiunt) publica bene regi potest, quae fortuna appellantur bona. fluxa omnia caducaque vel momentanea: quoad sempiterna bona ducenda sunt. Solum animi bonum ut pater amplissime nosti quod in virtute positum est, et in rerum incommutabilium totiusque naturae perspicientia reddit humanum genus et immortale et beatum. Quid memorem *de tua praestabili memoria*, qua te vigere cognoui, qua omnia conseruamus, quae discimus, ac conseruata suggerit ac subministrat. iureque eloquentiae thesaurus dicitur. *Omitto alia ingenii bona quibus nitescis iusti-tiam scilicet et benignitatem. qui in agendis negotiis es expeditissi-mus et solertissimus. Qui denique vita laudabili bonestaque con-uersatione polles. optimis moribus praeditus. in diuinis officiis fre-quens et creber. Quibus virtutibus et bonis gratuitis quae tibi optimus maximus dederit, bactenus ad utilitatem cbristianorum v: usus Magis credendum est te illis ad commoditatem aliorum et praesertim eorum quibus es praefectus usurum arbitramur.* Taceo quod prioris nostri episcopi reuerendissimi *fuisti a secretis vel confi-liarius et familiaris, a quo et multa quae ad rem gerendam con-ducunt accipere potuisti.* Qui denique pro *tuis meritis per venera-bile ecclesiae augustensis capitulum electus es in Canonicum, et per Episcopum in officialem receptus in negotiis grauibus et arduis cau-fis ecclesiae Augustensis apud summum pontificem agendis urbem missus, uirum quem omnes ut ament. venerentur et obseruent dili-gentem et prudentissimum praestitisti. Et tandem in Decanum me-moratae ecclesiae electus es. Qui denique caesareae Majestatis ac reuerendissimi domini Cardinalis et Episcopi Gurcensis consiliarium egisti prudentem.* Has praeclaras et nobiles virtutes tuas: et ani-mi bonitatem et eruditionem optimam Henricus episcopus, qui nu-per e uiuis excessit animaduertens dum vitam hanc mortalem ageret. de sui honorandi capituli voluntate et consensu ecclesiae augustensi

quam optime confulere et prouidere uolens. quam uiuus dilexerat.
et cui fideliter feruierat ut bonus paftor non dubitans res. et ne
corpus quidem pro animarum falute exponere fe relinquere breui
exiftimans: *tuam benignitatem in coadjutorem recepit, cui et poft ejus
mortem et modo in epifcopatum fuccedis.* Quapropter gratulor
tuae egregiae et honeftiffimae fubuectioni, virtuti fummacque fapientiae qua factum videmus ut fis digniffimus iudicatus a viris venerabilibus et probatiffimis et univerfis capituli Auguftenfis. qui inter
principes catholicae religionis noftrae prouinciae loco fplendido con-
fpiciare. Quid enim eft aliud effe epifcopum quam regem haberi
in ecclefia et vinea domini Dei optimi maximi, et eam regere.
augere et amplificare pro diuino honore: gloria et cultu. ut cum
tempus reuocationis aduenerit. una cum grege fibi credito in ouile
Chrifti letus ingrediatur. Quae omnia a me fine adulatione qua-
piam dicta effe velim. A quo vitio femper abhorrui. adulari enim
non didici. Adulatio uero eft peruerfa (ut uult Auguftinus) lau-
datio vel fallaci laude feductio. Adulator autem non vere laudat.
fed vane falfo et queftus et ventris gratia. Virtus autem per fe
eft laudanda et extollenda. Virtus enim fui amans eft. et propter fe
amatur et extollitur. quam fi quifpiam in altero cujuscunque condi-
tionis et *dignitatis extiterit* perfpexerit eft laudauerit. Laus uero eft
non affentatio. quam virtutem in te effe didici non fine vero auctore.
Viri quoque magnanimi boni et conftantes laude non efferuntur ni-
mium. nec pejores fed fummiffiores melioresque efficiuntur. qui
maximopere conantur ut quae de ipfis bona dicuntur. ea aliis im-
pertiant et communicent: et tales fint quales praedicantur. ut bona
illa quae a Deo acceperint non fruftra fe accepiffe probentur. aliif-
que inferuire et bene facere ftudeant, quoniam Deus mandauit
unicuique de proximo fuo, et ut unus alteri fit adiumento. quam
faepiffime hortatur Apoftolus Tharfenfis. Diuifiones autem funt gra-
tiarum. Quare qui plus gratiae a Domino acceperit plus et eam
ceteris communicet neceffe eft. Virtutibusque et donis bene utatur.
ne rationem talentorum a Domino commifforum perdifficilem et
grauem reddere cogatur quae longe melius et perfpicacius nofti quo
modo peragenda funt, quam ego. quem ingenii et confilii pauperrimi
me judico. Dominus quoque potiffimum laudandus eft in virtutibus et
donis quae ipfe largitus eft hominibus: qui propter eas ut ceteri imi-
tentur. et bonorum operum exemplum fumant et proponant laudandi
funt. Virtutibus itaque illis quas in tua Dominatione cognoui pater

clementiffime motus. vocabularium theologiae quem ex multis theologiae proceribus doctiffimis compilaui tibi dedicare conftitui. quem
enim aliam eligerem repperi neminem. quem quidem vocabularium
pro utilitate et commoditate multorum. etiam ut me in facris
litteris exercerem. ne ingenium meum natura hebes nihil agendo
fitu et mucore obduceretur fcribere uolui. Nam cum mecum memoria repeterem, me non debere ociari qui nulla animarum cura
vel pondere graui effem oppreffus vel grauatus meum officium effe
ratus. ut poft uarios et multos labores et moleftias, orio quod
tandem nactus fum non abuti uiderer. et ne in vinea Domini qui
facris initiatus effem et ceremoniis addictus, nihil tanquam eunu-
chus gignere vel parere putarer. et ne odio torpefcere ignobili.
et ne cum feruo pigro et inutili inertis et mali ocii damnarer,
fed cum ufura talentum redderem. Tandem mihi cogitanti elegi
id quod meae profeffioni congrueret. et in fe plurimum honeftatis
et utilitatis habere arbitrarer. Non quod exiftimarem me tantum
effe ut id fufficienter praeftare potuerim quod facere inftitueram.
Sed ut glaciem frangerem litteras facras amantibus et difcere cupien-
tibus, aliosque ad legendum excitarem : qui ingenue eruditi, et
varia multiplicique doctrina fubnixi tanto pondere fufficerent. hoc
labore meo et aliis me profuturum fperabo. gratiusque et 'utilius
jucundiusque me facere quicquam exiftimabam quam fi in humanio-
ribus litteris quippiam legerem vel fcriberem. In quibus tamen
legendis etfi multum temporis confumpferim : et in quo ftudio diu
verfati iuuenes erudiebamus. non tamen putaui meo officio vel
uitae quam inceperam congruere, ut diutius in hifce morarer et
manerem. Non quod hoc ftudium vilipendam et contemnam omnino. quod et alias laudaui fi modus certus adhibetur. et quod ad
alia multum prodeffet. ut vult Lactantius. quod veritas luce' orationis ornata et maiori copia et facultate dicendi. et claritate et
nitore fermonis potentius in animos influat. Sed quod facris ini-
tiatis non conueniret. et quod ad falutem quam chriftiani quaerunt
non perduceret magisque delectaret quam prodeffet crelum peten-
tibus. Ad ftudium itaque facrarum litterarum me contuli. quod
omnium optimum praecipue facerdotibus judicauerim. Sed cum
theologia et fapientia omnium fcripturarum eft profundiffima : ceterisque omnibus aliis et artibus et fcientiis longe praeftat. cujus eft
docere ueritatem. arguere falfitatem. eripere a malo. inducere ad

bonum. et perducere ad perfectum: qua fideles quae sunt salutifera, et quae ad vitam ducunt cognoscere possunt: quae ostendit doctrinae uberrimum fontem ac plenissimum, cujus haustu atque potu (ut cum Lactantio loquar) conceptam visceribus sitim sedent, ardoremque restinguant. Et quae (ut semel dicam) numquam satis digne laudari poterit, cui qui pareat omne tempus suae aetatis sine molestia possit degere, et tandem venire ad optatissimum salutis et foelicitatis aeternae portum. Mea itaque interesse ratus ut hujus saluberrimae theologiae, et optimae doctrinae vocum significatus scriberem et in unum cogerem volumen ut multis prodessem. Etsi non sum nescius, plures esse me multo doctiores, et ad hoc quod facere institui longe meliores. quique absolutius de hac re scribere possent, et in unum colligere. Sed quia laborem seu onus qualia ego maxima habui suscipere hactenus recusarunt vel assumere neglexerunt, nec tentauerunt. ego provinciam istam subiui ab aliis libentius uidissem hoc factitatum. quoniam ingenii mei tenuitatem et penuriam confidero. et quamuis ingenio tenui et perquam exigua doctrina sim praeditus et theologorum minimus vel nullus. Non enim tali nomine me dignor. quique nondum latum clavum in ea susceperim vel potius dicendus sum pumilis inter discipulos theologiae tamen semper huc spectaui. ut si possem aliis prodessem meis laboribus vel docendo vel scribendo. Sin minus neque lederem vel tempus infructuose ad laborem datum contererem. Adde quod aliae disciplinae habent suos dictionarios, theologiae vero vocabularium ex multis Theologiae doctissimis et praecipuis scribentibus in duc m et principem sententiarum congessi in unum opus. ut sacerdotes aliqui qui non omnes vel admodum paucos legerunt theologos ad hunc liberum recursum habeant et doctorum scripta melius intelligant. Acuta quoque et difficilia dicta eorum facilius cognoscant. a quibus scriptis abhorreri et deterreri solent. quod dictionum vis eos latet. vocabulorum autem ignorantia errorem et difficultatem parit et gignit, et inextricabiles tenebras inuoluit et implicat et oberrare facit. Cognitio uero dictionum Theologicarum sensum abstrusum et absconditum aperit et recludit : quem earum inscitia claudit. Ut igitur melius sacra scriptura intelligatur. Salubriusque et rectius pastores animarum suas oues per doctrinam veram pascant. et ne animarum ad sanctitatem genitarum quae ceteris rebus sunt praeferendae salus negligatur. quibus plus est subueniendum ne damnentur.

quam famefcenti Lazaro ne moriatur iuxta doctrinam Gregorii in
homil. plus eft inquit animam in aeternum victuram pabulo verbi re-
ficere, quam ventrem moriturae carnis terreno pane fatiare. Et ne
denique theologia contemnatur et peffumdetur propter vocabulorum
ignorantiam praefens opus ament, legant et manibus contrectent.
Erunt legentibus fcripturam facram omnia facilia intellectu, prona
dicta, honefta fufcepta et manifefta fingula. Modo ne pigeat ad
percipiendum fapientiae diuinae difciplinam legendi vel audiendi patientiam accomodare, et animum ad intelligendum praeftare et in-
tendere. Quod quidem opus ad utilitatem orthodoxae fidei et totius chriftianae religionis et ad laudem omnipotentis Dei. cujus aufpicio praecipue et ductu et gratia omnia fiant compofui, et ad eden-
dum curaui. Quod onus tam arduum et laboriofum a me fufceptum
non contemnant, flaccifaciant velim. et rogo omnes Mineruam facram amantes. Quod quidem opus maximi laboris Antiftes pater
humaniffime tuae praeftantiae dedicare decreui. Quippe qui litteras facras amares, eosque diligeres qui illis effent ornati. Accipe
igitur vir praeftantiffime benigno animo hafce meas lucubrationes
et fedentariam operam, monumentum mei laboriofi ocii. Accipe
inquam pater benemerentiffime hoc munufculum tuo nomini facratum.
et fac ut tuis aufpiciis quibus id quantulumcumque eft aufpicatus
fum legatur, vigeat, ametur, et per te edatur. illis profit qui facras litteras amore amplectuntur et ftudiofe legunt fine inuidia. quique alios in fide chriftiana inftituere et docere laborant et debent
et velim et rogo R. p. t. plurimum Joannem tuum tuae paternitati
fubditum, ab invidis et malis hominibus defendas. et tuearis qui te
et veneratur, colit et obfervat. Non enim ignoro pater benigniffime
per multos litteratores et invidos effe et fore qui meos labores et
vigilias afpernabuntur, et contemnent et arguent. Sicut qui inani
philofophia tumentes. conculcant fuis pedibus fordidis quicquid non
fapiunt. quicquid etiam non intelligant canino dente lacerant et dif-
cerpunt. qui ueluti tubera fine radice viuunt. et charitatis et uerae
eruditionis qui ut lippi quibus omnia apparent alba, marmora a to-
pho fecernere nefciunt. quorum pectora felle virent et linguae (ut
Ouidii verbis utar) eft fuffufa veneno. Quare omnia peruertunt, et
praeftantiora et optima in peffima mutant feu uertunt. quibus bonum
malum, et malum bonum dicitur: putantes fibi effe laudi fi optime
factis allatrent. Verum hos nihil timeo, fed nihili facio: fi te tu-

torem et defenforem habuero. Sed fi indoctis et malis non placeo:
non eft quod querar. Nam his difplicere laudi dandum eft magis
quam uitio. Ipfi enim quod bonum eft vituperant. malum uero laudare confueuerunt. qui et doctiffimis et praeftantiffimis non parcunt.
Sin doctis non probabor eft fateor quod doleam, non quod mirer.
Scio enim qui fum. non theologus fed theologifta uel theologafter,
aut Theologiae vel diuinae Mineruae imitator et amator: non magno fed exiguo praeditus ingenio. Ab his malis hominibus pater ce-
leberrime Joannem tuum defendas. quorum morfus effugere me non
poffe exiftimo. Quicumque enim aliquid fcribere molitur: et litteris mandare perpetuis et edere inuidiae. et odio fe obnoxium reddit. cui omnis praeftantia et claritas eft odiofa et inuifa. bonorum
correctionem patientiffime et aequo animo fero. malorum autem injuriam, calumniam et conuitia paffurus fum propter eum qui et pro
nobis multa vel maxima tormenta pertulit. quos tamen tu pater
pientiffime compefcere, contundere et comprimere et me adjuuare
potes. Voluit autem Deus fic res. effe conditas, ut majores iuua-
rent minores. Id quod et tua paternitas pro me contra aduerfarios,
fi quos habuero (ut timeo) facere poterit. Ego autem quod unum
poffum, tibi meum omne ftudium et diligentiam meam et obfervan-
tiam polliceor et uoueo. Vale quam diutiffime et foeliciffime pater
et praeful clementiffime: qui quo felici aufpicio rem coepifti guber-
nare publicam ecclefiae, eo fine concludas opto. fcilicet foeliciffimo.
Deumque immortalem quibus maxime poffum precibus oro, atque
obteftor ut debeo. ut quam diutiffimus fis in vita et incolumis
ad multorum utilitatem et commoditatem ecclefiae Augultenfis Ex
Mindelhaim intra Kalendas Octobres. anno virgine pariente fefqui
milleſimo decimo Septimo.

XXXVII.

Von ebendemſelben an den Biſchof Chriſtoph von Stadion.

*Ad Reuerendiffimum Patrem ac Dominum Chriftophorum de Sta-
dion, epifcopum Auguftenfem pro libro Joannis Piniciani Pres-
byteri Carmen.*

Surge age cum facra praeful venerande caterua
  Quae colit aeterni numina fancta Dei.

Surge cito propera vade obuiam et excipe currus
  Quos mittit dono Mindala parua tibi.
Ecce venit doctis septem comitata puellis
  Aurea fragranti Theologia coma.
Hinc atque hinc graditur doctorum turba virorum
  Qui pean facrum nocte dieque canunt.
Et ne parte aliqua poſſis errare, videbis
  Agricolam dominae ſtrata parare ſuae.
Namque humeris habilem cultor fert ille ſecurim
  Sed falcem ruris ſuſtinet arma manu.
Illa nodoſas ſtirpes excidit et aufert
  Implicitos ſpinis falx ſecat ipſa Vepres.
Haec agit ut facilem nullo diſcrimine curſum
  Reginae et Dominae praeparet ipſe ſuae.
Aſpera quae fuerat magnoque adeunda labore
  Illius ingenio ſtat patefacta uia.
Accedet tuto nihil impediente magiſtram
  Quicumque ex animo dogmata ſancta petit.
Summe pie Antiſtes deuoti dona Joannis
  Altenſtaig fidei credita ſumma tuae.

XXXVIII.

Zueignungsſchrift Johannes Altenſteigs an Chriſtoph von Stadion Biſchofen von Augsburg.

Reuerendiſſimo in Chriſto Patri et Domino domino Chriſtophoro Epiſcopo Auguſtenſi, domino ſuo colendiſſimo: et beneficentiſſimo Joannes Altenſtaig Mindelbaimenſis S. P. D. et ſe commendat

Cogitanti mihi pater antiſtes ampliſſime: nos ad labores et non ad ocium eſſe natos, quodque ocium ignobile induſtriae et ſtudio animaeque maxime aduerſum eſſet animique uires emolliret, et quod ocioſus non ſibi, ſed uentri potius et ſomno uiueret: quiquam nihil agit, omnino nihil eſſe uideretur, multaque praua malum ocium pareret: veneremque tetram potiſſimum, et libidinem nociuam excitaret, et quod tempus nobis a deo datum non fruſtra conſumendum eſſet, et quicquid temporis a re bene gerenda ſurripitur: id nunquam poſſe. Sed

quid laboris ego poſt abſoJutum opus vocabularii theologiae
tuae manſuetudine dicatum ſubire deberem memoria diu repe-
tenti in mentem tandem uenit: quod et mei muneris eſſe duxi: nullam honeſtiorem òperationem et negocium me agere
poſie quam ſi rurſus me aliquid ad ſcribendum et ocium in-
genuum conferrem: quod et mihi et aliis utile et iucundum
uideretur. Nam ſi homo hominis gratia natus eſt: is certe
debet omnibus benefacere: uel nullo prouocatus officio. Ne
itaque ocio turpi marceſcerem, et ſomno indulgerem, meque
excitarem ad laborem, quoniam non aliis eram ſeptus nego-
ciis, nec animarum cura: et onere Dei gratia grauatus: et
ut aliis et mihi prodeſſem. Meditanti mihi uiſum eſt ut tres
de felicitate libros conſcriberem: et in unum cogerem volu-
mien quae de ea litteris relictum inuenerim in philoſophis, poe-
tis, oratoribus, hiſtoricis et ſacris litteris: et ſanctis doctoribus et theologiae profeſſoribus. Quorum primus continet et
errores multorum et philoſophorum et uulgi, qui a uera felicitate deſciuerunt et declinarunt: qui uarios et diuerſos fines
ſtatuerunt de foelicitate. Quidam enim in uoluptate: quae
mortis eſt fabricatrix: quorum magnus et infinitus eſt numerus: qui ſuauitudine capti ad uitia prolabuntur facillime. Alii
caducis rebus et momentaneis tranſitoriisque collocarunt foelicitatem: ut in bonis fortunae, diuitiis. Alter in gloria mun-
dana et honore. Quidam in bona ualetudine. Alius in potentia. Quidam in indolentia et doloris uacuitate: in corporisque
incolumitate. Quidam in ocio. Quidam in ſcientia foelicitatem poſuerunt. Quidam in uirtutibus et hi caeteris praecla-
rius ſenſerunt. Quidam bonis fortunae corporis et animi con-
ſtare foelicitatem autumauerunt. Secundus uero liber com-
plecteretur chriſtianorum et deo militantium foelicitatem quam
charitate, fide et ſpe perficitur et Chriſti gratia, quam et admittit aduerſa quaeque rectum iter oſtendit in coelum, quod
non pergitur mundi blandimentis: quae hominem effeminant
mentisque uirilitatem auferunt, nec corporis uoluptatibus et
deliciis quae animi lumen extinguere ſolent: quam et mentis
perſtringunt oculos, ut rectum uidere nequeat, quibusquam
animus deuirginatur et ſenſus corporis conſtuprantur: ſed man-
datorum Dei obſeruantia: etiam ſi quisquam pateretur triſtia et

terribilia. Fieri etiam non poteſt, ut ad delicias Paradiſi, per mundi oblectamenta, et mala libidine et uoluptate (quae uirtutum eſt eneruatrix) tranſeatur: ſed uirtute: ut quam optime noſti pater modeſtiſſime. Non enim te longe doctiorem inſtituere (quod non poſſum) uolo. Tertius uero liber comprehenderet coeleſtem gloriam et foelicitatem ad quam per uerum dei cultum peruenimus, et déi auxilio, et gratia, et obſeruantia legis Chriſti. Ad eam omnes Chriſtiani et ueri dei cultores aſpirant, et adipiſci feſtinant, per bonaque opera conſequi ſperant et laborant, et dei adiutorio. Non enim hic perpetuo (ut noſti pater humaniſſime) manendum eſt: alia uita nobis quarenda eſt, et melior, et praeſtantior, et jucundior. Ubi omne bonum erit: et nullum malum. Ubi omne quod placebat aderit, et omne quod diſplicebit deerit. Ubi diuitiae uerae et precioſiſſimae. Ubi noluntatis perfectà fruitio. Ubi diuinitatis ab intellectu clara uiſio. Ubi immenſo huic noſtro deſiderio oppido ſatisfactum erit. Qua quidem re nulla iucundior, nulla delectabilior, nulla optatior erit, ut multis oſtentetur in tertio libro. Prouinciam itàque et laborem agreſſus diuina gratia, et ope, et auxilio per magnas vigilias rem exegi et perfeci. Quos autem labores et hoſce de foelicitate libros: cui magis et potiſſimum dedicarem repperi neminem: quam tuam eximiam paternitatem, tum quod de me bene meritus eſſes: et quod tua modeſtiſſima paternitas et prudentia quam optime ab aduerſariis et inimicis, oſoribus et emulis tueri et defendere poſſes. Quos non poſſum non augurari me multos habiturum. *Tum quod uirtutis eſſes amator: et bonorum et boneſtiorum ſtudiorum conſultiſſimus, uiciorumque execrator acer et impatiens. Ob quam rem in tribus tuae dioceſis partibus uiſtationem inſtitueras. ut mali ad rectitudinem: boni uero ad perſeuerantiam flecterentur et cohortarentur.* Dolui autem non modicum et perturbatus fui: *quod tua praeſtantia mihi iniunxeras officium uiſitationis in diſtrictu Bauariae exequendum, quod et aſſumere diu repugnaui.* non quod inuitus eſſem ad parendum aut obediendum (ad hoc enim paratior ſum parato: uel paratiſſimus et promptiſſimus: inobedientiae enim uicium ſemper fugi abhorrui, et execratus ſum) ſed quod non eum profitebar et eſſe noueram, quem negocium requireret. ſ. doctum, moratum,

idoneum, fortem, magnanimum, prudentem, grauem, matu-
rum, eloquentem, difertum, acrem in reprehendendo, et pium
et benignum in perfuadendo. quem me nunquam effe putaui.
Iccirco perdifficile erat hoc onus obire. Ex obedientia autem
lubenter fufcepi. Fecique quicquid potui et arbitrabar tuae
paternitati placere. Obedientia etiam pondus leue et fuaue
reddidit. Haec fuppleuit quae in me defiderabantur, Pro uiri-
bus quoque feci quae a R. T. P. mihi praecepta erant. Lega-
tionemque mihi impofitam executus fum ut mihi perfuafum
habeo: non fine utilitate, laude et honore dei et ecclefiae:
et fidelium Chrifti commoditate et fructu. Malos namque a
uia peruerfa quae ducit ad tartara dehortatus fum: molles, lu-
xuriantes, et deuirginatores, lafciuos, bibulos, infolentes,
et malos Dei miniftros et ecclefiae arguimus, reprehendimus,
quibus potuimus uerbis. Bonis uero et deum timentibus per-
fuafi ut in bonis operibus perfeuerent: et mercedem fuorum
laborum et operum a deo optimo maximo recipiant. uirtutis-
que uiam pergant: ut populum bene inftituant, et ne animas
negligant pro quibus perdifficilem uel maximam rationem reddere deo deberent: fi eas quisquam negligeret. Sed quo modo
alia fum executus in hoc officio: in litteris ad tuam benignitatem plenius monftraui. *Gratias vero habeo quam maximus,*
quod egregio munere, et pulcherrimo dono me bonorafti: poft meos
babitos labores. Quod quidem et fi fuapte natura fit fplendidum
et magnum: tamen tua beneficentia in me magis delectabar:
et quod a me uoluntate benigna complexus effes qua plurimum
letabar. Sed ne ego ingratus effem et tanti in me meriti
immemor: hoc opus in tres libros partitum de foelicitate dedicare conftitui. Quod munus paruum a me benigno animo
pater modeftiffime fufcipias. Nec alia re beneficis et de me
meritis fatis ego facere poffum et gratificari, quam ingenii mei
fi quae funt muneribus. Et quid aliud tibi referam praeter me
ipfum, habeo nihil. Tuum itaque fuerit mihi praecipere et
mandare: meum uero erit juffa et mandata diligentiffime exe-
qui: Quoniam uero non ignaro: uel metuo multos fore qui
meo labori detrahere conabuntur. Quicunque enim aliquid
boni moliri, operari decreuerit, uel fecerit inuidiam fibi:
et odium conflet neceffe eft. Inuidorum autem natura eft:

ut bona mala, et mala bona dicant: quorum iudicio ómnino
peruerfum eſt. quos tamen paruifacio et contemnam: morfusque eorum nihil curo neque pertimeſco: fi tuam dignationem
defenforem habuero. Nec ignoro uires meas, quod et facile
labi et errare poſſum. Nec fuit unquam fcriptor aliquis qui
non aliquando labi potuerit: et in aliquo errare. Si et id mihi
concedatur, non inconueniens duco: et tunc equo animo
ero: non tamen pertinaciter errare uolo: fed femper melius
et rectius fentientibus fubjicio. Iccirco fi quid boni in hifce
jibris inuenitur: deo tribuendum eſt: qui omnis boni eſt auctor:
quod et tua humanitas probabit. Siquid uero erroris et quod
a ueritate declinaret inuenitur: non meae tribuendum eſt uoluntati: fed jmprudentiae meae: qui femper ſtudeo fequi doctiores et meliores: ne in profundum erroris et tenebras ignorantiae cadam. quae itaque in facris litteris legerim: et apud
alios eruditos et doctos de foelicitate in hunc librum confcripfi. Velim et ab animo tuae reuerendiſſimae paternitatis
obedientiſſimo proficifci intelligas. Vale humanarum et chri
ſtianarum ouium paſtor optime: meque commendatum habere
uelis: eaque gratia et beniuolentia qua coepiſti profequi pergas, quod omnium erit mihi iucundiſſimum et gratiſſimum, et
ego nulli gratitudine et obferuantia ero inferior. Iterum uale
quam diutiſſime pater reuerendiſſime: in quo magnam fpem
colloco. Ex Mindelheim Anno gratiae Milleſimo quingentefimo decimo octauo.

XXXIX.

Zueignungsſchrift Leonhard Widemanns, Abts zu Ottobeuren an Chriſtoph von Stadion Biſchofen von Augsburg.

Digniſſimo Auguſtenſis Ecclefiae Antiſtiti Chriſtophoro Leonardus Abbas Ottipurrbenſis monaſterii immeritus fubiectionem, et fi quid poteſt peccatoris oratio.

Donauit prae caeteris coabbatibus me Tuae excellentia bonitatis impretiabili munere, exemplari Tuae omni facundia refertae, et in fynodo ad Clerum habitae orationis. Porro quid

gaudii attulerit, quid caritatis accenderit, quid affectus in Te
prouocauerit, quo denique fingulari fubiectionis genere me
paternitati Tuae fubegerit, haud dicere queo. Sed heu non
paruum incufferat dolorem repentina Tuorum interceptio uer-
borum, qua me iam memorata oratione ditatum difpenfatione
priuaueras, prohibebas enim, Pater praeftantiffime; conceffam
orationem communicare, in publicomque prodire. Verum
quid profunt divitiae non utentibus? Quid cibus ore quidem
fumtus, nec digerendus ftomacho deglutitus, caeteris deinde
membris diffundendus? Caeterum quid ni eructet cor meum
uerbum, fed uerbum utique Tuae orationis bonum, quod
nedum melliflua uoce tuae paternitatis praeguftavi, uerum
etiam exfcriptum poftea relegendo ruminaui? Quid itaque
orationem tuam, Antiftes digniffime, pofteritati legendam
litteris excudi nolebas, quam palam cunctis audientibus decla-
mabas: nifi forte hic fummum humilitatis magiftrum (cuius
meminifti exordio fermonis) imitatus? Vel mihi, ut indigno
Tuis praeconiis (non fecus ac ille daemonio proclamanti) praecepifti, quo obmutefcerem; vel uanam gloriam fugiens (ut
idem ipfe mutum et furdum offerentibus) praecepifti, ne cui
dicerem. At fi indignus, quod quidem fateor, Tuae exellen-
tiae praeconia efferre inveniar: num qui det, gratus cum offerentibus furdum et mutum licet, quanto prohibitus, tanto
plus non praedicabo? Faciens remotiora etiam ea, quae coram indicibili fuauitate Tuo ore percepi, hac faltem litteraria
prolocutione guftare, qua et legentium animos ineffabili caritatis ardore (quo ardeo) in Te fuccenderem, pluriumque in
Tuo amore flagrantium inftantibus fatis facerem precibus?
Parce jam, parce praeful digniffime. Quod enim obedientia
Tui mandati obticere fuadet, hoc ignitate caritatis fumus
prodit. Caritas quippe (fcriptura tefte) ignis eft, qui omnino
celari non poteft; aut certe fumo proditur, aut calore fenti-
tur, aut fplendore percipitur, aut profecto ignis effe minime
comprobabitur. Sic fic nimirum caritas in amatum diffunditur,
ut, quae opere et beneficio nequit faltem uerbo, aut fcripto
profequatur. De quo uero amans, quam de amato, potius
differat, jam non eft dare. Excufet ergo amoris feruor,
quidquid Tuae praeftantiae verbis minus obfecutum fuerit.

Tuae paternitatis praeſtantia; praeſul digniſſime, bene valeat, atque optata ſingula ſuccedant tempore percuncta! Fiat,

XL.

Zueignungsſchrift an Chriſtoph von Stadion Biſchofen von Augsburg, von Ottmar Nachtgall.

Reuerendiſſimo in Chriſto patri et Domino D. Chriſtoſero, Vindelicorum Auguſtae, atque adeo uerae pietatis, ſummaeque eruditionis antiſtiti, Ottomarus Luſcinius Argentinus S. D.

Jacobi Apoſtoli, Hieroſolymitanae urbis primi Epiſcopi epiſtola, quam ad tribus diſperſas ſcripſit. proditum eſt, ornatiſſime praeſul, eam demum coeleſtem eſſe ſapientiam, et, ut'ille ait, e ſupremis profectam, quae caſta primum ſit, deinde pacifica, modeſta, tractabilis, plena miſericordia, et fructibus bonis, absque dijudicatione, ac ſine ſimulatione. Quam ſententiam dum altius mecum repeto, nihil eſt quod ita cupiam ex animo, quam ut uel guſtus aliquis rei tam multis nominibus laudare in hac uita contingat. Nam qui uulgo apud nos habentur ſapientes, nihil mihi de ſe, quod ad praedictas dotes attinet praeſtare uidentur. Quod uidere eſt plerosque, uel ultra primas dumtaxat litteras paulum progreſſos, inſolentius intumeſcere, omnia audere, nihil ſibi non arrogare, Denique per omnia illecebrarum genera diffluere. Vnde fit ut paſſim male jam audiat haec noſtra ſapientia, quo uitam nullius reddit meliorem. Quamquam ferendi ſunt fortaſſe qui ex humana philoſophia morbis ab homine haudquaquam alienis ſunt infecti. Communis haec eſt omnibus contagio, qua neque caruerunt fontes, tantum abeſt ut per tot ſecula deducti riuuli non ſint aliqua ex parte luculenti. Quum in moribus perinde atque in rebus omnibus aetas uiciet, cogatque ferme ab optimis in peiora labi, ac plane degenerare, de ciuili ſapientia, quae ars quaedam eſt boni et aequi aliter ſentio, niſi quod et illa plerumque humanis cogitur ſeruire affectibus, et eo reſpicere quo uocat uenter, ambitio, luxus, aut alia vitae intemperantia, ſupereſt igitur ut ad legem Dei etiam mentis intendamus, quae protinus reddat meliores ac bene moratos. Id quod in primo Pſalmo coeleſtis ille ſpiritus pollicetur, beatum praedicans qui in dominica lege die ac nocte meditetur, atque in ea omnem uoluntatem conſtituat.

Fore enim ut ceu arbor fluentis irrigua, ad bonam frugem per-
ueniat, foliis uirentibus perpetuo ueftiatur, et omnia quaecunque
fecerit, feliciter caedant. Verum ne hic quidem uoti compotes eri-
mus. Quis enim non uideat hanc legem, temporum dicam uicio
an hominum nefcio, ita redolere humanam philofophiam, ut qui
illius non fcateat argutiis in theologorum cathalogum non modo non
recipi, fed bardorum ac morionum propemodum numero haberi?
Itaque nulli mirum uideri debet, eos qui tanto ftudio humanae fapientiae tenentur, fi labem contrahant foedae afperginis. Terrenam
enim idem Jacobus nofter uocat, animalem et demoniacam huius-
modi fapientiam. Sed ad haec noftra tempora uenio, in quibus
iam tandem ut Phryges, et quidem fero fapimus, pari ferme fato
oum illis furfum ac deorfum jactati. Atque utinam non fequatur
poft hunc tumultum fimilis quaedam clades, quando ejsdem uitiis
cum Trojanis jam laboramus.

> Seditione, dolis, fcelere atque libidine et ira,
> Iliacos intra muros peccatur et extra.

Ad hunc modum de prophanis gentibus fcripfit Flaccus. Quid ob-
fecro fcripturum putemus, fi huc redeat, de nobis Chriftianis? aut
fi quis alius eft titulus qui nobis magis arridet. Jam enim folenne
quodam modo eft fpeciofis titulis fefe uenditare, non fecus atque
naues illae quarum meminit Plutarchus qui, magnificam habent In-
fcriptionem: Quippe εὔπλοια καὶ πρόνοια σώζουσα και Ἱερωσία, id
eft, bona nauigatio, Prouidentia, Quae fe faluet, et Quae tibi in-
feruiat, quum nihilo fecius interim quaffentur fluctibus, collidantur
et pereant. Chriftus feruator, patris coeleftis agens negotium, in-
numeras fponte fubiit calamitates, tum denique mortem, ut inde
nobis uiam ad immortalitatem aperiret. Nos contra in rem noftram
diligentius propenfi, moleftias non modo a nobis excutimus, fed
etiam in alios quandoque nec quicquam commeritos per injuriam
rejicimus. Proinde fub Chriftianorum nomine ita factis pugnamus
cum Chrifto, ut nulli hoftes unquam potuerint acrius. unde fatis
perfpicuum eft et hanc quoque nouiffimam omnium fapientiam domi
noftrae natam, coelitus non immitti: Faceffant igitur mihi tot ftudia,
tot profeffiones, ac tituli, quum uniuerfa nihil funt, ad unicum
illam fcriptum coeleftem, quo doctore. Vt eft apud Efaiam capite
quinquagefimo quarto, Θεοδίδακτοι. Id eft Deo erudiente inftructi
euadimus. Atque ifthuc fi affequimur, facile ad praedictas dotes,

quas recenfuit Jacobus, recta contenderimus. Ceterum quod huic
eft proximum, quo melius quis intelligat fe profecifle, recte facturum judico, qui, ut perlti artifices nunquam recedunt ab amuffi aut
perpendiculo, ita ille nunquam aberret ab unico univerfae uirtutis
fcopo, nempe Euangelio, quod unus nobis omnia factus fit, cujus
illic res geftae, ac monita faluberrima referuntur. Atqui opero-
fum eft ac faftidii plenum, fingulos quatuor Euangeliftas. Homini
potiffimum cui non uacat prae negotiis ad plenum excutere. Qua
in re uifus fum mihi operae pretium facturus, fi ex quatuor, fim-
plicem unam atque eam perpetuam narrationem contexerem, tum
quod labor ifte tedio lectoris fuccurreret, tum quod memoriam mirum in modum inuaret, quae nulla re magis capitur quam ordine.
Videas enim in euangelica lectione nonnulla effe hiulca, quaedam
prepoftera et intempeftiua item non pauca. Sed hic inclamitabit
quispiam noftram opellam. Ohe tu qui manus admoliris rei facrae, atque inuertis omnia. Num tuam malis quam Euangeliftarum
legi aeditionem. Primum refpondeo non meum hoc effe exemplum.
Juuencus heroicis uerfibus iam dudum cecinit aliis uerbis Euangelium,
quam noftra habeat uulgata editio, etiam fi nusquam diffideat fen-
tentia. Et docet facer Auguftinus qua ratione una narratio omnium
quatuor complecti poffit dicta. Eufebius in ea re pulchram naua-
uit operam. Nec minorem Ammonius alexandrinus, in cujus fragmenta jam pridem incidimus, modo fallax non fit titulus. Quem
quidem e graeco uertimus per otium, et capitum ad eum modum
quo partiuntur Graeci numerum, in noftram latinorum feriem rede-
gi, quae res magno mihi conftitit. Verum utcunque res cefferint,
vel eo mihi nomine blandior, quod in iuuandis Euangelicis litteris
non prorfus fuerim afymbolus, aliosque tedio, etiam meo incom-
modo leuarim. Porro cum operi patronum diutius quaererem, alium
qui et religioni praefideret et litteris praeter celfitudinem tuam Princeps pientiffime offendi neminem. Quippe qui ea humanitate effe
predicaris ab omnibus, eaque animi dexteritate, ut ambiguum reli-
queris: majusne ornamentum tu attuleris pontificie functioni, an
inde accoeperis. Nam de litteris, quid attinet multa dicere? quae
apud Italos quoque penes quos hujus rei fumma eft, gloriam tibi
non mediocrem peperere. Mitto alia quae eximias uirtutes tuas ue-
reque heroicas aeterno praeconio celebrandas pertinent, in quibus
commemorandis alius bonam epiftolae partem confumpfiffet. Verum

tuae

tuae dignationis modeftia etiam ueras de fe laudes non admittit, et ego obire pro dignitate haec munera ob ingenii tenuitatem non audeo. Itaque Euangelium in quo certa ac conftans beatitudo nobis repromittitur, tuae reuerendiffimae paternitati dedico ac mitto muneri, dignum exiftimans quod ab Epifcopo nunquam diuellatur, quodque ille perpetuo ftudeat tueri, vel Apoftolorum exemplo, quorum fuftinet uicem, qui nedum fortunis, fed etiam uitae euangelii gloriam praepofuerunt. Sed quid ego donum attollo pluribus? cum R. P. T. magis fortaffe capiatur donantis animo, qui eidem ita eft deditus ut magis effe non poffit: Valeat R. P. T. et me illorum afcribat numero qui fe colunt, ac faciunt plurimi. Ex Augufta Vindelicorum poftridie Idus Octobris Anno M. D. XXIII.

XLI.

Zueignungsſchrift an Chriſtoph von Stadion Biſchofen von Augsburg von D. Johann Ec, ohne Jahr und Datum.

Facile agnofco prudentiam tuam, digniffime Praeful: et tanto magis timeo ecclefiae fanctae dei: quanto pluris facio judicium tuom circumfpectiffimum. At immutabilia funt iudicia Dei, adde et ineuitabilia: praenunciarunt prophetae, praedixit Chriftus, praemonuit Petrus, uaticinatus eft Paulus, Judas Taddeus nos cautos effe uoluit: quanta tribulatio et difceffio a fide futura effet in noviffimis diebus: quot falfi et mendaces prophetae furrecturi: Tam ftulti autem fumus, tam ftupidi, imo ftipites et trunci: qui iam in aulis Principum, Senatu ciuitatum imperialium, iactitamus, folem Euangelii iam ortum: iam fulgorem uerbi Dei illuxiffe primum mortalibus: proch Deum atque hominum fidem: quid *Luther ter apoftata, periurus, inconftans, fidefragus, blasphemus,* dixerit fufpicimus: interea Chrifti, prophetarum, Petri, Pauli et Judae obliuifcimur. Quodfi ulla mica fidei et fapientiae nobis Germanis fupereffet, non pateremur hanc catholicae ecclefiae peftem: atque unus profecto nobis monitor fufficere deberet gloriofiffimus Angliae Rex Henricus VIII. fidei catholicae defenfor: qui nobis pro fua in Deum et ecclefiam pietate: pro fua item eruditione Lutherum fuis pinxit coloribus cujus epiftolam hic tibi transmittimus. Procul dubio Amplitudo tua pro Zelo fuo in Chriftianam religionem et accipiet hu-

maniter et leget auidiffime: Et quo magis iucunda effet epiftola, Epi-
thalamion Lutheranorum adiecimus. Vale Antiftitum decus et pa-
trone delectiffime. Ingolftadii.

XLII.

Zueignungsschrift an Christoph von Stadion Bischofen von Augsburg, von Wilhelm Datler.

*Reuerendiffimo in Chriffo Patri Domino D. Chriffophoro, Augu-
ftanae dioecefeos praefuli ampliffimo Guilielmus Datlerus. S. P. D.*

Vere ac fapienter exiftimauerunt majores noftri, ampliffime Praeful, Deorum immortalium exempla et fimulachra in terris reges agere, ueraciffima quidem, qui animi uirtute Deum fint quam maxime
fimiles. Hinc funt epitheta illa, quibus auguftiores reddit reges fuos
omnium poetarum ὁ χορυφαῖος Homerus ἴσόθεος φώς i. Deo fimilis
uir, αὐτί θεος ὀδυσσεὐ i. ex adverfo cum diis aequam parandus Ulyf-
fes, et aliquoties θεῖοιο ἐπιείχελ' ἀχιλλεῦ i. diis omnino aequalis
Achilles, et id genus innumera. Quin etiam uulgo femper perfuafum fuit, uirtute diuinitatem comparari. Quanto magis illud de
pontificibus dicere fas eft, per quos, ueluti fuos prophetas ac uates,
authoritate, jure ac legibus cunctis mortalibus uirtutem fuperi com-
mendatam publice uolunt. Quo ordine fi quifquam e Germaniae
pontificibus, recte cenferi poteft, *inter primos, tu fane extra omnem controuerfiam iure cenfendus es, digniffime Praeful. Tu, inquam, tanto internallo aliis ponticifibus praeftas, quanto majores
etiam funt animi dotes.* Quis enim non fummas putet eas animi
uirtutes, quibus tot modis humano generi commodatur? *Tu enim
pro fingulari fapientia tua, imo diuina, nusquam non prima ftudiis pacis, hoc eft, pietati, litteris prouehendis, corrigendis populi
moribus, feruandis ueterum pontificum bonis inftitutis, dare foles.*
Quid hic commemorem catalogum prudentiffimorum uirorum, quos
multis partibus, pluris faciendos femper duxifti, quam bellicae gloriae ambitiofos? Ampliffimum uirum Hieronymum Lochnerum ab
epiftolis, et in hoc generofiorem Joannem tuum, quod contigit tibi
effe germanus frater, foelicis Dillingiaci tuae fatrapam, Generofiffi-
mum Guilielmum a Baldeco equitum praefectum, quibus omnibus
ueluti ebnrneo baculo innixus populum tuum foeliciffimum foeli-

cius doces, erudis, informas. Adeo fatius eft habere decem Ne-
ftoras quam fexcentos furiofos Aiaces, aut immites Achilles. Hae
uero laudes, quamquam propriae tuae funt, nempe uirtuti tuae de-
bitae, tamen haud temere uideri poffunt fato, et fingulari quadam
benignitate deorum per te in hanc ditionem transfufae, ut quanto
jam olim horridior fuiffet, adeoque a litteris alienior, tanto civi-
lior et eruditior modo fpectaretur. Jure igitur omnia, quaecunque
in hac ditione funt, fefe tibi debent. Quod cum uideret paedago-
gus meus Chafparus Rhudolphus, placuit ad te dare, quod tibi ue-
hementer adlubefceret, lLuciani uidelicet orationem, qua calumniam
exterminat. Quod uitium peftilentiffimum non potes non acerbe
odiffe. Vt enim juftitia prima et fumma reipublicae adminiftran-
dae ratio eft, ita nihil a conferuanda ciuitate longius effe femotum
injuftitia debet, ita uero cum iniuftitia calumnia conuenit, ut non
aliunde grauiora fcelera, deinde faeuiores clades, quam ex illa, na-
fcantur. Viue ac uale Chriftianiffime praeful, et hoc qualecunque eft
ftudium praeceptoris mei amantiffimi pro fingulari tua bonitate proba.
Ita non fiet, ut poft hac, gratia tua fretus, majora fit conaturus.
Vale iterum Dillingiaci, decimo kalendas Martias, Anno uicefimo
nono.

XLIII.

Zueignungsfchrift Johann Alexanders Braffikand an den Bifchof von Augsburg Chriftoph v. Stadion.

Ad Reuerendiffimum Patrem ac Principem, Dominum Chriftopho-
rum a Stadion, Epifcopum Auguftenfem, optime meritum Do-
minum ac Patronum fuum incomparabilem, Joannis Alexan-
dri Brafficani Jureconfulti in Saluiani Maffilienf. Epifc. de uero
Judicio et prouidentia Dei Libros VIII. praefatio.

Quod Marcus ille Antoninus Imperator, cognomento pius et Phi-
lofophus de fe ipfo fcripfit: Αλλοι ἱππων αλλοι δε ὀρνεων, αλλοι
θηριων, ερωσι ενοι δε βιβλιων χτησεως εκ παιδαριων δεινος εντε τηχε
ποθος: Hoc ego de me quamlibet infimo homine citra omnem inuidiam dicere poffum, quippe qui a puero nihil uel honeftius aefti-
marem, uel antiquius duxerim, quam optimos quofque libros, et
praecipue ueteres fcriptores nondum in lucem editos qua diligentia

possem conquirere, ac a situ tenebrisque uindicare. Nam cum hoc munere summi quondam et potentissimi quique reges et mirifice delectati et egregie perfuncti fuerint, ut de Polycrate Samio, Pisistrato Atheniensi, Nicocrate Cyprio, Pergami compluribus regibus, ac Ptolomaeo Philadelpho, Strabo et Athenaeus scripsere: cuinam officio me rectius addicere (neglecta etiam interea re familiari) quam in eam curam incumbere, quam jam olim principes nostri (atque uti_ nam non alia etiam aeque bonis regibus ornamento futura) desertam reliquerunt: atque ita superiore aetate complures magni ac eruditi uiri, e quorum numero primas habent Rodolphus Agricola Phrysius, Janus Pannonius Episcopus quinque ecclesiarum, Joannes Trithemius Abbas, Conradus Celtis Poeta, Joannes Cospinianus Caesaris a Consiliis, tametsi reges non essent, id quod neminem istorum optasse scio, quod tamen ab illo secundum utque proximum est, prorsus regio officio Rempublicam litterariam in antiquis scriptorum monumentis inuestigandis ac asseruandis plurimum adiuuarunt. Sic Joannes Capnion Phorcensis noster (ut hoc obiter adjiciam) cum aliquando Eberardi Barbati Principis Wirtenbergensis nomine, ejus qui postea ab inculpata uitae integritate, morumque pulcherrimis ornamentis, Probi cognomentum obtinuit, ad inuictissimum Caesarem Fridericum tertium cum aliis quibusdam amplissimis uiris Legatus uenisset, et ut fieri consueuit, aliis mire splendida lautia, ut uocant, nimirum aut equi pulcherrime instrati, aut aureae phialae, et reliqua id genus dono darentur, hic Capnion antiquissima quaedam et bene descripta hebraica Biblia, quam uel immensum auri pondus a Caesare accipere maluit Quamquam autem ejusmodi antiquissimorum scriptorum gemmae raro aut numquam uenales habeantur, quibus ego aut quisquis ille tandem est, qui uere regium hoc munus accipiens, Bibliothecam suam ornare, simul et uniuersum orbem sibi deuincire cupiat: accessit tamen aliunde, et nihil mihi tale speranti praesidium incomparabile, quod hoc quisquid est incommodi, cum ipso quod ajunt horreo, farciret. Qui me, si quando sese dabat opportuna occasio (oblata est autem tam in legationibus, quam in aliis honorificis profectionibus non semel, in consequendis iis unionibus ualde quam benigniter adiuuarunt. Sic gratia, sic fauore consecuti sumus, quod nulla pecunia, quae alias nihil non expugnat, perfici poterat Qui enim alias impendiorum ratio mihi constitisset, si tantum nummorum mihi fuisset expendendum, quantum ueteres etiam

illi reges ac philofophi in hoc mercatus genere perfoluiſſe dicuntur,
quando Tarquinius Priſcus Sibyllinos libros non minore indicatura,
quam trecentis Philippeis, Plato Philolai Pythagorici libros decem
millibus denariorum, Ariſtoteles Speuſippi Platonici philoſophi utcunque paucos, talentis tamen atticis tribus emerit. Atque illos ego
philoſophiae nomini pulchre fatisfeciſſe arbitror, cum in aſſerendis
iis immortalitate dignis monumentis, immenſam etiam pecuniae uim
liberaliter et plena manu, quod aiunt, expenderent. Nunc cum
nulli ſint ex omni doctorum claſſe Theologis ditiores, ii profecto
debebant hanc ſolidam laudem arripere, et congeſtis opibus non
uultures irritare, non inuidiam in caput ſuum arceſſere, ſed paſſim
honorificas Bibliothecas inſtruere, in quibus et honeſte uiuendi in-
ſtrumenta boni quique ſcriptores aſſeruarentur: et quibus cum pau-
pertate ſubinde colluctandum eſt, quorum grex eſt innumerabilis
bonorum librorum praeſidio, poſſent ad honeſtiſſimos quosque gra-
dus eluctari. Et quoniam Bibliothecas nullas inſtituimus, ut prae-
ſtiterit illas eſſe ſolo aequatas: uidemus, quam jaceant, quam ex-
tincta ſint bona ſtudia uere omnia. Videmus quam ingenia etiam
felicia a litteris abhorreant: et quod inuitus, uere tamen dico, quam
in Germaniae quibusdam ampliſſimis etiam urbibus hoc ſit, eſſe ger-
manum, litteras ſcilicet odiſſe. Hoc ſit eſſe prudentiſſimum ſenato-
rem, ſtudia ſemel omnia damnare: hoc ſit eſſe compoſitae uitae ci-
uem, futores atque textores πνευματοδιδακτους fuſcipere, literatos
autem contemnere. Haec denique ſit optime conſtituta res publica,
in qua minimum ſit litterarum atque litteratorum. Quanto rectius
illi ueteres, qui et ſtudia redderent ornatiora, ut libros facerent
commendabiliores, ut doctorum hominum cultum et uenerationem
augerent, ut oſtenderent tandem litteras nihil aliud eſſe, quam rem
ſacram, Bibliothecis paſſim non alibi quam in deorum immortalium
templis locum dabant. Nam Aſinius Pollio primus Romae Bibliothecam in Herculis fano dedicauit. Hanc laudem patrum noſtrorum
memoria, ſi non ſuperauit, aequauit tamen inclytus ille ac numquam
ſatis laudatus Pannoniae rex Mathias, qui Bibliothecam ſuam, quam
ex omni ſcriptorum genere confertiſſimam inſtruxerat, in amoeniſſi-
mo etiam templo conſecrauit. Haec mihi Bibliotheca manum hic
injicit, oratque ſupplex, ut tibi quae iam nihil niſi uanum nomen
obtinuit, priſtinam illam dignitatem atque celebritatem ſuam, qua
nulli concedebat, exponam. Quamobrem *optime Princeps*, id quod

magnopere ad te pertinet, libenter haec ad te fcripta leges: atque hanc meam expromtam in te colendo ac obferuando uoluntatem, aequi bonique facies. Superioribus annis cum Wilielmus ex Eberftein, caefareus Legatus me fibi comitem adiunxiffet, ut una fecum ad innocentiffimum illum Pannoniae ac Böemiae regem Ludouicum proxima impreffione turcica miferrime fublatum accederem, hoc ego patrocinii ac benignitate magnorum hominum illo de meliore nota commendatus, libenter et ex animo feci, ac nulla certe majore quam cognofcendae adhuc minime uaftatae Pannoniae, ac ornandae reipublicae literariae caufa feci. Recta Vienna Budam, quae regni caput, atque adeo Pannoniae Regum definita ac fumma Sedes eft, defcendimus, regnum hoe adbuc fartum tectum uidimus: Legatus ibi negotiorum fuorum rationem fumma cura habuit, mihi uero, ne fuccifiuis horis plane nihil agerem, infpiciendae ifthic Bibliothecae beneficio fereniffimae reginae Mariae poteftas facta eft. Quid multis? Infpexi libros omnes. Sed quid libros dico, quot libros tot etiam thefauros ifthic infpexi, Dii immortales! quamqne jucuhdum hoc fpectaculum fuiffe quis credat? Tunc certe non in Bibliotheca, fed in Jouis gremio, quod aiunt, mihi effe uidebar. Tantum erat hic antiquorum graecorum fimul et hebraicorum uoluminum, quae Matthias ille rex, capta iam Conftantinopoli, euerfisque multis aliis ampliffimis graeciae urbibus, ex media graecia inaeftimandis fumptibus coëmerat, ac tamquam mancipia ex barbarorum carnftis atque compedibus receperat. Tantum erat hic latinorum librgg ruin, et ueterum et recentiorum, procul tamen ablegatis omnibus. fophifticis, ut nusquam alibi, quod ego quidem fciam. Siquidem Matthias rex (quem recte librorum helluonem appellaueris) quatuor infignes librarios Florentiae magnis impendiis alebat, quorum is unus et unicus labor erat, ut omnes melioris notae autores et graecos et latinos, quos commodum ex graecia habere non poterat, exfcriberent Nam ipfa Typographia, ut exigua funt omnium rerum principia, nondum tam late patebat: nec tam alte radices egerat, ut ardentiffimis illis et uere regiis uotis regis omnium excellentiffimi fatisfacere poffet. Vidimus ifthic (id quod ex fyllabo noftro recenfere poffumus) et oculata fide uidimus integrum Hyperidem cum locupletiffimis fcholiis, librum multis. etiam cenfibus redimendum. Vidimus grandem librum apoftolicorum, canonum, opus incomparabile. Vidimus Theodoretum Cyrenfem in Pfalterium integrum.

Vidimus Chryſoſtomi, Athanaſii, Cyrilli, Nazianzeni, Baſilii magni, Gregorii Nyſſeni, Theophanis, Dorothei infinita opera. Vidimus Marcum Monachum, cognomento Anachoritam. Obmitto Poetas, Oratores, Philoſophos atque Hiſtoricos, quorum hic immenſam uim inſpicere licuiſſet. Vidimus autores graecos innumerabiles, infinitaque in Poetas fere omnes commentaria, nemini doctorum aut paucis omnino antea uiſa. Sed quod Cicero de conjuratis dixit, uixerunt, quos jam ſublatos eſſe ſignificare uoluit: ita recte diximus nos uidiſſe, quippe quae uerear ne poſſimus ullo umquam tempore uidere aut conſequi. O Turcorum immanitatem, o barbarorum efferatam inſaniam, o bonorum ſtudiorum πανολεθριαν, adeo cum uniuerſa Pannonia (quae cum adhuc eſſet inoffenſa, poterat omnibus omnium bonarum rerum dotibus nullum non quantumuis celebre regnum in contentionem prouocare) miſeris etiam modis haec uere aurea Bibliotheca periit, interiit, ita ut quoties illius mihi in mentem uenit (uenit autem ſaepiſſime) toties etiam Vergilianum hoc occurrat: Quis talia fando temperet a lacrymis.

Mallem ego, ſi me Dii ament, hic omnium obliuiſci quam meminiſſe. Interea tamen animum meum utcumque conſolari ſoleo, quod ex munificentia, atque liberalitate optimi Regis Ludouici quosdam graecos autores conſecutus ſum, nec protritos, nec etiam aſpernandos. Id quod ubi in lucem fuerint editi, quemadmodum Diis bene uolentibus edentur breui, res ipſa indicabit. Abſit omnis circulatoria iactatio, abſint magnifica promiſſa: nos in utriusque litteraturae diſciplinis tam noſtros, quam externos ſcriptores tales inuulgabimus, tales orbi dabimus, tales ſtudioſorum gremiis imponemus, ut omnes quidem admirari, nemo uero pro dignitate ſatis laudare, ornareque poſſit. In praeſentiarum autem ut ex latinis guſtum aliquem eruditis praebeam, Saluianum Epiſcopum Maſſilienſem eruditiſſimum *ſub tuo*, hoc eſt *doctiſſimi Epiſcopi ac principis benigniſſimi nomine, prodire uolui*, Saluianum inquam et reſtitutum, et e denſiſſimis tenebris erutum, in quo unico licebit intelligere, quantum in aliis ejusdem integritatis ac eruditionis proceribus amiſerimus. Quamquam autem ex catalogis uirorum illuſtrium ſcriptis ab Hieronymo, Gennadio, Iſidoro ac Ildefonſo (qui ſcripti etiamnum, necdum peruulgati apud nos habentur) ad haec ex innumera illa ueterum ſcriptorum nomenclatura, qua Plutarchus, Athenaeus, Pauſanias, Suidas, Laertius, Pollux, Stephanus, atque alii ſubinde utuntur, ſatis

appareat quantum optimorum utriusque linguae autorum interierit et
A. Gellius fcribat Alexandriae millia Voluminum feptingenta per milites combufta effe. Joannes item Zonaras cognomento Monachus,
graecus ille quidem at fincerae fidei hiftoricus referat Byzantii fub
Zenone centum et uiginti librorum millia grauiffimo incendio, pe-
riiffe: ego tamen iurejurando affirmare aufim nos hac etiam infeli-
ciffima aetate longe plus difpendii accepiffe, quamque uel cogitatione
confequi, aut oratione poffit aliquis exprimere, quippe qui Budenfem
Bibliothecam, quando in rem praefentem uentum eft, non femel
excufferim, et exactiffima diligentia infpexerim, et jam infeliciffi-
me, nec fine magno omnium chriftianorum malo perditam atque de-
leram effe compertiffimum habeam. Augent dolorem oculi, quod
uere dixit Cicero, qui ea quae ceteri audiunt, aliquando uiderunt:
nec auertere ab illa incredibili pernicie, fiue, ut uerius dicam, in-
ternitione cogitationem finunt. Sed dolori fatis datum fit, quando
quidem reparari nullo pacto poteft id, quod ita mifere periit, et
quod ab ipfis etiam hoftibus miferationem extorquere debuiffet.
Ad Saluianum noftrum, imo tuum potius, redeo, in cujus laudibus,
quae funt ampliffimae, ordine praedicandis ταυτον παχομεν (liceat
enim nobis iisdem uerbis uti, quibus Chryfoftomus ufus eft in eruditiffimo illo encomio Ignatii) Οιον αν ειτις εις λειμονα εισελτιον
και πολλιωμεν τιουροδωνιαν ιδων πολυ δε τον ιον, και το ηριον τε-
σου τον, και ετερα δε ηρπα αντη ποιχιλα τε και διαφορα αυ πορησεις
τι πρωτον ιδη τι δευτερον, εχασου των οροмενων προς εαυτο χαλουν-
τος τας οψεις &c. Quid enim primum in eo admires, quid poftea
comprobem, quid poftremo laudibus inaeftimandis vehendum arbi-
trer, plane fum animi dubius, nifi fatis laudatum exiftimes, fi tantum nobiles illos verfus illi tribuas: Theocriti verficuli de Ptolomaeo paulifper immutati:

Ανδρον Σαλβιανος μ'ιτανι πρωτοισι λεγεθω

Και πυματος, και μεσσος ο γαρ προφερεσατος ανδρων.

Principio fi ad uitae fanctimoniam et inculpatiffimam integritatem
refpicias, quis hoc Saluiano vel fanctius uel incorruptius de iis omnibus rebus, quas maxime conueniebat effe fublatus e medio, fcripfit? Quis chriftianos fibi peruerfe blandientes, ita nominis fui habere rationem admonuit? quis ita probabilibus argumentis docuit
nos, omnes tandem calamitates, pericula et excidia non a Deo
pati, fed noftro uitio, ftultitia atque peruerfitate mala tamquam Cae-

cias nubes in caput noſtrum aduocare. id quod et Jupiter ille Homericus conqueritur.

Ω το ποι, οιον Δη νυ τε οις βροτοι αιποωνται
Εξ ημεων γαρ φασι και εμμεναι, οι δε και αυτοι
Σφησιν αταθαλινσιν υπερ μορον, αλγε εχοισι

Jam quis planius oſtendit nullos omnino homines ita ſummi, ſui Imperatoris praecepta uel minima illa pro nihilo ducere atque chriſtianos? quis certius probauit nos eſſe reliquis omnibus utcumque barbaris et incultis gentibus eſſe improbiores: qui Deum etiam ipſum incredibili pietate ſingulis expoſitum, inuitum et nolentem (utcumque perditi ſimus) in perniciem noſtram non aliter quam Theſſalae mulieres lunam e coelo detrahat, quam officii ſui meminiſſe doceat, quando ex iis turpiſſima viuendi exempla, ſi ſint impotentes et improbi, in uniuerſos omnium mores defluat. Rurſus quam ſolicite pauperum, hoc eſt innocentiae cauſam agit: quam unum aliquem ex multis omnibus flagitiis coopertum, non nominatim perſtringit, ſed ita alloquitur, ita corripit, ut ferue cum omnibus loqui uideatur: quoniam de vitiis iis loquitur, quae neſcio an non in omnibus abunde reperiri poſſint: probat autem non tantum appoſite ſacrarum litterarum praeſidio, uerum etiam feliciter quidquid ſemel inſtituit: et ut in caſtigando mirus eſt artifex, ita et in docendo formandoque magiſter eſt accerrimus. Adhuc ſuae aetatis excidia quaedam, et poſt excidia etiam creſcentia uitia ſic ob oculos ponit, ſic luculenter exponit, ſic hiſtorica fide narrat, ut mihi uidere uidear hoc corruptiſſimum ſeculum tamquam in tabula graphice expreſſum: adeo ſtrenue a nobis deſudatum eſt, ne ſuperiorum etiam aetatum peruerſiſſimis hominibus uideremur ex aliqua parte eſſe meliores. Socratis autem platonici ſententiam de communibus uxoribus atque liberis, utcumque ab Attico graeco philoſopho defenſam, nemo, quantum ego quidem iudicare poſſum, uel uerius confutauit, uel rectius euerti poſſe prorſus inuictiſſimis ac honeſtiſſimis argumentis oſtendit: atque haec ad iudicium integritatemque ſummi ſcriptoris attinent: De eruditione modis omnibus abſoluta nemo rectius iudicabit, quamque qui libros illius legerit, meditataque diligentia non ſemel euoluerit. Sacras certe litteras ſic accomodate, ſic eleganter, ubicumque tantum uſus erat, inſeruit, ut fidei multum auctoritatis accederet, elegantiae uero atque uenuſtati nihil interea gratiae

uel dignitatis decederet, ut uere poſſim hoc Lucilii de illo dicere,
quam lepide λεχεις compoſtae ut Teſſerulae omnes.

Gennadius illi ſermonem ſcholaſticum et apertum tribuit, quo nomine mirum in modum commendari meretur. Si apertus eſt (ut eſt
egregie dilucidus) quae maior illi laus accedere potuiſſet? quoniam-
ſumma uirtus orationis eſt perſpicuitas: ſi ſcholaſtico ſermone prae-
cellit, neque hoc uulgare, aut aſpernandum fuerit ornamentum,
praecipue ſi ita nitidum, ſi purum, ſi eruditum ac explicatum ſermonem Gennadius intellexerit. Nam nihil minus eſt illius oratio
quamque ſcholaſtica, ſi ita inelaboratam, frigidam, ac eruditis au-
ribus minime ferendam uelis intelligere. In aliis ſui aut paulo ſu-
perioris ſeculi ſcriptoribus, Seuerino Boëthio, Caſſiodoro, Claudiano
Mamerco epiſcopo viennenſi, Sidonio Apollinari, Euodio, ac aliis
nonnullis non ubique puritatem latini ſermonis agnoſcimus: in hoc
noſtro plane nihil eſt, quod ferri non poſſit, niſi quod paucis quibusdam dictionibus ſuo ſeculo, ut puto, familiaribus raro admodum
utitur: Atque ita utitur, ut non ingenii, ſed ueratis ſuae uitio uſus
eſſe uideatur. Et cum reliquis Gallis peculiaris ſit quaedam grandi-
loquentia, illius oratio ſic eſt conſtituta, ut nuſquam ſupra modum
aſſurgat, nusquam in illa emineant uenae, nusquam oſſa numeren-
tur, ſed temperatus ac bonus ſanguis impleat omnia membra: denique neruos ipſos et robur tegat, et uenuſtas commendet. Quamobrem ut illum ipſum non arbitror omnibus eſſe praeferendum:
ita neminem etiam ex illis antiquioribus illi praefero. Quippe qui
et erudita pietate, et iuxta pia erudicione, ſummos etiam illos anti-
ſtites (neminem autem in inuidiam voco) multis ſtadiis praeterierit.
Ne uero uel impudentius de eo judicare, uel arrogantius pronun-
ciare uidear, exponam ordine, quanta ille felicitate atque dexteritate ſcribendi uſus ſit. Verum itaque judicium, et attentam Dei
prouidentiam aſſerturus, non tantum ſacrarum litterarum munimen-
tis, uerum etiam omnium meliorum artium praeſidiis utitur, et in
hunc modum utitur, ut dubites an fortior ſit in demoliendis impio-
rum argumentis, quam expeditus in noſtris adſtruendis: qui certe
nerui, ut Lactantio Firmiano, ita et multis aliis defuiſſe uidentur.
Ad haec, ut multa paucis colligam, quis ordinis elegantiam, quis
exquiſitos tranſitus, quis explicatiſſima argumenta, quis feliciſſima
epiphonemata, quis annominationes feſtiuas, quis ſuaſorii generis
omnes partes, quis contentiones arduas, nec minus jucundas, quis

sententias graues, quis exclamationes uehementiſſimas, quis inſignia
antitheta, quis inſtructiſſima dilemmata, quis Iſocratis omnia Schema-
ta, tanta felicitate, copia, ſimul ac uenuſtare exhibuit? Intelligis
optime Princeps ac idem hujus aetatis epiſcoporum incomparabile ornamentum, niſi fallor, qualem ad te ſcriptorem quibusue dotibus
adornatum mittam: ſed longe commendatiorem tibi futurum, ſi pro
mea depraedicatione, quae minime uel eruditioni, uel ſanctimoniae
illius ſatis fecit, hunc ipſum, id quod perpetuo conſueuiſti, perle-
geris. Neque enim ignoramus, utcumque tacitum hoc eſſe cupias,
quantum ſtudii ſacris illis et uere bonis auctoribus impendas, ut ſi
multi eſſent Epiſcopi tui ſimiles, futurum equidem aliquando ſpera-
rem, ut et res chriſtiana tranquillior eſſet, et principes chriſtiani
aliquando ſui officii uellent meminiſſe. Nunc cum, neſcio qua tandem
arte omnia permiſcente, nulla plane ſit omnium ordinum concordia,
nemini certe mirum uideri debet, ſi Tyrannus interea Turcus nobis aut ſtertentibus, aut nuſquamque niſi ad inteſtinam diſcordiam
expergefactis, exurit uillas, incendit pagos, abigit pecora, prote-
rit ſegetes, conſtuprat uirgines, infantes interemit, ſenes occidione
occidit, trahit in captiuitatem iuuenes, diripit templa, latrociniis
ac praedationibus omnia uaſtat atque confundit. Et quod merito
debebat omnium bonorum animos permouere, nihil aliud agit, quamque ut Chriſti gloriam ab ipſis radicibus et pinus in morem, quod
aiunt, euertat: chriſtianoſque omnes non tantum a nominis ſui poſ-
ſeſſione, quam metuo, ne bona pars jam amiſerimus, uerum etiam
a religionis honeſtiſſimo cultu, cui iam pauci ſumus addicti, ſemel
abducat. Digreſſus ſum aliquantiſper, ſed ut cauſae ratio, uitaeque
tuae inculpata ſinceritas deſiderabat, quae longius etiam diuerticulum
excuſare poterat. Nunc Saluianum tuum accipe, princeps optime,
tuum inquam tibi tuoque feliciſſimo nomini inſcriptum: quem ſi
tibi, uti jure optimo meretur, placuiſſe intellexero, curabo quanta
fide potero, ut et alia quae adhuc in Bibliotheca noſtra ſunt innumera, et praecipue graeca, nempe Chryſoſtomi diuerſa in ſanc-
tos encomia, Origenis librorum epitome, per Gregorium theologum
et Baſilium magnum digeſta, Seueriani gabalorum Epiſcopi in Geneſim conciones XIV, Gregorii Nyſſeni in Geneſim enarrationes,
Baſilii magni Hexaemeron integrum, et longe copioſius quamque
uel ab Argyropilo, uel ab Euſtachio ad Syncleticam germanam in
linguam latinam conuerſum ſit, Nazianzeni ac Baſilii multa num-

quam adhuc uifa uel edita, Philonis libri tres περι του βιου κω-
σεων, et ejusdem alter qui infcribitur: βιος πολιτηχου οπερ 'οτι περι
Ιωσηφ, ad haec liber ejusdem, cui titulus eft περιαρετων, η τοι αν-
ξριας κ:ή ευσεβειας, καη φιλανξρωπιας καη μετανιιας &c. fub tui nominis aufpicio ad communem omnium utilitatem in lucem ueniant. Fe-
licem te profecto tua fi hona noris: hoc eft: fi uideas tuo fauore
ab beneficio tantum commodorum ad ftudiofos atque doctos omnes
promanaffe: feliciorem autem multo, fi et alia graeca, quae ad meliorum artium cognitionem attinent, tibi nominatim infcripta nun-
cupataque inuulgauero: hoc eft: Procli, Jo. Philoponi, cognomento Grammatici, ac Manuelis Mofchopuli commentarios in Hefiodum,
ad haec in Opiani Halieutica commentarios utiliffimos, Jamblichium
chalcidonenfem Philofophum in rebus pythagoricis, ejusdem pro-
trepticas orationes, Diodorum Siculum in hiftoriis, non illis quidem quas Pogius latinas ferit: Arithmeticam et Geometriam Nico-
machi, Heronis Alexandrini librum περιβελοποιηας et graeci autoris
innominati libros uere aureos XX. de re ruftica: ac alia praeterea
multa, quae nunc commemorare nolo, ne uidear librariae meae
fuppellectilis, forte non ita contemnendae, catalogum contexere:
nam et de latinis plane nihil hic dicimus, quorum adhuc apud nos
eft, ut ille ait, Beata pleno copia cornu. At me tandem longe fe-
liciffimum optime princeps, fi confecutus fuero id, quod inftitui:
quod certe fiet fi Saluianum iam tuum, et me qui iam olim in aere
tuo fum cum Hendecafyllabis noftris, non ita felicibus, etiam atque
etiam commendatos habueris (quemadmodum etiam doctiffimum atque optimum patrem meum D. Joannem Brafficanum, iam inde ab
ineunte aetate, tamquam iisdem ftudiorum facris tecum initiatum,
et amafti finceriter, et perpetua benignitate fubleuafti) Quare et dignitatem fplendoremque tuum ornabis, et ftudiis fere iacentibus
fignum quoddam tamquam Pharum aliquam turrim eriges, et me
in hoc uere ferreo feculo tua auctoritate defendes, teftimonio proue-
hes, benignitate ad edenda etiam alia maiora excitabis. Vale Principum excellentiffime, Epifcoporum doctiffime, ac inter utrosque
optime. Viennae Auftriae Martij die 1. Anno M. D. XXX.

XLIV.

Von eben demſelben an eben dieſen Biſchof.

R. D. Chriſtophoro Epiſcopo Auguſtenſi Joannes Alexander Braſſicanus iis Hendecaſyllabis diuum Saluianum inſcribit atque dedicat.

Saluus incolumisque Saluianus
Exemptus tenebris, ſituque turpi
In lucem uenit omine auſpicato.
   Saluus incolumisque Saluianus
Clauſus carcere et impeditus arcto
Nuper compede, prodit expeditus,
Jam dextro Joue, tum bona ſalute
Tandem ad ſe redit ille Saluianus.
   Saluus incolumisque Saluianus
Magnus ſcriptor, Epiſcopus probatus
Antiquum reparatus in decorem
In lucem uenit omine auſpicato.
   Saluus incolumisque Saluianus
Vitae regula Επικσοπων Magiſter,
Dignus nomine, et hoc honore dignus,
Amico, medicoque conuocato
Herbis Braſſica eſt hic tuis petitis,
Herbis quas Cato maxime approbabat,
Diis ſit gratia, mortuus reuixit.
   Saluus incolumisque Saluianus
Scriptorum decus elegantiorum
In lucem uenit omine auſpicato.
   Saluus incolumisque Saluianus
Dignis quem ſtudiis modisque cunctis
Mirentur, celebrent, legant frequentes
Quot ſunt aut aliis erunt in annis
Magni judicio, et uiri periti.
   Secli Chriſtophore o tui perenne
Sydus, et ſtudiis decus perenne
Rectis, hunc precor accipe explicata
Fronte, hunc delicias tuas putabis,

Illum plus oculis tuis amabis,
Meras delicias, meros lepores,
Inscriptum simul et tibi dicatum
Saluum incolumemque Saluianum
Gemma Christophore o tuae aeultatis
Vera nobilis eruditione
Clara nobilis et domo, et parentum
Rectis moribus undecumque magne.
Nunc pro moenio uides Poeta
Semper consilio Deum potenti
Conjungi paribus pares amicos.

    Quodsi grandia sensu et expolitum
Dicendi genus undecumque terse
Quaeros, hoc dabit ille Saluianus
Et dextra simul et manu sinistra
Saluus incolumisque Saluianus.

    Quodsi judicium Dei aeuiterni
Curam perpetuam, piumque amorem,
Qualem crimina nostra uix merentur
Quaeras, hoc dabit ille Saluianus,
Magna, Jupiter, et bona salute
Saluus incolumisque Saluianus.

    Quodsi tempora et haec male inquinata
Viuo picta colore et eleganter
Praesenti quasi reddita in theatro
Attentis oculis uelis uidere.

    Hoc dulci semel explicabit ore
Jam uere integer ille Saluianus.

    Mella haec Nestoris aestimabis esse
Nepenthes Helenae aestimabis esse:
Tam curas adimit, lenitque amaras,
Dictis quis nihil est magis uenustum,
Prae quis sint Casiae et rosae inuenustae
Saluus incolumisque Saluianus.

    · Actu signa animi dabis benigni
Si totis animis amare pergas
Per quem praesidio tuo est dicatum
Certum μνημοσυνον tui clientis,

Vitae redditus et fuo nitori
Saluus incolumisque Saluianus.

XLV.

Zueignungsſchrift des Deſiderius Eraſmus an den Bi⸗
ſchof von Augsburg Chriſtoph von Stadion.

*Clariſſimo Principi et Ampliſſimo praeſuli Chriſtophoro a Stadio, Epi-
ſcopo Auguſtae Vindelicorum, Deſid. Eraſmus Roterodamus S. D.*

Reipſa comperi *Chriſtophore praeſuhum hujus aeui decus*, nequic-
quam eſſe uanum, quod priſcis oraculis proditum eſt, ſpon-
ſionis comitem eſſe noxam. Ante complures annos pollicitus
ſum opus aliquod de ratione concionandi, nec ſerio, ut ingenue, quod res eſt fatear, nec ſatis ex animo. Dein quum
non ſerio promiſſum ſerio flagitaretur, nec eſſet ocium ad
praeſtanda de quibus appellabar, coepi obiter in chartis quaedam annotare velut uſui futura, ſi quando forte daretur uo-
luntas et facultas opus aggrediendi. Verum id factum eſt nec
diligenter, nec ordine, ſed ſparſim ut quicque ſeſe cogitationi,
per occaſionem offerebat. Poſtea cum magis etiam urgeret
flagitatio, coepi ſchedas recolligere; non disjectas modo, uerum etiam laceras jam, et ſitu corruptas. Quibus excuſſis,
magis ac magis meus animus a negocio abhorrebat, cum antea
ſemper arcano quodam ſenſu mentis abhorruiſſem. Videbam
argumentum uarium pariter ac uaſtum, quod in immenſum
uolumen eſſet euaſurum, ſi iuſta cura tractaretur, tum, ut
nunc quidem eſt temporum ſtatus, non cariturum inuidia,
caeterum quum non eſſet appellandi finis, ne uiderer omnino
malae fidei ſponſor, reluctante genio calamum admoui chartis.
Quum nihil ſuccederet, rejeci quod orſus eram. Iterum re-
jecta ex longis intervallis recepi in manus, ſi forte inca-
leſceret animus, quem non aliter uinculis tenacibus ſtrinxi,
quam apud Maronem Proteum ſtringit Ariſtaeus. Sed illi ſucceſſit conatus, mihi non ſucceſſit. Sperabam interim in tanta
mora aliquem exoriturum, qui ſibi materiam hanc ſumeret,
praeſertim in tanto prouentu felicium ingeniorum quae pro-
ducit hoc ſeculum, tantoque ſtudio cudendi noua uolumina.
Quum nullus exiſteret qui uices meas ſuſciperet, et indies

acrius multorum tum uocibus tum litteris appellarer, nec jam
fine conuitio, propemodum inuita Minerua fyluam operis con-
geffi, et rudem quidem illam et indigeftam, fed quae teftári
poffit mihi uoluntatem praeftandi promiffi non defuiffe, fi par
animo fuiffet facultas. Nec hoc ipfum tamen licuit perpetuo
labore peragere: fed nunc aduerfa ualetudo, nunc alii labores
transuerfum incurrentes compulerunt orfa de manibus depo-
nere, uixque datum et poft longa interualla ad inftituta redire.
Hinc eft quod eruditus lector fortaffe deprehendet quaedam
hiulca, quaedam inchoata, quaedam repetita, quaedam loco
alienlore dicta. Dicet hic aliquis, quin igitur extrema manu
quae difplicebant emendafti? Ne dicam dolo, piguit uaftum
opus retexere, quando hoc ipfum quod praeftiti, aegre licuit
per ualetudinem in dies afflictiorem. Neque quisquam facile
credat, quam mifere animus jam dudum affectet ab his laboribus in tranquillum ocium fecedere, quodque fupereft uitae,
fupereft autem uix breuis palmus fine pugillus, folum cum
eo folo colloqui, qui clamauit olim, nec hodie mutat uocem
fuam: Venite ad me omnes qui laboratis et onerati eftis,
ego reficiam uos. Quandoquidem in tam turbulento, ne dicam furente feculo, in tot moleftiis, quos uel ipfa tempora
publice inuehunt, uel priuatim adfert aetas ac ualetudo, nihil reperio, in quo mens mea libentius conquiefcat quam in
hoc arcano colloquio. Has ob res magis etiam confido fore,
ut lector aequus hoc qualecunque eft quod damus, boni con-
fulat. Qua de re tecum non ago *praeful ornatiffime*, cujus
fcio tantum effe candorem, ut ad Erafmi tui naeuos amanter
conniuere foleas, et ficuti conatum noftrum uires deftituunt,
promptam uoluntatem pro officio interpretari. Summam argumenti in quatuor libros digeffimus. In primo demonftrauimus
muneris dignitatem, et quibus uirtutibus oporteat effe praedi-
tum Ecclefiaftem. In fecundo ac tertio, quae funt in prae-
ceptionibus rhetorum, dialecticorum ac theologorum, ad ufum
concionandi accomodamus. Quartus uelut Elenchus common-
ftrat Ecclefiaftae, quas fententias ex quibus fcripturae locis
petere debeat, quem tamen hactenus abfoluimus, ut ftudiofo
lectori uiam modo commonftrauerimus, alioqui res erat nec
exigui uoluminis. Hanc operis fyluam, fic enim appellare

malim,

malim, quam opus, non quidem promiferam, fed tacita dun-
taxat cogitatione propemodum deftinaram Joanni Mifcero
epifcopo Roffenfi, uiro fiugulari pietate atque eruditione, cui-
cum mihi uetus et arcta interceffit amicitia. Is enim potiffimum me litteris fuis ad hoc laboris impulit, figuificans fe in
celeberrima fchola Cantabrigienfi, cui perpetuus erat tutor, illi
Cancellarium uocant, tria inftituere collegia, unde prodirent
Theologi, non tam ad λογομαχίας armati, quam ad fobrie
praedicandum uerbum dei inftructi: Erat ipfe fingulari linguae
gratia praeditus, atque hoc nomine olim egregie charus regis
Henrici, qui nunc Angliam moderatur, auiae paternae. Infpi-
rarat Deus ei mulieri cogitationem minime muliebrem. Quum
enim aliae principes opimos cenfus extruendis monafteriis le-
gare foleant, idque ut uercor, gloriae caufa magis quam pietatis: haec omne ftudium fuum ad rem omnium fanctiffimam
contulerat, uiuens etiamnum ac ualens, adeo nihil inde cap-
tans aurae popularis, ut haec propemodum furtim ageret.
Compluribus in locis non mediocribus falariis conftituebat,
fi quos reperiffet idoneos ad populo tradendam philofophiam
Evangelicam; atque etiam in hunc ufum ingentem pecuniarum
uim Joanni epifcopo tradidit, quam omnem uir integerrimus
uel in prouehendos Ecclefiaftas, uel in folatium egenorum
impendit, adeo nihil inde fibi detruncans, ut fuas etiam facul-
tates largiter adderet. Recte iudicauerunt et heroina illa fancta,
et Epifcopus verae pietatis unicum exemplar, nihil effe, quod
ad emendandos populi mores plus habeat momenti, quam fi
per idoneos concionatores fpargatur femen euangelicae doctrinae. Vnde enim in plurimorum pectoribus adeo friget Chriftus,
ne dicam extinctus eft: unde fub chriftiano nomine tantum
paganitatis, nifi ex inopia fidelium Ecclefiaftarum? Mihi
uifus eft etiam Italiae populus, de principibus nihil dicam,
docilis ad pietatem nifi deeffent doctores. Sed haec alias tem-
peftiuus. Num et pergam quod coeperam, quando praeful
Roffenfis mihi infelici fato ademptus eft, vifum eft hoc quicquid eft laboris felicibus tui nominis aufpiciis in manus hominum emittere, cujus infignis humanitas meum animum in
tanta amicorum iactura praecipue confolatur. Deflentur mer-
ces naufragio amiffae, at quae mer tam preciofa, ut cum

Σ

ſincero amico conferri queat? Quid igitur hac tempeſtate
crudelius, quae me tot ſpectatiſſimis amicis ſpoliauit? Pridem
Guilhelmo Varamo, Archiepiſcopo Cantuarienſi, nuper Guilhelmo Montioio, Epiſcopo Roſſenſi, et Thoma Moro, qui fuit
ejus regni ſupremus iudex, cui pectus erat omni niue candi-
dius, ingenium quale Anglia nec habuit unquam, nec habitura eſt, alioqui nequaquam infelicium ingeniorum parehs.
In tanta calamitate duae mihi res praecipue dolorem leniunt.
Primum dum cogito nos breui felicius apud Chriſtum iungen-
dos eſſe. Deinde dum reputo quam inſignem amicorum cho-
rum mihi dederit Auguſta Vindelicorum: cujus *tu ut primus
es, ita longe ſynceriſſimus*, niſi quod tecum paria facere tendit
magnus ille Joannes Baumgartnerus: cui proximus eſt Anto-
nius Fuggerus, benigniſſimus ſtudiorum altor. Hic eſt funiculus triplex, quem Salomon negat, facile rumpi: ſed is fit
firmior acceſſione Joannis Choleri, qui ceu quartus funiculus
tribus illis circumuolutus, conjunctionem reddit prorſus in-
diſſolubilem. Veſtra igitur beneuolentia mihi praeſtat, non
quidem ne doleam, ſed ne dolori ſuccumbam. Orandus Deus
eſt, ut tam precioſum theſaurum mihi ſeruet incolumem.
Porro quod ad operis ſpem attinet, ſi minus contingat eruditorum calculis approbari, illud fortaſſis efficiet, ut doctior
aliquis hoc exemplo prouocatus, id praeſtet quod nos praeſtare uoluimus, proque ſylva proferat opus numeris omnibus
abſolutum, ac tandem fiat, ut dominus plures ſynceros ope-
rarios mittat in meſſem ſuam. Et enim quemadmodum iuxta
ueteris prouerbii locum, multi ſunt boum ſtimulatores, ſed
aratores pauci: ita facile pares qui loquatur apud populum,
atqui ex animo qui bona fide diſpenſet uerbum dei, non,
perinde facile reperias. Dei munus eſt, ut ſementis per fideles miniſtros facta bene proueniat. Mundus uidetur jam dudum parturire Chriſtum, qui ſi uere formetur in animis noſtris, multis indiciis ſeſe proferet ſyncera radix cordis. Neque enim Euangelium uerba ſunt, ut lucus ligna, quemadmodum ait Flaccus: ſed quoties ſemen efficacius uerbi exce-
ptum fuerit a terra bona, multiplices edit fructus, ac uelut
herbeſcens mentis occultam ſynceritatem uariis argumentis fo-
ras profert. Populus fit Magiſtratui obſequentior, legum te-

nacior, pacis amantior, a bellis alienior. Inter conjuges major
eſt concordia, fides integrior, major adulterii deteſtatio. Ma-
ritus fit ergo uxorem mitior, uxor erga maritum reuerentior.
Liberi majore cum tremore parentibus obſecundant, ſerui magis ex animo parent dominis ſuis, famuli inſeruiunt alacrius.
Opifices et qui debent operas, meliore fide eas praeſtant.
Qui negociantur nemini faciunt quod ſibi fieri nolunt. Atque
ut ſummatim dicam, omnes fiunt ad bene merendum pronio-
res, ad vindictam ac laedendum tardiores, minus auidi, magis
ſobrii. In quorum moribus haec non apparent, ſed his diuerſa
potius, periculum eſt, ne nondum bonum ſemen haeſerit in
cordibus ipſorum, Sed deſino concionari, quo iam uacet tibi
Concionatorem meum legere, ſi tamen tuis oculis auribusque
dignus uidebitur. Vale. Baſileae|Poſtridie Nonas Auguſti| anno
a Chriſto nato M. D. XXXV.

XLVI.

Zueignungsſchrift des Leopold Dick an Chriſtoph von Stadion Biſchofen in Augsburg.

R. P. ac D. D. Chriſtophoro Epiſcopo Auguſtenſi, principi doctiſ-
ſimo, juxta magnae pietatis Elemoſinario dexterrimo Leopoldus
Dickius S. D.

Haud extremae ingratitudinis eſſe partes cenſeo, ornatiſſime
praeſul, eosdem, qui de republica chriſtiana ſemper bene meriti ſint, gloria defraudare; accedit ad hoc, quod tua inprimis pietas erga bonas literas, et earumdem profeſſores (ut
ipſe tu princeps doctiſſ.) talem ſe habuerit, ut T. P. nomen
omnium calamis poſteritati commendetur merito. Non quod
tua Amplitudinis modeſtia laudem ullam apud homines moretur.
Sed quod ſinceri plures ad honeſta ſtudia liberius rapiuntur,
ſi tales egregios uiros conſpexerint. Alterum eſt quod tua
Dignationis amplitudo, uerum Dei Eccleſiae diſpenſatorem quis
non diceret? omnium miſerorum unicum lenimen, ſeu ele-
moſinarium ſe praebeat? ſed Chriſto ſementem in terris facis,
ut poſt hoc umbrae ſomnium cum electis in Paradiſo requies
ſibi contingat perpetua, nam ſuo tempore fructus continget a

Deo numquam interiturus, proque temporariis officiis fic mer-
ces reponetur aeterna, ita etiam non ceffas, uniuerfis pacem
et tranquillitatem, non citra Imperatoris Caroli inuictiffimi et
Romanorum Regis Ferdinandi gloriofiffimi juffum, quem pri-
marium paciferum te, et a commiffionibus praefecerunt, con-
ciliare, atque quodam amoris glutino copulare; Meretur ergo
tua haec pietas hoc. Merebantur tua tam pie ita, et Chrifto
amica officia. Sed magis debita, ut omnium libris nomen
tuum, qui Chriftum fers, infcriberetur, atque uera ita fint
nominis tui immortalitatis fpirantia fimulacra pofteritati futura
Verum hactenus erga J. P. grati hominis officium optare magis licuit, quam praeftare, uidebar ad hujus curriculi metam
perueniffe uitam mortalium, quo omnes tuto uiuerent. At
reducem me nuper ex hilpania germaniam bellicis difcrimini-
bus concuffam, praeter omnem expectationem uidi aeftuare,
ita timida exanimatque omnia, et quo mecum uxorcula et
liberis fecure confervarem, plane nefcius, fatis confecratus,
ex improuifo (quod dicitur) Deus tandem apparuit. Sed quo-
modo conueniunt illa, quae S. Apoftolus Paulus ad Hebraeos
fcribit: pacem fequamini cum omnibus, et fanctimoniam, fine
qua nemo uidebit Deum, tanta nimirum turba bellorum, ac
uelut nube fepiamur nunc. Si Deum nobis uidere contingit,
fpes fidem alit, nifi fatalis fit humani ingenii morbus, ut prorfus absque bellis durare nequeat, quin potius malum hoc in
Turcas infunditur. Si bellum (dico) omnino uitari non poteft,
tunc leuius fit malum, quam impie adeo Chriftianos inter fe
collidi, ut magna pars pacis eft, ex animo uelle pacem,
quem T. amplitudo hactenus multo labore inter Germaniae principes, feu fueuicae confoederationis ftatus, pacis amore copulare uerius et adglutinare uoluit. Et in praefenti prius labor
eft, ita ut apud omnes bona fpes iam eft victoriae, fi Chriftus per te, tuique fimiles fauerit; fauebit autem, fi uos illius
negotium finceris animis egeritis. Age igitur optime Praeful,
et de pace inter Germaniae proceres, atque noua tranquilli-
tatis confoederatione, noftram hanc foeturam triduanam, nomini tuo dicatam, placido animo accipe, bene uale praefulum
ornatiffime. Vuerdeae cis Danubium, fexto idus Januarii,
Anno M. D. XXXV.

LXVII.

Eben deffelben Zueignungsschrift an Ebendenselben.

Reverendissimo, et eidem doctissimo Principi Domino, D. Christophoro, Episcopo Augustensi Leopoldus Dickius S. D.

Quoties inconstantiam rerum humanarum intueor, Christophore Episcopalitii ordinis non infirmum decus, uidere uideor homines nostra jam aetate penitus in deterius relabi, nec non irrequietis uicibus indesinenter uolutari (destituta medendi jam spe) quibusnam conatibus sit obuiandum hujusmodi hominum malo, plane nescius haesito: ac plus saepius, inter meditandum ipso mihi uisus sum ineptus, ad hoc quod certo pridem, meditatoque proposito agendam uitae meae consuetudinem domesticam ita instituissem: denique ferias jam mihi respirandi destinabam, nec non Musas inuisere tranquillo animo mens erat. Siquidem olim ipse nec inopinato fato inde adreptus (licebat enim uenare fortunam, quid denique nocet aliis auocamentis indulgere) ut plurimos annos vitae solicita quadam inertia, et Castrensibus, tum litterariae, tum militiaeque rebus euariantibus jactatus et agitatus transegi. Vtcunque id me conantem in summo, fors fortuna intercepit, nec non ingens negotiorum moles obruit, at puta res uxoria, quae non parum circa obeunda domesticae rei negociosa negocia, et incommoditatis et anxietatis habet, nisi immensi judicii Dei altitudo uoluisset ab hominum cordibus detrahere, deterret. Ita et Seneca in hoc omnes nos fallit, quod mortem et matrimonii onera non prospiceremus, ni prius perpetuae foelicitati quam breui uoluptate confuleremus: quando quidem homines absque jure diuinae societatis connexos, non nisi cum mutis, caeterisque belluis, animantibus uitam agere uidentur. Alterum operam, foro me danti Caesareo quotidianam, quibus nunc subinde Forensium negociorum fluctuationibus conficior, ut non aeque animo indulgenti, remittendiue libertas constet mihi. Siquidem cunctis professoribus Juris unice id studio esse debet, caussas Forenses ac lites summo libramine, iustitiaeque ductu castigare. Et circa legum assertiones perpendere, ut non nisi si optimis in foro instructionibus paratus, nisi aoutendo saepius multo plures Juris mystae, diuerso tramite procedant, qui sese depilatores, eloculatoresue potius quam ueros caussarum Caulidicos, Jurisque professores agere, quos

ut Plato uocat pecuniae accipitres, exoſſatoresque. Et cum Glo.
dicam. L. quodſi uelit §. ſi mancipium ff. de aediL edic. Cauſſas peſſi-
mus atque deploratas ſaepenumero facie honeſtatis inducunt : quis
autem non euerſores Juris potius quam profeſſores diceret, Nam qui
male dicit, male audiat, non eſſe juſtiorem legem (ut Ouidius ait)
Necis artifices arte perire ſua. Concedit et idem oraculo ſuo anti-
quiſſimus ille Heſiodus, δυπόσα, id eſt duplicato foenore conuitia
regerantur, homuntiones monopolia ſtruentes cum cauſſis (quae non
major improbitas) corpore prius quam ſpiritu deficientes, cum nihil
aliud agere uidentur, atque Deos hominesque defatigare, maxime in
cauſſis iniuſtis et intellectis, partim uero indocta loquacitate (quae
facundia inter rudes uideri poteſt) audaculi in forum prodeunt,
ſtrangulant, differunt, augentque, niſi ut nequitiae praedam ad ne-
cem alterius lucrentur. Quis non Vulcano genitos diceret, ut quio,
quid tangunt, ſtatim adurunt. Verum, ne hinc mihi domeſticas in-
ſidias apud imperitos iſtos loquacitatis morboſos parem, cum non
niſi de nebulonibus, ad emendationis fructum a me ſunt dicta, ut
eorum petulantiae et improbitati melius conſulerent. Sed ne in eam
garrulitatem incidam, quam in aliis damnandam eſſe duco, atque
ne plus aequo T. R. P. grauetur, quantum temporis ſpatii uacarit
(utcunque pluribus forenſium laborum molibus oppreſſo) et iuxta
Varronis adagium, in dies me bullam fieri, tamen ſuffuratis aliquot
ſtudii mei horis, ne in totum iners absque literatis fabulis abiret
tempuſculum, contra iſtas haereſes, ſeu Anabaptiſtarum peſtes, im-
pietatesque quibus jam totus conflagratus orbis immaniſſime ſaeuit,
animum ad rei ſcriptionis adjungere, applicareque optimum factu
fore in mentem nihi uenit, atque imperitos homines, quaſi ex Tri-
pode hortari, ut fugiant illud Anabaptiſtarum dogma atque ſerpen-
tem (quod tanquam Leo rugiens, quem deuoret, quaeritans) non
ſecus ſicut apes, quae a marcidis floribus abſtinent, ita minime at-
tingerent, quae non niſi Euangelica ſucculenta adorent Chriſtiani.
Nec non homines ad ciuilitatem (ferinam quaſi degentes uitam) po-
liticamque uiuendi harmoniam ſeu rationem pellicerem. Quandoquidem inſtitutio nihil aliud habet, ut ait Plato, ut per audiendi
ſenſum, ueluti per portam, qua recta ad animum patet adytus,
honeſta monita, et mala interdicta inuehuntur. Nec refert, ſi nonnulli ſuis iudiciis me anteuerterunt, modo bene fiat a me, ſi uel
penes alium tota eſt gloria, modo a me aliqua manarit utilitas. Sed

utcunque fit, tamen nifi faltum pulicis uix commeritos, quifque
mox diceret, cum nifi leuiffime negotium attigiffe uidentur Vnde
factum eo forfan, ut fufpitionis notam ab fefe expiarent. Dele-
ctantur enim noftra iam aetate homines fapientia plane praepoftera,
fcandalis plena, quae altius infedit huminum animos, ex quibus
illuforibus haerefiarchis hauriunt impietatum peftes, ingenio homines mifelli, qui nifi fuis cupiditatibus, id eft, in efcis, ciboque corporis pietatem conftituentes, puriffimam Chrifti doctrinam uitiare
nituntur. Et quia exorta iam eft lux uera Euangelicae doctrinae,
quae difpulit tenebras prioris uitae, docetque atque id jure cautum,
non rebaptizari, tamen incogitati, haud quaquam iuxta Euangelii
regulam uiuentes, in contumeliam pergunt agere nifi impiiffima, et
iuxta affectus fuos impios ac nepharios rebaptizant. Quis autem
fpiritus agere iftos, qui inutiles haeretici Anabaptiftbe, nullis fcripturae rationibus, paruulis et ipfis, baptismum adimere atque negare
conantur, quem miris praeftygiis profcindunt. Sed o capita bu-
ftuaria, quid? Denique rem non nifi linguis ueneno tinctis, gerunt,
et uenenatis apud imperitam plebem pungunt aculeis, quae tamen
praecipua peftis nafcitur ex lingua effrena, uix ceffantes quaeque
fyncera puraque labefactare, ut uel Augiae ftabulum confpurcatione
uincerent. Sed quid aliud Anabaptiftarum agere eft, nifi penitus
Corinthiari? Cum intotum negare Chriftum uidentur (quandoquidem
fumus infiti corpori Chrifti per baptifmum) ac fidei profeffionem, quod
idem Anabaptiftae incogitati nihili habent. Et ita in totum haereti-
cos, atque fine Deo homines iftos Anabaptiftas quisque diceret.
Quisquid enim offenderit in uno (ut fummae fanctimoniae uir Auguftinus) factus eft omnium reus. Siquidem Chrifti in hoc uerbis re-
clamant, atque fic uiuunt, quafi Chriftus non fuerit exemplar uitae
pietatis hominibns, aut non fuerit author perfectae falutis, quae
difpendia? Malum enim hoc ad aures Deorum peruentum eft, qui
iamiam de poena in iftos Anabaptiftas haerefiarchas ftatuerunt. Et
quia inter tot fcandala difficillimum longe omnium eft, retinere uerum, quare tutius agaretur, fi malorum crimina expenderentur, hoc
eft, e Chrifti contubernio explodendos, et armorum ui tam manifes-
tos Chrifti hoftes propulfandos, quis non diceret? E quibus nihil
frugi fpectari poteft, quorum omnia nifi funt fallaciffima tot menda-
tiorum myriadibus compacti, quaeque etiam arcanis, denique illis
deprauatiffimisque Anabapt. animi penetralibus depromtum, genui-

nam quandam et occultam nocendi letalis ueneni uim fecum adfert, eamque mox in auditoris animum (in qbem illabitur) transfundit uenenum. Vnde etiam nihil peftilentius improborum Anabaptiftarum confuetudine domeftica, qui talia tentant, feditionum conflatores: et ficut ter nouenis Crabronum ictibus hominem interfici exiftimatur, ita quantumvis exigua offenfa, tamen crebro citerata ac faepius parit capitalia, qua Anabaptiftae animales, et obferuantes mundanis affectibus, inani fpecie fefe uenditantes, uacui uenantur unluptates, atque nihil aliud quam Judaifmum omnibus ingerunt, ignorantes, Chriftianifmum non in titulo folo, aut baptifmo tantum, fed morum uitaeque innocentia fitum effe. Nec aliter in haereditatem immortalitatis nobis promiffam peruenturi, nifi foelicitatis initium ac fundamentum, quod per Euangelium in nobis iactum eft, folidum et inconcuffum tenuerimus usque ad finem. Quare recipiendi, refutandique e medio piorum, quorum malitia, iam totus inualuit mundus. Et ne longior fit praefatio opere, quoad per negotia forenfia mihi licuit hunc pertenuem ingenii mei lufum, iudicii loco in Anabaptiftas conceptum, quicquid denique ingenioli mei fundus produxit, placuit multorum amicorum precibus, et quafi conuitiis ad hoc indies me rogantibus, judicium hoc ut per manus hominum daretur. Cum autem admolitus manum juditio aduerfus Anabaptiftas, identidem animo circumfpicerem, cui laborem hunc dedicarem, quando quidem hic mos a prifcis ufque feculis in haec noftra tempora perdurauit. Ecce Reuerendiffime Pater, et Domine, et Princeps, in mentem mihi uenit animus tuus erectus et excellens, ac plane talibus ftemmatis dignum, ingenium ardens et fublime, ut (fiquo meretur) T. R P. dedicarem, quod equidem in praefentia iamiam ab animo fyncero dedico, denoueoque. Simul et illud mecum cogitans, quod Diuis offeretur, aut viris fummatibus, aptum effe oportere magis quam aequale. Siquidem olim abfurde facere uifus fuiffet, fi quis Hederaceas Corollas Marti, aut Mufis offerret Hecatomben. Itaque primitus mihi illud haud diffentaneum uifum eft, et congruere, ut ad tam eximium religionis Antiftitem iret iudicium hoc meum: tum quia maxime his temporibus, cum nihil intactum a fycophantarum morfibus, et Zoilorum fuggillationibus defendet: nec enim deerunt etiam intercutanei nominis mei fauiftores, qui primo ftatim operis ueftibulo uifo, Nafum fuspendent. Sed quid aliud agunt ingenio inopes, nifi propriam et infantiam et ftultitiam prodere, quibus medium oftendo, ut dicitur, unguem. Juditium meum hoc qualecunque in patrocinium etiam paruulorum baptismum, domi meae jamiam recens et natum et aeditum, nec aliunde afcitum, ficuti plorium mos, qui in hoc generis ftudio parum foeliciter, magna, et Diei et fomni iactura uerfati funt, cum nil nifi aliena, ut cornicula, quicquid ab exteris authoribus arripuere mordicus, quafi mendicabulum collectum, fua ueftiunt confarcinantes, ledeant ifta, Tu obuiis, quod aiunt, ulnis R. D. quaecunque leui quafi brachio perftrinxi, accipe; fub politionis lima tamen omnium eruditiffimorum tam de Euangelica rationis fcriptura, quam de juris obfervantia, et doctius et eruditius fentientium : quorum potiorem fententiam praeualere exiftimat, non fine honoris praefatione mihi nominandus Juris confultus L. Claudius foelix ff. qui po. in pig. hab. Sed hoc unum gaudeo mecum, quod juditio meo in Anabaptiftas nemo factus eft uel uno pilo nigrior, in quo nec dignitates ambio, nec quaeftum uenor, fed qualecunque talentum meum in communem Reipublicae Chriftianae utilitatem libens protero. Cui enim juditium meum non placet, liberum eft, iam abftinere. Si quis uelit dare meliora, fauebo utroque pollice. Tuam enim Amplitudinem nobis diutiffime feruet incolumen Chriftus Optimus Maximus.

XLVIII.

Zueignungsschrift des Vincentius Obsopöus an den Bischof von Augsburg Christoph von Stadion.

Reuerendiffimo in Chrifto Patri ac Domino Chriftophoro Epifcopo Auguftenfi, Domino fuo clementiffimo, Vincentius Obfopoeus S.

Inter alia multa Reuerendiffime in Chrifto Pater et Domine clementiffime, quibus Deus Opt. Max huc faeculo Germaniam munificentiffime cumuluit, non infimum locum obtinet Chalcographia. Huius enim diuinae artis beneficio factum eft, ut noftra quoque patria optimis quibusque autoribus tam graecis quam latinis abundet. Nulla eft profeffio, quae jam bonis et priftinis fcriptoribus (quos uere iam quispiam Clafficos nominare poteft) non fit inftructa. Non parum multis in locis iura multipliciter mutilata et deprauata, hodie antiquorum Codicum fubfidio, emendatiora et integriora leguntur. Habent Medicinae Profeffores iam ipfos fontes, nimirum Hippocratem;

Galenum, Aeginetam, Diofcoridem et alios fua lingua loquentes, qui prius tantum ueteres et turbidas Arabum lacunas funt confecrati. Neque defunt Theologiae Candidatis utriusque litteraturae Docto- res, magno ftudio inuulgati.   Porro humanitatis et politiorum litte- rarum ftudiofis ingens Poetarum, Oratorum et Hiftoricorum extat copia.   Nec uideo quid poffint etiam defiderare mathematici.   Vti- nam uero prioribus quoque faeculis haec imprimendorum codicum ars inuenta extitiffet.   Neque enim tantam optimorum et exquifitiffi- morum codicum jacturam feciffemus.   Quamquam enim uerum eft, quod dixi, maximam hodie doctorum fcriptorum multitudinem ex- tare: tamen multo major pars et temporum culpa, et hominum in- curia intercidit.   Poffum nominatim memorare ultra ducentos et am- plius autores, quorum teftimonio ufus eft Stobaeus, de quibus ne paginam quidem extare uidemus.   Taceo quot citet Athenaeus, et numerofiffimum illum Catalogum, quorum autoritate Plinius fe ufum teftatur.   Eadem calamitate et hic nofter Diodorus Siculus eft affe- ctus, cujus modicas has, quas tua Celfitudo uidet, reliquias ab Jano Pannonio quondam Quinqueclefienfi epifcopo ab interitu uindicatas, ac deinceps ab eruditiffimo uiro Joanne Alexandro Braficano (ne quem merita laude defraudemus) nobis per Joannem Petreium com- municatas, et nunc tandem a me transfcriptas edimus.   Quo in au- tore ut jacturae magnitudo intelligatur, omnium ille ferme gentium et populorum hiftoriam quadraginta uoluminibus condidit: de qui- bus hos quinque tantum habemus fuperftites, cum illis quinque lati- nis prioribus, quorum uerfio meo quidem judicio Poggio non recte adfcribitur.   Neque enim uerifimile eft, adeo fpurciloquum et ui- rulentum fycophantam et vitiligatorem quidquam graecitatis cauuiffe, qui ne latinam quidem linguam, cujus fibi uidebatur effe peritiffi- mus, recte calluit.   Quia uero Diodorus fingulari. genio et gratia hifce libris potentiffimorum regum Macedoniae, nempe Philippi et Alexandri ac fucceflorum ejus res geftas, tum Agathoclis Siciliae Tyranni et Carthaginenfium mutua bella ceteris longe plenius in hiftoriam contulit, otiofis narrationibus, et fuperuacuis defcri- ptionibus, tum fictis et meditatis orationibus polluabitis (quibus Liuius inter latinos, et plerique alii, tum ex graecis Thucydides et Xenophon funt pleniffimi, quod equidem non uituperandum duco, ita me nemo umquam adducet, ut credam Hannibalem aut alium aliquem Imperatorem apud Liuium aut Thucydidem tam doctas et

argutas habuiſſe conciones ad milites, quemadmodum ipſi ad oſten-
tationem rhetoricantur) libuit hujus autoris doctiſſimas et puriſſimas
reliquias tuo nomini longe lateque clariſſimo dedicare. Ex quo
*primum intellexi tuam Celſitudinem id aetatis praeſidum unicum eſſe
ornamentum, ac cum a caeſarea Maiestate tum a ceteris princi-
bus et imperii proceribus propter mirificam ingenii induſtriam et
prudentiam, atque etiam ob ſingularem in obeundis grauiſſimis negotiis dexteritatem, et componendis controuerſiis promptam pacifica-
tionem, maximi fieri, ab iluſtriſſimo uero principe noſtro et Domino D. Georgio Marchione Brandenburgenſi &c. etiam ſumme coli
et amari, ſubiit mihi ſtatim quaedam cupido tuae Celſitudinis com-
pellandae.* Cumque diu multumque aptam occaſionem quaeritarem,
non potuit melior et optatior mihi offerri, quam quod D. Chriſtophorus Straſſer luris utriusque Licentiatus ad tuam Celſitudinem eſt
profectus. Huic cum ita commode cecidiſſet, hos Diodori libros
tuae Celſitudini offerendos et inſpiciendos dedi, non alio certe nomine, quam ut nominis tui, cujus famae et laudi impenſiſſime fa-
ueo, aliquod monumentum apud literarum ſtudioſos relinquerem,
quorum in manus, ſat ſcio, hic autor Celſitudinis tuae titulo nobi-
litatus longe acceptior ueniet. Debent uero haec fragmenta uel hac
de cauſa Celſitudini tuae eſſe gratiora, quod nunc primum in lucem exeant, nuſquam ante hac edita, ut plane pro nouis et primum natis probari queant. Quamquam ejus generis hic liber non
eſt, ut ſola nouitatis gratia ad tempus ſaltem arrideat. Siquidem
uetuſti ſcriptores ob ſummam eruditionem et eloquentiam, nouitatis
gratiam numquam exuunt, dum ſemper aliqua nouitate lectores ad-
ficiunt. Sicut neque dulcis et limpidae aquae fonticulus ſitientibus,
quamlibet longo tempore potus, non facile nauſeam excitat. Hunc
itaque Celſitudo tua ſerena fronte accipiat: et ſi quando per negotia, quibus Celſitudo tua multipliciter domi forisque deſtinetur, ua-
cauerit, animi laxandi gratia inſpiciat, et hoc muneris gratioſe ſu-
ſceptum boni conſulat. Celſitudinem tuam Chriſtus multos in annos
incolumem conſeruet, cui me ut ſingulari ſtudioſorum patrono diligenter commendo. Onolczpachij Menſe Aprili Anno a Chriſto nato
M. D. XXXIX.

Register.

A.

Abscheid wegen Auswerkung der Jagdgränzen   124.

Accoltis, Peter de,   19.

Acta Fr. Martini Lutheri   112.

Actus ecclesiasticus apud Germanos   112.

Adelmann von Adelmannsfelden, Bernhard, Domherr. 6. folg. 9.
    Dessen Brief an Pirkheimer   135.

— — Konrad, hat zur Stiftung eines Spitals beygetragen   100.

Adrian der IV, Pabst, widersetzte sich Luthers Lehre   32.

Agricola, Steph. hielt mit den Wiedertäufern ein Religionsgespräch   84.

Albrecht Erzbischof zu Mainz 7. War auf dem Reichstag zu Worms   24.
    Bundsverwandter 31. Ihm mißfiel des Pin pinelli Rede 64. War
    für die Protestanten 69. Beseitigte den Streit zwischen dem Bi-
    schof von Stadion und Matth. Lang   75.

Aleander, Hieron. verlangte zu Worms, daß Luther in die Acht erklärt
    werden sollte. 22. Hält eine lange Rede. 23. War Verfasser des
    Edikts gegen Luthern   25.

Aligerius, Dantes   10.

Altensteig, Joh. eignete dem Bischof von Stadion zwey Werke zu 106.
    Dessen vocabularius theologiae 125. De felicitate triplici III.
    ebend. Seine Zueignungsschriften selbst,   255. 263. 264.

Althamer, Georg, Pfarrer zu Munsingen   58.

Amsdorf, Nikol. gieng auf dem Reichstag nach Worms   22.

Apian, Pet. eignete dem Bischof von Stadion ein Werk zu   107.
    Dessen Instrumentum primi mobilis   127.

Aquila, Kaspar, 14. War Pfarrer zu Jengen 15. verheurathete sich
    schon 1516. ebend. wurde zu Dillingen ins Gefängniß geworfen 16.
    Hatte eine ansehnliche Bibliothek.   17.

— — Leonhard,   16.

Arzt, Ulrich   47. 4!

Au, Johann von, war auf dem Reichstag zu Worms   22.

— in Wachendorf, Marx von, war auf dem Reichstag zu Augsburg   68.

Augsburg, Reichstag daselbst 11. 52. 61. folgg. Erhält die Münzge-
    rechtigkeit 27. Bundstag daselbst 28. 29. 4. 43. War größten-
    theils evangelisch gesinnt 81. Wollte ein Religionsgespräch hal-
    ten 82. Der Rath wollte den Bischof von Stadion nur als Zu-

Regifter.

Seite.

hörer nicht aber als Richter dabey zulaffen , ebenb. Verbot den
catholifchen Geiftlichen alles predigen und ließ die Kapellen fchlie-
ßen 83. Fieng die Reformation an 86. Rechtfertigt fich durch
eine Schrift 88. Sein Ausfchreiben wegen Abftellung der Meß , 152.
Auguftiner bey St. Georgen flüchteten nach Guggenberg 87.
— — bey heil. Kreuz flüchteten nach Dillingen 87.
Ausfchreiben von Burgermeifter und Rathgeben zu Augsburg 122. 152.

B.

Baier , Chriftian, läs die deutfche Augsburgifche Konf. ab 67.
Balbek in Hartnek , Wilh. von, auf dem Reichstage zu Augsburg 68.
Bamberg , der Bifchof dafelbft fetzte fich der Bekanntmachung der
pädftl. Bulle entgegen 20.
Bartholini, Rich. defcriptio de conventu Auguftenfi 112.
Baumgärtner , Bernh. auf dem Reichstag zu Augsburg 77.
Baurenkrieg 46.
Bayrer , Leonh. ein Exjefuit, klagt über die Vorkehrungen des Raths
in Augsburg 83. Deffen kurzgefaßte Gefchichte der Stadt Augs-
burg 111. 118. 120. 121. 123.
Bellarmin , Robert , 10.
Benediktiner zu St. Ulrich und Afra flüchteten nach Wittelsbach 87.
Berlichingen, Ludwig von, 3.
Befchreibung vom Bifchof Chriftoph von Stadion 134.
Befferer , Bernh. 54.
Biburg , Nachricht von diefem Dorf 221.
Biel, Leo von , 4.
Blaurer, Ambrof, 52. 55. felgg.
Blomberg , Heinrich von , 2.
Bodmann , Elifabeth von , 2.
Bollftett , Chriftoph von, auf dem Reichstag zu Worms 84.
Bonrod in Bonrod, Sebaft. von, auf dem Reichstag zu Augsburg. 68.
Braffikan, Joh. Alex. eignete dem Bifchof von Stadion ein Werk zu 106.
Seine Zueignungsfchrift 275. 285.
Braun, Clemens , Bibliothekars zu Rothenbuch, Anmerkungen zu ei-
nem Erasmifchen Briefe 249.
Brechenmacht , Sam. differt. de colloquio Auguftano 112.
Brenz, Joh. war zu Augsburg beim engern Ausfchuß 79.
Bruker , Jak. wollte den Bifchof von Stadion unter die berühmten
Männer des XVI. Jahrhunderts fetzen 107.
Brunus, Konr. foll die Verantwortung von Stadions verfaßt haben 91.
Bruich , Kafpar , eignete dem Bifchof von Stadion ein Werk zu 107.
Deffen proverbia Salomonis 127. De epifcopatibus Germaniae ebend.

Register.

Seite.

Bucelin, Gabriel, dessen Germania Topo-chrono-stemmatographica sacra et profana und seine Rhaetia ethrusca ... 109.

Bucer, Martin, war beim Religionsgespräch zu Regensburg ... 93.

Buchholz von Westhausen, Werner, 4. Dessen Tractatus trium quaestionum ... 109.

Bündniß zu Regensburg gegen die Protestanten ... 45.

Bundestage zu Augsburg 28. 29. 41. 43. Zu Nördlingen 28. 50. 80. Zu Ulm 27. 49. 51. 97.

Burgau, die Marggrafschaft wurde verpfändet 95 folg.

Burkard, Joh. widerlegte die Augsb. Konf. ... 71.

Burschers, Joh. F. ieb. Spicilegia autographorum ... 115.

C.

Camerar, Joach. war auf dem Reichstag zu Augsburg ... 78.

Caracciolus, Marinus, auf dem Reichstag zu Worms ... 22.

Castro, Alphons, ... 10.

Chorregat, päbstl. Legat auf dem Reichstag zu Nürnberg ... 32.

Clemangis, Nikolaus de, ... 10.

Cochläus, Johann, w.berlegte die Augsb. Konfession 70. Suchte die Händel mit dem Matthäus Lang zu bemänteln 77. War beim engern Ausschuß 79. Eignete dem Bischof von Stadion ein Werk zu 107. Seine defensio sacerdotii et sacrificii novae legis 121. De Petro et Roma adversus Velenum Lutheranum ... 127.

Cölestin, Georg, 75. Seine historia Comitiorum Augustae 1530. celebratorum 118. 119. 121.

Coler, Christoph, auf dem Reichstage zu Augsburg ... 77.

Collin, Konr. widerlegte die Augsb. Konf. ... 70.

Conzeler, Joh. wurde Domprediger zu Augsburg ... 31.

Cyprian, Ernst Salom. 75. Seine Historie der Augsb. Konf. ... 120.

D.

Dämons nützlicher Baumgarten an dem Myrtenfeste Zelinto ... 111.

Deduktionsschrift der Zusassen ... 123.

Denk, Hanns, ein Wiedertäufer ... 84.

Detler, Wilh. eignete dem Bischof von Stadion ein Werk zu 106. gab Luciani oratio super calumnia heraus 126. Seine Schrift aduersus impios Anabaptistarum errores ebend. Seine Zueignungsschrift selbst ... 274.

Dix, Leopold, eignete dem Bischof von Stadion ein Werk zu 107. Seine Adhortatio ad universos germaniae proceres ... 127.

Dissenhofen, Klara Truchsessin von, ... 2.

Dietenberger, Joh. widerlegte die Augsb. Konfession ... 71.

Domkapitel zu Augsburg ließ kein Religionsgespräch zu 82. Flüchtet nach Dillingen ... 87.

Register.

	Seite.
Duaren, Franz,	10.
Durand, Wilh.	10.

E.

Eberlin, Johann 40. Wie sich ein Diener Gottes in all seinem Thun halten soll — 116.

Ebner, Erasmus, auf dem Reichstag zu Augsburg — 77.

Eccius dedolatus (S. auch den Vorbericht.) — 112.

Ek, Johann, 5. Reiste wegen Luthers Lehre nach Rom 18. Brachte eine Bulle gegen Luthern mit, ebend. Floh von Leipzig 20. Wußte sich beim Bischof von Stadion einzuschmeicheln, ebend. Dessen Schriften verbrannte Luther 21 Die Klerisei in Memmingen hängt sich an ihn 57. Wollte die Augsb. Konf. durch die Väter aber nicht durch die Schrift widerlegen 69. Widerlegte dieselbe 70. War beim engern Ausschuß 70. Beim Religionsgespräch zu Regensburg 93. Eignete dem Bischof von Stadion zwey Werke zu 106. folg. Seine Orationes tres non inelegantes 110. Oratio funebris in exequiali pompa Rcu. Henrici Epifc. Auguft. ebend. Gibt Dionysii Areopagitae Buch de myftica theologia heraus 124. Epiftola M. Lutheri ad Henricum VIII. 126. Franc. Pici Mirandulani epiftola 127. Seine Zueignungsschriften selbst, 252. 273.

Egydien Klofter zu Nürnberg, in demselben ftarb der Bischof von Stadion — IOL.

Chestetten, Klara von, — 2.

Chinger von Guottenau, Johann, — 55.

Chrenfels, Agnes von, — 2.

Emmershofen, Lorenz von, — 2.

Emser, Hieron. deffen Schriften verbrannte Luther — 21.

Epiftolae mifcellaneae ad Frid. Naufeam — 124.

Epp, Sigmund, — 4.

Erasmus von Roterdam, Desib. 10. Erhielt ein Schreiben vom Bischof von Stadion 105. Eignete demselben ein Werk zu 106. Seine epiftolae 124. Sein ecclefiaftes 126. Briefe deffelben an den Bischof von Stadion 243, 246, 248. Seine Zueignungsschrift — 287.

Erfurth, die Univerfität daselbft entschuldigte sich wegen Bekanntmachung der päbftl. Bulle — 20.

Erich, Herzog zu Braunschweig gab Luthern eine silberne Kanne mit Einbecker Bier — 24.

Ernft, Herzog zu Lüneburg, auf dem Reichstag zu Speier 60. Unterschrieb die Augsb. Konf. — 65.

Eßlingen, Reichstag daselbft — 52.

Register.

Seite.

Eph, Gabriel von, Bischof zu Eichstädt war Bundsverwandter — 51.

Epplein, Steph. wurde an die Herzoge in Baiern geschickt — 88.

F.

Faber, Joh. widerlegte die Augsb. Konf. 70. War Hauptverfasser — 72.

Ferdinand, Erzherzog von Oesterreich war Bundsverwandter 30. Hat einen Bescheid wider die Protestanten abgefaßt 60. Verlangt daß man der Prozession beiwohnen sollte — 64.

Franz, Herzog zu Lüneburg auf dem Reichstag zu Speier — 60.

— — Abt zum H. Kreuz in Donauwört, wird wegen Sodomiterey ins Gefängniß geworfen — 11.

Freiberg, Kaspar von, — 3.

— — Konrad von, — 2.

Friedrich, Kurfürst zu Sachsen 23. Gab Luthern Beifall — 24.

— — Pfalzgraf, eröfnete den Reichstag zu Speier mit einer Rede 58. Machte den Vortrag auf dem Reichstage zu Augsburg — 65.

Frölich, Georg, auf dem Reichstag zu Augsburg — 71.

Frosch, Joh. hielt mit den Wiedertäufern ein Religionsgespräch — 84.

Fugger, stiften Geld nach Rom die Wahl des Bischofs von Stadion zu befördern 7. Von deren Reichthum 8. Haben die Vergebung der Erz- und Bißthümer vom Pabst in Pacht genommen — 9.

— — Georg, dessen Tochter war an Hanns Paumgärtner verheurathet — 9.

— — Georg, Sohn des vorhergehenden, heurathete eine Tochter Hanns von Stadion Bruders des Bischofs — 9.

Funk, Joh. Kaspar, 75. Dessen kurzgefaßte Reformationshistorie — 120.

G.

Gabelt, ein Benediktiner, nahm das Burgerrecht an — 87.

Geiler von Kaisersberg, Joh. — 10.

Geistlichkeit, katholische, in Augsburg, ließ allen Ornat in den Kirchen nach Dillingen bringen 83. Sollte das Burgerrecht annehmen — 87.

Gemmingen, Joh. Georg von, auf dem Reichstag zu Augsburg — 68.

— — — Theodor von, auf dem Reichstag zu Worms — 22.

— — — Uriel von, Erzbischof zu Mainz — 5.

Georg, Herzog zu Sachsen, dessen Absehen wider einen Rathschlag gegen Luther 25. Ließ eine scharfe Schrift wider Luthern anschlagen 58. War beim engern Ausschuß — 79.

— — Herzog in Baiern, löste die Marggrafschaft Burgau ein — 95.

— — Marggraf zu Brandenburg auf dem Reichstag zu Speyer 60. Unterschrieb die Augsb. Konf. 65. War beim engern Ausschuß — 73.

Georgen-Kloster, die Augustiner daselbst flüchteten nach Guggenberg — 87.

Georgi, Joh. Fried. Uffenhelmische Nebenstunden — 111.

Gerson,

Register.

	Seite.
Gerson, Joh.	10.
Gernng, Christoph, reformirte in Memmingen 35. Dessen kurze Unterweisung, wie man Gott allein beichten soll	116.
Glaubensbekenntniß, Augsburgisches 63. Wird abgelesen	65.
Glös, Bernh. von, Kardinalbischof zu Trient, auf dem Reichstag zu Worms	22.
Grabschrift auf Christoph von Stadion	239.
Granvilla, Nik. Perenott, kaiserl. Kommissär 93. folg.	
Greifenklau, Richard von, Erzbischof zu Trier, wollte Luthern zu einem Widerruf bewegen	24.
Grepper, Johann, war bey dem Religionsgespräch zu Regensburg	93.
Gnzp, Georg, wurde Prediger in Memmingen 52. Sollte des Landes verwiesen werden	53.
Gültlingen, Agatha von, Mutter Christophs von Stadion	3.
— — — Paul von, auf dem Reichstag zu Worms	22.
— — — Peter von, auf ebendemselben	22.
— — — Sebast. von, ingleichem	22.
Günther, ein Korherr zu St. Mauritzen nahm das Burgerrecht an	87.
Guß von Gussenberg in Breuz, Georg, auf dem Reichstag zu Augsburg	68.

H.

Hagen, Bernh. war beim engern Ausschuß	79.
Hagenau, daselbst wird ein Konvent gehalten	92.
Haid, Joh. Herkules, Ulm mit seinem Gebiete	117.
Handlung mit Memmingen auf dem Bundstag wegen Schappeler 41. Mit Ulm auf dem Bundstag wegen Webe, ebend.	
— — zwischen Herzog Wilhelm, und Ludwig in Baiern, dann Ludwig Pfalzgrafen	231.
Hausen, Wolf von,	38.
Heimburg, Gregor von,	10.
Heinrich Herzog zu Braunschweig war beim engern Ausschuß	79.
Heinrichmann, Jak. soll die Verantwortung Christophs von Stadion verfaßt haben 91. War auf dem Reichstag zu Speier	94.
Hel, Konrad, auf dem Reichstag zu Regensburg	94.
Heller, Sebast. war beim engern Ausschuß	79.
Hepstein, Joh. auf dem Reichstag zu Augsburg	78.
Herbrot wohnte dem Religionsgespräch zu Worms bey	93.
Hertheim, Christoph von,	38.
Herolt, Melch. wird hingerichtet	42.
Heß, Coban, auf dem Reichstag zu Augsburg	78.
Heumann, Joh. dessen documenta litteraria	111.
Hirder, Melch. Pfarrer in Pflaumloch	81.

Register.

Seite.

Hirsberg, Christoph Melch. von, auf dem Reichstag zu Augsburg   69.

Hof, Joh. auf dem Reichstag zu Speier   60.

Hörlingen, von,   2.

Hörmanns Kaufbeurische Chronik   123.

Hörwart, Georg, wurde an die Herzoge in Baiern geschickt   88.

— — Konrad, auf dem Reichstage zu Speier   52.

Hofer, Simprecht, auf dem Reichstage zu Regensburg   94.

Hazo, Paul, widerlegte die Augsb. Konf.   70.

Hutten, Joh. ein Wiedertäufer   34.

Hutten, Ulrich von, ein fränkischer Ritter, nahm sich des Luthers an 19. Versah die päbstliche Bannbulle mit Glossen. Ebend. schrieb an Luthern 21. Dessen Invektive und Briefe 26. Ihm wird die Schrift Eccius Dedolatus zugeschrieben 113. Seine von ihm herausgegebene Bulla decimi Leonis contra errores M. Lutheri ebend. ins Deutsche übersetzt 114. Deutsches Requiem ebend. Seine epistola ad Lutherum 115. Dessen Invectivae in Hieron. Aleandrum et Marinum Caracciolum ebend. Verschiedene Briefe von ihm wurden ins Deutsche übersetzt, ebend.

I.

Ibelhauser, Martin,   4.

Joachim, Kurfürst von Brandenburg bezeugte sich liebreich gegen Luthern 24. Vertheidigte den Kardinal-Erzbischof Matth. Lang   75.

Johann, Kurfürst zu Sachsen, auf dem Reichstag zu Speier 60. Unterschrieb die Augsb. Konf.   65.

— — Pfalzgraf bey Rhein   5.

— — Friedrich von Sachsen, war beim engern Ausschuß   79.

Jonas, Justus, gieng auf den Reichstag nach Worms   22.

K.

Kaltenthal, Anna von,   2.

— — in Mühlhausen, Engelbold von, auf dem Reichstag zu Augsburg   61.

Kampegius, kam als Legat auf den Reichstag nach Nürnberg 44. Gieng nach Regensburg 45. Nach Augsburg, wo er eine Rede hielt   65.

Karl der V. Kaiser, verlangte vom Aleander Beweise, worinn sich Luther versündigt 22. War Luthern nicht ganz ungeneigt 23. Dessen merkwürdige Worte 25. Ertheilte dem Bischof von Stablon ein scharfes Mandat 30. War Bundsverwandter, ebend. machte daß Adrian von Utrecht zum Pabst erwählt wurde 32. Die Vollziehung des Wormsedikts blieb noch immer sein Lieblingsgegenstand 59. Hielt sich beim Pabst in Bononien auf 62.

Register.

Seite.

Zog in Augsburg ein 63. Nahm das lateinische Exemplar der Augsb. Konf. zu sich 67. Berathschlagt sich über dieselbe   70.

Karmeliter, die, bey St. Anna verließen die Stadt   83.

Karpfen, von,   2.

Katharina, die Klosterfrauen zu St. unterwarfen sich der Stadt   88.

Keller, Hans, Burgermeister in Memmingen 36. Wird vom Beisitze beim Bund ausgeschlossen   57.

— Michael, kam mit Kräs in Streit 32. Hielt mit den Wiedertäufern ein Religionsgespräch   84.

Khamm, Korbinian, seine Hierarchia Augustana   110. 118. 122.

Kirch und Schulenstaat, Ulmischer   116.

Kirchberg, von,   2.

Klemens der VII. Pabst   44.

Knöringen in Emersafer, Ulrich von, auf dem Reichstag zu Augsburg   68.

— — Wilh. von, 45. Auf dem nemlichen Reichstag   68.

Kobolt, Ant. Maria, dessen Baierisches Gelehrten Lexikon   115.

Kobler, ein Korherr zu St. Maurizen nahm das Burgerrecht an   87.

Konfession, Augsburgische, s. Glaubensbekenntniß.

Königsek, Joh. von,   2.

Königstein, Graf von, wurde vom Bischof von Stadion gegen die Stadt Augsburg aufgewiegelt   27.

Kolborn, 10. Gibt des Bischofs von Stadion Synodalrede heraus 14. Erzählt die Händel mit dem Matth. Lang 75. Dessen Commentarius de rebus ad Christoph. a Stadion pertinentibus 110. folg. 110.

Kontarini, Kardinal, auf dem Reichstag zu Regensburg   93.

Kräs, Matth. wurde Domprediger in Augsburg 31. War gegen Zwingli und Leo Jude. Ebend. widerlegte die Augsb. Konf.   71.

Kreß, Christoph, auf dem Reichstag zu Augsburg   77.

Kreuz, die Augustiner beim Heil. flüchteten nach Dillingen   87.

Kürsner, Jak. ein Wiedertäufer   84.

L.

Laimberg, Agatha von,   2.

Lang, Matthäus, Kardinal-Erzbischof zu Salzburg, studirte zu Tübingen 4. 6. 10. Wurde vom Bischof von Stadion gegen die Stadt Augsburg aufgewiegelt 27. War Bundsverwandter 31. Durfte den Segen in der Domkirche zu Augsburg nicht geben 64. Sah gern eine Reformation, nur nicht von einem Mönch 69. Unterbrach den Bischof von Stadion in seiner Rede 74. Kam mit demselben in Streitigkeiten. Ebend. wird in einer Schrift geschildert   76.

— Paul,   10.

Register.

Seite.

Langenmantel, Joach. wohnte dem Religionsgespräch zu Worms bey 93.
— — — Matth. auf dem Reichstag zu Speier 60.
Leib, Kilian, Prior zu Rebdorf 100.
Leipheim, daselbst wurde das Evangelium frühzeitig geprediget 29.
Leipzig, daselbst wurde die päbstliche Bannbulle mit Verachtung ange-
sehen 20.
Lemberg, Pet. dessen epistola de doctrina et morte Eccii 124.
Lemp, Dekan der Universität zu Tübingen 4.
Leo der X. Pabst 7. Will Luthern nach Rom 12. Hielt Luthers Un-
ternehmungen für eine mönchische Zänkerey 18. Schikte eine neue
Bulle gegen Luthern nach Deutschland 21. Starb 32.
Lichtenau, Heinr. von, Bischof zu Augsburg 5. folg. War Pfandinn-
haber der Marggrafschaft Burgau 96.
Limpurg, Georg Freiherr von, Bischof zu Bamberg, war Bundsver-
wandter 31.
Löscher, Val. Ernst, dessen Reformationsacta und Dokumenta 112.
Lorl, Joh. St. von, dessen Geschichte des Lechrains 123.
Ludwig, Kurfürst von der Pfalz, auf dem Reichstag zu Worms 25.
War Bundsverwandter 31.
Luther, Mart. 7. 10. Unterredung mit dem Kardinal Kajetan 12.
Wird für einen Keзer erklärt 19. Verbrannte Ets und Emsers
Schriften 21. Wurde zu Worms in die Acht erklärt 25. Dessen
Vermahnung an die Geistlichkeit wird abgelesen 73. Dessen Schrift
warum des Pabsts und seiner Jünger Bücher von M. Luther ver-
brannt worden seyn 114. Dessen sämmtliche Schriften 111. flgg.
Dessen epistolae 125.

M.

Mak, Johannes, ein katholischer Prediger in Memmingen 53. Wird
als ein schlechter Pfaff geschildert 54. Handlung wegen seiner 141. 145.
Mantuan, Joh. Bapt. s. Spagnoli
Maria von Oesterreich bat den Aquila aus seinem Gefängniß los 16.
Marius, Augustin. widerlegte die Augsb. Konf. 70.
Matthias, König von Ungarn, sammelt zu Ofen eine kostbare Biblio-
thek, die nachher durch die Türken verbrannt wird 277. flgg.
Maurizen, die Kapitularen zu St. flüchteten nach Landsberg 87.
Medardus, Bruder, widerlegte die Augsb. Konf. 71.
M.gerich, Jakob, Pfarrer in Memmingen, ein abgesagter Feind Lu-
thers 33. Beschwerte sich beim Bischof von Stablon 34.
Melanchthon, Philipp 61. Verfaßt die Augsb. Konf. 63. Beschrieb
Fabers Widerlegung der Augsb. Konf. für kindisch und läppisch 72.
Schreibt an Luther 73. Schreiot an den Bischof von Stablon in

Register.

Danksagungsschreiben 78. Suchte Einigkeit zu erhalten 79. War
beim engern Ausschusse ebend. beim Religionsgespräch zu Regensburg 93. Sein Schreiben an den Bischof von Stadion   149.

Memmingen, Reichsstadt, dort begonnte es Licht zu werden 33. Stund
unter Augsburgischer Diöceß 34. Der Magistrat schrieb an den
Bischof von Stadion 36. flg. Wurde aufs neue angefochten 52.
Wird beim schwäblichen Bund verklagt 54. Kaufte sich vom Böhlin los 55. Fährt in der Reformation fort ebend.

Mensing, Joh. widerlegte die Augsb. Konf.   71.

Meusel, Joh. Ge. dessen Beiträge zur Erweiterung der Geschichtkunde   115.

Meyer, Martin,   10.

Mirandola, Joh. Thom. Graf von, hielt eine Rede   61.

Montfort, Wolfg. Graf von,   81.

Montinus, Hieron. widerlegte die Augsb. Konf.   71.

Müller, Joh. Joach. 75. Dessen Historie von der evangelischen Stände Protestation 115. flgg.

Münzer, Thomas,   46.

Musculus, Wolfg. läßt dem Bischof von Stadion Gerechtigkeit wie-
derfahren 77. Predigte im Dom evangelisch 90. Wohnte dem
Religionsgespräch zu Worms bey 93. Dessen Antwort auf das
Büchlein Cochläi   131.

N.

Nachtgall, Ottmar, eignete dem Bischof von Stadion zwey Werke zu
106. Seine Uebersetzung der narratio historiae evangelicae 126.
Sein Psalterium Davidis ebend. Seine Zueignungsschrift selbst   270.

Nausea, Fried. Bischof in Wien, stund mit dem Bischof von Stadion
in einem Briefwechsel 105. Zwei Schreiben des letztern an ihn 241. 242.

Neidthart, Ulrich, Burgermeister in Ulm   40.

Niem, Theodor von,   10.

Nikolaus, das Frauenkloster zu St. wurde abgebrochen   88.

Nördlingen, daselbst werden Bundstäge gehalten   28. 50. 90.

Nürnberg, Reichstag daselbst 32. 44. 52. Unterschrieb die Augsb.
Konfeßion 65. Daselbst kam der erste Religionsfriede zu Stand   80.

O.

Obsopäus, Vincent, eignete dem Bischof von Stadion ein Werk zu
107. Dessen Uebersetzung von Diodori Siculi historia   127.

Oefele, Andr. Felix, dessen Scriptores rerum Boicarum 123. Dessen
handschriftliche Anmerkung zu einem Briefe des Bischofs von Stadion an Nausea   241.

Oekolampad, Joh. wird Domprediger in Augsburg 11. Wurde
entlassen   12.

Register.

Oettingen, Karl. Wolfg. Graf von, wurde vom Bischof von Stadion gegen die Stadt Augsburg aufgewiegelt ... 27.

Ofen, Bibliothek zu, wird durch die Türken vernichtet, ... 277.

Osiander, Andr. auf dem Reichstag zu Augsburg ... 78.

Osina, Peter von, ... 10.

P.

Pasquillus von dem Gejäg der Teufel ... 113. 120.

Patrizier in Augsburg nahmen sich des Aquila an ... 16.

Paula, Franz de ... 10.

Paul, der III. Pabst, wolte eine Kirchenversammlung halten ꝛc. Sein Breve an den Bischof von Stadion, wegen der Mantuanischen Kirchenversammlung ... 151.

Paumgartner, Hanns ... 9.

Pelagius Alvar ... 10.

Petrarch Franz ... 10.

Peutinger, Konr. suchte Luthern zu bereden über seine Bücher zu erkennen 15. Wurde vom Magistrat in Memmingen um Rath gefragt ... 37.

Pfandinhaber der Margarofschaft Burgau ... 220.

Pflug, Julius, war bey dem Religionsgespräch zu Regensburg ... 93.

Philipp, Landgraf zu Hessen, auf dem Reichstag zu Speier 60. Unterschrieb die Augsb. Konf. 65. Reiste von Augsburg ab ... 79.

Pimpinellus, Vinzenz, hielt eine Rede 63. Die Rede selbst angezeigt ... 118.

Pirkheimer, Wilibald, an ihn schreibt von Hutten 62. Soll die Schrift Eccius dedolatus verfertigt haben 113. Leonh. Abelmanns von Abelmannsfelden Brief an ihn ... 135

Pistorius, Joh. war bey dem Religionsgespräch zu Regensburg ... 93.

Plantsch, Martin, Rektor der Universität zu Tübingen ... 4.

Pontan, Gregor, Kanzler, führte für die Protestanten das Wort 66. Hatte ein lateinisches Exemplar von der Augsb. Konf. 67. War beim engern Ausschuß ... 79.

Proles, Andreas ... 10.

R.

Radwiz, Wigand von, Bischof zu Bamberg war Bundsverwandter ... 31.

Rechberg in Rechberg, Georg von, auf dem Reichstag in Augsburg ... 68.

—— Job. Wolfg. von, auf eben demselben ... 69.

Redorfer, Wolfg. widerlegte die Augsb. Konf. ... 71.

Regensburg Reichstag daselbst ... 93.

Reglus, Urban, Augsburgs Reformator, wird Domprediger 17. Legte seine Stelle nieder 18. Hielt mit den Wiedertäufern ein Religionsgespräch ... 84.

Register.

	Seite.
Reblinger, Wolfg. auf dem Reichstag zu Regensburg	94.
Reisin von Reisenstein, Agnes	2.
Rem, Wolfg. Andr. von, soll die Verantwortung des Bischofs von Stablon verfertigt haben 91. In seinen Armen starb derselbe	101.
Reuchlin, Dionys	4.
Reutlingen, Reichsstadt, unterschrieb die Augsb. Konfession	65.
Reints, Konr. Gesandter auf dem Reichstag zu Speier	52.
Riederer, Joh. Barthol. Beitrag zu den Reformationsurkunden	113.
Röthinger, Burgermeister in Nördlingen wurde an den Bischof von Stablon geschickt.	38.
Roos, Joh. Fried. dessen Reformationsgeschichte	117.
S.	
Salig, Christ. Aug. 75, Dessen vollständige Historie der Augsb. Konf.	120.
Salminger, Sigm. ein Wiedertäufer	83.
Salvianus de vero judicio et providentia dei	126.
Savonarola, Hieron.	10.
Saubert, Johann, 75. Dessen Miracula Augustana	119.
Schappeler, Christoph, stund beim Bischof von Stablon in gutem Andenken 34. mißfiel der katholischen Priesterschaft ebend. wurde beim Bischof von Stablon verklagt 35. In Bann gethan 36. Verkündigte muthvoll das Evangelium 37. Floh nach St. Gallen	52.
Schelhorn, Joh. Ge. dessen amoenitates hist. eccles. et litter. 112. Dessen Acta historico-ecclesiastica ebend. 114. Dessen Reformationshistorie der Stadt Memmingen 116. flg. Dessen Amoenitt. litter. ebend.	
— — Joh. Ge. der jüngere, dessen Beiträge zur Erläuterung der Geschichte	115.
Schenk von Staufenberg, Jak. auf dem Reichstag zu Augsburg	68.
— — von Winterstetten, Bernh. 3. Auf dem Reichstag zu Worms	22.
— — — — — Joachim, auf dem Reichstag zu Augsburg	68.
Scheul, Elmprecht, predigt in Memmingen	52.
Scheurl, Christoph, auf dem Reichstag zu Augsburg	78.
Schluen, Sixt von	3.
Schlegel, Kaspar, dessen Bericht von Leben und Tod Kaspar Aquila.	111.
Schlichthaber, Anton Gottfr. dessen Mündliches Predigergedächtniß	113.
Schnepf, Erhard, war beim jüngern Ausschuß	79.
Schnurrer, Christ Fried. dessen Origines typographiae Tubingensis	110.
Schön, Ulr. wird hingerichtet.	42.
Schreiben der Begüterten im Burgauischen an den Christoph von Stablon 209. 213. 217. flgg.	
— — Herzog Wilhelms von Baiern an ebendenselben	223.

Seite.

Schriftſteller, katholiſche, mißbilligten die päbſtliche Bulle 21.

Schroffenſtein, Chriſtoph von, Biſchof in Brixen 6.

Schurf, Hieron. gieng auf den Reichstag nach Worms 22. Vertrat Lu
theru als deſſen Beiſtand männlich 23.

Schwäbiſcher Bund wolte ſich des Biſchofs von Stadion gegen die
Stadt Augsburg annehmen 27. flgg.

Schwaiger, Hanns, fuhr den Zoll um 96.

Schwangau in Schwangau, Hieron. von, auf dem Reichstag zu Augs
burg 68.

Schweiß, kaiſerl. Sekretär las die Widerlegung der Augsb. Konf. vor 72.

Seitz, Maug, Burgermeiſter 86.

Sekendorf, Veit Ludw. von, 75. Deſſen Hiſtoria Lutheraniſmi 119.

Serrarius, Nikolaus 10.

Sigmund von Oeſterreich verpfändete die Marggraffſchaft Burgau 95.

Southen, Adelheit von, 2.

Spagnoli, Joh Bapt. 10.

Spalatin, Georg, 75.

Speier, Reichstag daſelbſt 52. 58. 94.

Speiſſer, Pet. widerlegte die Augsb. Konf. 71.

Spengler, Lazarus, 54. 57.

Spinner, Ludw. wurde an den Kaiſer nach Spanien geſchikt 88.

Stadion, von, Alter dieſer Geſchlechts 1.

  — Adelheit, von 2.

  — Agatha von 3.

  — Anna von 2

  — Burkhard von, war auf dem Turnier zu Schweinfurth 1.

  — Burkhard von, der Strenge 2.

  — in Magalsheim, Burkh. von, auf dem Reichstag zu Augsburg 69.

  — Chriſtina von, Aebtißin zu Hegbach 2.

  — Chriſtoph von, deſſen Geburt 3. Studirte zu Tübingen 4. Wur
de Bakkalaur ebend. Magiſter ebend. gieng nach Bononien 5.
Wurde Doktor daſelbſt. Ebend. Biſchöflicher Rath zu Augsburg.
Ebend. Domherr. Ebend. Domdechant 6. Koadjutor. Ebend.
Biſchof. Ebend. ſeine Regierung fällt in die Reformationsepoche.
10. Hält eine Synode. Ebend. läßt den Abt zu h. Kreuz in Do
nauwört ins Gefängniß werfen 11. Wird von Maximilian I. auf
den Reichstag berufen. Ebend. hielt eine Synodalrede 12. Schikte
dieſelbe dem Abt Widemann zu Ottobeuren 14. Hatte ſich an
fangs ſehr leidentlich gegen Luthers Lehre gehalten. Ebend. ver
fuhr nachgehends wie ein Tyrann gegen dieſelbe. Ebend. lies den
Aquila nach Dillingen bringen und ins Gefängniß werfen 16.

Wußte verdiente Gelehrte zu schätzen 17. Sorgt für die Schulen 18. Machte die päbstliche Bannbulle bekannt 20. Sein ergangenes Mandat deswegen 136. War auf dem Reichstag zu Worms 22. Suchte Luthern zu einem Widerruf zu bewegen 24. Vereinigte sich mit der Stimme Kurfürst Ludwigs von der Pfalz 26. War über die Münzgerechtigkeit der Stadt Augsburg aufgebracht 27. Erhielt deswegen ein scharfes Mandat 30. Wurde Bundsverwandter 31. Wohnte dem Reichstage zu Nürnberg bey 32. Setzte sich gegen die Reformation in Memmingen 34. Ließ an die Helfer bey St. Martin daselbst ein Schreiben ergehen 35. 140. That den Schappeler in Bann 36. Suchte den schwäbischen Bund gegen die Stadt Memmingen aufzuhetzen 37. Forderte den Magistrat in Ulm auf, den Wehr von Lei beim wegzuschaffen 40. Schickte einen Gesandten auf den Reichstag nach Nürnberg 45. Trat zum Bündniß in Regensburg. ebend. litte vieles im Baurenkrieg 47. Seine Stiftsverwandte in Füssen unterwarfen sich dem Hause Oesterreich 49. Stritt mit der Stadt Augsburg 51. Wohnte dem Reichstag zu Augsburg bey 52. Auf dem Reichstag in Eßlingen, ebend. verklagte die Stadt Memmingen beim schwäbischen Bund 54. Schrieb sehr scharf an den Magistrat in Memmingen 56. 138. Wurde zum Ausschuß beim Reichstag zu Speier erwählt 59. Aenderte seine Gesinnungen gegen die Protestanten 69. Las Luthers Schrift Verwahrung an die Geistlichkeit selbst ab 73. War beim Ausschuß 74. Hielt dabey eine Rede. ebend. Kam mit dem Matth. Lang in Streitigkeiten. ebend. an ihn schrieb Melanchthon ein Danksagungsschreiben 78. War beim engern Ausschuß 79. Entscheidet die Streitigkeiten zwischen Georg Marggrafen zu Brandenburg und dem Bischof zu Bamberg 80. War auf dem Reichstag zu Regensburg. Ebend. war kaiserl. Kommissar auf dem nach Augsburg ausgeschriebenen Bundstag 81. Paul der III. schickte an ihn ein Breve wegen der Kirchenversammlung 86. Insinuirte dieses Breve in seiner Diöceß. Ebend. ließ eine Verantwortung auf das Ausschreiben des Magistrats ergehen 90. 178. Besuchte den Konvent zu Hagenau 92. Wohnte dem Religionsgespräch zu Worms bey 93. dem Reichstag zu Regensburg 94. Dem in Nürnberg. Ebend. vertritt selbst die Stelle eines kaiserl. Kommissärs 95. War Pfandinhaber der Marggrafschaft Burgau 96. Schrieb an Herzog Wilhelm von Baiern. Ebend. berichtigte die Ausmarkung der Jagdgränzen. Ebend. überließ den Herzogen in Baiern den Hof zu Straubing kaufweise 97. Legte Mißverständnisse bey Ebend. endigte einen Jurisdiktionsstreit mit Kaufbeuren

98. nahm im Namen des Matth. Lang einſtweilen Beſiz vom Erzbiſthum Salzburg 99. War Schiedsrichter bey den Herzogen in Baiern, den Grafen von Hohenlohe und der Stadt Nördlingen. Ebend. legte andere Streitigkeiten bey 100. Stiftete einen Spital zu Zußmershauſen. Ebend. ertheilt eine Urkunde, wegen einer Brücke über den Schmutterfluß 220. Starb auf dem Reichstage in Nürnberg 101. Sein Leichenkondukt von Nürnberg nach Dillingen 102. Sein Karakter 103. Iſt unter die gelehrten Biſchöfe ſeiner Zeit zu ſezen 105. Stund mit den Gelehrten in einem Briefwechſel. Ebend. Erasmus ſchrieb mehrere Briefe an ihm 106. Reißte wegen dem Erasmus nach Freiburg. Ebend. viele Gelehrte eigneten ihm ihre Schriften zu. Ebend. zeichnete ſich durch Schriften aus 107. flgg.

Stadion, Eitel von, war der Stammvater aller von dieſem Geſchlecht. 2.
— Eliſabeth von, 2.
— Fried. Lothar Joſeph von, überſezt des Biſchofs von Stadion Synodalrede 14.
— Johann von, war auf dem Turnier zu Zürich 1.
— Johannes von, Stifter der ältern Linie 2.
— Johannes von, Bruder des Biſchofs 3. War auf dem Reichstag zu Nürnberg 52. Zu Augsburg 68.
— Joh. Phil. von, wird in Freiherrn und Grafenſtand erhoben 1.
— Joh. Phil. Karl Joſeph von, überſezt des Biſchofs von Stadion Synodalrede 14.
— Klara von, 2.
— Konrad von, Stifter der jüngern oder ſchwäbiſchen Linie 2.
— Konrad von, 3.
— Konrad von, pflanzt ſein Geſchlecht fort 1.
— Ludwig von, 2.
— Ludwig von, war nicht Stifter der ſchwäbiſchen Linie und nicht Domherr zu Augsburg 2.
— Margaretha von, 3.
— Nikoland von, 3.
— Nikolaus von, Vater des Biſchofs von Stadion 3.
— Panfraz von, 2.
— Walburg von, 3.
— Wilhelm von, 2.
— Wolfg. von, war auf dem Turnier zu Worms 1.
— Wolfg. von, der II. turnirte zu Ravensburg 1.
Stein von, 2.
— Agnes von, 2.

Register.

	Seite.
— Christoph von,	38.
— Marquard von, Probst zu Bamberg	5.
— Marquard von,	81.
Steiner, Joh. Ant. dessen Synodi dioecesis Augustanae	111.
Steinhausen, Klara von,	2.
Stengel, Karl, seine Comment. rerum Augustanarum	118.
Stephan, die Stiftsdamen zu St. fliehen nach Höchstädt	87.
Stetten, Paul von, der ältere, dessen Geschichte der Stadt Augsburg 115. 117. 121. flg.	
— Paul, der jüngere, dessen Erläuterungen 111. Dessen Abhandlung vom Münzwesen der Stadt Augsburg 115. Dessen Lebensbeschreibungen	123.
Stiftsdamen zu St. Stephan flüchteten nach Höchstädt	87.
Stoß, Andr. widerlegte die Augsb. Konf.	70.
Strobel, Gg. Theodor, dessen Leben Thomas Münzers 117. Dessen Miscellaneen litterarischen Inhalts 121. Dessen Beiträge zur Litteratur	122.
Studenten, die, in Erfurt zerreissen die päbstliche Bulle	20.
Surius, Lorenz,	10.
T.	
Tachser, Jakob, ein Wiedertäufer	84.
Thoma, Augustin, widerlegte die Augsb. Konfession	71.
Thoman, Konrad, widerlegte eben dieselbe	71.
Thungen, Konr. von, Bischof zu Würzburg war Bundsverwandter	31.
U.	
Ulm, Bundstag daselbst	27. 46. 51, 97.
Ulrich und Afra, die Benediktiner zu St. flüchteten nach Wittelsbach	87.
Ursula, die Klosterfrauen zu St. flüchteten nach Dillingen	87.
Usinger Barthol. widerlegte die Augsb. Konf.	71.
Utrecht, Adrian von, wird Pabst	32.
Uttenheim, Christoph von, Bischof in Basel	5.
W.	
Weesenmeyer, Georg, dessen Beiträge zur Geschichte der Litteratur und Reformation 109. Dessen Nachrichten von Hanns Jakob Wehr	116.
Wehus, Hieron. Baadischer Kanzler 24. Suchte Luthern zu bereden über seine Bücher zu erkennen 25. War beim engern Ausschuß	79.
Wetel, Elias, dessen Memoria Urbani Regii	113.
Welth, Franz Anton, hielt die Bekanntmachung der päbstlichen Bulle für ein grosses Verdienst 20. Behauptet, der Bischof von Stablon habe sich auf dem Reichstag zu Nürnberg wider Luthers Lehre gesetzt 32. Suchte verdiente und glaubwürdige Schriftsteller Lu-	

Register.

Seite.

117. flg. — 120.

Verger, Pet. Paul, Nuntius auf dem Reichstag zu Augsburg 70.
Wurde aus Deutschland zurückberufen 85. Unterredete sich mit Luthern ebend.

Verkaufung geistlicher Würden — 7.

Verschwendungssucht Pabst Leo des X. — 7.

Vesalia, Joh. von, — 10.

Verträge zwischen Baiern und dem Bischof von Augsburg 225. u. flg.

Vögelin, Johann, wird Lehrer an der Domschule, und darauf Domprediger 18. Zog nach Wien ebend.

Vögtin von Wertenfels, Hiltrud, — 2.

Vöhlin, Eberh. schifte einen Laienpriester nach Memmingen 55. Handlung mit ihm wegen dem kathol. Priester Johann Mak — 145.

Vogelmann, Ludw. Stadtschreiber in Memmingen, ein abgesagter Feind Luthers — 33.

Vollamer, Klemens, auf dem Reichstag zu Augsburg — 77.

Urie, Theodor — 10.

W.

Waldau, Georg Ernst, dessen Nürnbergisches Zion — 124.

Walburg, Georg Truchseß von, Bundsobrister — 47.

— Otto Truchseß von, Bischof zu Augsburg, war Pfandinhaber der Marggraffschaft Burgau — 96.

Wasserburg, Reichhard von, — 10.

Wehr, Hanns Jakob, predigte zu Leipheim das Evangelium 39. War der erste unter den Ulmischen Geistlichen, welcher das Abendmal unter beiderley Gestalt austheilte 40. Nahm Antheil an dem Bauerenaufruhr und wurde enthauptet — 42.

Weiß, Adam, hielt ein Tagbuch vom Reichstag zu Augsburg — 78.

Walser, Hanns, Burgermeister, suchte die katholische Religionsübung in Augsburg aufzuheben — 86.

— Ulrich, wurde an den König Ferdinand nach Wien geschikt — 98.

Werdenberg, Joh. von, Bischof zu Augsburg, war Pfandinhaber der Marggraffschaft Burgau — 95.

Wehrlich, Engelb. Chronik der Stadt Augsburg — 117.

Wernau, Klara von, — 3.

Wessalion, Arnold von, widerlegte die Augsb. Konf. — 71.

Wessel, Johann, — 10.

Westerstetten, Kaspar von, auf dem Reichstag zu Augsburg — 69.

Wetzhausen, Erhard Truchseß von, Dombechant zu Eichstädt — 5.

Widemann, Leonhard, Abt zu Ottobeuren 14. Signete dem Bischof

Register.

Seite.

von Stadion die Synodalrede zu 106. Seine Zueignungsschrift
  selbst   278.

Wiedertäufer, die, suchten sich in Augsburg fest zu setzen   84.

Wilhelm, Herzog in Baiern war für die Augsb. Konf.   69.

Wimpina, Konr. widerlegte die Augsb. Konf. 70. War beim engern
  Ausschuß   79.

Winkler, ein Korherr zu St. Mauritzen nahm das Burgerrecht an   87.

Wöllwarth, Alexander von, auf dem Reichstag zu Augsburg   68.

Wolfgang, Fürst zu Anhalt auf dem Reichstag zu Speier 60. Unterschrieb die Augsb. Konf.   65.

Worms, Reichstag daselbst   21. 84.

Z.

Zabarellis, Franz de,   10.

Zamora, Roderich von,   10.

Zangmeister, Hanns, wurde an den König Ferdinand geschickt   88.

Zobel zu Gibelstadt, Darstadt, Maria Johanna Ludovika Freyin von,
  derselben wurde die von ihren beiden Söhnen übersetzte Synodalrede des Bischofs von Stadion zugeeignet   14.

Zollern, Fried. Graf von, Bischof von Augsburg, war Pfandinhaber
  der Marggrafschaft Burgau 95. flg.

Zülnhart in Dörnau, Joh. Wolfg. auf dem Reichstag zu Augsburg   68.

Zwik, Johann   55.